本书系：

国家社会科学基金重大项目（12&ZD199）阶段性成果

国家社会科学基金一般项目（14BJY084）阶段性成果

国家自然科学基金项目（71173194）阶段性成果

浙江省哲学社会科学规划重点项目（13NDJC004Z）阶段性成果

浙江省科学技术厅重点软科学研究项目（2012C25066）阶段性成果

浙江省钱江人才计划社会科学类择优资助项目（QJC1302016）阶段性成果

浙江工业大学人文社科预研基金重点项目（110307003708）阶段性成果

浙江工业大学中国中小企业研究院重点资助项目科研成果

浙江省哲学社会科学重点研究基地—技术创新与企业国际化研究中心科研成果

浙江省高校人文社科重点研究基地—技术经济及管理研究成果

课题支持单位：

浙江工业大学中国中小企业研究院

国家工业与信息化部中小企业发展促进中心

浙江省经济与信息化委员会（浙江省中小企业局）

杭州市经济与信息化委员会

中国技术经济学会

世界工业与技术研究组织协会（WAITRO）

浙江省哲学社会科学重点研究基地——技术创新与企业国际化研究中心

中小企业研究文库 • 主编 肖瑞峰 池仁勇

浙江工业大学中国中小企业研究院
浙江省哲学社会科学重点研究基地
浙江省高校人文社科重点研究基地

中国中小企业景气指数 研究报告（2014）

Climate Index Report of Chinese SMEs 2014

池仁勇 刘道学 林汉川 秦志辉 等 著

中国社会科学出版社

图书在版编目（CIP）数据

中国中小企业景气指数研究报告（2014）/池仁勇，刘道学等著.
—北京：中国社会科学出版社，2014.11
ISBN 978 - 7 - 5161 - 5034 - 4

Ⅰ.①中…　Ⅱ.①池…　②刘…　Ⅲ.①中小企业—经济发展—研
究报告—中国—2014　Ⅳ.①F279.243

中国版本图书馆 CIP 数据核字（2014）第 247445 号

出 版 人	赵剑英	
责任编辑	卢小生	
责任校对	王　斐	
责任印制	李　建	

出　　版	中国社会科学出版社	
社　　址	北京鼓楼西大街甲 158 号（邮编　100720）	
网　　址	http：//www.csspw.cn	
	中文域名：中国社科网　　010 - 64070619	
发 行 部	010 - 84083635	
门 市 部	010 - 84029450	
经　　销	新华书店及其他书店	

印　　刷	北京市大兴区新魏印刷厂	
装　　订	廊坊市广阳区广增装订厂	
版　　次	2014 年 11 月第 1 版	
印　　次	2014 年 11 月第 1 次印刷	

开　　本	787×1092　1/16	
印　　张	24	
插　　页	2	
字　　数	394 千字	
定　　价	68.00 元	

《中国中小企业景气指数研究报告(2014)》
课题组主要成员

组　　长　池仁勇　林汉川　秦志辉

副 组 长　刘道学　谢洪明

主要执笔者 (以姓氏笔画为序)

王佳敏　王淑伊　王黎莹　邢振楠　刘道学

池仁勇　李鸽翎　吴　宝　邱雯娴　陈兰亭

陈侃翔　尚会永　林汉川　金陈飞　周　泉

周丹敏　秦志辉　黄俊杰　程　聪　谢先达

谢洪明　赖冠庆　蔡苑婷　穆家柱

《中国中小企业景气指数研究报告(2014)》
课题组主要成员简介

池仁勇 管理科学与工程博士。浙江工业大学中国中小企业研究院执行院长、经贸管理学院教授，博士生导师。浙江省高校人文社科重点研究基地负责人。研究领域为中小企业创业管理、创新网络，是中国最早从事中小企业发展研究的学者之一。先后主持国家社会科学基金重大项目(12&ZD199) 1 项，国家自然科学主任基金应急项目 1 项，国家自然基金项目 3 项及省部级课题 10 余项。在《管理世界》、《科研管理》、*Small Enterprise Development* 等国内外杂志发表论文 100 余篇。出版专著 7 部，教材两部。获中国科学技术协会"全国优秀科技工作者"称号，获浙江省哲学社会科学优秀成果奖一等奖、浙江省科技进步三等奖、浙江省高校科研成果一等奖、二等奖各 1 项；2013 年获美国中小企业协会（US-ASBE）年度会议企业家和公共政策最佳论文奖。兼任中国技术经济研究会常务理事、世界工业与技术研究组织协会（WAITRO）常务理事、中国科学学与科学技术研究会理事；《中小企业研究文库》主编，《中国中小企业发展年鉴》执行副总编，《浙江省通志：乡镇企业卷》常务副主编，《技术经济》、《中国技术管理与战略》等杂志编委。

林汉川 经济学博士。对外经济贸易大学特级教授，博士生导师，校长顾问（学科建设），中小企业研究中心主任，享受国务院政府津贴专家。任北京企业国际化经营研究基地首席专家、浙江工业大学中国中小企业研究院院长。主要研究方向为企业理论与企业制度、产业结构调整与企业国际化经营、中小企业发展与政策等。已公开发表论文 200 多篇，出版专著教材 20 多部。已主持国家社会科学基金重大项目（08&ZD039）1 项和其他国家级项目 11 项，获得孙冶方经济科学奖、北京市委市政府人文社科一等奖、蒋一苇企业改革与发展学术基金优秀著作奖、武汉市政府社科优秀成果一等奖与国家级精品课程奖、全国教学科学优秀成果奖等省部级以上科研与教学奖励 21 项。兼任中国工业经济学会副理事长、中国企业管理研究会常务理事、中国商业联合会专家委员、中国国有资产管理学会理事等职。

秦志辉 经济学博士、研究员。现任工业和信息化部中小企业发展促进中心主任、中国中小企业国际合作协会秘书长。先后主编《中国中小企业年鉴》、《中外企业案例解析》、《中小企业研究热点》、《中国中小企业大讲堂》等多部著作，并在《人民日报》、《经济日报》、《中国经贸导刊》等报刊发表《小企业绝非责任"盲区"》、《中小企业怎样做品牌》、《快、准、灵是企业成功的秘诀所在》等多篇论文。先后主持全国人大财经委、国家发改委、财政部、工业和信息化部等委托的多项课题和规划。

刘道学 经济学博士。浙江工业大学中国中小企业研究院资料信息中心主任。主要研究方向为中小企业成长、创业管理、技术创新与企业国际化、区域产业经济。在国内外发表学术论文 30 余篇，出版学术专著 3 部。现主持科研项目 7 项，包括国家社会科学基金一般项目（14BJY084）、浙江省哲学社会科学规划重点项目（13NDJC004Z）、浙江省科技厅重点软科学研究项目（2012C25066）、浙江省钱江人才计划择优资助项目（QJC1302016）、浙江省教育厅项目（Y201224520）、浙江工业大学人文社科重点项目和浙江省技术创新与企业国际化研究中心课题各 1 项，参与国家社会科学基金重大项目及其他科研项目多项。

谢洪明 管理学博士。浙江工业大学经贸管理学院副院长、教授，博士生导师。主要研究方向为中小企业企业创新管理、创业管理、战略网络与动态竞争管理，是中国较早关注动态竞争及战略网络研究的学者之一。先后主持国家社会科学基金重大项目（12&ZD098）1 项和其他国家级课题 7 项、20 余项省部级课题的研究。出版专著 3 部，在国内外重要刊物上发表 60 余篇学术论文，并有多篇论文获奖。2007 年入选教育部"新世纪优秀人才支持计划"，2009 年被聘为浙江省"钱江高级人才"（特聘教授），2010 年入选浙江省"新世纪 151 人才工程"第一层次培养人员。

丛　书　序

　　浙江省是中国中小企业最发达的省份之一。早在 20 世纪 60 年代，浙江广大农村就有很多社队企业，他们大多从事农副产品加工、农业机械修理、日用品生产等。改革开放以后，浙江农村乡镇企业成为中小企业的主要成分，在活跃城乡人民生活、增加市场竞争、增加城乡就业、活跃经济、区域经济增长、开展技术创新等方面发挥了不可替代作用。浙江中小企业绝大多数是民营经济，它们经营机制灵活，市场信息灵敏，市场反应速度快，取得了很多成功经验。尤其是中小企业地域集聚形成的"块状经济"、"一村一品，一乡一品"的发展模式取得了很大成功，成为独特的浙江经济现象。浙江地方政策在扶持中小企业的发展，促进科技型中小企业发展，增强中小企业技术创新能力等方面，也做出了积极贡献。因此，研究浙江省中小企业发展经验，探讨中小企业发展方向与政策具有现实和理论意义。

　　浙江工业大学是中国最早开始研究中小企业的机构之一，早在 20 世纪 80 年代，以吴添祖教授带头的研究团队就开始研究中小企业的发展，是中国中小企业国际合作协会首届理事单位，先后承担十余项国家自然基金和国家社科基金项目等，培养了一支活跃于中小企业研究的科研队伍。浙江工业大学中小企业研究团队依托浙江省高校人文社会科学重点研究基地、浙江省哲学社会科学重点研究基地和 2012 年 3 月成立的中国中小企业研究院等研究平台，依托浙江省中小企业的实践，借鉴世界各国中小企业发展经验，进行中小企业创新、产业集群、中小企业国际合作、中小企业政策、发展环境、中小企业融资、财务管理、市场营销、人力资源管理、中小企业劳工关系、中小企业知识产权保护等方向研究，取得了开创性成就。

　　近年来，依托浙江工业大学中小企业研究理论，以开放性视野吸纳全国中小企业研究成果，逐渐出版"中小企业研究文库"，形成了一系列中小企业理论研究成果，在中国尚属首创，具有重要的现实与理论意义。期望以此为契机，推动中国中小企业理论研究向更高层次发展，为中小企业政策发展提供参考，为中小企业经营与发展提供理论支撑。

浙江省中小企业协会会长

2011 年 4 月

内 容 简 介

本研究报告作为中国中小企业景气指数研究的最新年度报告，具有以下学术价值和应用价值。

一是基于持续开展基础理论研究和监测调查数据的收集，进一步完善了中国中小企业景气指数评价方法与指标体系。通过选取中国 31 个省、市、自治区统计年鉴数据和深圳证券交易所上市的中小板和创业板上市企业数据，以及中国中小企业景气监测调查等获得的专业数据，采用主成分分析法—扩散指数法—合成指数法，计算出了中国省际及七大地区的中小企业景气指数综合值和加权平均值，系统地总结了中国不同地区中小企业的最新发展现状，研究具有科学理论基础和可靠数据支撑。

二是本研究报告密切关注近年来中小企业发展环境的变化和发展现状、问题及应对措施。通过小微金融、"新三板"上市、"小升规"试点、中小企业"四化同步"等重要热点问题进行专题研究，实时跟踪 2013 年以来中国中小微企业发展的最新景气状况；密切关注国家和各地扶助中小微企业发展政策措施的实施状况，通过典型区域案例和企业案例实证分析中国中小企业发展的最新现状和趋势，研究具有鲜明的现实针对性。

三是本研究报告通过对中小企业景气指数的最新分析，可以帮助中小企业自身及时了解行业或地区的整体发展态势，明确其在行业或地区中的地位，较为客观地评估区域企业的优势所在与不足之处，从而有利于中小企业在转型升级过程中制定正确的经营方针和发展策略。同时，研究报告通过区域分析和企业案例研究，也为国家和地方政府调整区域产业结构、促进中国中小企业健康持续发展提供了决策依据。

四是本研究报告撰写过程中，通过与各级政府部门、企业行业、国内外相关研究机构与组织等密切交流合作，定期开展中小企业景气监测问卷调查，不断充实中国中小企业数据库，这对切实推动相关科学研究课题项目的实施，对于深化中小企业研究领域的政产学研协同创新等，也具有十分重要的学术价值与社会意义。

本研究报告为浙江工业大学中国中小企业研究院重点科研资助项目，为多项科研项目的阶段性成果。全书由池仁勇、刘道学等著。

目　　录

第四篇 中国中小企业发展热点专题研究

图 目 录

表 目 录

前　　言

　　景气指数是用来衡量经济发展状况的"晴雨表"。企业景气指数是对企业景气调查所得到的企业家关于本企业生产经营状况及对本行业景况的定性判断和预期结果的定量描述，用以反映企业生产经营和行业发展所处的景气状况和发展变化趋势。在企业景气调查和指数编制方面，自德国伊弗（IFO）研究所于1949年正式开始实施以来，在世界市场经济发达国家已有半个世纪以上的理论研究和实践经验。中华人民共和国统计局在1998年将企业景气调查纳入了统计制度，但从政府机构和学术界对企业景气指数的研究和应用来看，大都以工业企业和大中型企业为对象。在企业运行监测和管理方面，2004年中国农业部开始建立全国乡镇企业信息直报系统，2009年国家工业和信息化部也在全国建立了中小企业生产经营运行监测平台，使中国中小企业景气监测和预警机制逐步得以确立。但从目前的监测企业数量和类型等来看，还不能充分客观地反映中国中小企业发展景气特征。在研究方面，中国长期以来一直缺乏系统完善的中小企业景气评价体系，这些不足也被认为是造成不少中小企业陷入盲目经营和生存困境的要因之一。

　　为了帮助中国量大面广的中小企业及时了解企业运行现状及相关行业和区域发展态势，更好地为政府部门、行业机构以及企业自身提供决策依据，浙江工业大学中国中小企业研究院发挥浙江省高校人文社会科学重点研究基地、浙江省哲学社会科学重点研究基地等依托部门的专家团队优势，从2010年开始策划开展有关中小企业景气监测、景气指数编制工作。2011年，该项研究工作列入浙江工业大学中国中小企业研究院的重大研究项目，同年8月，课题组推出了中国首部《中国中小企业景气指数研究报告》。此后，2012年、2013年课题组连续三年发布和出版了中国中小企业景气指数年度研究报告。这三部研究报告在充分参考国内外最新研究成果的基础上，采用定量和定性分析相结合的方法，基于统计年鉴数据、中小板上市公司季报数据及课题组独自实施的问卷调查，建立和完善了中国中小企业景气指数综合评价体系。研究报告连续三年向国内外公开发布，先后得到新华通讯社、中国新闻社、《光明日报》、《21世纪经济报道》、《中国日报》、《文汇报》、《浙江日报》、人民网、央视网、中国广播网、中国经济网、新浪网、中融网、凤凰网、海峡财讯等60多家国内及境外新闻媒体的采访、报道及传播推广，引起相关各界高度关注，产生了较大社会影响。

本次出版的2014年版研究报告是依托浙江工业大学中国中小企业研究院的研究团队，联合相关部门和研究同行完成的又一大型年度报告书。报告书总体由四篇十四章构成。

第一篇由三章组成。第一章回顾2013年以来中国中小企业发展概况。内容包括：2013—2014年中小企业发展环境评述；2013—2014年以来中小企业发展概况分析；2013年以来主要热点问题，包括中小企业政策热点、小微金融、"新三板"上市、"小升规"试点、中小企业"四化同步"等。第二章是2013以来中国区域中小企业发展分析。首先分析2013以来中国区域中小企业发展环境与总体特征；其次是分别从东中西三大区域、中小企业集群与县域经济发展等维度进行区域比较分析；最后，分析中国区域中小企业发展面临的新挑战及近期展望。第三章系统梳理分析2013年以来中国促进中小企业发展的政策与法规，包括国家部委出台实施的扶持中小微企业发展的财税政策、金融政策、工商政策、产业升级政策及综合性政策；各地中小微企业发展扶持政策包括代表性地区的地方性政策与法规、微型企业扶持政策、地方性财税政策、地方性融资政策及其他特色鲜明、针对性强的举措；最后，对小微企业财政税收优惠政策及金融支持政策等重点政策出台的背景及实施效果进行解读与评述。

第二篇为2014年中国中小企业景气指数测评，是本研究报告书的核心部分，由第四、第五、第六、第七章组成。其中，第四章阐述了中小企业景气指数研究的最新动态及趋势，内容包括国内外中小企业景气指数研究的理论与方法前沿；中国中小企业景气指数研究的意义；景气指数评价的对象及指标选取原则、样本规模、数据收集与预处理、景气指数评价指标分类与评价指标权重的确定方法、中小企业综合景气指数指标体系构建等。第五章为2014年中国中小企业景气指数测评结果分析，分别研究分析了工业中小企业、中小板及创业板企业景气指数、比较景气指数的测评结果，并对2014年中国中小企业综合景气指数的省际排名、地区排名及年度景气指数基于加权平均指数进行了综合性探讨。第六章基于时序维度具体分析了2014年中国31个省、自治区和直辖市中小企业综合景气指数的变动趋势。第七章基于可获取数据，对2014年苏州、杭州、广州、青岛、成都、福州、武汉、大连、长沙、西安、合肥、福州、郑州、贵阳、乌鲁木齐、石家庄等16个主要城市中小企业景气指数进行测评，报告了中国主要城市中小企业的最新发展现状。

　　第三篇为中国中小企业景气指数的区域实证研究——浙江篇。由第八、第九、第十章组成，持续选取浙江省为实证跟踪研究的对象。第八章为浙江中小微企业发展现状与问题分析，主要内容包括：浙江省中小微企业发展现状；浙江省中小微企业发展存在的主要问题；现阶段浙江中小微企业发展环境分析；相关对策与建议等。第九章为基于最新企业监测数据的浙江省区域中小微企业景气指数测评，在分别对浙江省11地市最新的工业中小企业景气指数、上市中小企业景气指数、比较景气指数、重点监测企业景气指数进行测评的基础上，计算出了2014年浙江省11地市中小企业综合景气指数，并基于全省平均指数进行了综合评价。第十章为基于最新行业监测数据的浙江省主要行业景气指数研究，内容包括浙江省行业发展总体景气状况、浙江省企业数量占比较多的纺织业、通用设备制造业、橡胶和塑料制品业及金属制品业四大主要行业的景气指数计算分析、行业景气分析综合性探讨等。连续三年使用区域监测平台数据进行行业景气指数研究分析，积累了系列基础数据和有益经验。

　　第四篇包括第十一、第十二、第十三和第十四章，针对当前中国中小企业的重大及热点问题结合案例分析进行专题研究。其中，第十一章为近年来中国中小企业融资担保专题研究，内容包括近年来中国中小企业融资担保情况调研分析；中小企业融资担保模式创新、融资平台创新及混合创新；互联网金融相关的第三方支付、P2P网贷、众筹及大数据金融发展；作为区域金融改革先行先试的新案例，分析了丽水农村金融改革的背景、过程及初步成效。第十二章为中国中小企业信息化与电子商务专题研究，内容包括中国中小企业信息化建设的现状、问题及对策；中国中小企业电子商务应用；以阿里巴巴为例从第三方电商交易平台看未来电商的发展；中小企业跨境电子商务发展分析等。第十三章为中国中小企业转型升级研究，内容包括中国中小企业转型升级现状与问题；浙江省"小升规"政策实施背景、模式、成效及评价，包括"四换三名"建设工程，即"腾笼换鸟、机器换人、空间换地和电商换市"以及培养"名企、名品、名家"，打造行业龙头，重点分析了近年来浙江推进实施的"小升规"试点工程，并针对当前存在的突出问题提出了政策建议。第十四章是中小企业国际化专题研究，内容包括中国中小企业国际化现状及存在的主要问题；TCL通讯并购阿尔卡特案例分析；深度把握中国中小企业"走出去"的现实课题与应有的对策。

本研究报告书作为中国中小企业景气指数研究的最新年度报告，具有以下学术价值和社会应用价值。

一是基于持续开展基础理论研究和监测调查数据的收集，进一步完善了中国中小企业景气指数评价方法与指标体系。通过选取中国31个省、市、自治区统计年鉴数据、深圳证券交易所上市的中小板和创业板上市企业数据，以及中国中小企业景气监测调查等获得的专业数据，采用主成分分析法—扩散指数法—合成指数法，计算出了中国省际及七大地区的中小企业景气指数综合值和加权平均值，系统地总结了中国不同地区中小企业的最新发展现状，研究具有科学理论基础和可靠数据支撑。

二是本研究报告密切关注近年来中小企业发展环境的变化和发展现状、问题及应对措施。通过小微金融、"新三板"上市、"小升规"试点、中小企业"四化同步"等重要热点问题进行专题研究，实时跟踪2013年以来中国中小微企业发展的最新景气状况；密切关注国家和各地扶助中小企业发展政策措施的实施状况，通过典型区域案例和企业案例实证分析中国中小企业发展的最新现状和趋势，研究具有鲜明的现实针对性。

三是本研究报告通过对中小企业景气指数的最新分析，可以帮助中小企业自身及时了解行业或地区的整体发展态势，明确其在行业或地区中的地位，较为客观地评估区域企业的优势所在及不足之处，从而有利于中小企业在转型升级过程中制定正确的经营方针和发展策略。同时，研究报告通过区域分析和企业案例研究，也为国家和地方政府调整区域产业结构、促进中国中小企业健康持续发展提供了决策依据。

四是本研究报告撰写过程中通过与各级政府部门、企业行业、国内外相关研究机构与组织等密切交流合作，定期开展中小企业景气监测问卷调查，不断充实中国中小企业数据库，这对于深化中小企业研究领域的政产学研协同创新等，也具有十分重要的学术价值与社会意义。

本研究报告作为"中小企业研究文库"系列著作，为国家社会科学基金重大项目（12&ZD199）、国家社会科学基金一般项目（14BJY084）、国家自然科学基金项目（71173194）、浙江省哲学社会科学规划重点项目（13NDJC004Z）、浙江省科技厅重点软科学研究项目（2012C25066）、浙江省"钱江人才"计划社科类择优资助项目（QJC1302016）及浙江省哲学社会科学重点研究基地技术创新与企业国际化研究中心、浙江工业大学人文社科预研基金项目及浙江工业大学中国中小企业研究院的重点科研资助项目，是课题组撰写团队开展联合攻关的科研成果结晶。参加本报告撰写的成员有（以姓氏笔画排序）：王国勇、王佳敏、王淑伊、王黎莹、刘道学、池仁勇、任天舟、汤临佳、邢振楠、宋杨、李鸽翎、吴宝、邱雯娴、陈兰亭、陈侃翔、尚会永、陈衍泰、周泉、周丹敏、林汉川、金陈飞、秦志辉、郭元源、黄萍萍、黄俊杰、程宣梅、谢先达、谢洪明、赖冠庆、蔡苑婷、穆家柱等。池仁勇、刘道学对全书初稿进行了编纂。

本研究报告在研究和撰写过程中得到国家工业与信息化部中小企业发展促进中心、中国社会科学院中小企业研究中心、中国社会科学院金融研究所、商务部投资促进事务局、中共浙江省委办公厅、浙江省人民政府办公厅、浙江省经济与信息化委员会（浙江省中小企业局）、浙江省中小企业协会、杭州市经济与信息化委员会、中国技术经济学会、经济合作与发展组织（OECD）、世界工业与技术研究组织协会（WAITRO）等国内外有关组织机构和部门的指导与大力支持，使得本书内容充实，数据准确，资料丰富，在此一并表示诚挚的感谢！

同时，特别感谢中国社会科学出版社经济与管理出版中心主任卢小生编审给予的持续指导与支持。其带领的专业团队在本书策划、出版设计及校对等各方面都付出了大量心血，正是因为他们细致、敬业、高效的工作，才保证了2014年度报告书的顺利出版。

参加本报告书撰写的专家、学者及实际部门的工作者对自己撰写的内容都进行了专门的潜心研究，但是，由于中国中小企业发展面临众多新问题，加之时间紧迫，难免存在不足。本书中如有不妥之处，敬请各位读者批评指正。

池仁勇

2014 年 7 月

于浙江工业大学

第 一 篇

2013—2014 年中国中小企业发展回顾与总体评述

第 一 章

2013—2014 年中国中小企业发展概况

第一节 2013—2014 年中国中小企业发展环境

一 世界经济缓慢复苏

自 2013 年以来，全球总体经济形势有所改善，在调整中艰难复苏。经济合作与发展组织（OECD）国家综合领先指数一直维持在长期均衡值 100 以上，并持续攀升，较往年同比有所增加，全球经济处于复苏扩张阶段。在全球经济逐渐复苏的带动下，世界工业整体呈现温和扩张，全球制造业扩张动能明显增强，实体经济有所回暖。OECD 国家工业生产指数同比增速均大于零，主要发达国家工业生产明显回升，摆脱长期低迷；新兴国家在产业转型升级中工业增速有所放缓，总体全球工业呈现持续扩张态势；摩根大通全球制造业采购经理指数（PMI）强势反弹，连续 15 个月高于 50 的景气荣枯分界线，并于 2013 年 10 月和 2014 年 2 月达到 2011 年 5 月以来的最高水平，摩根大通全球制造业采购经理人指数为 53.3，显示全球制造业扩张动能持续增强（见图 1 - 1）。

在全球经济缓慢复苏中，主要发达经济体表现良好。美国经济持续缓慢复苏，欧洲经济处于短期复苏，日本经济实现温和增长。新兴经济体受外部因素冲击，整体经济增速有所下滑（见图 1 - 2）。私人消费、政府固定资产投资以及出口增长是 2013 年以来美国经济回升的主要动因，复苏基础比较稳固。欧洲经济复苏动力主要依靠德国经济的扩张，但由于欧元区失业率高企、各国经济分化，其经济复苏基础较为脆弱。日本经济在 2013

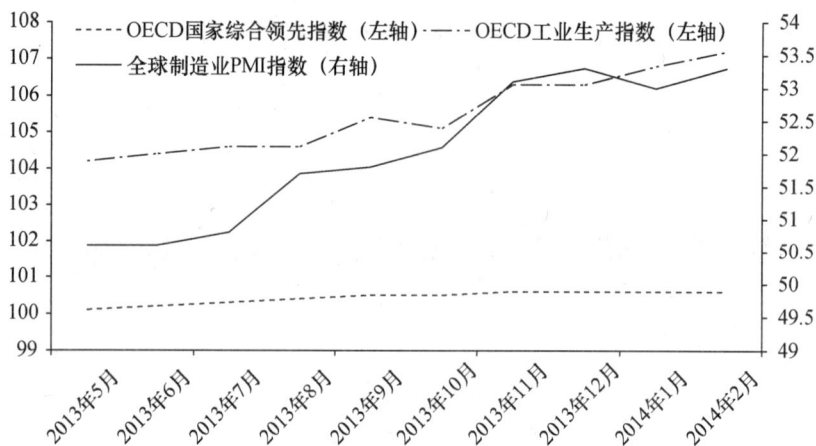

图 1-1　OECD 国家综合领先指数、工业生产指数
及全球制造业 PMI 指数变动趋势

资料来源：摩根大通（J. P. Morgan）调查报告及 OECD iLibrary 数据库资料（http://www. oecd - ilibrary. org/）。

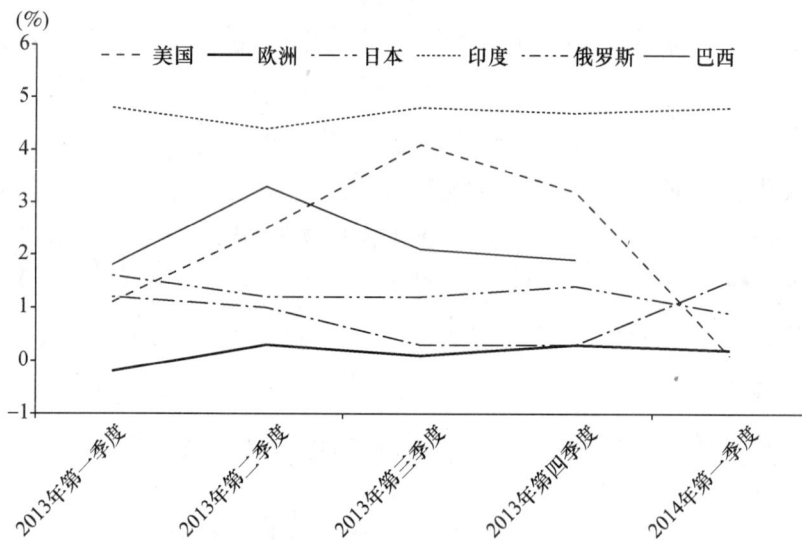

图 1-2　世界发达经济体及新兴经济体各季度 GDP

资料来源：各国官方统计网站。

年上半年受"安倍经济学"的刺激，制造业持续回暖，经济增长明显，但由于政府财政赤字日益扩大，日本经济长期增长面临挑战，从下半年开始其 GDP 增速持续下滑。新兴经济体增速下滑趋势明显，印度 2013 年第二季度 GDP 同比增长 4.4%，增速为十年来最低；俄罗斯 2013 年第二季度经济增长 1.2%，远低于预测的 1.9%；巴西则在 2013 年第二季度后，经济增长持续下滑，到第四季度仅为 1.9%。总体而言，全球经济在调整中缓慢复苏。据国际货币基金组织（IMF）估计，按购买力平价法 GDP 汇总，2013 年全球经济增长 3.0%；据世界银行（WBG）估计，按汇率法 GDP 汇总，2013 年全球经济增长 2.4%，均比 2012 年放缓 0.1 个百分点。

虽然全球经济处于缓慢复苏的过程中，但经济增速仍处于疲弱水平，全球经济全面复苏仍面临多方面潜在风险。首先，美国的"债务上限"从 2001 年以来被提升了 13 次，同时国会分歧可能导致出现财政僵局，成为美国经济复苏的绊脚石，甚至拖累世界经济增长。其次，欧洲紧缩的财政政策、动荡的政治格局、脆弱的银行体系和高企的失业率都使得欧洲经济面临着巨大风险。最后，日本经济也存在着结构性问题以及国债泡沫可能引发的风险。此外，美联储退出量化宽松政策（QE）对新兴经济体产生进一步冲击，新兴经济体将会维持低位运行。

综合来看，自 2013 年以来，世界经济开始温和反弹，在调整中缓慢走向复苏，但经济复苏基础仍不稳固，缺乏实体经济的有力支撑。同时，在经济复苏过程中仍面临着诸多潜在风险，全球经济复苏仍需要持续很长一段时间。

2014 年，全球经济增长动力略有增强，国际货币基金组织（IMF）按照购买力平价法预测 2014 年世界经济将增长 3.7%，世界银行（WBG）按照汇率法预测 2014 年世界经济将增长 3.2%，分别较 2013 年增加 0.7 个和 0.8 个百分点。

二　国内经济稳中有进

近年来，中国经济社会发展的人口红利、全球化红利和土地要素重估红利逐渐消失，经济发展模式面临严峻的挑战。自 2013 年以来，中国经济更加注重结构调整和增长质量，提高经济增长动力和活力，国民经济总体呈现整体平稳、稳中有进、稳中向好的态势。其中，投资仍是拉动经济增长的主要推动力（资本形成、消费、净出口对 GDP 增长的贡献率分别为 54.4%、50% 和 −4.4%）。不过，经济增长整体已处于结构性减速期，全年 GDP 增速先抑后扬特征明显。2014 年，在全球经济缓慢复苏、国内改革全面深化、新型城镇化推进和消费恢复性增长等因素的影响下，国内经济运行将向新常态平稳过渡。

（一）国民经济平稳运行

自 2013 年以来，中国经济增长保持平稳运行，基本与 2012 年持平，且各季度增速保持稳定（见图 1-3）。但受出口放缓、需求减弱、产能过剩和效益下滑等因素的影响，上半年 GDP 连续两个季度回落，下半年在一系列"稳增长"政策作用下，中国经济开始企稳回升，2013 年中国 GDP 为 56.88 万亿元，同比增长 7.7%，与 2012 年持平。2014 年，受外部环境影响，国内经济存在一定下行压力，第一季度 GDP 增速有所回落，但仍处于合理区间，预计 2014 年中国经济将继续"稳中向好"。

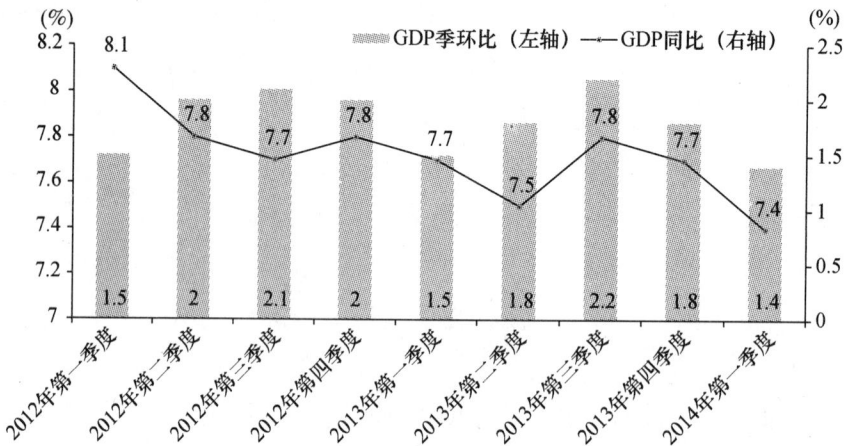

图 1-3　中国 2012—2014 年季度 GDP 增长状况

资料来源：国家统计局季度统计数据。

（二）投资较快增长，增速略有回落

2013 年，中国采取了一系列创新性的政策措施，加大了基础设施和民生相关投资，促进固定资产投资实现较快增长，但较 2012 年略有回落。根据国家统计局公布的数据，2013 年，全国固定资产投资（不含农户）436528 亿元，同比名义增长 19.6%（扣除价格因素实际增长 19.2%），增速比 1—11 月回落 0.3 个百分点，比 2012 年回落 1.1 个百分点。2014 年第一季度，全国固定资产投资（不含农户）68322 亿元，同比名义增长

17.6%（扣除价格因素实际增长 16.3%），增幅比 2013 年同期回落 3.3
个百分点（见图 1 - 4）。分行业来看，资本市场服务和其他金融业、租赁
业、管道运输业、开采辅助活动、废弃资源综合利用、互联网和相关服务
的固定资产投资增长较快，而公共管理、社会保障和社会组织以及建筑业
固定资产投资则出现下降，回落幅度均超过 5%。

2014 年房地产开发投资总体增速高于 2013 年，但出现下行趋势。
2013 年，全国房地产开发投资 86013 亿元，比 2012 年名义增长 19.8%
（扣除价格因素实际增长 19.4%），增速较 2012 年提高 3.6 个百分点。同
期，全国商品房销售额 81428 亿元，增长 26.3%，增速比 2012 年提高
16.3 个百分点，市场供应方及房地产开发商的投资积极性基本恢复。
2014 年第一季度，全国房地产开发投资 15339 亿元，同比名义增长
16.8%（扣除价格因素实际增长 15.5%），全国商品房销售额 13263 亿
元，同比下降 5.2%，房地产开发投资在政府调控政策力度不减、保障房
新建规模缩小的情况下，投资增速有所下滑并逐渐趋于稳定。

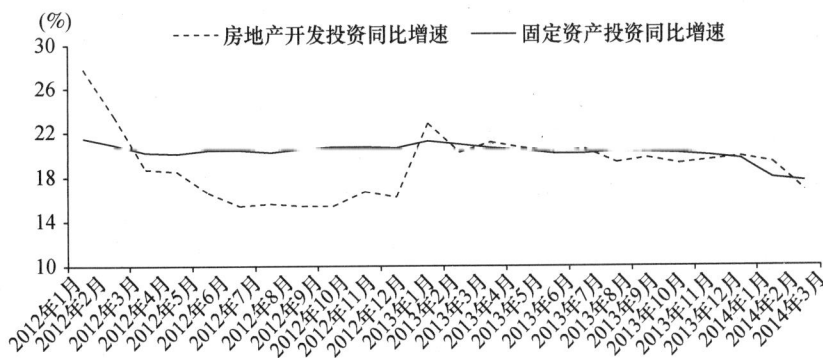

图 1 - 4 2012—2014 年第一季度中国固定资产投资发展状况

资料来源：国家统计局月度统计数据。

（三）消费增速降中趋稳

自中共十八大以来，党政机关、企事业单位普遍推进群众路线教育实
践活动，很好地遏制了奢靡之风、公款吃喝以及浪费式消费。与此同时，
城乡居民真实合理的消费潜力进一步释放，保持了消费的稳定增长。2013
年，中国社会消费品零售总额 234380 亿元，同比增长 13.1%，增速较

2012 年回落 1.2 个百分点，但消费总体仍保持较好的扩张态势（见图 1 - 5）。在具体消费类别中，汽车类消费成为消费亮点，住房类消费略有波动，但增速持续高于整体水平，成为消费的主要力量。消费者信心虽然经历了波动，但是依然呈现向好趋势，对于消费预期呈现乐观态度，消费者满意程度也有所上扬，这表明消费增速仍能够实现较平稳增长。

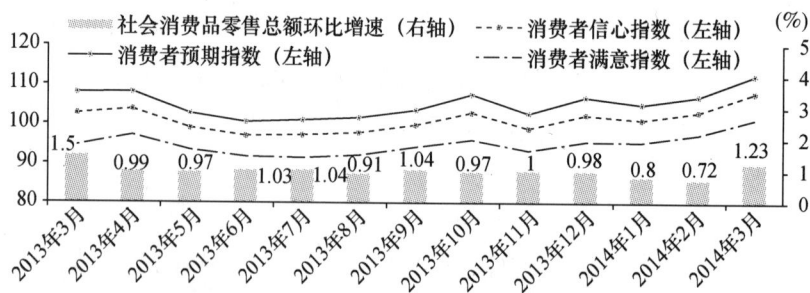

图 1 - 5　2013—2014 年第一季度社会消费品零售总额变化及消费者信心、预期和满意度状况

资料来源：根据国家统计局统计分析报告整理。

但城乡居民收入增速的明显回落将会对未来消费扩张产生负面影响，对消费增速产生冲击。如图 1 - 6 所示，2013 年城镇居民人均总收入 29547 元。其中，城镇居民人均可支配收入 26955 元，比 2012 年名义增长 9.7%，扣除价格因素实际增长 7.0%，增速比 2012 年回落 2.6 个百分点。全年农村居民人均纯收入 8896 元，比 2012 年名义增长 12.4%，扣除价格因素，实际增长 9.3%，比 2013 年回落 1.4 个百分点。2014 年第一季度，中国城乡居民收入增速略微回升，城镇居民人均可支配收入 8155 元，同比名义增长 9.8%，扣除价格因素，实际增长 7.2%。农村居民人均现金收入 3224 元，同比名义增长 12.3%，扣除价格因素，实际增长 10.1%。

（四）进出口稳定增长

自 2013 年以来，随着美国经济持续缓慢复苏，欧洲经济处于短期复苏，日本经济实现温和增长，新兴市场国家出现贸易金融问题，中国外贸呈现出"前弱后稳"、"持续低迷"的"弱增长"态势。全年进出口总额 41603 亿美元，比 2012 年增长 7.6%，其中，出口 22100 亿美元，增长

7.9%，进口 19503 亿美元，增长 7.3%。进出口相抵，顺差 2597.5 亿美元，但是各月度出口增速波动较大，贸易改善基础仍不稳固（见图 1-7）。2014 年第一季度，进出口总额 59022 亿元人民币，同比下降 1.0%。其中，出口 30025 亿元人民币，下降 3.4%；进口 28997 亿元人民币，增长 1.6%。

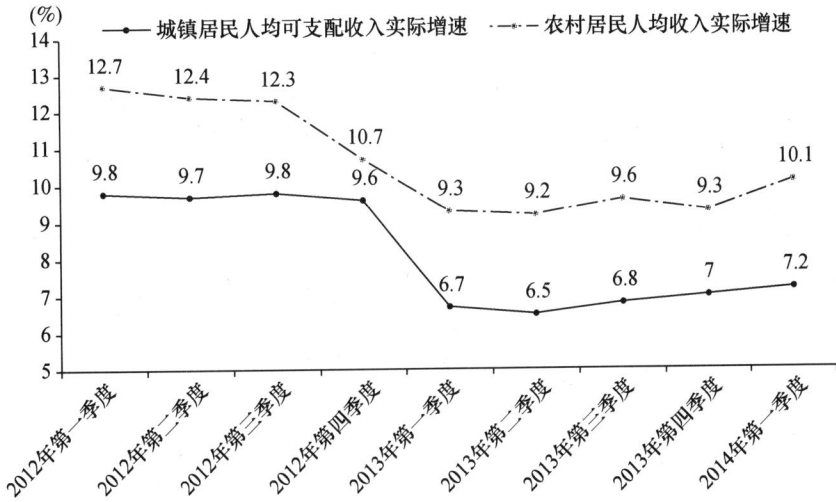

图 1-6　2012—2014 年城乡居民收入状况

资料来源：根据国家统计局统计分析报告整理。

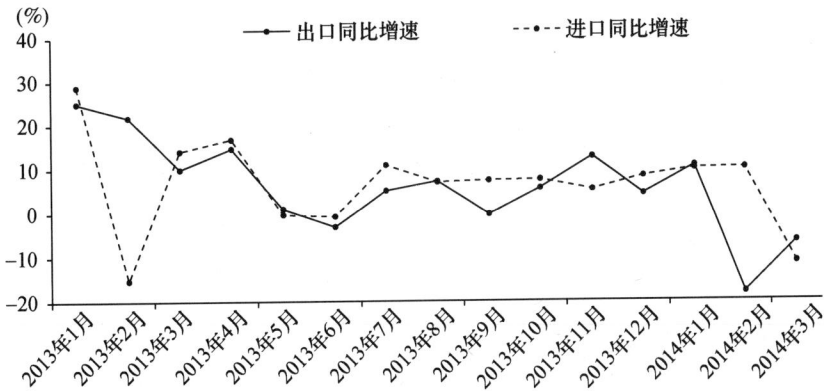

图 1-7　2013—2014 年第一季度中国进出口状况

资料来源：根据国家统计局统计分析报告整理。

2014 年，全球经济整体趋好，发达经济体继续回暖，部分新兴经济体需求旺盛，外需回升幅度值得期待。除了外部因素，中国对外经贸合作稳步推进，双边和多边自贸区开始发挥积极作用，一定程度上抑制了保护主义，出口结构实现优化，装备制造和成套设备比重上升，各行业和企业竞争力提升，将提升中国对外贸易的竞争力。同时，国内需求的相对稳定，将带动进口增长保持强劲。

（五）通货膨胀较为平稳

2013 年，中国物价水平总体处于温和上涨周期，全年居民消费价格比 2012 年上涨 2.6%，涨幅与 2012 年保持同步；全年工业生产者出厂价格比 2012 年下降 1.9%；全年工业生产者购进价格比 2012 年下降 2.0%。虽然物价水平总体保持平稳，但结构性通胀并未被有效遏制。食品价格涨幅依旧较大，其中，粮食、肉禽和蛋类等涨幅甚至超过了 2012 年同期；居住类项目价格涨幅也超过了 2012 年同期（见图 1-8）。

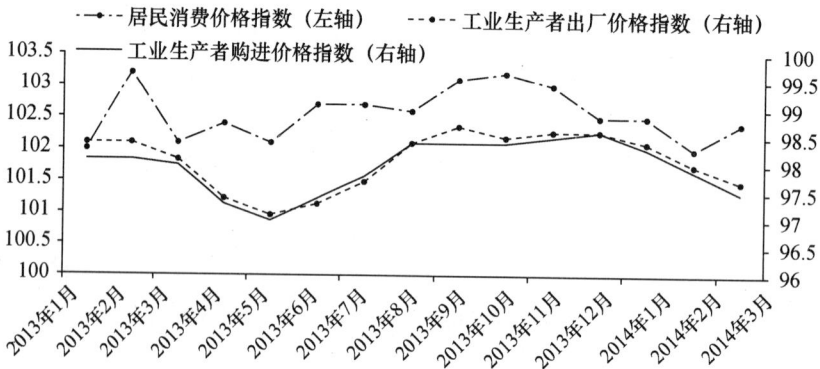

**图 1-8　中国居民消费价格、工业生产者出厂价格及
工业生产者购进价格指数变动趋势**

资料来源：根据国家统计局统计分析报告整理。

2014 年第一季度，居民消费价格同比上涨 2.3%，涨幅比 2013 年同期回落 0.1 个百分点，比 2013 年全年回落 0.3 个百分点；工业生产者出厂价格同比下降 2.0%，3 月份同比下降 2.3%，环比下降 0.3%。工业生产者购进价格同比下降 2.1%，3 月份同比下降 2.5%，环比下降 0.5%。此外，2013 年物价上涨对 2014 年翘尾影响为 1.4 个百分点左右，高于

2013 年 0.3 个百分点，加上信贷存量、房价和服务成本上升、能源和公用事业价格改革等的影响，2014 年整体物价上涨压力比 2013 年略高，但仍处于相对温和的状态。另外，随着国内投资需求和房地产建设保持平稳，以及 2014 年国内原材料价格和全球大宗商品价格企稳，都将有助于缓解制造业部门的通缩压力，加上基数效应，2014 年工业生产者出厂价格指数涨幅有望由负转正。

三 2013—2014 年中小企业发展环境评述

2013 年，全球经济呈现缓慢复苏态势，增速继续小幅回落，国际金融危机的后续效应依然存在，2013 年世界经济增速为 3.0%，较 2012 年放缓 0.1 个百分点。得益于再工业化进程和多轮量化宽松政策（QE）刺激，美国经济复苏动能增强，其经济环境特征在一定程度上给中小企业发展提供了有利的因素，使得美国中小企业在复苏进程中处于优势地位，但美国 QE 退出的不确定性，以及国会"债务上限"的分歧，可能拖累美国经济增长，甚至影响世界经济复苏进程。欧债危机处于相对平稳状态，欧洲开始进入经济回暖的转折期，并于 2013 年第二季度开始实现 GDP 环比正增长，结束了此前连续六个季度衰退的局面，市场信心有所恢复，经济景气指数不断上升，欧盟中小企业在经历长达五年的不明朗经济环境后，实现了 2008 年以来就业率和增加值的首次增长，但是，欧元区整体仍面临诸多长期性、结构性问题。日本经济在"安倍经济学"的刺激下呈现持续上升势头，新兴经济体增长有所放缓，经济困境严峻，增添了全球经济复苏的风险。总体来说，世界经济正在继续缓慢复苏中，中小企业国际环境逐渐好转，一定程度上有利于中国中小企业的发展。

虽然 2013 年以来全球经济复苏的利好因素不断增多，但国际市场的竞争更加激烈，国际贸易持续低迷，贸易保护主义抬头，不仅诸如保障、"双反"、进口关税等传统贸易保护措施以及政府采购、自动配额等新型贸易保护措施有增无减，主要经济体还竞相组织排他性区域自由贸易协定并力争主导权成为贸易保护的新手段，中国中小企业面临的出口形势不容乐观。

2013 年，中国经济进入了新的发展阶段，新一届政府采取深化改革，简政放权，保持宏观政策的连续性和稳定性，在调整中逐步释放增长潜能，实现经济稳中求进。2014 年中国宏观经济将保持平稳向好，稳中有进的态势，但是，美国 QE 退出、国内改革集中推进、房地产市场调整、地方债务问题和影子银行等引发经济变革风险，依靠外需和地方政府主导高投资的增长模式面临转型，经济运行可能呈现脉冲式的小幅和反复波动特征。面对国内外倒逼的市场环境，处于产业链低端的中国中小企业必须加快技术创新、管理创新、产业升级的"转型升级"。

2013 年，中国政府实施积极的财政政策与稳健的货币政策维持宏观经济的平稳运行，同时不断增强财政政策与金融政策对中小企业的扶持力度，国家有关部门陆续出台一系列新的支持中小企业发展的政策措施，对中小企业发展产生了积极作用。2013 年中央财政安排的各项中小企业专项资金，由最初的 10 亿元增至 150 亿元，各地政府还安排小微企业专项资金约 315 亿元，为促进中小企业发展提供了财政支持。2013 年 7 月 1 日开始，全国人大财政经济委员会邀请了国务院发展研究中心、中国社会科学院、中国中小企业发展促进中心、中国民私营经济研究会、北京联合大学、中关村等研究中介机构，以及若干政府部门、若干中小企业等连续召开了三场座谈会议，正式启动对《中小企业促进法》修法工作，从"直接补贴扶持"的思路转向"营造公平环境"。

针对中小企业税费负担重的问题，国家先后出台了一系列优惠政策，2013 年 8 月 1 日起，对小微企业中月销售额不超过 2 万元的，暂免征收增值税和营业税，并暂不规定减免期限。2013 年全年减轻了企业税负 1200 亿元，其中受惠的主体对象是中小企业。2013 年 8 月 8 日发布的《国务院办公厅关于金融支持小微企业发展的实施意见》提出 11 项措施以缓解小微企业融资难问题。银行继续加大了信贷业务结构调整力度，将更多贷款投向效益好、符合政策导向的小微企业和民营经济等领域。2013 年 10 月 25 日，国务院放宽公司注册资本登记门槛，除法律、法规另有规定外，取消有限责任公司最低注册资本 3 万元、一人有限责任公司最低注册资本 10 万元、股份有限公司最低注册资本 500 万元的限制；不再限制公司设立时股东（发起人）的首次出资比例和缴足出资的期限，进一步激活中小企业、小微企业的活力。2013 年 11 月，中共中央召开十八届三中全会，明确提出了允许具备条件的民间资本成立中小型银行，将对解决中小企业融资难、融资贵问题带来决定性的影响。

2014 年，在财政政策方面，中国将继续实施积极的财政政策扶持中小企业，国家中小企业发展专项资金规模将达 115 亿元，具体的支持方向包括支持服务体系、融资环境项目、科技创新和加强国际合作四个方向。在金融政策方面，将进一步优化金融资源配置，盘活存量，优化增量，鼓励和引导金融机构更多地将信贷资源配置到小微企业等重点领域和薄弱环节。同时，积极鼓励民间资本进入金融业，为中小企业提供广覆盖、差异化、高效率的金融服务。工信部也提出多项支持中小企业发展的具体措施，继续对中小企业给予资金扶持和税收减免政策，全力配合全国人大做好《中小企业促进法》的修订工作，配合财政部加快推进国家中小企业发展基金设立和实施，推动各地方公布涉企收费目录，建立企业减负长效机制，等等。受惠于 2014 年改革的深入推进及宏观经济回暖，中小企业有望实现恢复性增长，同时由于国内外环境的不确定性，中小企业的发展仍将是机遇与挑战并存。

第二节 2013—2014 年中国中小企业发展概况

中小企业是促进就业、改善民生、稳定社会、发展经济、推动创新的基础力量，也是构成市场经济主体中数量最大、最具活力的企业群体。中小企业发展状况，关系到中国经济社会结构调整与发展方式转变，关系到促进就业与社会稳定，关系到科技创新与转型升级。截至目前，中国中小微企业占全国企业总数的 99.7%，其中小型微型企业占 97.3%，提供城镇就业岗位超过 80%，创造的最终产品和服务相当于国内生产总值的 60%，上缴利税占 50%。

一 总体状况

截至 2014 年 4 月底，中国实有企业 1591.35 万户（含分支机构，下同），比 3 月底增长 1.97%；注册资本（金）103.73 万亿元，比 3 月底增长 1.97%。其中，私营企业 1319.94 万户，增长 2.32%；注册资本（金）43.8 万亿元，增长 2.98%。个体工商户实有 4564.15 万户，比 3 月底增长 1.19%，资金数额 2.55 万亿元，增长 1.83%。

私营企业和个体工商户是中国市场主体增长的主要推动力量。私营企业保持快速发展态势，无论数量还是注册资本，均呈现快速增长。2013

年年底，私营企业达 1253.86 万户，增长 15.5%，其数量占比突破了 80%；注册资本（金）39.31 万亿元，增长 26.4%。2012 年年底个体工商户首次突破 4000 万户，实有 4059.27 万户，比 2011 年年底增长 8.06%，资金数额 1.78 亿元，增长 22.19%。2013 年年底，私营企业和个体工商户登记城镇从业人员 14384.59 万人，同比增长 9.09%，占城镇就业人口的 40%，2013 年新增私营企业和个体工商户数量占新增市场主体的 96%，新增从业人员 1131.54 万人，占全国新增城镇就业人口的 90%。另外，受到国家工商登记制度改革的影响，尤其是"个转企"的推动，2013 年，新登记私营企业 232.73 万户，同比增速达到 30.0%，占新登记企业数量的 93.0%，企业个体比从 2009 年的 0.326∶1 提升到 2013 年的 0.344∶1，企业所占比重持续增加（见表 1-1 和表 1-2）。

表 1-1　　　　　　　　2002—2013 年中国私营企业发展情况

年份	企业数量状况		从业人员状况		注册资金状况	
	户数（万户）	增长率（%）	从业人数（万人）	增长率（%）	注册资金（万亿元）	增长率（%）
2002	263.8	20.0	3247.5	19.7	2.5	35.9
2003	328.7	24.8	4299.1	32.3	3.5	42.6
2004	402.4	22.4	5017.3	16.7	4.8	35.8
2005	472.0	17.3	5724.0	16.1	6.1	28.0
2006	544.1	15.3	6586.4	13.1	7.6	23.9
2007	603.1	10.8	7253.1	10.1	9.4	23.5
2008	657.4	9.0	7904.0	9.0	11.7	25.0
2009	743.2	13.0	8607.0	8.9	14.6	24.8
2010	845.5	13.8	9418.0	9.4	19.2	31.2
2011	967.7	14.5	10353.6	9.9	25.8	34.3
2012	1085.7	12.2	—	—	31.1	20.6
2013	1253.86	15.5	—	—	39.31	26.4

资料来源：根据国家工商总局各年度《全国市场主体发展总体情况》整理。

表 1-2　　　　　　　　2002—2013 年中国个体工商户发展情况

年份	企业数量状况		从业人员状况		注册资金状况	
	户数（万户）	增长率（%）	从业人数（万人）	增长率（%）	注册资金（亿元）	增长率（%）
2002	2377.5	-2.3	4742.9	-0.4	3782.4	10.1
2003	2353.2	-1.0	4299.1	-9.4	4187.0	10.7
2004	2350.5	-0.1	4587.1	6.7	5057.9	20.8
2005	2463.9	4.8	4900.5	6.8	5809.5	14.9
2006	2595.6	5.3	5159.7	5.3	6468.8	11.4
2007	2741.5	5.6	5496.2	6.5	7350.8	13.6
2008	2917.3	6.4	5776.4	5.1	9006.0	22.5
2009	3197.4	9.6	6585.4	14.0	11900.0	20.6
2010	3453.3	8.0	7097.7	7.8	13400.0	12.6
2011	3756.5	8.8	7945.3	11.9	16200.0	20.8
2012	4059.3	8.1	—	—	17800.0	22.2
2013	4436.29	9.3	14384.59	9.09	24300.0	23.1

资料来源：根据国家工商总局各年度《全国市场主体发展总体情况》整理。

根据阿里巴巴一达通平台对珠三角 500 家固定企业样本的连续跟踪和监测，分析其外贸经营状况可知，2013 年中小企外贸扩散景气指数总体水平不佳，均值收于 99.79；全年外贸出口总额整体增速缓慢，同比增长 1.74%；全年资金压力相对较大，资金压力指数平均收于 102.11；在扣除汇率因素的影响下，全年出口商品价格水平与 2012 年几乎持平甚至有微微下滑的势头，出口商品价格指数平均收于 99.72 点。

2013 年，月度中小企外贸景气指数在高开低走后逐步企稳回升，并呈现平稳上升趋势，总体而言全年景气状况同比 2012 年有所好转。其中 2 月景气指数由年初的 111.51 急剧下降至 66.64，3—6 月呈现递减趋势，至 7—11 月呈现递增趋势，于 10 月回升至临界值以上，12 月小幅下降；全年在临界点以下的分别是 2 月、5—9 月，其中 2 月处于最低点，指数为 66.64，1 月为全年峰值。2014 年 1 月中小企外贸扩散景气指数收于 102.25，高于临界点 2.25 点，2014 年度中小企外贸景气程度开局平稳上升（见图 1-9）。

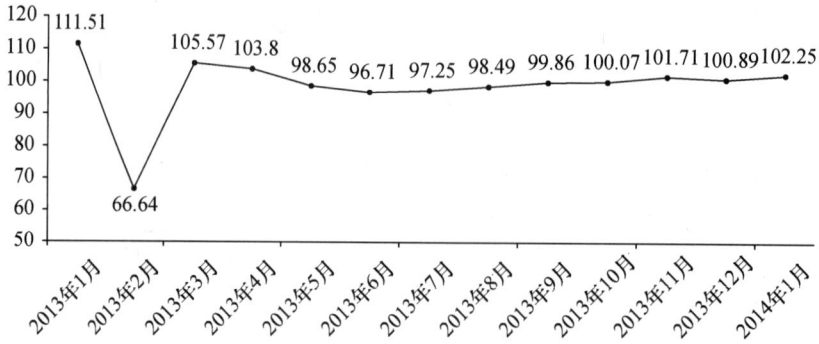

图 1-9　2013—2014 年珠三角中小企业外贸景气指数情况

资料来源：引自一达通中小企业外贸研究中心 2013—2014 年度各月份《珠三角中小企外贸指数报告》。

2013 年，中国发明专利申请受理量 82.5 万件，同比增长 26.3%，连续三年位居世界首位。其中，大量的新技术和新产品、新服务、新的商业模式都源自中小企业。目前在中国，中小企业提供了全国大约 65% 的发明专利，75% 以上的企业创新和 80% 以上的新产品开发，已成为中国科技进步的主体和主力军。

二　规模以上工业中小企业发展情况

根据最新的 2013 年版《中国统计年鉴》数据，2012 年中国中小企业运行总体保持平稳发展态势，在数量上占绝对优势，全国共有规模以上中小企业工业企业 33.4 万家，占规模以上工业企业的 97.3%。2012 年中小企业实现销售产值 54.2 万亿元，占规模以上工业的 59.6%；实现主营业务收入 54.5 万亿元，占规模以上工业的 58.6%；资产规模为 38.9 万亿元，占规模以上工业的 50.6%；实现利润 3.7 万亿元，占规模以上工业的 47.1%；实现出口交货值 4.4 万亿元，占规模以上工业的 41.5%。

国家工商总局全国小型微型企业发展报告课题组对 2012 年 3—6 月实际参加小微企业年检的约 1200 万户企业的营业收入、资产总额和从业人员三项指标进行了数据采集调查，共采集分析数据 2100 万条，形成《全国小型微型企业发展情况报告》。该报告数据显示，截至 2013 年年底，全国各类企业总数为 1527.84 万户。其中，小型微型企业 1169.87 万户，占全国企业总数的 76.57%。将 4436.29 万户个体工商户纳入统计后，小型微型企业所占比重达到94.15%。调查显示当前中国小微企业发展不平衡，仅有12%的小微企业表示近几年营业额增长率在30%以上，其余大多数企业经营发展缓慢。

近年来，中国规模以上工业中小企业的发展具有如下特点（见表1-3）：

表1-3　　2001—2012年中国规模以上中小型工业企业主要经济指标比较

年份	企业单位数（家）	工业总产值（亿元）	资产合计（亿元）	主营业务收入（亿元）	利润总额（亿元）	全部从业人员（万人）
2001	162667	50633.0	56102.7	47359.0	1763.2	3490.4
2002	172805	59648.2	61975.7	56314.0	2353.1	3615.1
2003	194238	93357.0	102530.5	90619.2	4501.3	4441.9
2004	274340	132348.5	136819.2	127867.6	6392.0	5244.6
2005	269332	160355.1	149705.9	154855.4	8001.1	5313.5
2006	299276	204249.6	177437.9	197290.7	10900.3	5636.2
2007	333858	264319.1	214306.2	254621.1	15743.3	6052.1
2008	422925	337981.1	267019.4	327282.4	20043.6	6867.1
2009	431110	372498.9	300568.9	361821.7	23644.6	6787.7
2010	449130	468643.3	356624.9	459727.2	35419.3	7236.9
2011	316498	492761.5	332798.0	482937.1	34962.6	5935.7
2012	334321	—	388802.8	544627	36740.2	6129

资料来源：《中国统计年鉴》（2013）。

（1）中小企业数量仍占绝对优势。2012年，中国共有规模以上中小企业工业企业334321家，占规模以上工业企业的97.3%。

（2）中小企业资产规模有较大幅度增长。2012年，中国规模以上工业中小企业资产规模为388802.8亿元，占规模以上工业的50.6%，比2011年增长16.8%。

（3）中小企业效益总体较好。2012年，中国规模以上工业中小企业实现利润36740.2亿元，比2011年增长5.1%。

（4）中小企业从业人员维持较大比重。截至2012年12月底，中国规模以上工业中小企业从业人员 6129 万人，占工业企业从业人员的 66.11%。

总体来看，2012 年中小企业总体上实现了平稳健康发展，对保持宏观经济平稳运行、稳定扩大就业和提高居民收入发挥了重要作用。

三　2013—2014 年中国中小企业发展评述

截至 2013 年年底，中国工商注册中小企业总量超过 4200 万家，占全国企业总数的 99% 以上；同时，中小企业也贡献了 58.5% 的 GDP，68.3% 的外贸出口额，52.2% 的税收和 80% 的就业，在促进国民经济平稳较快增长、缓解就业压力、实现科教兴国、优化经济结构等诸多方面，均发挥着越来越重要的作用。以中小企业中的个体私营经济为例，近 20年个体私营经济呈现跨越式增长态势。2013 年，民间投资占全国固定资产投资的 61.4%，民间资本占全国企业资本的 60%。

2014 年，世界经济仍处于缓慢复苏阶段，外需依然低迷，加之内需不足和人民币汇率过高等以及中小企业本身融资难、转型难、调整难等问题，这些因素在 2014 年依旧会相互交织和相互叠加，给中小企业的生存与发展带来冲击。

（一）出口增幅有所下滑

由于外需持续低迷和人民币汇率的上升的综合影响，2013 年中国中小企业出口增幅有所下滑。2014 年，外部环境将持续影响中小企业，那些装备水平和生产技术较为落后、专业人才短缺、技术创新能力弱的中小企业由于无法及时应对国际市场变化和转嫁上游各类投入成本（如原材料、环境、劳动力等）的增加，使其竞争优势明显下滑，外贸压力仍然很重。

（二）用工难和融资难问题依旧突出

从 2011 年开始，中国劳动力供给格局开始转变，劳动年龄人口正式进入负增长阶段，劳动力紧缺在未来几年都将是制约中小企业发展的重要难题之一。同时，随着劳动力资源短缺，劳动者维权意识增强，劳动力成本上升导致中小企业用工难将继续持续。近年来，中国中小企业融资难情况有所减缓，但中小企业融资程序复杂、融资需求量大等仍是亟待解决的问题。

（三）转型升级仍存在瓶颈

2013 年，中国中小企业转型升级举步维艰，进程缓慢。2014 年，中国中小企业转型升级仍面临生产经营、管理、技术设备等方面的瓶颈，同时，企业缺乏转型升级的方向指引和资源支持，也制约着中小企业转型升级的进程。

总体而言，中小企业在发展过程中，既会受到外部环境的影响，也会受制于内部因素。2014 年，十八届三中全会的"新政"实施给中国中小企业和民营经济的快速发展带来了新机遇，面对生产经营困难、成本上升较快、市场需求不足、融资难融资贵、负担重等问题，中小企业必须将解决企业内部问题放在首位，不能盲目发展，要坚持创新，培育核心竞争力，最终定能战胜困难，实现跨越式发展。

第三节　2013 年以来中国中小企业热点追踪

本节聚焦 2013 年以来中国中小企业政策、微金融前沿、"新三板"上市、"小升规"试点及中小企业"四化同步"等热点问题进行重点追踪，旨在宏观把握中国中小企业发展的最新现状与趋势。

一　政策热点

2013 年国家部委共密集出台了 23 项重要政策扶持中小企业发展，其中，综合性政策 1 项、财税政策 4 项、产业升级及创新政策 13 项、金融政策 4 项、工商政策 1 项。自 2013 年以来，最受中小企业关注的政策包括《关于金融支持经济结构调整和转型升级的指导意见》、《关于金融支持小微企业发展的实施意见》、《关于加强小微企业融资服务支持小微企业发展的指导意见》、《关于进一步做好小微企业金融服务工作的指导意见》、《关于促进电子商务应用的实施意见》、《关于进一步加强资本市场中小投资者合法权益保护工作的意见》、《关于小微企业免征增值税和营业税的会计处理规定》、《关于促进劳动密集型中小企业健康发展的指导意见》等（详见本报告书第三章）。

从政策实施情况来看，根据国务院新闻办发布的资料，2013 年中国中央政府安排了 150 亿元支持小微企业的发展。国家工信部等相关部委及各地以落实《国务院关于进一步支持小型微型企业健康发展的意见》（国发〔2012〕14号）为重点，开展扶助小微企业主题活动达到4400多场，服务小微企业达到53万家。2013年"营改增"在一些行业和地区进行试点，共减轻企业负担1200亿元，其中主要受惠的是小微企业。2014年以来，国务院常务会议5次强调要进一步加大对中小微企业帮扶力度，为中小微企业成长创造良好氛围，在促进中小企业科技创新、改善企业融资难等方面实施了一系列政策措施。主要热点如下：

（一）鼓励创意、设计类中小微企业成长

2014年1月，国务院常务会议确定了以市场为主导，鼓励创意、设计类中小微企业成长，引导民间资本投资文化创意、设计服务领域，设立创意中心、设计中心，放开建筑设计领域外资准入限制。3月，文化部发布关于贯彻落实《国务院关于推进文化创意和设计服务与相关产业融合发展的若干意见》的实施意见，引导和帮助各类小微文化企业增强盈利能力和发展后劲，支持文化创意和设计服务企业向"专精特新"（专业化、精细化、独特化、创新化）发展。

（二）投资基金支持中小微企业

2014年3月，国务院常务会议确定鼓励和引导创业投资基金支持中小微企业，创新科技金融产品和服务，促进战略性新兴产业发展，坚决保护投资者特别是中小投资者合法权益。4月，财政部会同工信部、科技部、商务部制定发布了《中小企业发展专项资金管理暂行办法》。专项资金安排专门支出支持中小企业围绕电子信息、光机电一体化、资源与环境、新能源与高效节能、新材料、生物医药、现代农业及高技术服务等领域开展科技创新活动，国际科研合作项目除外。对科技型中小企业创新项目按照不超过相关研发支出40%的比例给予资助。

（三）扩大小微企业所得税优惠政策实施范围

2014年4月，国务院常务会议研究了进一步减轻税负、助力小微企业成长的措施，提出将小微企业减半征收企业所得税优惠政策实施范围的上限，由年应纳税所得额6万元进一步较大幅度提高，并将政策截止期限延长至2016年年底。财政部、国家税务总局同月发布《关于小型微利企业所得税优惠政策有关问题的通知》。自2014年1月1日至2016年12月31日，对年应纳税所得额低于10万元含10万元的小型微利企业，其所得按50%计入应纳税所得额，按20%的税率缴纳企业所得税。

（四）小微企业招高校毕业生可延长社会保险补贴、享受财政贴息

2014年4月，国务院常务会议确定将小微企业招用高校毕业生享受社会保险补贴政策延长至2015年年底。科技型小微企业招收高校毕业生达到一定比例的，可申请不超过200万元的小额贷款，并享受财政贴息。

（五）破解创新型中小企业融资难题

为更好地发挥金融对经济结构调整和创新驱动发展的支持作用，更好地发挥市场配置资源的基础性作用，切实防范化解金融风险，国务院办公厅于2013年7月1日印发了《关于金融支持经济结构调整和转型升级的指导意见》（国办发［2013］67号）。2014年5月国务院常务会议决定成倍扩大中央财政新兴产业创投引导资金规模，加快设立国家新兴产业创业投资引导基金，完善市场运行长效机制，实现引导资金有效回收和滚动使用，破解创新型中小企业融资难题。

表1-4 　　　　　2013年以来中国中小企业政策热点

政策文件名称	发布日期	发文单位及编号等	相关政策要点
《关于扩大小型微利企业减半征收企业所得税范围有关问题的公告》	2014年4月18日	国家税务总局公告2014年第23号	进一步扩大小微企业减半征税范围
《关于小型微利企业所得税优惠政策有关问题的通知》	2014年4月8日	财税［2014］34号	小型微利企业所得税按50%计入应纳税所得额，按20%税率缴纳所得税
《关于进一步优化企业兼并重组市场环境的意见》	2014年3月24日	国务院办公厅国发［2014］14号	放宽民营资本市场准入，深化国有企业改革
《关于开展2014年扶助小微企业专项行动的通知》	2014年3月12日	工信部企业［2014］105号	推动支持小微企业政策落实与完善，加快中小企业服务体系建设
《关于印发2014年中小企业创新发展和信息化推进工作要点的函》	2014年3月5日	工信部中小企业司	中小企业创新能力建设，中小企业知识产权战略与中小企业信息化推进工程

续表

政策文件名称	发布日期	发文单位及编号等	相关政策要点
《首次公开发行股票并在创业板上市管理法》和《创业板上市公司证券发行管理暂行办法》	2014 年 2 月 11 日	证监会主席办公会议审议通过	创业板满足更多中小企业的融资需求
《关于小微企业免征增值税和营业税的会计处理规定的通知》	2013 年 12 月 24 日	财会〔2013〕24 号	在达到《通知》规定时，小微企业免征营业税不作相关会计处理
《关于全国中小企业股份转让系统有关问题的决定》	2013 年 12 月 13 日	国务院办公厅国发〔2013〕49 号	"新三板"面向中小微企业、高科技企业，强调诚信与风险识别的重要性
国务院：取消公司最低注册资本 3 万限制	2013 年 10 月 25 日	国务院常务会议	促进小微企业特别是创新型企业成长，带动就业，推动新兴生产力发展
《关于金融支持小微企业发展的实施意见》	2013 年 8 月 8 日	国务院办公厅国办发〔2013〕87 号	确保小微企业贷款增速不低于各项贷款平均水平、增量不低于上年同期水平
《关于暂免征收部分小微企业增值税和营业税的通知》	2013 年 7 月 29 日	财税〔2013〕52 号	月销售额不超过 2 万元的企业暂免征收增值税和营业税
《关于加强小微企业融资服务支持小微企业发展的指导意见》	2013 年 7 月 23 日	国家发展和改革委员会	支持创业投资企业、产业投资基金、企业债券满足产能过剩行业的小微企业转型转产、产品结构调整的融资需求
《关于促进中小企业"专精特新"发展的指导意见》	2013 年 7 月 16 日	工信企业〔2013〕264 号	专业化、精细化、独特化、创新化
《关于金融支持经济结构调整和转型升级的指导意见》	2013 年 7 月 1 日	国务院办公厅国办发〔2013〕67 号	促进企业根据自身条件选择融资渠道、优化融资结构，提高实体经济特别是小微企业的信贷可获得性
《关于加强国家中小企业公共服务示范平台管理工作的通知》	2013 年 1 月 17 日	工信部企业〔2013〕7 号	强化中小企业公共示范平台管理

资料来源：根据中国中小企业信息网资料等整理。

二 微金融前沿

（一）微金融的特点及其发展的原因

"微金融"是金融领域内，对数额及规模较小的金融活动的统称，是相对于大型金融机构、大规模资金融通的一个专业术语。中国社会科学院副院长李扬将微金融解释为"专门向小型和微型企业及中低收入阶层提供的小额度、可持续的金融产品和金融服务活动"。并指出，微金融的基本特点有两个：一是以小微型企业以及贫困或中低收入群体为特定目标客户；二是由于客户有特殊性，所以它会有适合这样一些特定目标阶层客户的金融产品和服务。这类为特定目标客户提供特殊金融产品和服务的项目或机构，他们追求自身财务自立和持续性目标。也就是说，小微金融服务机构自身应有商业可持续性，只有这样，其才会成为整个金融生态中不可或缺、越来越有生命力的组成部分。

微金融在金融生态中获得发展的背景及原因，一是中小企业、创业者、个体工商户对资金的需求剧增。目前，在中国以中小企业、小微企业为代表的民营经济已占据国民经济的半壁江山。但小微企业因其自身规模小，抗风险能力弱，对外部经济、政策环境的敏感程度普遍较高。近年来受到我国经济增速放缓、结构调整和国际经济下行的影响，微型企业的发展受到很大限制。据国家工商总局的报告，占全国企业总数 76.57% 的小微企业中，仅有 12% 的企业表示在近几年营业额快速或高速增长（增长率 30% 以上），其余大多数企业经营发展缓慢，对资金的需求大。二是社会资本广泛而迫切参与投资的欲望。随着经济的发展，中产阶级数量不断增加，他们有着强烈的投资欲望。微金融的发展，为这部分人提供了更加宽广的投资渠道，能有效利用社会闲散资金，同时为资金持有人创造收益。三是互联网金融模式为微金融创新提供可能。信息技术和互联网的发展促进金融业务和产品的创新，从而变革金融业务模式，P2P、P2C 等金融模式成为微金融典型方式。

（二）微金融在中国的发展现状

根据最新调查资料，2013 年，我国中小企业融资需求在 15 万亿元以上，其中 80% 表现为资金匮乏，70% 的中小企业贷款需求未能得到满足，90% 的企业从未获得银行贷款。随着微金融的发展，近几年中国涌现了各种微金融组织及相应的创新模式。一是公益扶贫性质的机构。典型如中国社会科学院农村发展研究所、扶贫基金会和非政府组织（NGO），这类机构虽然不以营利为目的，但也以市场化的信贷技术方式运作。二是以开发性金融机构为代表的半商业半公益机构。三是商业性机构，包括农村信用社、村镇银行、小额信贷公司、城市商业银行、农村商业银行等。四是其他创新金融机构，如新兴的 P2P 金融信息服务平台，P2C 互联网小微金融平台等。

（三）中国微金融创新趋势

微金融在中国发展强有力的推动金融市场化的进程。总结分析近年来中国出现的微金融模式（见表1-5），主要创新点表现在以下几个方面。

表1-5 中国微金融主要创新模式

	创新模式	主要特点	典型代表
互联网金融创新模式	银行的网络信贷模式	传统贷款模式的线上化、征信依据从依赖硬件（即抵（质）押品）向依赖软信息（即数据）转变；在合作主体上，银行与民间机构的合作增加	
	无抵（质）押+有限担保线上模式	网络贷款平台作为纯粹的网络贷款信用中介平台，不参与借款，不要求借入方提供抵（质）押品，不参与担保	拍拍贷
	无抵押+无担保+本金保障模式	网络贷款平台除了起到信息中介的作用之外，平台为借出方提供投资安全保障。因此，风险不会完全转嫁到借出方手上，平台采用相应的保障制度对借出方作本息（或本金）担保	宜信、红岭
	非银行金融机构衍生有担保模式	非银行金融机构，在原有业务的基础之上衍生出网络贷款产品。从风险规避的方式来看，非银行金融机构衍生有担保模式与有担保线下模式并没有本质的区别	陆金所
	民间网络贷款平台+银行业金融机构合作模式	民间网贷平台与银行业金融机构合作共同开展网络贷款业务，以实现分工明确、优势互补，资源共享，在网贷平台类别上属于"非独立复合型网络贷款平台"	融360、全球网、融道网
	电子商务平台+金融服务模式	该模式主要是为电商提供短期资金融通，无须抵押、无须担保、随借随还，风险控制主要来源于电子商务平台的海量数据	淘宝、天猫贷款；阿里信用贷款
民间微金融	小贷公司	小贷公司的出现主要是为了补充金融机构对中小企业等实体经济的服务落后，但在很长一段时间内，融资成本高将会是制约小贷公司发展最关键的因素	
	中小企业金融服务一体化模式	是一个为中小微企业提供服务的平台，把技术金融服务、高端金融服务，金融信息、咨询，还有研究院等这些金融资源整合在一起，形成一体化的金融服务	汇普中心

资料来源：本课题组整理。

1. 进入壁垒消除，导致市场均衡价格能够合理地确定

市场逐渐放开，导致微金融机构进入，尤其是各种互联网金融的出现，使得供求之间的距离能够大大缩小，在很多网络平台上，供求能够直接对接，双方通过线上竞标，类似拍卖的方式来确定价格，因而能够得到十分接近市场均衡水平的利率，为利率市场化奠定一个良好的基础。

2. 降低融资成本，从抵押贷款到信用贷款，扩大金融有效需求

中小微企业融资难的关键在于抵押能力不足，信息成本太高，银行难以承受，解决的途径就在于找到降低成本之道。通过市场放开，基层地区的大量非银行金融机构的出现，他们采取的各种创新模式，例如熟人社会，社会关系网络等，能够把信息渠道通向任何以前无法触及的边边角角，有效地解决了信息不对称问题，因而降低了银行难以承受的高成本，获得了更多大量的中小微企业客户，开拓了新市场份额，挖掘了经济增长的新源泉。

3. 采取创新模式扩大融资来源

大量出现了各种非银行金融机构与银行卓有成效的合作模式，可以通过这种渠道，把大量资金来源输入中小微企业，促进它们进行融资扩张发展。除银行之外，寻找资本市场上的各种基金、证券公司之类的机构合作，盘活并放大微金融机构自身的资产规模，是另一创新模式。微金融机构与证券公司、信托公司的合作，可以把资本证券化，把小贷公司的债权资本打包出售给证券公司或信托公司，证券或信托公司据此可以发行产品，在资本市场上筹集资金。同时通过循环购买的方式，把短期信贷与长期证券的期限相匹配，为中小微企业提供持续不断的融资支持。

4. 互联网金融对于银行体系产生了积极的溢出效应

大量微金融机构和互联网金融的出现，导致各种创新不断跟进模仿，产生了一系列积极的溢出效应。银行通过结算中心的优势，把各种交易信息进行加工分析，作为企业信用评价基础。互联网利用信息平台的大数据技术，让银行产品和用户需求的匹配更高效，信息更对称。在这个意义上，这类互联网实际上是银行业务的延伸，是银行部分内部业务的外包，

因而更专业化。

三 "新三板"上市

（一）相关背景

中国的三板市场起源于 2001 年"股权代办转让系统"。一板市场通常指主板市场（含中小企业板块，简称"中小板"）；二板市场指创业板市场。相对于一板市场和二板市场而言，场外市场被称为三板市场。三板市场的发展包括"老三板"市场（以下简称"老三板"）和"新三板"市场（以下简称"新三板"）两个阶段。"老三板"即 2001 年 7 月 16 日成立的"代办股份转让系统"，最早承接 STAQ 系统（全国证券交易自动报价系统）和 NET 系统（中国证券交易系统有限公司开发设计）"两网股"股票，以及从主板市场终止上市后退下来的"退市股"股票；"新三板"则是在"老三板"的基础上于 2006 年产生的"中关村科技园区非上市股份公司进入代办转让系统"。随着"新三板"市场的逐步完善，中国逐步形成由主板、创业板、场外柜台交易网络和产权市场在内的多层次资本市场体系。

"老三板"建立以来，始终面临企业资质较差、交投不活跃、市场走势不稳定等多方面劣势，因此未能在中国资本市场上得到重视，为了改变现行场外交易市场过于落后的局面，同时也为了更多的高科技成长型企业提供股份流通的机会，科技部、证监会、证券业协会、深交所、北京市中关村管委会五方共同为扶持国家级高新科技园区的科技含量较高、自主创新能力较强的中小企业股份制企业而设立融资服务平台，即"新三板"，目的在于促进中小科技型企业利用资本市场、吸引风险投资、引入战略投资者、重组并购和提高公司治理水平。

2005 年 10 月，证监会同北京市和科技部向国务院上报了"中关村科技园区非上市股份有限公司进入证券公司代办股份转让系统进行股份转让试点实施方案"，并得到国务院批复。2006 年 1 月 16 日，北京中关村科技园区作为第一批试点，建立了全国中小企业股份转让系统（NEEQ），使园区内非上市股份有限公司能够利用该系统进行代办股份报价转让。2012 年，经国务院批准，决定扩大"新三板"试点范围，首批扩大试点新增上海张江高新技术产业开发区、武汉东湖新技术产业开发区和天津滨海高新区。2013 年年底，"新三板"方案突破试点国家高新区限制，扩容至所有符合"新三板"条件的企业。

新老三板均为非上市公司股份转让所设立的,同属中国场外市场的一部分。但新老三板也有不同,主要体现在以下四个方面:

(1)功能定位上,"老三板"的定位是为解决法人股流通问题而设立的一个交易平台,而"新三板"是除了拥有此功能之外还有私募融资之功能。

(2)参与主体上,在"老三板"挂牌交易的公司都是公众公司,而且都是经过合法的公开发行程序,并且符合中国证券发行资质的相关规定而挂牌的公司,而"新三板"的挂牌公司则是非公众公司,无须经过公开发行程序,只要符合"新三板"规定的挂牌条件即可。

(3)交易制度上,"老三板"的交易制度都是按照主板的竞价系统方式进行配对成交,同时"老三板"也是根据股份转让公司的质量实行股份分类转让制度,根据挂牌公司的净资产情况分别实行每周一次、三次和五次的转让方式,涨停板最高限制为5%。而"新三板"的交易制度则与美国纳斯达克场外交易市场模式类似,实行券商委托报价和配对成交。一般在"新三板"成交的投资者,通常是在线下完成价格磋商,然后才在"新三板"系统来完成确认。其交易限额是,"新三板"交易以3万股为最低额度,并规定对于超过30%公司股份的交易,双方须公开买卖信息。

(4)信息披露上,"老三板"的挂牌公司是经过严格的发行上市的公众公司,信息披露也是严格按照首次公开发行上市的相关法律法规规定要求来执行的。而"新三板"挂牌的公司信息披露标准则要低于上市公司的标准。

(二)"新三板"的挂牌条件和流程

2013 年 2 月 8 日,《全国中小企业股份转让系统业务规则(试行)》开始实施,成为"新三板"现行的运行标准(见表 1 -6)。

(三)"新三板"发展规模现状

2006—2014 年,"新三板"挂牌企业数量快速增长,截至 2014 年 6 月 20 日,共有 800 家进入股份报价转让系统,总股本达到 273.83 亿股,全年成交 930 笔(见图 1 -10)。

表 1 -6　　　　全国中小企业股份转让系统运行机制一览表

项目	全国中小企业股份交易系统
挂牌条件	（1）依法设立且存续（存在并持续）满两年。有限责任公司按原账面净资产值折股整体变更为股份有限公司的，存续时间可以从有限责任公司成立之日起计算。（2）业务明确，具有持续经营能力。（3）公司治理机制健全，合法规范经营。（4）股权明晰，股票发行和转让行为合法合规。（5）主办券商推荐并持续督导。（6）符合全国股份转让系统公司要求的其他条件
挂牌机制	备案制，非上市公司申请股份在代办股份转让系统挂牌，须委托一家主办券商作为其推荐主办券商，向协会进行推荐。推荐主办券商应对申请股份挂牌的非上市公司进行尽职调查，同意推荐挂牌的，出具推荐报告，并向协会报送推荐挂牌备案文件
交易方式	（1）主券商代理制，投资者买卖挂牌公司的股份，须委托主办券商办理。投资者卖出股份，须委托一代理其买入该股份的主办券商办理。（2）协议转让，同一价位情况下时间优先。（3）挂牌公司股份转让时间为每周一至周五上午9：30—11：30，下午13：00—15：00
信息披露	（1）股份转让时间内，报价系统通过专门网站和代办股份转让行情系统发布最新的报价和成交信息。（2）主办券商应在营业网点揭示报价和成交信息

资料来源：本课题组整理。

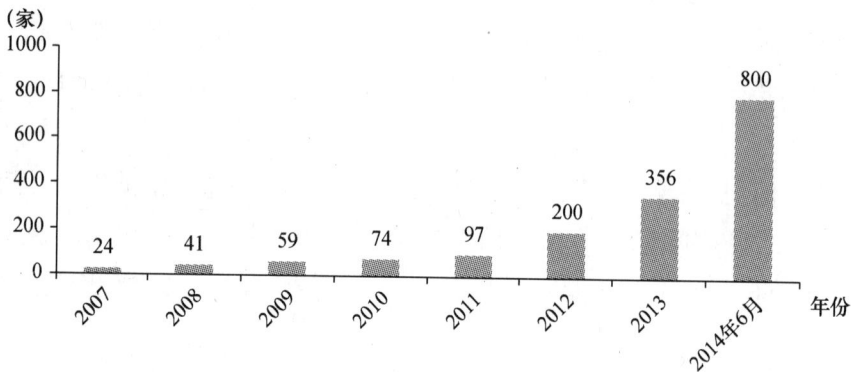

图 1 -10　全国中小企业股份转让系统各年累积挂牌企业数量

　　"新三板"历年的交易情况如表 1 - 7 所示，2006—2012 年，挂牌公司和总股本基本保持相同的增长速率，成交笔数、股数和金额 2010 年有所回落，但是平稳的增长趋势还是明显的。2013 年"新三板"扩容后，"新三板"交易活跃，挂牌公司数量急剧增长，2013 年到 2014 年 6 月，增长速率达到 124.72％，总股本的增长速率为 181.81％；成交笔数、股数和金额在 2013 年扩容后增速也明显加快。

表 1-7　　　　　　　　　中国"新三板"历年交易情况

年份	挂牌公司（家）	总股本（亿股）	成交笔数（笔）	成交股数（万股）	成交金额（亿元）
2006	10	5.77	235	15.21	0.78
2007	24	12.36	499	43.25	2.25
2008	41	18.86	479	53.81	2.93
2009	59	23.58	874	107.02	4.82
2010	74	26.89	635	68.86	4.17
2011	97	32.57	827	95.44	5.60
2012	200	55.27	638	114.56	5.84
2013	356	97.17	989	202.43	8.14
2014 年 6 月	800	273.83	930	155.65	19.43

资料来源：本课题组根据代办股份转让系统数据汇总整理。

　　"新三板"挂牌企业的行业分布涉及十分广泛，从目前"新三板"公司所属行业类型来看，800 家企业来自不同的 22 个行业，其中制造业有 416 家，占比高达 50.2%，信息传输、软件和信息技术服务业有 229 家，占比 28.62%，科学研究与技术服务有 33 家，占比 4.12%，其余行业公司数量相对较少（见表 1-8）。

表 1-8　　　　　　　　中国"新三板"分行业企业数量

行业类型	企业数量	行业类型	企业数量
教育	1	居民服务、修理和其他服务	5
传播与文化	1	采矿业	8
非金属类建材	1	计算机	10
建筑和工程	1	农、林、牧、渔业	13
交通运输、仓储和邮政业	1	文化、体育和娱乐业	14
机械	1	水利、环境和公共设施管理业	16
医药生物	1	租赁和商务服务业	16
电力设备与新能源	2	建筑业	22
卫生和社会工作	2	科学研究与技术服务业	33
电力、热力、燃气及水的生产和供应业	3	信息传输、软件和信息技术服务业	229
金融业	4	制造业	416

资料来源：本课题组整理。

四 "小升规"试点

小微企业在增加就业、促进经济增长、科技创新与社会和谐稳定等方面具有不可替代的作用，对国民经济和社会发展具有重要的战略意义。受国内外复杂多变的经济形势影响，当前小微企业经营压力大、成本上升、融资困难和税费偏重等问题仍很突出。为深入贯彻《国务院关于进一步支持小型微型企业健康发展的意见》（国发〔2012〕14号），浙江省人民政府办公厅发布《关于促进小微企业转型升级为规模以上企业的意见》，推进全省小微企业创新发展、集约发展、提升发展，再创发展新优势。

浙江省作为率先推出"小升规"扶持政策的地区，2013年完成"小升规"企业达到1285家，政府的目标是三年内达到1万家。在浙江省的政策出台后，山西、河北、湖南、甘肃等地区也发布了"小升规"的相关文件。浙江省的小微企业可享受"两税、两险、一金"的优惠待遇（即"小升规"企业享受房产税、城镇土地使用税优惠，基本养老保险、基本医疗保险单位缴纳部分可享受3年政策优惠期），期间单位缴费比例实行临时性下浮；首次上规模的企业，地方水利建设基金当年减半征收，如当年已缴纳的，次年减半征收。在企业税费方面，"小升规"企业在3年内对实缴税款地方财政新增部分给予适当补助或奖励。在企业减负方面，明确被列为培育对象和新上规模企业在环评等方面的费用，3年内按其标准减半收费。

积极促进"小升规"工作，有利于推进大中小微企业协同制造，改进小微企业传统制造方式，倒逼小微企业实现规模化、规范化经营。同时对于推动市场主体转型升级、发展规模经济，推动浙江省经济持续健康发展，具有十分重要的意义。

五 中小企业"四化同步"

党的十八大报告首次提出了"四化同步"的概念，即坚持走中国特色新型工业化、信息化、城镇化、农业现代化道路，推动信息化和工业化深度融合、工业化和城镇化良性互动、城镇化和农业现代化相互协调，促进工业化、信息化、城镇化、农业现代化同步发展。中小企业是市场经济最活跃的因子，是新型工业化、信息化的生力军，是信息化和工业化深度融合的主战场，是工业化和城镇化良性互动发展的推动力，是城镇化和农业现代化相互协调的基础保证。

中小企业创新转型是新型工业化的动力源泉。创新转型是新型工业化的原动力，是产业升级的关键。创新的源泉在企业，而中小企业是最活跃的组织，具有很大的创新动力和能力，抓创新首先要在中小企业入手。推动中小企业创新转型，要大力实施创业创新领军企业培育工程，加快形成创新型企业集群。支持中小企业通过"四创"（技术创新、工艺创新、功能创新、材料创新），创造"专精特新"产品，成为产业链中某个环节的强者和"隐形冠军"。围绕重点产业和科技型中小企业，加强技术改造，推动中小企业调结构、转方式。大力推进公共技术服务平台和技术协同创新建设，着力解决中小企业创新能力不足的难题。促进中小企业实施知识产权战略。

中小企业的集约集聚发展，是城镇化的支撑载体。产业是城镇发展的基础，是城镇制造业和其他非农产业发展的主要场所和载体。与此同时，高质量城镇化对中小企业发展空间布局提出了新的要求，需要推动中小企业从分散走向集中，从粗放走向集约，构建现代产业集群，形成"产城一体"的发展新格局，在区域产业结构不断演进过程中形成新的城市空间与地理环境。

中小企业吸纳就业的优势是农业现代化的基础保证。中小企业量大面广，提供就业岗位多，吸纳就业人员多，这对农业人口转移及转移人口市民化，实现农民收入倍增具有重要作用，必须允分发挥中小企业促进就业的主渠道作用。以推动就业和创业为目的，以建立和完善中小企业服务体系为抓手，降低创业门槛，提供创业载体，完善创业支持，促进以创业带就业，尤其要大力推动科技创业，培育一批科技型小微企业。

中小企业信息技术应用为信息化发展开辟广阔空间。当前信息化仍处于以局部应用为主的阶段，多数企业的集成应用水平亟待提升，尤其是中小企业在研发、设计、制造、经营管理、服务、决策等方方面面的应用更为薄弱。加快推动信息技术在中小企业的应用，是带动信息化深入发展的重要着力点。以推动物联网、云计算等新一代信息技术应用为重点，深入开展数字企业创建活动，加快信息技术在中小企业核心业务环节的普及推广和深化应用，促进两化深度融合，是中小企业走上智能化、网络化、科学化的轨道。

第 二 章

2013—2014 年中国区域中小企业发展分析

近年来，中国对于中小企业在国民经济及社会发展中作用的认识进一步增强，国家层面及各个地方陆续出台了大量促进和引导中小企业发展的政策。但总体上，中国国民经济及中小企业发展呈现东强西弱的局面依然存在。本章着重就中国区域中小企业发展环境与总体特征、中国区域中小企业发展比较分析、中小企业集群与县域经济发展三个方面的问题展开研究，揭示中国中小企业发展中存在的区域差异，并探讨这些差异存在的原因，为促进中国中小企业进一步实现健康持续发展提供借鉴参考。

第一节　中国区域中小企业发展环境与总体特征

一　东部地区中小企业发展环境及特征

（一）解决融资难问题仍是东部中小企业发展的政策取向

虽然中小企业融资问题是一个老话题，并且近年来国家有关部门也通过多种方式尝试去解决这一问题，但至今也未从根本上缓解或者解决中小企业特别是小微企业融资难、融资贵的问题。根据国家工商总局 2014 年 3 月公布的调查数据，到 2013 年年底，中国东部 11 个省份小微企业占全国小微企业的比重为 60.40%，中部 8 个省份小微企业占比为 20.35%，西部 12 个省份占比仅为 17.23%。东部地区集中了 2/3 的小微工业企业。一些机构调研显示东部中小企业发展中融资难问题依然存在，因此，除国家层面的相关政策外，东部省份也都在出台多种政策措施尝试进一步改善融资环境，以有效解决融资难问题。

从国家层面说，近年来，中央财政认真贯彻落实党中央、国务院关于金融支持中小企业发展的有关决策部署，研究出台了一系列财税扶持政策，着力引导和鼓励各类金融机构加大对中小企业的金融服务力度，初步形成了以财务管理、绩效考核、业务规范、资金支持、税收优惠等为主要内容的财税金融政策体系支持中小企业发展。中国银监会也一直高度重视小微企业金融服务问题，2006 年成立了小微企业金融服务办公室。从银监会的本职出发，通过差异化的监管措施，包括存贷比、单列信贷指标等，引导银行业金融机构加强和改进小微企业金融服务。比如发行了小微企业金融债，到目前为止，已发行了近 5000 亿元，使小微企业贷款的数量不断增加，小微企业服务机构也在不断地增加。

2014 年 6 月，浙江省温州市科技局在温州知识产权网开辟的"专利许可备案及质押登记"专栏上线运行，标志着温州市正式启动国家知识产权示范城市专利质押融资登记、实施许可备案前期服务工作绿色通道。该绿色通道通过快速服务机制，促进企业对专利运用强化，缩短了企业获得质押融资贷款的时间，强化了企业发展实体经济的保障。专利质押贷款正成为温州科技型企业获得银行融资贷款的新通道。温州市的数据资料显示，温州市已为 72 家企业办理专利等知识产权质押贷款 4.3 亿元，约占浙江省知识产权质押贷款总额的 50%。在浙江省杭州市，2014 年 6 月，首个民间融资创新管理试点在拱墅区启动。作为浙江省首批民间融资管理创新试点区，拱墅区将借助试点工作在主城区特色金融创新中心的建设上取得历史性突破，通过把民间借贷纳入合法化、阳光化轨道，为本地中小企业持续发展提供动力。据悉，在试点过程中，拱墅区将设立民间融资服务中心和民间资本管理公司两个机构，实现民间闲散资金与中小微企业资金需求的匹配。前者作为资金供需的登记中心，自然人和企业法人在手中有富余资金时，可以到服务中心登记备案，等待撮合机会。后者的运作更为市场化和专业化，即通过一定渠道募集民间的小额资金，将资金用于本地中小企业发展，以缓解企业融资难问题。

2014 年 6 月，江苏省政府办公厅发布了《关于开展小微企业转贷方式创新试点工作的意见》，基本思路是：允许符合条件的小微企业在转贷过程中部分还贷，以缓解小微企业融资难、融资贵等问题。企业在转贷前归还部分当期贷款本金，一方面减轻资金周转压力；另一方面检验企业现金流管理能力，将银行信贷风险控制在一定范围内。纳入名单制管理的小微企业，可在结清当期所有贷款利息的前提下实行转贷。名单制企业当期贷款到期前，试点银行业金融机构重新进行授信审查或追加贷款保证措施，审查通过新的授信额度和期限后，按照风险可控原则，制定不同企业的当期贷款还本比例，最高不超过60%，最低不少于30%。名单制企业按规定未结清的当期贷款本金自动转入下期贷款本金。

在福建，为进一步加大金融对实体经济的支持力度，努力缓解企业融资难，促进企业健康发展，2014年5月，福建省政府下发了《关于加强企业融资服务八条措施的通知》。各银行业金融机构加大对企业的信贷支持力度，进一步加强信贷资金的组织和调度，盘活存量，优化结构，努力推动信贷规模的平稳增长，多渠道满足实体经济的信贷需求。通知提出，将福建省再担保公司改制为政府主导的融资担保机构，主要为地方政府主导的设区市担保公司提供再担保或分保等多种担保服务。杜绝地方政府的干预行为，确保独立评审和市场化运作。同时，为发展前景良好、缺少有效抵押物企业的发债、股权融资、信贷等提供直保、增信等服务。

此外，福建省财政将增资10亿元，把省再担保公司注册资本金增加至17亿元，将政府主导的融资担保机构代偿率的容忍度提高到3%。福建省还将调整融资性担保公司风险补偿金补偿方式，建立政府主导的省级融资担保机构年度资金补偿制度。各设区市和平潭综合实验区都要成立一家政府主导的融资担保机构。通知提出，支持引导小额贷款公司规范发展，成立省级小额再贷款公司，为福建省内小额贷款公司提供再贷款、信贷资产转让等融资服务，并要求各银行业金融机构适当扩大对其授信规模。福建省财政将根据使用情况，逐步扩大"小微企业发债增信资金池"规模。同时鼓励各设区市参与设立"小微企业发债增信资金池"子基金，为本地区企业融资提供增信支持。福建省还进一步加强与银行间市场交易商协会和证券交易所的合作，推动相关企业发行企业债、公司债、中小企业私募债、中小企业集合票据、短期融资券、中期票据等；鼓励各市、县（区）政府设立直接债务融资发展基金，为企业发行区域集优票据提供增信支持，批量推动企业发债融资对能维持正常经营的企业，规定不能随意降低贷款额度、提高续贷门槛，更不能简单、随意抽贷、压贷，避免因不合理的信贷压缩，给正常经营的企业造成资金周转困难。福建省财政根据现有省级企业应急资金使用情况，给予必要的资金支持，以增强该资金的应急周转能力。各市、县（区）政府也建立企业应急资金，为基本面较好但还贷资金暂时出现困难的企业提供"过桥"资金。

（二）东部中小企业要素成本增长明显

中国区域经济递进发展差异的形成是由于自然资源、人文历史、地理交通、社会政治等诸多因素长期累积、沉淀作用的结果。改革开放以来，中国生产力的布局和资源的配置实行了向东部沿海地区倾斜的政策，积极推进东部沿海发展战略，给予东部沿海地区经济发展的各项优惠条件，这些战略促进了中西部地区的各种资源和要素流向东部地区，使区域间发展差距日益扩大。

然而近年来，随着中国东部地区的多年持续高速发展，要素成本上升问题也日益明显，成为各界广泛关注的问题。东部中小企业发展的要素成本上升体现在多个方面，最主要是体现在劳动力成本的上升。首先，经济的持续发展使得中国劳动力无限供给的状况在发生改变，东部地区劳动力的供给开始逼近"刘易斯拐点"。据统计，2008—2012 年，中国城镇单位平均工资年均增长 12.8%，外来务工者的平均收入年均增长 14.3%。自2013 年以来，中国有 24 个地区上调了最低工资标准，平均涨幅达到18%；外出务工者月均收入同比增长 13%。另外，促进东部地区中小企业用工成本上升的另一个原因是，随着西部大开发战略的实施，劳动力向中西部回流的现象也较为明显，这也使得东部地区劳动力供需状况出现变化。报道资料显示，未来几年，中国的劳动力成本仍将以每年 15% 左右的速度递增。

要素成本的上升还体现在融资成本的高企方面。中国目前正处在经济转型期，转型期的融资成本不会轻易降低，融资成本低，将导致生产低效、产能过剩，这会从根本上阻碍产业结构升级的战略实施。另外，从国家经济政策来看，采取的是稳健的货币政策，在不出台扩张的货币政策背景下，融资成本很难降低。

要素成本的增长对于东部中小企业的发展带来重要影响。首先，要素成本增长导致企业利润下滑，使得市场竞争更为激烈，优胜劣汰机制将使得部分中小企业走向经营困境；其次，要素成本的提升也导致外贸型中小企业承受较大的压力。事实上，近年来中西部地区的出口增速远高于东部地区的出口增速，一定程度上减轻了东部地区出口下滑给总出口稳定增长带来的压力。中部一些省份的出口增速不仅远高于东部地区，也高于全国平均水平，接受东部地区产业转移的重要省份重庆和河南的出口增长率近年分别达到160%和80%以上。另据中国纺织服装机械网的资料，如纺织服装产业这类传统劳动密集型产业在生产要素成本持续增长背景下，发展压力日益增加，传统优势日益减弱，"入世红利"趋于消退。商务部发布的2013年秋季中国对外贸易形势报告也认为，2014年中国的对外贸易形势严峻。

（三）东部地区中小企业转型升级正当时

中国中小企业面临的根本问题仍在于其处于产业链的低端，产品技术含量不高、产品或服务的附加值低，不具有产品的定价能力和议价能力，无法应对和转嫁上游各类投入成本（如原材料、环境、劳动力）的增加，这也是中国东部地区中小企业转型升级目前面临的重大现实课题。企业要提升产品质量、档次，提高产品的附加值，在做好加工制造的同时，要向产业链的高端延伸，也就是向微笑曲线的两端延伸，既要向研发、设计等上游环节延伸，同时还要向营销、物流等下游环节延伸，要实行产业链、价值链的整合。中国东部地区中小企业外向度高，具有把外贸转型和吸收外资整合起来的优势，结合实施"走出去"战略，打造一批具有跨国经营能力、具有国际化视野的本土跨国公司，是东部地区促进中小企业转型升级的重要内容。

二 中西部地区中小企业发展环境及特征

（一）国家继续加大中西部开发力度

针对中国经济发展呈现东强西弱的梯度发展，中央政府早在多年前就提出"西部大开发"战略。针对西部地区中小企业发展仍相对滞后这一现实情况，近年来，在中央财政先后设立的科技型中小企业技术创新基金、中小企业发展专项资金、中小企业国际市场开拓资金、中小商贸企业发展专项资金、中小企业服务体系发展专项资金等专项资金配置上，通过多种方式进一步加大对中西部地区的政策倾斜力度。如设立专门针对帮助西部中小企业发展的专门资金。在现有中小企业资金政策体系下，结合西部中小企业发展的特点增加适合西部地区的政策内容。2012年6月，财政部下发的《中小企业发展专项资金管理办法》中强调向中西部地区及小微型企业倾斜，这些资金对于提升中西部中小企业研发能力、管理水平，促进中小企业结构调整优化等方面发挥了有效作用。

2013 年 4 月，国务院印发《关于进一步支持小型微型企业健康发展的意见》也明确提出，完善财政资金支持政策，逐年增加资金规模，体现政策导向，增强针对性、连续性和可操作性，突出资金使用重点，向小型微型企业和中西部地区倾斜。2013 年 4 月，中共中央政治局常委、国务院副总理张高丽赴山西、新疆调研时指出，中西部地位重要、潜力巨大，国家将一如既往地支持山西、新疆等中西部地区发展；要积极发展优势特色产业，大力推进绿色发展、循环发展、低碳发展，加强煤、油、气、水、土地等资源的节约集约利用。党的十八大报告强调，把推进西部大开发放在区域发展总体战略的优先位置，体现了中央对中西部地区发展始终如一的高度重视。随着这些支持中西部发展的指导思想及政策措施不断得到贯彻与落实，可以预测，未来中西部地区的发展将对中国经济增长形成新的拉动作用。

（二）中西部发展后发优势日渐明显

相关统计数据显示，中国经济版图事实上正在发生深刻变化。自 2008 年以来，中西部地区经济增速连续多年高于全国平均水平。从 2014 年，第一季度 GDP 数据看，云南、贵州等西部省份以 12.6% 的经济增幅位列第一。在增速最快的 10 个省份中，中西部地区占据了 8 个席位，而上海、浙江等东部省份增幅位列最后。中国的经济增长中心区不断向中西部地区拓展，中西部一些重点地区对区域发展的支撑作用越发增强。

中西部发展后发优势首先体现在其资源优势方面。从矿产资源分布及利用情况来看，随着经济的发展，中国东部地区矿产资源加速耗竭；而西部资源潜力巨大，具备形成优势支柱产业的资源基础。西部地区资源和能源的合理开发与高效利用，是进一步促进中西部区域中小企业发展的重要基础。

（三）接棒制造业为中西部中小企业发展提供战略机遇

由于东部沿海地区要素成本上涨因素制约，传统制造业正逐渐丧失优势，根据产品生命周期理论，处于成熟阶段末期的产业在相对落后地区更具发展优势。而中西部地区经济发展总体上仍相对落后，但土地、劳动力及自然资源等成本优势明显，加上政府政策的引导，近年来，中西部地区承接东部沿海地区产业转移得到进一步推进。2010年8月，国务院下发的《关于中西部地区承接产业转移的指导意见》（国发〔2010〕28号）为中国东部沿海地区产业往中西部地区转移勾画了整体框架，强调了中西部地区承接产业转移的指导思想和基本原则。各地政府为了抓住经济腾飞的机遇，近年来制订了一系列承接产业转移的规划及实施方案，推动效应正逐步显现。如在出口的劳动密集型产品中，中西部的增速较东部要快，地区差异在逐渐缩小。

在20世纪90年代，以代工出口完成了资本积累的东部沿海地区，逐渐转向自主品牌和高科技含量的新型产品出口模式。从出口数据上看，纺织、服装七大类劳动密集型产品企业迁入地的广西、江西、重庆和四川等中西部省份增速较快，2014年1月出口增速分别为60.4%、40.9%、23.9%和41.2%。而同期，作为传统出口重镇的东南沿海地区，广东出口下降了12.3%，江苏、上海、北京等省份出口增幅也仅在8%左右。根据商务部的最新数据，与2008年相比，2013年中西部出口的全国占比从10.3%提高到了15.5%。

事实上，中西部各个省份也都在各自资源优势的基础上，探索如何更为有效地承接产业转移。首先，各地在承接产业转移过程中非常重视规划论证工作，结合行业发展形势和地区资源特色优势选择主导产业，同时还将产业发展与地区经济社会发展、城镇化建设等统筹规划，产城一体，生态协调发展。其次，承接产业转移与转型升级紧密结合。如金融危机后，中国东部地区纺织产业转移开始注重承接地的综合优势，而不再一味地寻找成本洼地。纺织产业转移不再是一般意义的产能搬迁、设备搬迁，而是选择产业配套条件比较好、劳动力资源丰富、能源资源充足、服务优质和发展前景广阔的地方来承接产业，企业在转移的同时利用技术升级、设备更新、工艺改进、管理创新等措施来实现企业的转型升级。作为纺织产业承接地，引进具有自主研发能力和先进技术的企业，优化承接地的产业结构非常重要，因此，产业转移的实质是产业升级。再次，中西部地区承接产业转移呈现出资源引导型的特点，特色产业发展快。同样以纺织产业为例，中西部，尤其西部依靠棉花、棉短绒、羊毛、竹浆等资源吸引新增投资。近年来，在西部纺织产业规模有所扩大。

从世界各国经济发展史中可以发现，国际产业转移对承接国家或地区经济实现跨越发展起到过重大作用。因此，中国中西部承接发达地区产业转移具有重大的意义和作用。它可以使中西部地区自身发展融入东部发达地区及世界经济体系之中，促进中西部地区提高产业水平、更新产业结构，更好地发挥资源与劳动力优势，加快中西部经济发展。

当然，中西部承接产业转移也存在一些制约因素。如东部资源及劳动密集型产业尚未达到严重衰落阶段，东部产业环境与集群优势延缓产业转移。西部基础设施不完备、资金紧缺、交通运输成本高、信息流通不畅、经济开发区、工业园区基建和配套设施建设不到位、产业配套能力较弱、专业技术人才供应不足等都构成中西部地区承接产业梯度转移的现实阻力。因此，为了更为有效地承接产业转移，中西部地区需要加强制度环境对接、市场环境对接、区域战略对接和产业基础对接，努力降低本地区制度成本与商务成本。从资源要素配置方式与产业综合配套条件方面构建承接产业转移的竞争优势，以便有效地推进承接东部产业转移。

第二节　中国区域中小企业发展比较分析

一　东中西三大区域的比较

（一）中小企业数量比较

根据《中国工业统计年鉴》（2013）的数据（见图 2-1），东部区域中小企业数量占比为 67.35%，中部为 23.10%，西部为 9.55%。由此可见，近年来，虽然中国经济区域格局出现了一些新变化，但从中小企业数量上看，东部、中部、西部的不均衡性仍然很明显。

（二）外向度比较

对于外向度的比较，主要是探寻中国东部、中部、西部中小企业在对外贸易中的差异。外向度的计算，这里通过出口交货值与当年销售收入的比值来获得。图 2-2 的数据显示，2012 年东部地区中小企业的外向度为 11.16%，中部为 2.54%，西部为 1.58%。很明显，东部地区的外向度仍然较高。

西部，9.55%

中部，23.10%

东部，67.35%

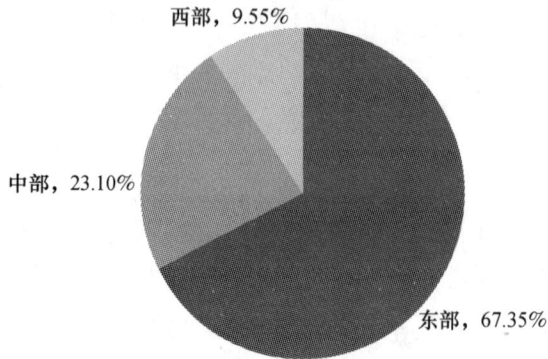

图 2 – 1　东部、中部、西部中小企业数量比较

说明：其中东部包括北京市、天津市、河北省、山东省、辽宁省、吉林省、黑龙江省、上海市、江苏省、广东省、浙江省和福建省等；中部包括安徽省、江西省、山西省、河南省、湖北省、湖南省、内蒙古自治区、广西壮族自治区和海南省等；西部包括重庆市、四川省、贵州省、云南省、西藏自治区、陕西省、甘肃省、青海省、宁夏回族自治区和新疆维吾尔自治区（下同）。

资料来源：《中国工业统计年鉴》（2013）。

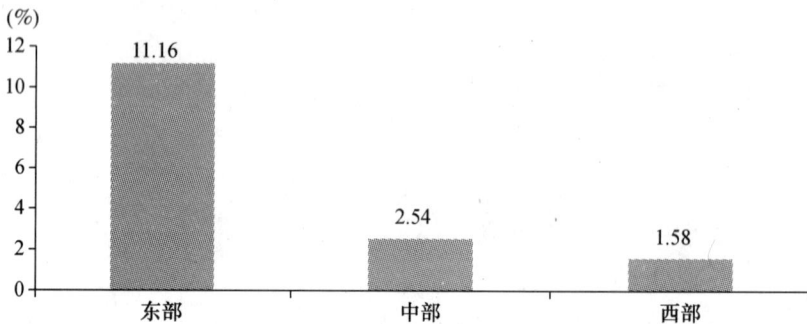

(%)

11.16

2.54

1.58

东部　　　　　　中部　　　　　　西部

图 2 – 2　东部、中部、西部中小企业外向度比较

资料来源：《中国工业统计年鉴》（2013）。

（三）总资产利润率比较

总资产利润是反映企业盈利能力的指标之一，从图 2 – 3 中的数据看，中部最高，为 11. 76%；西部次之，为 9. 82%；东部最低，为 9. 14%。这组数据也反映了近年来东部中小企业发展遇到的问题，尤其是要素成本上升等制约了其盈利能力，这也逼迫着东部中小企业的发展只有实现转型升级、技术创新等才能找到出路。

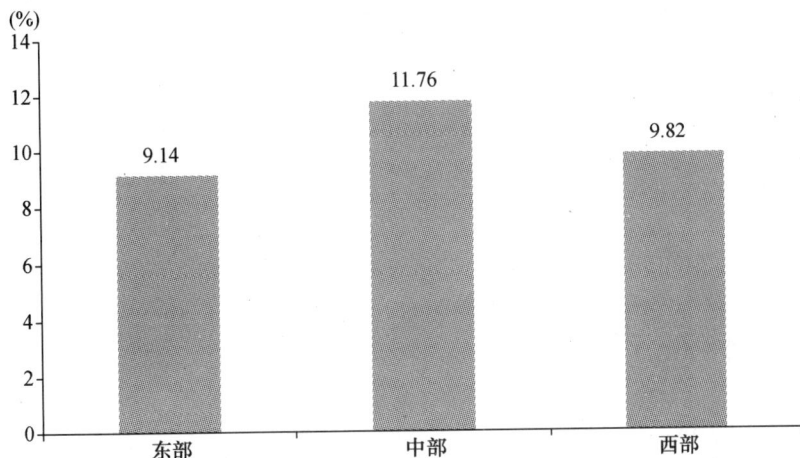

图 2 - 3 东部、中部、西部中小企业总资产利润率比较

资料来源:《中国工业统计年鉴》(2013)。

二 省、市、自治区的比较

(一) 企业数量

根据各省、市、自治区规模以上工业中小企业数量的统计数据,居全国前四位的省份与 2012 年相同,依然是江苏、山东、广东、浙江。企业数量居全国首位的是江苏省,达 44663 家,同比增加 2468 家(增速为 6%);紧随其后的是山东、广东、浙江,分别是 36687 家(5%)、36426 家(3%)、35904 家(5%)。数量最少的是西藏,为 62 家(15%)。可见,东部沿海省份的工业中小企业数量增速减缓;西部等其他省份工业中小企业数量增加较快(见图 2 - 4)。

(二) 出口交货值

从图 2 - 5 中的出口交货值来看,排在前 4 位的仍然是中小企业发展最强大的 4 个省,广东、江苏、浙江、山东。但广东外向度最高,出口交货值为 11064.2 亿元,江苏为 7962.9 亿元,浙江为 7883.2 亿元,山东为 3582.0 亿元。

(三) 销售值占比

销售值占比是指规模以上工业中小企业销售占工业企业销售总值的比例。该比值一定程度上反映了工业中小企业在该区域的重要性。图 2 - 6 显示,这一比值在西藏、海南排在前列,这与西藏、海南大型工业企业较少有关。

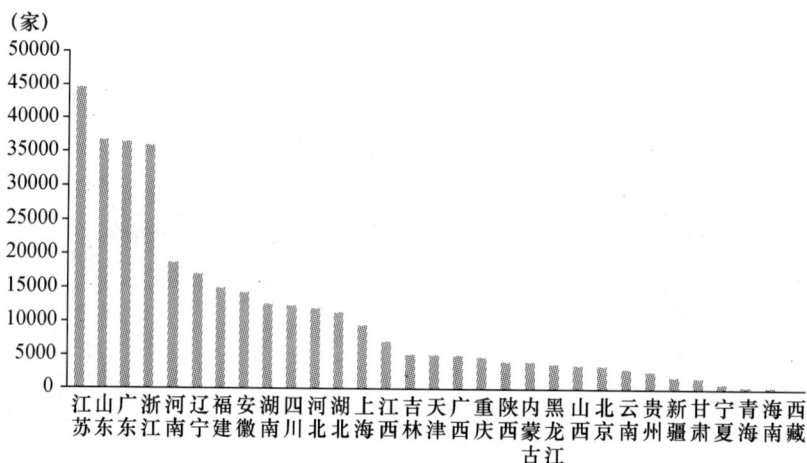

（家）

图 2 - 4　各省、市、自治区中小企业数量比较

资料来源：《中国工业统计年鉴》（2013）。

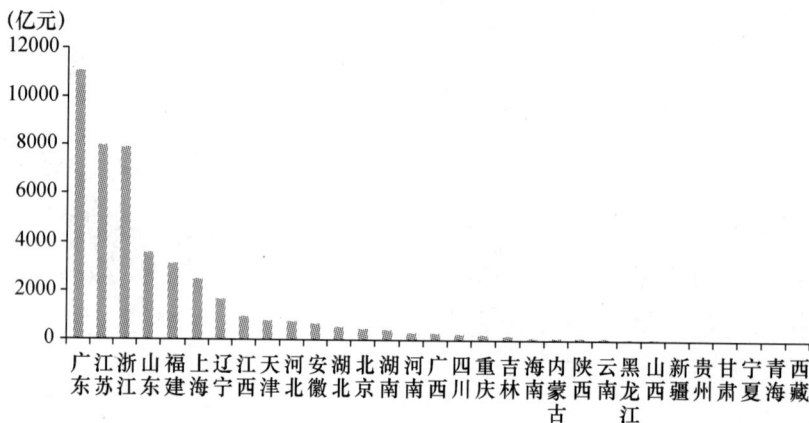

（亿元）

图 2 - 5　各省、市、自治区中小企业出口交货值比较

资料来源：《中国工业统计年鉴》（2013）。

（四）总资产利润率

总资产利润率是利润与总资产的比率。该比值用来比较各省份中小企业的盈利能力。从图 2 - 7 中的数据看，2012 年，江西、河南、山东、湖南、河北等省位居前列，传统的中小企业强省浙江则较为靠后，表明近年来中西部中小企业的盈利能力也在逐渐提升。

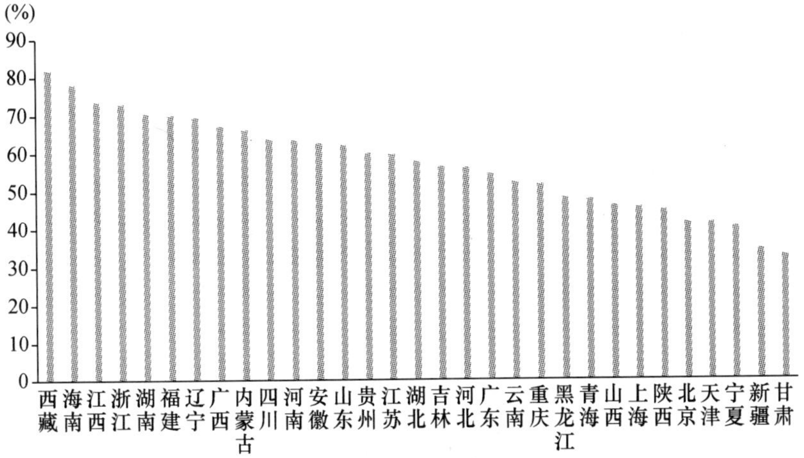

图 2 - 6 各省、市、自治区中小企业销售值占比比较

资料来源:《中国工业统计年鉴》(2013)。

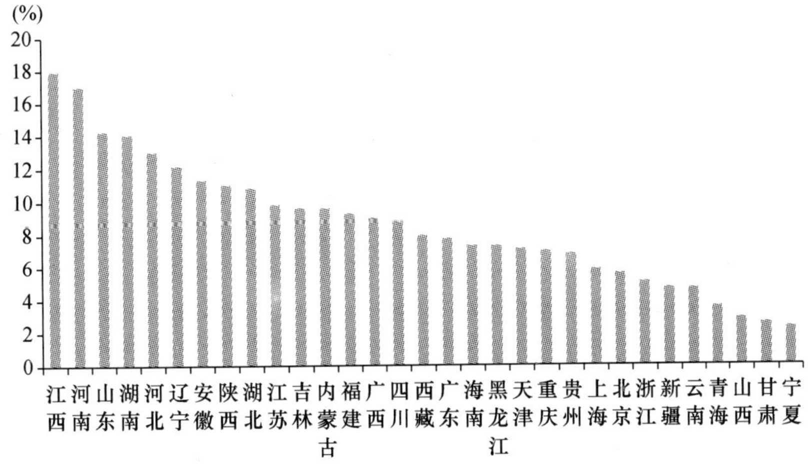

图 2 - 7 各省、市、自治区中小企业总资产利润率比较

资料来源:《中国工业统计年鉴》(2013)。

(五)缴纳税金

缴纳税金反映了中小企业对国家的贡献,从图 2 - 8 中的数据看,东部省份缴纳税金遥遥领先于中西部省份,前 5 位中,缴纳税金最多的是上海,其他依次是山东、江苏、广东与浙江。

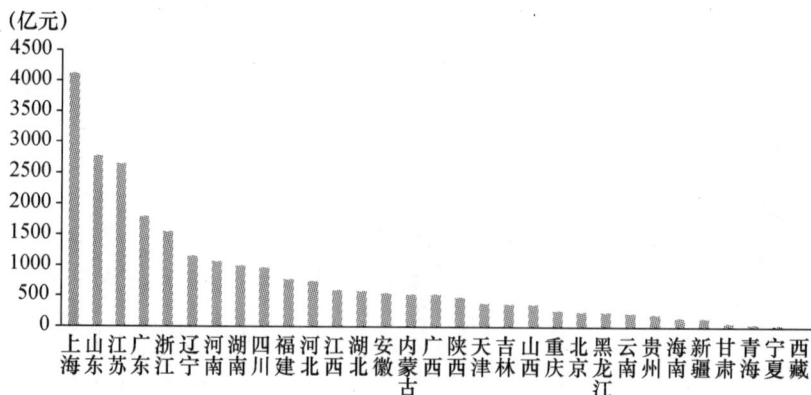

（亿元）

图2-8　各省、市、自治区中小企业上缴税金比较

资料来源：《中国工业统计年鉴》（2013）。

第三节　中国中小企业集群与县域经济发展

县域经济是中国国民经济最基本的单元，在中国国民经济中处于重要的战略地位。在区域经济迅速发展的今天，发展壮大县域经济已成为推动区域经济发展的重要途径。

一　中小企业集群是县域经济发展的重要路径选择

虽然县域经济发展的重要性不言而喻，但是，如何才能更为有效地发展县域经济呢？中小企业集群是当今产业组织发展的重要特征之一，具有聚集效应、共生效应、协同效应、激励效应等，中小企业集群的成长与县域经济的发展具有紧密的关联。

理论上，中小企业集群对于县域经济发展具有的优势大致可作如下解释：

首先，中小企业集群的成长有助于县域中小企业实现外部规模经济和范围经济，区域内的企业能以较低的成本获取各种生产要素；

其次，形成集群，也意味着品牌的产生，当集群的规模及影响提升之后，有利于形成中小企业开拓市场以及吸引外部的投资，增强县域的经济活力和竞争力；

再次，集群的形成可以促使县域企业相互之间模仿和学习，推动知识的扩散，这可以使企业在激烈的市场竞争中更有能力尽心创新，从而带来竞争力和利润；

最后，集群的形成还可以促进创业氛围的提升，一个区域创业氛围越浓，其经济的活力也就越强。因此，引导和培育县域经济中小企业集群的发展，是各个地方推动产业发展的重要措施。

从经济发展的现实看，中小企业集群在促进县域经济发展中的作用也极为明显。从历届中国县域经济百强县的成功案例可知，大力发展县域中小企业集群是发展壮大县域经济的重要途径。中国的县域经济百强县，虽然仅占全国县（市）人口的 6.8%，但创造的 GDP 总量却占全部县（市）的 1/5 以上，占地方财政收入的 1/4，占城乡居民储蓄存款余额的 23%，人均 GDP 是全部县（市）平均水平的 3.2 倍。这些县的经济发展道路有很大的差异，但有一点却是共同的，即都建立了符合本县域实际的中小企业集群经济，如浙江绍兴的轻纺、福建晋江的鞋业、广东顺德的家电，等等。

从国际经验来看，通过中小企业来刺激区域发展的区域政策也已经取代了传统的通过大企业和投资的策略。按照著名区域经济学家阿姆斯特朗的介绍，在英国等欧洲国家，从 20 世纪 80 年代开始，传统的注重外部大企业、大投资的区域政策由于没能对内企发展给予足够的重视，特别是几乎没有重视新企业的形成和中小企业的扩张以及鼓励企业发展最新技术，因而受到了较为普遍的指责，代之而起的区域政策成为中小企业部门的发展战略，因此，近三十年来，中小企业发展战略已经成为欧洲很多国家地方政府、县区域发展政策的重点。

可见，中小企业及其集群在发展县域经济中发挥着越来越重要的作用。有专家指出，发展县域经济关键在发展中小企业集群。因此必须把发展县域中小企业集群放在县域经济发展的重要战略位置。

二　中国中小企业集群最新发展动态

从中国产业集群化水平看，当前存在着地区分布不均的情况。前些年在市场经济发达、市场机制健全的东部沿海地区，中小微企业更加容易出现产业集群；而在经济欠发达的西部地区，中小微企业比较分散，散兵游勇式的单兵作战较多。然而，从近两年发展情况看，东部地区中小微企业数量增速有所回落；西部相对较快，贡献了增量部分的 3/4 以上。同时，中西部一些地区的小微企业也出现了产业集群化趋势，区域差距呈缩小趋势。

（一）东部沿海中小企业集群发展优势依然存在

中国的中小企业集群是在东部沿海一带，特别是浙江、广东、福建等省首先发展起来的，这跟这些地方所具有的背景有关。首先，东部沿海具有得天独厚的区位优势。中小企业产业集群发展最初得益于利用海洋、港口的有利区位优势。如浙江位于中国的沿海地区，大陆海岸线长达 2250 千米，沿海港口 40 多个，港口的发展为浙江腹地的经济发展带来了便利。浙江又毗邻上海，上海作为长三角经济发展区龙头老大，不仅为浙江的商品提供了大市场，还为浙江的企业提供了有利的市场网络，带动了浙江专业化产业区的发展。同时，由于在改革开放初期，整个宏观经济还没有走出短缺经济的阴影，全社会对低层次产品需求旺盛，收益相对较高，于是生产中低层次产品的中小企业不断涌现，逐渐形成了现在的中小企业集群。其次，独特的区域历史文化底蕴也有助于孕育中小企业集群。如浙江地处东南沿海，长期有着历代相传的义利并重、工商皆本的历史文化传统，奠定了浙江人重实际、讲实利、求实效的思想文化基础。历代相传的重视工商的传统文化使得求生存、求发展的浙江人具有善于依靠聪明才智和专业技能经营工商业的独特优势。如绍兴借"日出华舍万丈绸"的传统经济，建成了闻名全国的中国轻纺城；永康利用"百工之乡"的优势，大力发展小五金；温州更是利用"其货纤靡，其人善贾"的特点，建立了各种专业市场，逐步形成了皮鞋、低压电器、打火机、眼镜等全国知名的特色产业群。

这些中小企业集群形成的独特的优势在中小企业目前的发展中同样具备，相对于中西部区域来说，无论是区位优势还是区域文化传统优势都将长期继续作用于这些集群的继续发展。

（二）东部沿海中小企业集群发展中伴随隐忧

中小企业集群作为一种特殊的产业组织形式，显示出了强大的经济活力，对区域经济发展起着十分重要的作用，是推动中国沿海经济高速增长的发动机和增长极。自改革开放以来，中国经济的持续高速增长主要是依靠广东、浙江、江苏、山东、福建等沿海新兴工业区来推动的。在这些新兴工业区中，中小企业集群对扩大出口、提供就业和拉动经济增长起到了十分重要的作用。据研究，广东省工业总产值的近 1/3 是依靠专业镇来创造的，浙江省工业总产值的 50% 是依靠"块状经济"创造的，福建省各类"准集群"实现工业总产值约占全省工业总产值的 52%，江苏省该比重接近 40%。然而，由于沿海中小企业集群本身存在的结构性缺陷，外部环境的冲击，沿海中小企业集群面临着严重的衰退风险，一些集群已出现衰退迹象。

中小企业衰退迹象主要表现在：一是集群内企业出口受阻。受 2008 年金融危机的影响，国际市场需求下降，订单大幅度减少，出口增速迅速回落。沿海中小企业集群因产品大多以出口为主，所占国际市场份额较大，因此，受国际环境的影响也较为明显。特别是在专业镇集中分布的珠三角地区，包括深圳、东莞订单都大幅度减少，广东省服装及衣着附件也出现出口同比下降。二是经济增长率明显下降。面对近年来要素成本的全面提升，在金融危机的冲击下，一些以制造业为主体的集群增长率明显下降。以块状经济占据工业半壁江山的浙江省为例，由于块状经济增长速度迅速回落，甚至可以说部分块状经济处于增长低迷状态，这也导致了浙江省近年来的 GDP 增速出现下滑现象。三是企业停产和倒闭数量增加。由于国际市场订单大幅度减少，加上汇率变动和要素成本上涨，导致一些中小企业处于停产、半停产状态，企业倒闭数量增加。近年来出现的珠三角、浙江温州等地出现企业关闭、"老板跑路"现象不在少数。四是中小企业集群内出现企业向外迁移增多。近年来，由于土地缺乏，能源供应紧张，劳动力、土地、原材料等要素成本全面上涨，导致沿海产业集群部分企业逐步向周边和中西部地区迁移。如浙江的许多劳动和资源密集型企业就在加快向江西等中西部地区转移。珠三角企业也开始向广东中西两翼、粤北山区和中西部转移，佛山的陶瓷企业则外迁到江西、湖南、四川、山东等地。

（三）农业中小企业集群正在中西部形成和壮大

随着对中小企业集群在区域经济发展中作用认识的提升，各地根据本地的特色优势，引导和打造特色中小企业集群，中西部近年来在引导和打造农业中小企业集群方面取得不错成绩。在逐步形成和发展的中西部中小企业集群中，有一个现象值得关注，那就是农业中小企业集群已成为中西部部分省份重要的集群形态。

河南省人民政府在 2012 年提出《河南省人民政府关于加快农业产业化集群发展的指导意见》。指出河南要认真总结农业产业化工作经验、借鉴工业集聚区发展模式，加快转变农业发展方式、推进新型农业现代化和统筹城乡协调发展，支持农业产业化集群发展的各项政策，积极推进农业产业化集群发展。在 2013 年公布了 141 家河南省农业中小企业集群的名单。并指出要推动各农业中小企业集群开拓创新，不断优化产品结构，拉长产业链条，壮大集群规模，充分发挥示范带头作用，为建设中原经济区、实现中原崛起河南振兴作出新的更大贡献。河南省 141 家农业中小企业集群在各地分布如表 2 - 1 所示。

表 2 - 1　　　　　河南省部分农业中小企业集群区域分布

区域	郑州	开封	洛阳	平顶山	安阳	鹤壁	新乡	焦作	濮阳
集群数	11	5	4	5	7	6	6	8	4
区域	南阳	商丘	信阳	周口	驻马店	三门峡	其他	许昌	漯河
集群数	9	8	14	11	10	6	13	6	8

资料来源：本课题组根据网络资料整理。

江西省为扶持农业集群的发展，在 2014 年制订了《江西省农业产业集群发展情况调查工作方案》，指出要及时掌握江西省农业产业集群发展现状，科学分析新时期农业产业集群发展形势，研究扶持农业产业集群的政策措施。工作方案对农业产业集群分类及划定标准作了规定，根据农业产业类别和规模，将农业产业集群分为种植业、畜牧业、渔业和林业四大类型产业集群。事实上，江西省 2014 年在坚持用市场化理念、工业化办法发展农业，用现代物质条件装备农业，用现代科技支撑农业，用现代管理、现代农民经营农业，不断优化资源配置，推动优势产业向优势地区集中，已经形成了包括种植业、林业、畜牧业、渔业在内的 75 个农业产业集群，为全省农业农村经济持续健康较快发展提供了有力支撑。2014 年 5 月 30 日，来自江西省农业厅的信息显示，全省 75 个农业产业集群年销售收入 1500 多亿元，年实现利税 70 多亿元，占全省税收收入的 4.1%；年带动农户 212 万户，户均年增收 3100 多元。

这些农业中小企业集群的形成，有力地推动了农业生产方式的转变。随着优质资源向产业集群集聚，推动了水稻、柑橘、生猪、油茶、水产、茶叶等优势特色产业向优势地区集中，形成了区域化布局。一些优势生产种植基地逐步形成，有力促进了农业产业化经营。一些农业产业化龙头企业由数量扩张向增量提质并重转变，农产品加工由初加工向精深加工转变。农业中小企业集群的形成，还有力带动了现代农业示范园区建设。一些地方参照工业园区的办法建设现代农业示范园区，通过招商引资等方式，培育和引进了一批相关联的企业入驻，带动了示范园区配套设施建设，提升了发展水平。

在云南昆明，发展特色都市农业，打造"品牌农业集群"正成为重要的发展思路。例如昆明的官渡区，在城市化和滇池流域生态建设的背景下，官渡区第一产业在三次产业的比重连年下降，围绕服务城市，加快农业转型升级，做精产业官渡的"一产板块"。一批"品牌农业集群"的兴起，为官渡区推动农业向产业化、生态化、品牌化、总部型方向发展，打造现代食品工业全产业链夯实了基础。在集群内部，一些中小型农业企业发展成生态型农业，一批以生态旅游、休闲观光、绿色产业示范为主题的都市农庄，正在打响"绿色官渡、休闲乐园"的品牌；实现农业产业园区化、聚集发展，云南农业总部经济园区、特色花果示范园区、农业物资装备展销园区 5 个重点园区正在瞄准成为全省示范点加紧建设。品牌、绿色、生态已成为官渡都市特色农业的精神内涵。

（四）特色中小企业集群在中西部遍地开花

集群的发展要因地制宜，资源是中西部发展中小企业集群的重要优势所在。近年来，随着企业集群对地方经济发展重要性的认识不断增强，中西部省市通过政府引导、营造环境、健全服务体系等多项措施，使得中小企业集群已在中西部遍地开花，取得可喜的成绩，以表 2-2 为中西部各省、市、自治区近年发展起来或着手培育的中小企业集群。

综上所述，随着各地逐步形成和发展起来的这些特色产业集群不断走向成熟，将有力带动中西部各省、市、自治区的县域经济走向强大，并逐步形成更强的竞争力。

表2－2　　中西部省、市、自治区近年培育和拟培育的中小企业集群

省、市、自治区	近年拟培育和已形成的中小企业集群
重　庆	智能云端、中药产业集群等
青　海	太阳能、藏毯、中藏药、柴达木盐化工产业集群等
宁　夏	葡萄酒、仪器仪表、数控机床产业集群等
甘　肃	新能源、新材料、生物制药、现代服务业产业集群等
安　徽	文化创意、印刷复制、竹木加工、纺织产业集群等
河　南	农业、电子信息、汽车及零部件、食品、家电、家具、纺织服装及制鞋、新型建材、金属制品等制造业
江　西	有色金属、生物医药、航空制造、纺织服装、电子信息、机电制造、新能源、新材料、汽车及零部件、绿色食品等
湖　北	电子信息、激光、生物医药、农产品、汽车及零配件
四　川	软件与信息服务、新型显示与数字视听、集成电路、计算机及外设、宽带通信与网络产品、信息技术装备类及应用电子、电子元器件及材料等
云　南	有色和稀贵金属新材料、生物医药产业、装备制造产业、电子信息与环保产业等、航空航天、装备制造、电子信息、文化创意、农业
贵　州	旅游、白酒、装备制造、材料、信息、医药食品健康
广　西	医药、传媒、物流、农产品、钢铁、海洋、林浆纸、船舶、铝加工等
海　南	新能源、新材料、信息、旅游、创业设计、休闲农业、汽车
湖　南	先进制造业、现代服务业、装备制造、新材料、文化创意、生物、新能源、信息、节能环保等
内蒙古	农牧业、旅游、生物制药、云计算、能源、化工、冶金、装备制造、农畜产品加工
陕　西	石油化工、煤化工、电力、盐化工、航空、输变电设备、汽车、机床工具、重型装备、航天、工程机械、电子、陕北能化装备、软件、有色、冶金、医药、食品、纺织等
山　西	不锈钢、铁路装备、煤机、纺机、液压、新能源汽车、汽车及零部件、铸造、锻造、镁、铝、煤化工、耐火材料、电子软件、医药、玻璃器皿、酿酒、食醋、乳制品、固体废弃物综合利用
新　疆	餐饮、旅游、新兴能源、新材料、先进装备制造、节能环保、生物、信息、清洁燃料汽车等
西　藏	民族手工、旅游、矿业、特色食品

资料来源：本课题组整理。

第 三 章

2013—2014 年中国促进中小企业发展政策

中小企业特别是小微企业在增加就业、促进经济增长、科技创新与社会和谐稳定等方面具有不可替代的作用，对国民经济和社会发展具有重要的战略意义。自 2013 年下半年以来，世界经济复苏进程艰难曲折，脆弱性、不确定性和不平衡性成为世界经济发展的重要特征，世界经济低增长、高风险的态势没有根本改变。受世界经济持续下行的影响，中国经济增长也呈下行态势，GDP 增长率已经逼近年度增长目标的底线。新一届政府采取了深化改革，简政放权等既有利于稳增长，又有利于调结构的政策措施，激发市场活力，力求稳中求进。进入 2014 年，中国经济进入新的发展阶段，正在进行深刻的方式转变和结构调整，并将在调整中逐步释放增长潜能、孕育新的增长引擎。长期来看，中国经济处于调整期，不会形成新的上升趋势。2014 年，中国宏观经济将保持平稳向好，稳中有进的态势。此外，中国经济运行面临不少风险和挑战，依靠外需和地方政府主导高投资的增长模式面临转型，但新的强劲增长动力尚待形成，经济运行可能呈现脉冲式的小幅和反复波动特征。

总的说来，中国经济存在的产业结构失衡、内需不足等深层次问题凸显，这种形势下中小企业转型升级举步维艰，进程缓慢。中小企业特别是小型微型企业的生存空间进一步被压缩，转型升级形势紧迫，面临瓶颈难以打破，主要表现在以下几个方面：首先，在生产经营方面，仍然在生产成本和产品价格方面寻找价值有限的竞争优势，科技研发力量薄弱，产品的技术含量和附加值低。其次，在管理方面，缺乏科学的现代企业管理制度、有效的管理机制以及科学的用人机制，管理混乱，权责不分，效率低下的问题还普遍存在。再次，在技术设备方面，存在着技术设备老化、高污染排放、高损耗、基础设施配套不足的问题。最后，企业缺乏转型升级的方向指引和资源支持，这些问题严重制约了企业转型升级的进程。中小企业承受着产能严重过剩、经济增长放缓的市场倒逼压力，急需加快转型升级步伐。

面临目前的国内外经济形势，政府推出的一系列稳增长、调结构、促改革措施，坚决推进经济结构调整，主动调低经济增长速度，更加追求效率和质量。政府实施积极的财政政策与稳健的货币政策促进宏观经济的平稳运行，不断增强财政政策与金融政策对中小企业的扶持力度。2013 年 8 月 1 日起，对小微企业中月销售额不超过 2 万元的，暂免征收增值税和营业税，并暂不规定减免期限。2013 年 8 月 8 日发布的《国务院办公厅关于金融支持小微企业发展的实施意见》提出 11 项措施以缓解小微企业融资难。银行继续加大了信贷业务结构调整力度，将更多贷款投向效益好、符合政策导向的小微企业和民营经济等领域。2014 年，在财政政策方面，国家继续实施积极的财政政策，扶持中小企业，专项资金扶持规模有望继续扩大，税收优惠将继续向中小企业倾斜。在金融政策方面，进一步优化金融资源配置，盘活存量，优化增量，鼓励和引导金融机构更多地将信贷资源配置到小微企业等重点领域和薄弱环节。同时，积极鼓励民间资本进入金融业，为中小企业提供广覆盖、差异化、高效率的金融服务。

2013 年，国家部委共出台 23 项重要政策扶持中小企业发展，其中综合性政策 1 项、财税政策 4 项、产业升级及创新政策 13 项、金融政策 4 项、工商政策 1 项。自 2013 年以来，最受中小企业关注的政策包括：《关于金融支持经济结构调整和转型升级的指导意见》、《关于金融支持小微企业发展的实施意见》、《关于加强小微企业融资服务支持小微企业发展的指导意见》、《关于进一步做好小微企业金融服务工作的指导意见》、《关于促进电子商务应用的实施意见》、《关于进一步加强资本市场中小投资者合法权益保护工作的意见》、《关于小微企业免征增值税和营业税的会计处理规定》、《关于促进劳动密集型中小企业健康发展的指导意见》。

第一节　国家部委中小微企业发展扶持政策

一　综合性政策

2013 年 12 月 31 日，工信部等九部委下发了《关于促进劳动密集型中小企业健康发展的指导意见》（工信部联企业〔2013〕542 号），进一步强调了促进劳动密集型中小企业健康发展的重要意义，明确了发展的指导思想、主要目标和工作范围，提出了加快企业转型升级、提高产品和服务质量以及加强品牌建设三项主要任务，制定了引导民间投资发展劳动密集型企业、切实降低企业税费负担、加大财政政策扶持力度、缓解融资困难、营造良好的市场环境、促进企业集聚发展、加强公共服务和加强指导协调八项政策措施。

二　财税政策

财税政策在国家促进中小企业发展的一揽子政策体系中具有极为重要的地位。多年来，财政部门认真贯彻落实党中央、国务院部署，在进一步深化税收制度改革、建立完善公共财政体系的同时，不断加大对中小企业发展的支持力度，促进中小企业发展的财税政策措施也日益丰富和完善。2013 年 8 月 1 日，财政部和国家税务总局印发了《关于暂免征收部分小微企业增值税和营业税的通知》（财税〔2013〕52 号）。该通知中明确自 8 月 1 日起，为进一步扶持小微企业发展，经国务院批准，对增值税小规模纳税人中月销售额不超过 2 万元的企业或非企业性单位，暂免征收增值税；对营业税纳税人中月营业额不超过 2 万元的企业或非企业性单位，暂免征收营业税。12 月 24 日，财政部又出组合拳，为小微企业减轻负担。为深入贯彻实施《小企业会计准则》，解决执行中出现的问题，根据《财政部、国家税务总局关于暂免征收部分小微企业增值税和营业税的通知》（财税〔2013〕52 号）相关规定，财政部又印发了《关于小微企业免征增值税和营业税的会计处理规定》（财会〔2013〕24 号）。并就小微企业免征增值税、营业税的有关会计处理作出三项规定：一是小微企业在取得销售收入时，应当按照税法的规定计算应交增值税，并确认为应交税费，在达到该通知规定的免征增值税条件时，将有关应交增值税转入当期营业外收入；二是小微企业满足该通知规定的免征营业税条件的，所免征的营业税不作相关会计处理；三是小微企业对本规定施行前免征增值税和营业税的会计处理，不进行追溯调整。2014 年，财政部、国家税务总局发布了《关于小型微利企业所得税优惠政策有关问题的通知》（财税〔2014〕34 号），国家税务总局印发了《关于扩大小型微利企业减半征收企业所得税范围有关问题的公告》（国家税务总局公告 2014 年第 23 号），在前几年对小型微利企业减半征收企业所得税政策的基础上，进一步扩大减半征税范围。

表3-1 2013—2014 年国家部委颁布财税政策

出台时间	财税政策	部 门
8 月 1 日	《关于暂免征收部分小微企业增值税和营业税的通知》	财政部、国家税务总局
12 月 24 日	《关于小微企业免征增值税和营业税的会计处理规定》	财政部
4 月 8 日	《关于小型微利企业所得税优惠政策有关问题的通知》	财政部、国家税务总局
4 月 18 日	《关于扩大小型微利企业减半征收企业所得税范围有关问题的公告》（国家税务总局公告 2014 年第 23 号）	国家税务总局

资料来源：根据中国中小企业信息网资料整理。

三　金融政策

加强小微企业金融服务，是金融支持实体经济和稳定就业、鼓励创业的重要内容，事关经济社会发展全局，具有十分重要的战略意义。信贷融资方式不匹配，金融体制不健全，金融监管不力，信用体系不健全，融资渠道窄造成了中国中小企业融资难的现状。近年来，国家高度重视中小企业融资问题，为缓解中小企业融资难，帮助中小企业解决实际困难，国家出台了一系列扶持中小企业发展的金融财税政策，为进一步缓解中小企业融资难，促进中小企业实现又好又快发展起到了积极有效的作用。

针对目前中国经济运行中结构性矛盾突出，资金分布不合理，与经济结构调整和转型升级的要求不相适应等问题。为更好地发挥金融对经济结构调整和转型升级的支持作用，更好地发挥市场配置资源的基础性作用，更好地发挥金融政策、财政政策和产业政策的协同作用，优化社会融资结构，持续加强对重点领域和薄弱环节的金融支持，切实防范化解金融风险，国务院办公厅于 2013 年 7 月 1 日印发了《关于金融支持经济结构调整和转型升级的指导意见》（国办发〔2013〕67 号）。其中指出，要继续执行稳健的货币政策，合理保持货币信贷总量。对中小金融机构继续实施较低的存款准备金率，增加"三农"、小微企业等薄弱环节的信贷资金来源。并要求中国人民银行牵头，国家发展和改革委员会、工业和信息化部、财政部、银监会、证监会、保监会、外汇局等参加，制定政策稳步推进利率市场化改革，更大程度地发挥市场在资金配置中的基础性作用，促进企业根据自身条件选择融资渠道、优化融资结构，提高实体经济特别是小微企业的信贷可获得性，进一步加大金融对实体经济的支持力度。

其进一步强调，要整合金融资源支持小微企业发展，特别是优化小微企业金融服务。支持金融机构向小微企业集中的区域延伸服务网点。根据小微企业不同发展阶段的金融需求特点，支持金融机构向小微企业提供融资、结算、理财、咨询等综合性金融服务。继续支持符合条件的银行发行小微企业专项金融债，所募集资金发放的小微企业贷款不纳入存贷比考核。逐步推进信贷资产证券化常规化发展，盘活资金支持小微企业发展和经济结构调整。适度放开小额外保内贷业务，扩大小微企业境内融资来源。适当提高对小微企业贷款的不良贷款容忍度。加强对科技型、创新型、创业型小微企业的金融支持力度。力争全年小微企业贷款增速不低于当年各项贷款平均增速，贷款增量不低于上年同期水平。鼓励地方人民政府建立小微企业信贷风险补偿基金，支持小微企业信息整合，加快推进中小企业信用体系建设。支持地方人民政府加强对小额贷款公司、融资性担保公司的监管，对非融资性担保公司进行清理规范。鼓励地方人民政府出资设立或参股融资性担保公司，以及通过奖励、风险补偿等多种方式引导融资性担保公司健康发展，帮助小微企业增信融资，降低小微企业融资成本，提高小微企业贷款覆盖面。

2013 年 8 月 8 日，为进一步做好小微企业金融服务工作，全力支持小微企业良性发展，国务院办公厅印发了《关于金融支持小微企业发展的实施意见》（国办发［2013］87 号）。提出了确保实现小微企业贷款增速和增量"两个不低于"的目标，即在风险总体可控的前提下，确保小微企业贷款增速不低于各项贷款平均水平、增量不低于上年同期水平。并明确了加快丰富和创新小微企业金融服务方式，强化对小微企业的增信服务和信息服务，发展小型金融机构，拓展小微企业直接融资渠道，降低小微企业融资成本，加大对小微企业金融服务的政策支持力度，营造良好的小微金融发展环境等方面的举措。

为拓宽小微企业融资渠道，缓解小微企业融资困难，加大对小微企业的支持力度。国家发展和改革委员会于 2013 年 7 月 23 日印发了《关于加强小微企业融资服务支持小微企业发展的指导意见》。指出要加快设立小微企业创业投资引导基金；支持符合条件的创业投资企业、股权投资企业、产业投资基金发行企业债券，专项用于投资小微企业；在科技创新、战略规划、资源整合、市场融资、营销管理等方面，全面提升对创新型小微企业的增值服务水平；鼓励财政出资的股权投资企业、产业投资基金支持小微企业的政策措施；开展创业投资企业、股权投资企业与小微企业的项目对接活动；进一步完善"统一组织、统一担保、捆绑发债、分别负债"的中小企业集合债券相关制度设计，简化审核程序，提高审核效率，逐步扩大中小企业集合债券发行规模；扩大小微企业增信集合债券试点规模；鼓励发行企业债券募集资金投向有利于小微企业发展的领域；支持创业投资企业、产业投资基金、企业债券满足产能过剩行业的小微企业转型转产、产品结构调整的融资需求。

表 3 - 2   2013 年国家部委颁布金融政策

出台时间	金融政策	部　门
7 月 1 日	《关于金融支持经济结构调整和转型升级的指导意见》	国务院办公厅
7 月 23 日	《关于加强小微企业融资服务支持小微企业发展的指导意见》	国家发展和改革委员会
8 月 8 日	《关于金融支持小微企业发展的实施意见》	国务院办公厅
8 月 29 日	《关于进一步做好小微企业金融服务工作的指导意见》	中国银监会

资料来源：根据中国中小企业信息网资料整理。

四　工商政策

中小投资者是中国现阶段资本市场的主要参与群体，但处于信息弱势地位，抗风险能力和自我保护能力较弱，合法权益容易受到侵害。维护中小投资者合法权益是证券期货监管工作的重中之重，关系广大人民群众切身利益，是资本市场持续健康发展的基础。近年来，中国中小投资者保护工作取得了积极成效，但与维护市场"公开、公平、公正"和保护广大投资者合法权益的要求相比还有较大差距。

为贯彻落实党的十八大、十八届三中全会精神和国务院有关要求，进一步加强资本市场中小投资者合法权益保护工作，国务院办公厅于 2013 年 12 月 25 日，印发了《关于进一步加强资本市场中小投资者合法权益保护工作的意见》（国办发［2013］110 号）。该意见指出，要健全投资者适当性制度，制定完善中小投资者分类标准；制定并公开中小投资者分类标准及依据，并进行动态评估和调整；优化投资回报机制，发展服务中小投资者的专业化中介机构；鼓励开发适合中小投资者的产品；鼓励中小投资者通过机构投资者参与市场。

该意见指出要保障中小投资者合法权益；保障中小投资者知情权，提高市场透明度；健全中小投资者投票机制，完善中小投资者投票等机制；引导上市公司股东大会全面采用网络投票方式；研究完善中小投资者提出罢免公司董事提案的制度；建立中小投资者单独计票机制。上市公司股东大会审议影响中小投资者利益的重大事项时，对中小投资者表决应当单独计票；保障中小投资者依法行使权利；建立多元化纠纷解决机制，优化中小投资者依法维权程序，降低维权成本；健全适应资本市场中小投资者民事侵权赔偿特点的救济维权工作机制；健全中小投资者赔偿机制以及强化中小投资者教育等。

中国银监会于 8 月 29 日印发了《关于进一步做好小微企业金融服务工作的指导意见》（银监发［2013］37 号），进一步细化了银行业对小微企业的金融服务工作内容。此外，在国务院关于印发《中国（上海）自由贸易试验区总体方案的通知》（国发［2013］38 号）中，规定在金融服务领域，明确向民营资本开放银行服务业务的开放措施，即允许符合条件的民营资本与外资金融机构共同设立中外合资银行。在条件具备时，适时在试验区内试点设立有限牌照银行。

五　产业升级政策

企业是经济活动的基本单元，是技术创新的主题，在推进产学研合作、促进科技与经济结合中处于关键环节和核心地位。如想获得长远发展，中小企业需苦练内功、提高产品附加值、积极做好转型工作，以产业升级作为驱动力是一条必由之路。国家各部委集中发布政策群，重点推进产业结构调整、加强技术创新、实现集聚发展和开展节能减排，重点支持中小企业采用新技术、新工艺、新设备、新材料对现有设施、工艺条件等进行改造提升。深化实施中小企业信息化工程，帮助企业提高信息化应用水平，提高创造、运用、保护和管理知识产权能力。

表 3 - 3 2013 年国家部委颁布产业升级政策

出台时间	产业升级政策	部　门
7 月 16 日	《电信和互联网用户个人信息保护规定》	工业和信息化部
7 月 31 日	《关于印发船舶工业加快结构调整促进转型升级实施方案（2013－2015 年）的通知》	国务院
8 月 1 日	《关于加快发展节能环保产业的意见》	国务院
8 月 15 日	《关于印发政府机关使用正版软件管理办法的通知》	国务院办公厅
9 月 14 日	《关于进一步加快煤层气（煤矿瓦斯）抽采利用的意见》	国务院办公厅
10 月 14 日	《关于进一步加强煤矿安全生产工作的意见》	国务院办公厅
10 月 16 日	《关于化解产能严重过剩矛盾的指导意见》	国务院
10 月 16 日	《关于促进健康服务业发展的若干意见》	国务院
10 月 31 日	《关于促进电子商务应用的实施意见》	商务部
11 月 18 日	《关于促进煤炭行业平稳运行的意见》	国务院办公厅
11 月 25 日	《关于加强内燃机工业节能减排的意见》	国务院办公厅
11 月 25 日	《国家食品药品监督管理总局行政复议办法》	国家食品药品监督管理总局
12 月 23 日	《关于石化和化学工业节能减排的指导意见》	工业和信息化部

资料来源：根据中国中小企业信息网资料整理。

第二节　各地中小微企业发展扶持政策

2013 年，国家部委出台一系列政策，推动中小企业健康发展。在中央政策方向的指导下，各地进一步加大对中小企业的扶持力度，制定并实施了一系列扶持优惠政策，帮助中小企业减轻企业负担、拓宽融资渠道、增强盈利能力、提高创新能力、推动产业升级，为中小企业尤其是微小企业的健康发展提供政策法规的扶持。

在各地相继出台的各项扶持中小企业发展的政策中，绝大多数地方政府通过制定相关规章制度、实行多条举措，从制度上保证中小企业，尤其是微型企业的健康发展。

一　各地政策

在各地相继出台的各项扶持中小企业发展的政策当中，绝大多数地方政府通过制定相关规章制度、实行多项举措，从制度上确保中小企业尤其是微型企业发展。各地在推动中小企业创新创业方面出台了多项措施（见表3-4）。

北京市 2013 年 12 月发布《北京市促进中小企业发展条例》并从 2014 年 3 月开始实施，条例规定不得在政府采购中设置不利于中小企业的歧视性条件，并应在年度政府采购项目预算总额中安排一定比例面向中小企业。为了给中小企业提供资金支持，北京市依据条例设立中小企业发展基金，并引导社会资本投资中小企业。条例规定，相关部门将建立健全小型微型企业贷款风险补偿机制，支持金融企业扩大对小型微型企业信贷规模和比重；鼓励社会资本投资村镇银行、小额贷款公司等金融企业，为小型微型企业提供服务；鼓励金融机构开发面向中小企业的知识产权质押融资、股权出质融资、信用融资等金融创新产品和服务。

安徽省出台六条举措壮大"专精特新"中小企业。具体举措包括：发挥中小企业创新主体作用，鼓励中小企业不断加大研发投入和技术改造投资力度，建设企业技术中心；鼓励中小企业建立专利运用协同体系，提高创造知识产权、保护研发成果、运用专利技术、促进转化实施的能力；鼓励中小企业在研发设计、生产制造、经营管理、市场开拓等主要业务环节有效应用信息技术，提高管理水平和经营效率；鼓励和引导中小企业做强核心业务，争创知名品牌、驰名商标和著名商标；鼓励中小企业精细化管理，健全和规范管理制度，提升财务、成本、设备、现场、计量和人力资源管理水平；鼓励中小企业围绕大企业和大项目，采取专业分工、服务外包、订单生产等多种方式，与行业骨干企业建立长期稳定的合作关系，提高协作配套能力。

河南省为鼓励企业"走出去"，鼓励企业积极参加在省内外举办的国家或区域性展会活动，安排财政资金对参展企业的展位费用给予补贴。鼓励企业扩大出口，拓展境外市场，继续对企业年度出口增量部分给予鼓励，对中小企业申请国际认证、专利、商标、品牌、标准等发生的费用给予补贴。

重庆市新增 7 个市级小企业创业基地。加强创业基地建设，重庆中小企业局 2014 年上半年成功举办了小企业创业基地建设现场会，对小企业创业基地政策扶持及用地、小企业创业基地公共服务、小企业创业基地创建、小企业创业基地招商引资等问题进行了研究和探讨。

广西壮族自治区发布实施《市场准入五放宽两下放的意见》，营造宽松的营商环境，激发市场主体创造活力，促进全民创业创新。"五放宽"即放宽企业名称使用限制，放宽住所使用证明限制，放宽企业经营范围核定条件，放宽企业登记手续和程序，放宽外商投资企业主体限制；"两下放"即下放自治区工商局内资公司登记管辖权限，下放个人独资企业、合伙企业登记权限。

表 3 - 4　　　　　　　　2013—2014 年各地中小企业扶持政策

地区	政策法规具体举措与内容
北京	发布实施《北京市促进中小企业发展条例》
上海	启动科技型中小企业创新资金申请
天津	制定实施《天津市万企转型升级行动计划（2014—2016）》
天津	制定实施《天津市科技小巨人发展三年（行动）计划》
安徽	出台六条举措壮大"专精特新"中小企业
河南	规定中小企业申请国际认证和专利政府有补贴
辽宁	发布实施《辽宁省自主创新促进条例》
福建	发布实施《关于大力培育发展家庭农场的意见》
重庆	新增 7 个市级小企业创业基地
云南	设立科技型中小企业创新资金
广西	发布实施《市场准入五放宽两下放的意见》

资料来源：根据中国中小企业信息网资料整理。

二　微型企业扶持政策

中小企业特别是小型微型企业在增加就业、促进经济增长、科技创新与社会和谐稳定等方面具有不可替代的作用，对国民经济和社会发展具有重要的战略意义。微型企业目前面临的主要问题是融资难、融资贵，各地纷纷出台政策，保障微型企业的健康发展（见表 3 - 5）。

重庆市《关于进一步支持小型微型企业健康发展的实施意见》要实

现从粗放发展向"专精特新"转变。相关负责人介绍，该意见要求，到
2017 年，重庆市小微企业将达到 50 万户以上。其中，一批小微企业将成
长为大中型企业，将瞄准特定市场和客户、掌握精深技术、形成独特产品
或工艺、适应网络消费新业态的要求。到 2017 年，将新增一大批工业设
计、互联网、网购商品生产等新兴业态小微企业和技术水平高、发展潜力
大、市场前景好的科技型小微企业。该意见进一步提出，今后，重庆市财
政将安排不低于年度政府采购项目预算总额 18% 的份额面向小微企业采
购。在政府采购评审中，对非专门面向小微企业的项目，对产品报价给予
6%—10% 的价格扣除。鼓励大中型企业与小微企业组成联合体共同参与
政府采购，其中小微企业占联合体份额达到 30% 以上的，可给予联合体
2%—3% 的价格扣除。

表 3-5　　　　　　　　**2013—2014 年各地微型企业扶持政策**

地区	政策法规具体举措与内容
重庆	发布实施《关于进一步支持小型微型企业健康发展的实施意见》
	相关部门签署《联合帮扶成长型微型企业合作协议》
	成立"微企发展引导基金"，小微企业获专项资金支持
	下发《关于做好微型企业社会保险补贴工作的通知》
浙江	下发《关于规范政府采购供应商资格设定及资格审查的通知》，为小微企业参加政府采购排除障碍
兰州	制定《鼓励全民创业扶持微型企业发展工作方案》
	发布实施《支持小微企业发展贷款贴息专项资金管理暂行办法》
河北	促进小微企业参加工伤保险相关措施：支持小微企业参加工伤保险，提出对小微企业参加工伤保险不得设置附加条件
福建	制定实施《福建省万家小微企业成长贷款资金操作规程（试行）》
广东	发布实施《关于进一步扶持中小微企业发展和民营企业做大做强的意见》
青海	发布实施《青海省千家中小微企业培育工程实施意见》
	发布实施《关于进一步促进工业经济平稳健康发展十项措施》
河南	发布实施《关于政府采购促进小型微型企业发展的实施意见》
安徽	出台 20 条措施促进中小微企业发展：从工商登记、资金扶持、人才培养、解决用地等七个方面，全面助力中小微企业转型发展
	认定 70 家小微企业创业基地

资料来源：根据中国中小企业信息网资料整理。

2013 年 10 月，重庆推出千家微企将享中小企业帮扶政策。为进一步突破微企发展成长瓶颈，重庆市工商局与市中小企业局正式签署《联合帮扶成长型微型企业合作协议》，将首批 1000 户达到《中小企业划型标准规定》的成长型微企纳入联合帮扶范畴，实现微企和中小企业扶持政策无缝对接。符合条件的成长型微企可申报市级中小企业发展资金、乡镇企业发展资金等资金补贴。重庆市成立"微企发展引导基金"，小微企业获专项资金支持。重庆市小微企业将获民营经济专项资金的全力支持。重庆市民营经济专项资金的区县资金部分原则上将全数安排给小微企业。重庆市财政局方面称，资金总额将达到 20 亿元。重庆市工商局、市人力社保局、市财政局联合出台了《关于做好微型企业社会保险补贴工作的通知》，对重庆市微型企业实施社会保险补贴扶持政策。

浙江省为小微企业参加政府采购排除障碍。2013 年 10 月，《关于规范政府采购供应商资格设定及资格审查的通知》，通知指出个体工商户、个人独资企业和合伙企业，如果已经依法办理了工商、税务和社保登记手续，并且能够提供有效财产证明材料证明其具备法定缔结合同能力和实际承担责任能力，可以允许其独立参加政府采购活动。通知要求，采购文件不得将要求供应商缴纳法律、法规规定之外的费用或者保证金作为供应商参加政府采购项目的资格条件或者前提；一般不得将设有本地售后服务机构作为供应商的特定资格要求；不得将与履行合同能力无关的条件和明显超过项目需求的非强制性认定、报备、评选资质设定为供应商的特定资格条件。

河北省对小微企业参加工伤保险将不设门槛。10 月，河北省人社厅出台促进小微企业参加工伤保险相关措施，支持小微企业参加工伤保险，提出对小微企业参加工伤保险不得设置附加条件。小微企业将全部按照实名制方式参加工伤保险。小型建筑施工企业可按工程进度分阶段确定参保的实名制人员，小型矿山企业可按生产的不同季节确定实名制参保人员，小型服务业及有雇工的个体工商户可按营业面积或营业额的一定比例确定实名制参保人员。小微企业参保缴费总额，不得低于实名制参保人员按当地上一年度城镇单位就业人员平均工资的 60%。对于难以确定工资总额的其他小微企业，先确定实名制参保人员，并按当地上一年度城镇单位就业人员平均工资的一定比例（不低于 60%）为基数缴纳工伤保险费。

青海省出台政策实施千家中小微企业培育工程。为深入贯彻落实青海省支持中小微企业发展各项政策措施，10 月，青海省制定并下发《青海省千家中小微企业培育工程实施意见》（以下简称《实施意见》）。择优选择 1000 家具有发展潜力、特色鲜明的中小微企业开展重点培育，全面提升中小微企业发展质量和水平。到 2015 年，实现千家企业主营业务收入年均增幅超过 20%，完成增加值年均增幅超过 20% 的"双 20"目标。根据青海省十二次党代会大力扶持和发展一批能广泛吸纳就业"专精特新中小微企业，促进完善循环工业产业"的部署，从 2013 年年底开始，青海省经委中小企业发展局借鉴山东、浙江、宁夏等部分省区的成功经验和做法，广泛开展调查研究，结合青海省中小微企业发展现状和目标要求，多次向有关部门征求意见，协商制定具体扶持政策，最终形成了这一《实施意见》。《实施意见》研究制定了财政扶持、平台建设、融资担保、人才培训、优化环境、责任考核共六个方面的政策措施，并提出了鼓励中小微企业直接融资、设立中小微企业发展基金、支持中小微企业吸纳就业人员、强化千家培育工程实施的目标考核等一些新扶持政策与举措。旨在立足青海省十大特色优势产业和循环经济产业链，鼓励支持企业加快项目建设、技术创新、升级改造。引导中小微企业通过专业化生产与大型企业建立密切协作关系，走以专补缺，以小补大的"专、精、特、新"成长之路，全面提升发展质量和水平。

安徽省出台 20 条措施促进中小微企业发展。为帮助解决中小微企业面临的融资难、负担重、人才流失严重等问题，安徽省 10 月出台 20 条具体政策措施，从工商登记、资金扶持、人才培养、解决用地等七个方面，全面助力中小微企业转型发展。为降低企业设立门槛，安徽放宽企业住所和名称登记条件，对于创办中小微企业时无法提供房产证的，可由公司住所所在地的园区管委会、街道、村委会出具相关证明材料，各级工商部门据以办理注册记。同时，对个体工商户转型升级为企业后，凡符合条件的，通过免征增值税和营业税方式鼓励转型升级；认定 70 家小微企业创业基地。安徽省经济和信息化委员会已认定合肥高新创业园小微企业创业基地等 70 家基地为"安徽省小微企业创业基地"，70 家基地共建标准厂房 459.17 万平方米，入驻小微企业 2602 户，为小微企业提供创业"梦工厂"，带动就业 8.8 万人。与 2013 年相比，新增企业 710 户，新增就业 2.23 万人。

三 财税政策

中小企业尤其是微型企业 2013 年来面临最为突出的问题是资金问题，为解决资金难题，各地政府纷纷出台税收相关政策，给予中小企业尤其微型企业以减税优惠措施、专项资金补贴等，全面缓解中小企业特别是微型企业资金问题（见表 3 - 6），其中尤其以云南省、兰州市和厦门市三地的政策力度较大。

表 3 - 6　　　　2013—2014 年各地扶持中小企业的财税政策

地区	政策法规具体举措与内容
云南	发布实施《云南省人民政府关于加快广告业发展的意见》
	发布实施《云南省小额贷款保证保险试点工作实施方案》
四川	确定四川省中小企业发展专项资金项目（第二批）
天津	规定自主创业企业租房享两年房租补贴
兰州	发布实施《关于促进小型微型企业发展的实施意见》
	设立小微企业贷款贴息专项
山西	省财政安排省级创业资金 3000 万元，专项扶持创业孵化基地和园区建设等
	省中小企业局与证监局联合助推企业融资
陕西	下发《关于促进创业投资企业发展有关税收政策的通知》
厦门	对部分中小企业信用担保机构免征营业税
湖北	规定中小企业信用担保机构可申请免征三年营业税
内蒙古	发布实施《内蒙古自治区中小企业贷款风险补偿资金管理暂行办法》
	发布实施《内蒙古自治区区级财政贴息资金管理办法（试行）》

资料来源：根据中国中小企业信息网资料整理。

云南省构建广告业政策池，出台了《云南省人民政府关于加快广告业发展的意见》，对符合条件的广告小型微利企业，减按 20% 的税率征收企业所得税，广告企业还将享受与工业用水、居民用电基本同价待遇。拟在 3—5 年内，使之基本完成由传统产业向现代产业的转变。该意见提出了多项优惠政策，如在税收方面，对符合条件的广告小型微利企业，减按 20% 的税率征收企业所得税，在国家统一规定期限内，对年应纳税所得额低于 6 万元（含 6 万元）的广告小型微利企业，其所得减按 50% 计入应纳税所得额，按 20% 的税率（企业所得税基本税率 25%）缴纳企业所得税。对纳税确有困难的高新技术广告企业，经地税部门批准，减征房产税和城镇土地使用税。广告企业实际发生的、与取得收入有关的调研策划和创意设计费用，可在计算企业应纳税所得额时扣除。除了给广告企业政策，优惠还延伸至广告企业的客户。如化妆品制造和销售、医药制造和饮料制造（不含酒类制造）企业发生的广告费和业务宣传费支出，在国家统一规定期限内，不超过当年销售（营业）收入 30% 的部分，准予税前扣除；超过部分，准予在以后纳税年度结转扣除。对其他企业发生的符合条件的广告费和业务宣传费支出，除国务院财政、税务主管部门另有规定外，不超过当年销售（营业）收入 15% 的部分，准予扣除；超过部分，准予在以后纳税年度结转扣除。

兰州市颁发了《关于促进小型微型企业发展的实施意见》，针对小微企业税收、融资、用地、开拓市场等八个方面的优惠措施予以明确。兰州市对营业税纳税人中月营业额不超过 2 万元的企业，暂免征收营业税；同时对小微企业给予 3—5 人的引进和留住人才的户籍指标，对合同期 3 年以上的职工纳入公租房范围，并在子女入学上享受城镇户籍人员同等待遇。为了减轻小微企业负担，兰州市政府特地规定要严格落实小微企业税收政策。按小微企业划型标准规定，对增值税小规模纳税人中月销售额不超过 2 万元的企业，暂免征收增值税；对营业税纳税人中月营业额不超过 2 万元的企业，暂免征收营业税；小微企业所得税减按 20% 的税率征收企业所得税；自 2012 年 1 月 1 日至 2015 年 12 月 31 日，对年应纳税所得额低于 6 万元（含 6 万元）的小微企业，其所得减按 50% 计入应纳税所得额，按 20% 的税率缴纳企业所得税；被认定为高新技术企业，减按 15% 的税率征收企业所得税。

厦门市根据《工业和信息化部、国家税务总局关于中小企业信用担保机构免征营业税有关问题的通知》（工信部联企业 [2009] 114 号）和《工业和信息化部国家税务总局关于公布免征营业税中小企业信用担保机构名单有关问题的通知》（工信部联企业 [2011] 68 号）等有关规定要求，12 月 5 日，工信部对 324 家符合免征营业税条件的中小企业信用担保机构名单进行公示，厦门市有 4 家机构上榜。根据规定，中小企业信用担保机构申请免征营业税，其实收资本应超过 2000 万元，不以营利为主要目的，担保业务收费不高于同期贷款利率的 50%；有两年以上的可持续发展经历，资金主要用于担保业务，且对单个受保企业提供的担保责任余额不超过担保机构净资产的 10%；年度新增的担保业务额达净资产的 3 倍以上，代偿率低于 2。厦门市此次上榜的 4 家担保机构分别是厦门市担保有限公司、鼎丰担保股份有限公司、厦门金原融资担保有限公司、福建金海峡融资担保有限公司。公示期结束后，上榜的担保机构其从事中小企业信用担保或再担保业务取得的收入三年内可免征营业税。三年营业税减免政策期限已满的担保机构，仍符合申报条件的，可以继续申请减免税。

云南省试点小额贷款保证保险，省级财政每年安排 3000 万元的风险补偿资金、1000 万元的小微企业贷款增量风险补偿奖励资金，确保"十二五"期间 3000 户"专、精、特、新"优质小微企业获得信用贷款。经云南省政府批复同意，云南省金融办、省财政厅、人民银行昆明中心支行、云南银监局、云南保监局联合下发了《云南省小额贷款保证保险试点工作实施方案》（以下简称《方案》）。通过保证保险业务，小微企业不需要提供抵押或反担保，就可以获得信贷支持，且程序简单易操作、成本相对合理。该《方案》的最大亮点是，通过设立小额贷款保证保险风险补偿资金，建立财政与金融联动的资金传导机制，引导和鼓励金融机构加大对小微企业等的信贷支持。其基本原则是：政府支持，市场运作；依法合规，风险可控；强化管理，稳健推广。经测算，3000 万元的风险补偿资金，理论上能带动 103 亿元的贷款规模。

四川省为进一步促进中小企业加快发展，2013 年 10 月，启动中小企业发展专项资金（第二批）项目申报。专项资金将建立政府、银行、担保、企业四方联动机制，引导银行和担保机构大力支持中小微企业，共同对通过中小企业融资担保机构担保获得银行贷款的中小微企业进行扶持。

天津市进一步支持高校毕业生就业创业，对高校毕业生自主创业申请小额担保贷款，最高可给予 30 万元；对已成功创业且带动就业 5 人以上、经营稳定的创业者可给予贷款再扶持，贷款总额度最高不超 50 万元，贷款期限不超过两年。对其额度在国家规定贴息额度范围内的部分，由中央财政按照贴息利率予以贴息；对其额度在国家规定贴息最高额度以上且不高于 20 万元的部分，由市财政按照贴息利率的 50% 予以贴息。对高校毕业生自主创业企业租赁房屋的，给予房租补贴。补贴标准：按照每人 10

平方米计算，每平方米每天补贴 1 元，补贴 2 年（实际租用面积超过 60 平方米的，按照 60 平方米计算）。对成功自主创业的高校毕业生及其所招用的高校毕业生，给予 1 年的岗位补贴和 3 年的社会保险补贴。

山西省财政则安排省级创业资金 3000 万元，专项用于扶持创业孵化基地和园区建设。各地建立的创业孵化基地，经评估考核达到省级创业孵化基地标准，并确定为省级创业孵化基地的给予一定的管理服务补贴，补贴标准按每进驻基地一个创业实体每年给予 5000 元的补贴。并对进驻省级创业孵化基地的创业实体给予一定的场地租赁费补贴。

陕西省确保符合条件创投企业及时足额享受税收优惠政策，依据《创业投资企业管理暂行办法》和《关于促进创业投资企业发展有关税收政策的通知》，及时对符合条件的创业投资企业进行备案和核实，确保符合条件的创业投资企业及时足额享受税收优惠政策。逐步扩大创业投资引导基金规模，吸引社会资本设立创业投资企业，加大对小微企业的投资力度。创业投资引导基金参股的创业投资企业对小微企业和孵化器类企业的投资不低于实收资本的 40%，鼓励其在控制风险的前提下进行跟进投资。鼓励股权投资企业、产业投资基金投资小微企业。省财政资金出资的股权投资企业、产业投资基金投资小微企业的比例不得低于财政出资的两倍或基金规模的 40%。市县财政资金出资的股权投资企业、产业投资基金也应进一步加大对小微企业的投资力度。

兰州市从 2014 年开始，市级财政在工业发展专项资金中安排 2000 万元，设立小微企业贷款贴息专项。原有中小企业信用担保补助专项资金增加至 1000 万元，用于为小微企业服务的融资性担保公司进行保费补贴。小微企业贷款贴息专项资金根据符合贴息条件的贷款总额、当年贴息率计算确定。

2014 年 1 月，山西省中小企业局和山西证监局签订战略合作协议，双方在积极扶持和培育中小企业挂牌上市、培育和发挥基金的作用、探索建立中小企业多元化融资服务机制、建立推动资本市场工作合作机制、加强资本市场各层次人才培训五个方面形成合作共识。山西省中小企业系统针对中小微企业融资难这一普遍性、规律性难题，推动设立了总规模 20 亿元的山西省中小企业创业投资基金和山西典石、中盈洛克利等一批股权投资基金；推动建立了山西省股权交易中心、天津股权交易所山西运营中心等中小微企业股权融资市场化服务平台。山西省中小企业局和山西证监局将陆续签订一系列更具操作性的具体合作协议，合力推动全省多层次资本市场改革，支持更多中小微企业进入创业板、"新三板"、产权交易市场等融资，引导金融资源更多向中小微企业倾斜。

湖北省地税局正联合湖北省经信委遴选、推荐一批中小企业信用担保机构，上报国税总局，获批的机构将享受三年免征营业税的优惠。三年免征期满的担保机构，若符合条件，可继续提出减免申请。按规定，享受免征营业税优惠的担保机构必须符合实收资本超过 2000 万元、担保业务收费不高于同期贷款利率的 50%、对单个受保企业提供的担保余额不超过担保机构实收资本总额的 10% 等条件。另外，营业税的免征优惠范围仅限于符合条件担保机构从事中小企业信用担保或再担保业务取得的收入，不包括信用评级、咨询、培训等其他收入。

内蒙古自治区内金融机构发放小微企业贷款，按照《内蒙古自治区中小企业贷款风险补偿资金管理暂行办法》和《内蒙古自治区区级财政贴息资金管理办法（试行）》等规定要求，可申请中小企业发展专项资金的贷款贴息。对小额贷款公司发放小微企业贷款额度达到贷款总量 50% 以上的，通过金融业发展专项资金给予一定的奖励。同时，将金融企业涉及的小微企业贷款损失准备金税前扣除政策延长至 2013 年年底，将符合条件的农村金融机构金融保险收入减按 3% 征收营业税的政策，延长至 2015 年年底。

四　金融政策

目前中小企业面临突出的融资难、融资贵的问题。各级政府为解决中小企业融资问题，纷纷从鼓励融资信贷、签署政银合作协议等方面，全面缓解微型小型企业资金问题（见表 3 - 7）。

内蒙古自治区将着力落实对小微企业金融服务的政策支持，降低小微企业抵押评估登记费用。除登记费和工本费外，登记部门不得收取其他费用；继续使用同一抵押物申请贷款抵押登记，距上一次登记未满两年的，登记费减半收取。评估机构收取的小微企业贷款抵押物评估费不得高于现行有关规定收费标准的 50%。

宁夏回族自治区开展中小企业投融资服务。2014 年 1 月，为拓宽中小企业融资渠道，服务实体经济发展，保护投资者合法权益，宁夏回族自

表 3 – 7　　　　　2013—2014 年各地扶持中小企业金融扶持政策

地区	政策法规具体举措与内容
内蒙古	开展小微企业金融服务，降低小微企业抵押评估登记费用
宁夏	开展中小企业投融资服务，开展中小企业私募债券发行交易业务
山西	省内相关部门《中小企业私募债券业务试点合作备忘录》
广西	发布实施《广西中小微企业信用担保机构风险补偿资金管理办法》
四川	四川省政府与上海证券交易所、深圳证券交易所签署《中小企业私募债券业务试点合作备忘录》
陕西	省发改委就支持小微企业融资提出实施意见
	推进中小企业集合债券发行，发行小微企业增信集合债券
	清理规范涉企基本银行服务费用，为小微企业减负，取缔一切不合理的收费
河北	设立省级科技股权投资基金：三年 600 亿元贷款支持科技型中小企业融资

资料来源：根据中国中小企业信息网资料整理。

治区金融服务办公室确定由宁夏产权交易所承办中小企业私募债券发行交易业务。针对中小企业融资难这一普遍性、规律性难题，创建快捷便利，安全有保障的融资通道，助力中小企业发展，解决中小企业投融资问题。

陕西省进一步拓宽小微企业融资渠道，缓解融资难，加大对小微企业的支持力度，省发改委就支持小微企业融资提出实施意见，鼓励股权投资企业、产业投资基金投资小微企业，支持发行企业债券募集资金向有利于小微企业发展的领域投资，并清理规范涉及企业的基本银行服务费用。积极推进中小企业集合债券发行。集合债券发行主体中募集资金规模小于 1 亿元的，可以全部用于补充公司营运资金。对中小企业集合债券申请材料优先受理，及时审核转报。支持符合条件的创业投资企业、股权投资企业、产业投资基金发行企业债券，专项用于投资小微企业；支持符合条件的创业投资企业、股权投资企业、产业投资基金的股东或有限合伙人发行企业债券，扩大创业投资企业、股权投资企业、产业投资基金资本规模。支持陕西金融控股集团有限公司、西安投资控股有限公司等符合条件的国有企业和市级政府投融资平台发行小微企业增信集合债券。募集资金在有效监管下，通过商业银行转贷管理，扩大支持小微企业的覆盖面。各地可通过债券贴息、发行费用补贴、风险缓释基金等方式支持小微企业增信集合债券。

四川省政府与上海证券交易所、深圳证券交易所签署了《中小企业私募债券业务试点合作备忘录》，四川中小企业在资本市场上又多了一项融资工具。

河北省设立省级科技股权投资基金，加大对创业投资、科技担保、科技债券支持，撬动更多的社会资本向企业技术创新聚集。河北省科技厅与河北银行、中国民生银行石家庄分行签署合作协议，两家银行分别承诺每年向河北省内科技型中小企业累计授信不低于人民币 100 亿元，三年协议期内不低于 300 亿元人民币。未来三年内，河北省科技型中小企业将获得不低于 600 亿元的贷款，这将助推更多科技型中小企业成长为"科技小巨人"。根据合作协议，河北省科技部门与金融机构将发挥各自优势，加强紧密合作，创新合作机制，携手构建科技金融服务平台。河北省科技厅将积极向两家银行提供科技创新和产业发展政策、全省科技创新监测统计分析报告等信息资料，定期向两家银行推荐对全省战略性新兴产业具有重要带动作用的项目及企业有关信息，组织并推动高新技术开发区、科技园区和科技型中小企业银企对接活动的开展。两家银行将组织科技信贷专业服务团队，为科技型中小企业量身定做服务方案，拓展融资渠道，并积极开展金融知识培训、财务咨询、融资顾问等服务，不断完善科技金融服务体系。在符合财经政策的前提下，河北省科技部门和金融机构将研究建立科技信贷风险补偿基金，并制订具体实施方案，加大对初创期和成长期科技型中小企业的信贷支持力度。

五 其他举措

2013 年，中国各级政府还通过建立服务平台、实施各项示范工程、成立协会、推进培训工程、成立融资服务机构等方式扶持中小企业健康发展。2013 年 12 月，由江苏省经信委、省中小企业局牵头建设的江苏省中小企业公共服务平台网络正式开通。该平台网络设有全省服务呼叫热线"96186"；辽宁省中小企业公共服务平台网络开通，今后辽宁省中小企业再遇到融资、培训、管理等问题，只需拨打服务热线或登录网站，便可轻松获得帮助；甘肃省中小企业公共服务平台网络建设全面展开；新疆计划 3 年建成中小企业公共服务平台网络。以枢纽平台为中心，8 个地州市综合服务窗口平台以及 18 个产业集群窗口服务平台为支点的资源共享、服务协同、覆盖全疆的中小企业公共服务平台网络；云南省设立科技型中小企业服务中心，并颁布《科技型中小企业服务中心运行管理办法》；山西拟投 0.97 亿建中小企业服务平台。10 月，山西省财政厅宣布，2012—2013 年，山西省财政共计划投资 0.97 亿元，建设中小企业服务平台。其中，中央补助 0.29 亿元、省级财政配套 0.34 亿元、市级财政配套 0.34 亿元。截至目前，已建成 1 个省级服务平台，即将建成 11 个市级综合窗口平台和 9 个产业集群窗口平台。

重庆市加强中小企业培训中心建设。根据国家工信部国家中小企业"银河培训工程"的要求，重庆市中小企业局从 9 月上旬开始，陆续在重庆市中小企业培训中心，万州、涪陵、黔江、永川、合川、江津分中心以及綦江、忠县等培训点分期开展国家中小企业"银河培训工程"，大力扶持小微企业的发展。培训工程具体项目包括创业者培训、赛飞创业培训、中小企业创办者经营管理素质提升培训、中小企业卓越管理巡回大讲堂活动等。其中，创业培训主要对象为有志创办企业的中小企业经营管理人员、大学毕业生、外来务工者、城镇失业下岗职工、复员退伍军人等；赛飞创业师资对象为创业服务机构、中小企业"银河培训工程"实施单位、中小企业创业基地、孵化基地从业人员，高校教师；赛飞创业者培训则针对开始创业的小微企业主开展；中小企业创办者经营管理素质提升培训对象为中小企业的中高层、基层经营管理人员；而中小企业卓越管理巡回大讲堂活动对象为企业高层管理人员。

山西省为 400 名小微企业主集中"充电"。举办"1000 名有发展潜力的小微企业主创业能力提升培训"第三期培训班结束所有课程。为小微企业主进行小微企业的政策解读、融资问题剖析、财务管理、常见法律问题等课程的学习。

四川省搭建中小企业产权交易市场。2013 年 10 月，四川省中小企业发展中心与西南联交所签署了合作共建四川省中小企业产权交易市场的战略合作协议。四川省中小企业产权交易市场将以四川省中小企业发展中心为主导，以西南联交所为枢纽，以四川省中小企业公共服务平台网络体系为支撑，通过发挥四川省中小企业发展中心政策引导及组织协调的工作职能，利用西南联交所的服务资源和服务工具，发挥省中小企业服务网络的窗口服务功能，为全省中小企业提供产权交易全产业链的服务及优质的要素流转环境。四川省中小企业产权交易市场的建立将在一定程度上缓解中小企业融资难、融资贵的困局，帮助中小企业实现生产资本、经营资本的跨越发展。到中小企业产权交易市场挂牌的项目，帮助找到投资人，促进交易达成。

表3-8   2013年各地服务体系及其他政策

政策类型	地区	具体政策举措
服务体系	上海	建设中小微企业职业技能培训公共服务平台
	江苏	建设全省中小企业服务呼叫热线"96186"及网络
	辽宁	建设全省中小企业服务热线及登录网站
	新疆	建设8个地州市中小企业综合服务窗口平台，18个产业集群窗口服务平台
	云南	发布实施《科技型中小企业服务中心运行管理办法》
	山西	建设1个省级中小企业服务平台，11个市级综合窗口平台和9个产业集群服务窗口
其他	重庆	开展中小企业"银河培训工程"扶持小微企业发展
	山西	举办1000名有发展潜力的小微企业主创业能力提升培训
	四川	搭建中小企业产权交易市场

资料来源：根据中国中小企业信息网资料整理。

第三节   重点政策解读与评述

一   小微企业减税政策出台背景

中小企业是推动国民经济发展和促进市场繁荣的重要力量。为扶持中小企业特别是小微企业的发展，近年来，国家先后出台了一系列税收优惠政策，具体包括：对符合条件的小型微利企业给予减按20%的税率征收企业所得税；在对年应纳税所得额低于6万元（含6万元）的小型微利企业减按20%税率缴纳企业所得税的基础上，其所得减按50%计入应纳税所得额；在全面实施增值税转型改革的基础上，降低增值税小规模纳税人的征收率（自6%和4%统一降至3%）；统一并提高了增值税和营业税的起征点（提高至 2 万元）；实施了金融企业中小企业贷款损失准备金税前扣除政策和符合条件的农村金融机构营业税优惠政策；免征了金融机构对小微企业贷款印花税；将符合条件的国家中小企业公共技术服务示范平台纳入现行科技开发用品进口税收优惠政策的享受主体范围等，有力减轻了中小企业税负负担，促进了中小企业发展。

李克强总理在 2014 年政府工作报告中提出，要进一步扩展小微企业税收优惠范围，减轻企业负担。当前，国内外经济环境仍十分复杂，为保持中国经济平稳较快发展，在继续贯彻落实好现行中小企业税收优惠政策的同时，有必要进一步加大对小型微利企业的税收扶持力度，以充分发挥小型微利企业在推动经济发展、促进社会就业等方面的积极作用。

2013 年 8 月 1 日，财政部印发了《关于暂免征收部分小微企业增值税和营业税的通知》（财税〔2013〕52 号）。通知中明确自 8 月 1 日起，为进一步扶持小微企业发展，经国务院批准，对增值税小规模纳税人中月销售额不超过 2 万元的企业或非企业性单位，暂免征收增值税；对营业税纳税人中月营业额不超过 2 万元的企业或非企业性单位，暂免征收营业税。2014 年，财政部国家税务总局发布了《关于小型微利企业所得税优惠政策有关问题的通知》（财税〔2014〕34 号），国家税务总局印发了《关于扩大小型微利企业减半征收企业所得税范围有关问题的公告》（国家税务总局公告 2014 年第 23 号），在前几年对小型微利企业减半征收企业所得税政策基础上，进一步扩大减半征税范围。选定年应纳税所得额低于 10 万元（含）的小型微利企业作为政策对象，具有多重考虑：

首先，小型微利企业界定标准是在内外资企业"两法合并"时确定的。这一标准借鉴了国际经验，也与相关部门和专家进行了研究，同时，还考虑了国家税收收入和企业利益等因素。这次出台的优惠政策以这一标准为基础，能较好地体现进一步加大对小型微型企业支持力度的政策导向。

其次，企业所得税法及其实施条例对小型微利企业的标准已作出明确规定，各级税务征管机关只需在符合条件的小型微利企业中，根据企业年应纳税所得额进行界定即可。这样，该项优惠政策无须制定新的认定标准，便于基层税务机关操作。

此外，现行年应纳税所得额低于 6 万元（含）的小型微利企业减半征收企业所得税的优惠政策，对推动小型微利企业发展起到了积极作用。考虑到目前国内外经济环境比较复杂，小微企业面临的困难也比较大，需要国家进一步给予政策支持。因此，将优惠范围扩大到年应纳税所得额低于 10 万元（含）的小型微利企业，体现了国家继续加大对中小企业扶持力度的精神，也进一步降低了小微企业的税负。

二 小微企业减税政策解读

自 2014 年 1 月 1 日起，将享受减半征收企业所得税优惠政策的小型微利企业范围由年应纳税所得额低于 6 万元（含 6 万元）扩大到年应纳税所得额低于 10 万元（含 10 万元），执行期限截至 2016 年 12 月 31 日，即自 2014 年 1 月 1 日至 2016 年 12 月 31 日，对年应纳税所得额低于 10 万元（含 10 万元）的小型微利企业，其所得减按 50% 计入应纳税所得额，按 20% 的税率缴纳企业所得税。

同时，针对部分小型微利企业主所担心的该项优惠政策实施期限的问题，财政部税政司和国家税务总局所得税司有关负责人指出，按照《中华人民共和国企业所得税法》（以下简称《企业所得税法》）的规定，企业所得税实行按年计算、分月或分季预缴、年终汇算清缴的征管方式。2014 年度的企业所得税将在 2015 年 5 月底前进行汇算清缴，并结清应缴应退税款。因此，此项优惠政策出台时虽已到 2014 年 4 月，但不影响符合条件的企业从 2014 年 1 月 1 日起享受该项优惠政策。

此外，针对优惠政策截止期限的问题，财政部税政司和国家税务总局所得税司有关负责人作出解释：现行年应纳税所得额低于 6 万元（含）的小型微利企业减半征收企业所得税优惠政策出台前，国家曾连续两次出台小型微利企业减半征收企业所得税优惠政策，均为一年，优惠期限较短。因此，现行减半征收企业所得税优惠政策的执行期限为四年，从 2012 年 1 月 1 日至 2015 年 12 月 31 日。此次进一步加大小微企业扶持力度的优惠政策适当延长执行期限，从 2014 年 1 月 1 日截至 2016 年 12 月 31 日。

三 金融支持政策出台背景

国务院办公厅于 2013 年 8 月 8 日发布《关于金融支持小微企业发展的实施意见》，要求进一步做好小微企业金融服务工作，全力支持小微企业良性发展。实施意见指出，加强小微企业金融服务，是金融支持实体经济和稳定就业、鼓励创业的重要内容，事关经济社会发展全局。中国金融体系的主导在于商业银行，基于这种环境，该意见的着力点在于引导商业银行进行差异化服务。这种差异化服务主要体现在两个方面，鼓励业务创新和设立专门服务机构。从本质上说，中小企业融资难是市场失灵问题。因此，意见中的系列措施特别强调要重视培育市场环境。在放松管制和金融创新的背景下，监管政策越来越重视培育小微企业的金融服务主体，不断放宽机构准入标准，提高金融服务网点对小微企业的覆盖面。近年来，关于提升小微企业金融服务的政策利好从未间断过。总结来看，这些政策可以概括为重视发挥市场机制作用，适度放松管制，这些内容在《国务院办公厅关于金融支持小微企业发展的实施意见》中得到了集中体现。

四 金融支持政策解读

国务院办公厅专门下发了《关于金融支持小微企业发展的实施意见》（以下简称《意见》），《意见》强调从融资渠道、服务方式、服务主体、考核评价等多方面引导金融机构"用好增量、盘活存量"，向小微企业倾斜金融资源。作为解决小微企业融资难问题的一揽子方案，《意见》强调加大对小微企业金融服务的扶持力度、全面营造良好的小微金融发展环境，也明确了发展小微企业金融服务的目标要求：贷款增速和增量"两个不低于"；找到了提升小微企业金融服务的抓手：丰富和创新小微企业金融服务方式、强化对小微企业的增信服务和信息服务、积极发展小型金融机构、大力拓展小微企业直接融资渠道；对当前小微企业金融服务中存在的问题，《意见》也提出了有针对性的措施。

具体来说，《意见》强调从融资渠道、服务方式、服务主体、考核评价等多方面引导金融机构"用好增量、盘活存量"，向小微企业倾斜金融资源。中国金融体系的主导在于商业银行，基于这种环境，《意见》的着力点在于引导商业银行进行差异化服务。这种差异化服务主要体现在两个方面，鼓励业务创新和设立专门服务机构。《意见》不但鼓励小型金融机构发展，而且鼓励商业银行建设小企业专营机构，单独配置资源，单独进行信贷评审和会计核算，引导小微企业金融服务走向专业化。

金融市场的发展完善是顺利解决小微企业融资难题的基本前提。从本质上说，中小企业融资难是市场失灵问题。因此，《意见》中的系列措施特别强调要重视培育市场环境。在放松管制和金融创新的背景下，监管政策越来越重视培育小微企业的金融服务主体，不断放宽机构准入标准，提高金融服务网点对小微企业的覆盖面。上海、浙江等地的实践证明，多元化的市场主体、宽松的市场环境，能较大程度地改善小企业的融资环境。

专家建议，要支持发行专项金融债；鼓励资产证券化；利用央行公开市场操作平衡流动性，开辟小微企业融资绿色通道。对商业银行来说，小微企业贷款的收益高，但风险较大，在信贷资源有限的情况下，从安全性和盈利性原则出发，商业银行倾向于向大中型企业放贷。为此，《意见》强调要扩宽融资渠道，为小微贷款开辟了银行融资的绿色通道。有专家认为，这一绿色通道的构成来自三个方面：一是支持发行专项金融债，从申请资格，到材料报备，到事后监管，政策愈加明确。统计显示，截至2013年6月末，已有40家银行共4240亿元小微企业专项金融债的申请得到批复，发行主体涵盖股份制银行、城市商业银行和国有商业银行。二是鼓励资产证券化。资产证券化是盘活存量、调整信贷结构的有效途径，通过鼓励小微金融服务显著的银行进行业务试点，鼓励基础资产向小微贷款倾斜，能够有效拓宽小微贷款的资金来源。三是央行公开市场操作。2013年7月，人民银行增加再贴现额度120亿元，支持小微业务，央行数据显示，全国再贴现总量的45%都用于支持金融机构扩大对小微企业的信贷投放。

只有在整体环境改善的情况下，小微企业金融服务的可持续发展才能得到保证。小微企业金融服务的可持续性同样是《意见》关注的焦点，中国银行间市场交易商协会研究部姜智强认为，《意见》充分考虑到外部环境的作用，注重通过调动外部力量改善融资环境。只有在整体环境改善的情况下，小微企业金融服务的可持续发展才能得到保证。

《意见》除了一贯强调的发挥担保、保险的辅助作用，还特别强调了搭建小微企业综合信息共享平台；对于在实践中效果良好的地方政府通过财税支持建立风险分担和补偿机制，《意见》也给予了肯定；对于融资过程中关键的征信信息，《意见》强调要加快建立小微企业信用征集体系、评级发布制度和信息通报制度，引导银行业金融机构注重用好人才、技术等"软信息"，建立针对小微企业的信用评审机制。这种提法相较以往的政策信息更加明确和细致，具有很强的可操作性。

正如《意见》所言，小微企业是国民经济发展的生力军，在稳定增长、扩大就业、促进创新、繁荣市场和满足人民群众需求方面，发挥着极为重要的作用。在当前的经济形势下，增长、就业、创新和内需这四点个个都是关键，都关系到经济社会能否长期稳健的发展，关系到"中国梦"能否顺利实现，因而需要以科学的态度加快推进。

第 二 篇

2014 年中国中小企业
景气指数测评

第 四 章

中小企业景气指数的评价流程与方法

景气指数（Climate Index）是用来衡量经济发展状况的"晴雨表"。企业景气指数是对企业景气调查所得到的企业家关于本企业生产经营状况及对本行业景况的定性判断和预期结果的定量描述，用以反映企业生产经营和行业发展所处的景气状况和发展变化趋势。在企业景气调查和指数编制方面，自德国伊弗（IFO）研究所于 1949 年正式开始实施以来，在世界发达市场经济国家已有半个世纪以上的理论研究和实践经验。中国国家统计局在 1998 年将企业景气调查纳入了统计制度，但从政府机构和学术界对企业景气指数的研究和应用来看，大都以工业企业和大中型企业为对象。在企业运行监测和管理方面，2004 年中国农业部开始建立全国乡镇企业信息直报系统，2009 年国家工业和信息化部也在全国建立了中小企业生产经营运行监测平台，使中国中小企业景气监测和预警机制逐步得以确立。但是，从目前的监测企业数量和类型等来看，还不能充分客观地反映中国中小企业发展景气特征。本章首先跟踪国内外有关景气指数研究的理论前沿和最新动态，其次阐述分析中国中小企业景气指数研究的意义，最后介绍本研究报告采用的中小企业景气指数编制流程及评价方法。

第一节　国外景气指数研究动态

一　经济周期波动与景气指数研究

经济周期波动是经济发展过程中难以回避的一个重要现象。在 20 世纪初，对于经济周期波动的研究首先在欧美各国的学术界引起普遍重视，相关机构及学者提出了各种定量方法来测量经济的周期性波动。1909 年，美国巴布森统计公司（Babson）发布了巴布森经济活动指数，这是最早较为完整的提出景气指数分析的经济预测和评价活动。早期研究中影响最大的是哈佛大学 1917 年开始编制的哈佛指数，其在编制过程中广泛收集了美国经济发展的历史数据，选取了与经济周期波动在时间上存在明确对应关系的 17 项经济指标，在三个合成指数的基础上，利用它们之间存在的时差关系来判断经济周期的波动方向并预测其转折点，对 20 世纪以来美国的四次经济波动都做出了较好的反映。哈佛指数从 1919 年起一直定期发布。此后，欧洲各国涌现出了许多类型指数研究小组，从不同角度分析经济、产业与市场等运行状况。

米切尔（W. C. Mitchell，1927）总结了历史上对经济景气指数以及经济周期波动测定等方面的一些结果，从理论上讨论了利用经济景气指标对宏观经济进行监测的可能性，提出了经济变量之间可能存在时间变动关系，并由此来超前反映经济景气波动的可能性。这些理论的提出为 W. C. 米切尔和 A. F. 伯恩斯（Burns，1938）初步尝试构建先行景气指数提供了基础，他们从 500 个经济指标中选择了 21 个构成超前指示器的经济指标，最终正确地预测出经济周期转折点出现的时间。1929 年美国华尔街金融危机爆发后，学术界认为仅凭借单个或几个指标已经难以全面、准确地反映整个经济运行状况，由此季节调整成为经济监测的基本方法。

在对经济周期进行系统性的研究后，米切尔和伯恩斯（1946）在 *Measuring Business Cycles* 一书中提出了一个关于经济周期的定义："一个周期包括同时发生在许多经济活动中的扩张、衰退、紧缩和复苏，复苏又溶入下一个周期的扩张之中，这一系列的变化是周期性的，但并不是定期的。在持续时间上各周期不同。"这一定义成为西方经济学界普遍接受的经典定义，并一直作为 NBER 判断经济周期的标准，也为企业景气指数的研究提供了理论支撑。

从 1950 年开始，NBER 经济统计学家穆尔（J. Moore）的研究团队从近千个统计指标的时间序列中选择了 21 个具有代表性的先行、一致和滞后三类指标，开发了扩散指数（Diffusion Index，DI），其中先行扩散指数在当时能提前 6 个月对经济周期的衰退进行预警。虽然扩散指数能够很好地对经济周期波动的转折点出现的时间进行预测，却不能表示经济周期波动的幅度，没能反映宏观经济运行的效率与趋势，这使得扩散指数的推广和应用受到了一定的限制。为了弥补这一缺陷，希金斯和穆尔（J. Shiskin and G. H. Moore，1968）合作编制了合成指数（CI），并且在 1968 年开始正式使用，合成指数有效地克服了扩散指数的不足，它不仅能够很好地预测经济周期的转折点，而且能够指出经济周期波动的强度。其中，经济周期波动振幅的标准化是构建合成指数的最核心问题，不同的经济周期波动振幅标准化后获得的合成指数也不相同。合成指数为经济周期波动的度量提供了一个有力的工具，至今广泛应用于世界各国的景气指数评价研究。

由于指标选取会直接影响到最终构建的景气指数，一些经济学家开始尝试利用严谨的数学模型作为分析工具，利用多元统计分析中的主成分分析法来合成景气指数，以此尽量减少信息损失。J. H. 斯托克和 M. W. 沃森（J. H. Stock and M. W. Watson，1988，1989）还利用状态空间模型和卡尔曼滤波建立了 S—W 型景气指数，这种指数方法也被许多国家用来监测宏观经济周期波动状况。

二　企业与行业景气研究

经济衰退和经济增长过快都会影响企业的运营与行业发展。而客观判断企业与行业发展景气状况主要是通过企业景气指数分析来实现的。企业景气指数是对企业景气监测调查所得到的企业家关于本企业生产经营状况及对本行业景况判断和预期结果的定量描述，用以反映企业生产经营和行业发展所处的景气状况及发展趋势。1949 年，德国伊弗研究所首次实施了企业景气调查（IFO Business Climate Index），具体对包括制造业、建筑业及零售业等各产业部门约 7000 家企业进行月度调查，主要依据企业评估目前的处境状况、短期内企业的计划及对未来半年的看法等编制指数。这种企业景气指数评价方法很快被法国、意大利及欧共体（EEC）等采用，并受到包括日本、韩国与马来西亚等亚洲国家的重视。

日本是世界上中小企业景气调查机制最为健全完善的国家之一。日本在 1957 年以后实行了两种调查，即 17 项判断调查和定量调查。日本的权威性企业景气动向调查主要有日本银行的企业短期经济观测调查（5500 家样本企业）、经济企划厅的企业经营者观点调查和中小企业厅的中小企业景况调查。其中，中小企业景况调查和指数编制及研究始于 1980 年，其会同中小企业基盘整备机构，依靠全国 533 个商工会、152 个商工会议所的经营调查员、指导员及中小企业团体中央会的调查员，对全日本约

19000 家中小企业（2011 年度）分工业、建筑业、批发业、零售业、服务业 5 大行业按季度进行访问调查，并通过实地获取调查问卷信息来实施。在 2004 年以后日本还从全国 420 万家中小企业中选出 11 万家，细分 10 个行业，在每年 8 月进行定期调查，并发布研究报告。

此外，美国独立企业联合会（NFIB）自 1986 年开始面向全美 47 万家小企业每月编制发布小企业乐观程度指数（The Index of Small Business Optimism），该指数至今为反映美国小企业景气状况的"晴雨表"。

三 景气监测预警研究

经济预警（Economic Early Warning）基于经济景气分析，但比景气分析预测要更加鲜明，属于经济突变论的概念范畴。其最早的应用可追溯到 1888 年巴黎统计学大会上发表的以不同色彩评价经济状态的论文。但经济预警机制的确立是在 20 世纪 30 年代第一次世界经济危机之后。20 世纪 60 年代引入合成指数和景气调查方法之后，美国商务部开始定期发表 NBER 经济预警系统的输出信息（顾海兵，1997）。具有评价功能的预警信号指数始于法国政府制定的"景气政策信号制度"，其借助不同颜色的信号灯对宏观经济状态做出了简明直观的评价。

1968 年，日本经济企划厅也发布了"日本经济警告指数"，分别以红、黄、蓝等颜色对日本宏观经济做出评价。1970 年，联邦德国编制了类似的警告指数。1979 年，美国建立"国际经济指标系统（IEI）"来监测西方主要工业国家的景气动向，这标志着经济监测预警系统研究开始走向国际化。到 20 世纪 80 年代中期，印度尼西亚、泰国、新加坡、中国台湾、中国香港等国家和地区先后将景气预警作为宏观经济的政策支持基础。

作为反映国际间贸易情况的领先指数，波罗的海干散货运价指数（BDI）近年来日益受到企业和行业的重视（卿倩、赵一飞，2012）。该指数是目前世界上衡量国际海运情况的权威指数，由若干条传统的干散货船航线的运价，按照各自在航运市场上的重要程度和所占比重构成的综合性指数，包括波罗的海海岬型指数（BCI）、巴拿马型指数（BPI）和波罗的海轻便型指数（BHMI）三个分类指数，由波罗的海航交所向全球发布。其预警功能表现为，如果该指数出现显著的上扬，说明各国经济情况良好，国际贸易火热。前几年由于中国的经济快速发展也带动了全球经济的复苏，全球对于原材料的需求大大增加，导致了海运的快速繁荣。根据波罗的海航运交易所公布的 2014 年上半年的 BDI 指数，半年收报 1413 点，跟去年底的 1773 点相比下跌 360 点，跌幅为 20.3% 。市场监测分析认为，指数连续低迷的主要原因是市场船舶过多、船吨过剩，加上欧美国家仍深受债务困扰，经济持续放缓，未能完全走出金融海啸的阴霾；而中国也在进行经济调控，对大宗商品的需求下跌，导致干散货运输市场继续在低水平下运作，BDI 在半年内处于低位徘徊。

第二节　国内景气指数研究动态

一　宏观经济景气循环研究

在中国，吉林大学董文泉（1987）的研究团队与国家经委合作首次开展了中国经济周期的波动测定、分析和预测工作，编制了中国宏观经济增长率周期波动的先行、一致和滞后扩散指数和合成指数。后来，国家统计局、国家信息中心等政府机构也开始了这方面的研究并于 20 世纪 90 年代初正式投入应用（朱军、王长胜，1993；李文溥等，2001）。陈磊等（1993，1997）通过多元统计分析中的主成分分析方法，构建了先行、一致两组指标组的主成分分析来判断中国当时的经济景气循环特征。高铁梅等（1994，1995）通过运用 S—W 型景气指数很好地反映了中国当时经济运行状况。

毕大川和刘树成（1990）、董文泉等（1998）、张洋（2005）等全面系统地总结了国际上研究经济周期波动的各种实用的经济计量方法，并利用这些方法筛选的指标合成适合中国的景气指数和宏观经济预警机制。李晓芳等（2001）利用 HP 滤波方法和阶段平均法对中国的经济指标进行了趋势分解，利用剔除趋势因素的一致经济指标构造了中国增长循环的合成指数，并与增长率循环进行了比较。阮俊豪（2013）实证研究了 BDI 指数风险测度及其与宏观经济景气指数关系。陈乐一等（2014）运用合成指数法分析了当前中国经济景气走势。史亚楠（2014）基于扩散指数对中国宏观经济景气进行了预测分析。近年来，不少研究者从投资、物价、消费、就业和外贸等宏观经济的主要领域，对转型期中国产业经济的周期波动进行了实证研究（高铁梅等，2009；许谏，2013；许洲，2013；王亚南，2013；冯明、刘淳，2013；谌新民等，2013；陆静丹等，2014）。

二　企业与行业景气研究

中国人民银行 1991 年正式建立 5000 户工业企业景气调查制度，但所选企业以国有大、中型工业生产企业为主。1994 年 8 月起，国家统计局开始进行企业景气调查工作，调查主要是借助信息公司的技术力量，开展对工业和建筑业企业直接问卷调查。到 1998 年，国家统计局在全国开展企业景气调查，编制了企业家信心指数和企业景气指数，分别按月度和季度在国家统计局官网发布。

1997 年，国家统计局建立了一套专门针对中国房地产发展动态趋势和变化程度的"国房景气指数"。从 2001 年开始，国家统计局又根据对商品与服务价格进行抽样调查的结果，编制发布了全国居民消费价格指数（CPI）。王呈斌（2009）基于问卷调查分析民营企业景气状况及其特征，浙江省工商局 2010 年结合抽样调查、相关部门的代表性经济指标，运用国际通行的合成指数法编制发布了全国首个民营企业景气指数。黄晓波、曹春嫚、朱鹏（2013）基于 2007—2012 年中国上市公司的会计数据信息研究了企业景气指数。中国社会科学院金融研究所企业金融研究室尝试开发编制中国上市公司景气指数。浙江工商大学开发编制了"义乌中国小商品指数"。中国国际电子商务中心中国流通产业网开发编制了"中国大宗商品价格指数"。

迄今为止，国内学术界对中小企业景气指数的研究主要集中在工业企业领域。其他相关指数有中国中小企业国际合作协会与南开大学编制的中国中小企业经济发展指数、复旦大学编制的中小企业成长指数、中国中小企业协会编制的中小企业发展指数、中国企业评价协会编制的中小企业实力指数、浙江省浙商研究中心编制运营的浙商发展指数以及阿里巴巴主要为中小微企业用户提供行业价格、供应及采购趋势的阿里指数，等等。

伴随景气指数分析的进一步深入，关于景气指数的评价对象也逐渐出现了分化，目前更多的研究则将景气指数评价应用于某一具体区域、具体行业、领域的企业及其他组织的分析。中国学术界迄今对行业和企业监测预警的研究主要集中在房地产（张宇青等，2014；崔霞等，2013；张斌，2012；朱雅菊，2011；陈峰，2008；隋新玉，2008；王鑫等，2007；李崇明等，2005）、旅游（何勇，2014；刘晓明2011；倪晓宁，戴斌，2007；梁留科等，2006）、金融（徐国祥、郑雯，2013；刘恩猛等，2011；薛磊，2010；周世友，2009；陈守东等，2006；吴军，2005）、商业（张伟等，2009；李朝鲜，2004）、海洋航运及进出口贸易（周德全，2013；殷克东等，2013；朱敏等，2008；苏春玲，2007）、资源及能源（肖欢明等，2013；支小军等，2013；刘元明等，2012；李灵英，2008）等领域。

三　景气监测预警研究

1988 年以前，中国经济预警研究主要侧重于经济周期和宏观经济问题的研究（石良平，1991），最早由国家经委委托吉林大学系统工程研究所撰写《中国经济循环的测定和预测报告》，而首次宏观经济预警研讨会是由东北财经大学受国家统计局委托于 1987 年 9 月以全国青年统计科学讨论会为名召开的（龚盈盈，2005）。

1988 年以后，中国学者更多地关注先行指标，在引入西方景气循环指数和经济波动周期理论研究成果的基础上，将预测重点从长期波动向短期变化转变。中国经济体制改革研究所（1989）在月度经济指标中选出先行、一致和滞后指标，并利用扩散指数法进行计算，找出三组指标分别对应的基准循环日期。同年，国家统计局也研制了六组综合监测预警指数，并利用不同颜色的灯区来代表指数不同的运行区间，从而更直观地表示经济循环波动的冷热状态。

相关早期研究方面，毕大川（1990）首次从理论到应用层面对中国宏观经济周期波动进行了全面分析。顾海兵、俞丽亚（1993）从农业经济、固定资产投资、通货膨胀、粮食生产和财政问题五个方面进行了预警讨论。吴明录、贺剑敏（1994）利用经济扩散指数和经济综合指数设计了适合中国经济短期波动的监测预警系统，并对近年来中国经济波动状况进行了简要评价。谢佳斌、王斌会（2007）系统地介绍了中国宏观经济景气监测的预警体系的建立、统计数据的处理和经济景气度的确定以及描绘等，从总体上客观、灵敏、形象地反映中国经济运行态势。除此之外，还有学者构建了基于 BP 神经网络的经济周期波动监测预警模型系统，并进行了仿真预测和预警（张新红、刘文利，2008），在实证应用方面产生了较大影响。

新近的区域景气监测预警研究方面，池仁勇、刘道学等（2012；

2013；2014）连续三年基于浙江省中小企业景气监测数据对浙江 11 个地市中小企业的综合景气及主要行业景气指数进行了研究分析；王亚南（2013）对湖北 20 年文化消费需求景气状况进行了测评；何勇等（2014）探讨了海南省旅游景气指数的构建；肖欢明等（2014）基于产业链视角专门研究了浙江纺织业景气预警。

第三节　中国中小企业景气指数研究的意义

一　中国中小企业的重要地位与发展困境

中国经济三十多年来的快速发展充分证明，中小企业是中国数量最大、最具活力的企业群体，是吸纳社会就业的主渠道，是技术创新和商业模式创新的重要承担者。目前，中国中小企业在国民经济发展中的贡献格局已基本形成"56789"，即中小企业占 50% 以上的税收，占 60% 以上的 GDP 和技术创新，占 70% 以上的产品创新，占 80% 以上的就业，占 90% 以上的企业数量，是中国实体经济发展的根基。

但是，转型期中国宏观经济运行的波动规律越发复杂和难以把握。企业特别是中小微企业所面临的经营风险和不确定性日趋增加。特别是近几年，在复杂严峻的国内外经济形势下，中国处在微利或亏损状态的小微企业数量在增加，小微企业总体面临"用工贵、用料贵、融资贵、费用贵"与"订单难、转型难、生存难"这"四贵三难"的发展困境（林汉川、池仁勇等，2012）。尤其在中小企业管理上，中国长期以来实行"五龙治水"，即工信部负责中小企业政策制定与落实，商务部负责企业国际化，农业部乡镇企业局负责乡镇企业发展，工商管理部门负责企业工商登记，统计局主要负责统计规模以上企业，而占企业总数 97% 以上的小微企业总体被排除在政府统计跟踪范围之外。这样，各部门数据统计指标不统一，数据不共享，统计方法各异，经常存在数据不全及数据交叉的混乱状况，缺乏统一的数据口径。这使得现行数据既不能客观地反映中小微企业景气现状，也难以用作科学预测预警，这直接影响制定政策的前瞻性和针对性及政策实施效果评价，也会影响小微企业的健康持续发展。中国中小企业信息不对称、缺乏科学的监测预警和决策支持系统是当前政产学研共同关注和亟待解决的理论与现实课题。尤其是随着中国中小企业面临的区域性、系统性风险的增大，今后有关区域中小企业和行业景气监测预警的研究更具有重要的学术价值与现实意义。

二 中国中小企业景气指数研究的理论意义与应用价值

如前所述，在经济发达国家，客观地判断企业发展景气状况主要是通过企业景气监测预警分析来实现的。在企业景气指数编制方面，世界上自1949年德国先行实施以来已有60多年的研究与应用历史。在企业景气指数预警理论及应用研究上，目前国际通用的扩散指数（DI）和合成指数（CI）受到了广泛应用，各个国家和地区越来越重视先行指数和一致指数的指导作用，这也说明了这两种经典的指数分析方法的可靠性。随着景气指数研究的深入，世界上对中小企业景气指数的评价也日益成为经济景气研究领域的重要内容。

从预警方法看来，基于计量经济学的指标方法和模型方法，以及基于景气指数监测的景气预警法是三种比较有效的方法。其中，计量经济学方法是政府部门使用一定的数学计量方法对统计数据进行测算，从而向公众发布对经济前景具有指导性作用的信息；而景气预警方法是利用结构性模型的构建，以及它们之间相关联的关系来推测出经济发展可能位于的区间。目前，在研究宏观经济和企业运行监测预警过程中，多是两种方法结合使用。

中国自1998年起才正式将企业景气调查纳入国家统计调查制度，近几年来，中国政府部门、科研机构、金融机构等虽然在经济景气预警方面的研究比较多，但政府和学术界对企业景气指数研究和应用，受长期以来抓大放小的影响，迄今主要以特定行业为对象，而对企业，特别是中小微企业的景气波动过程少有系统研究，对于中小企业的监测预警研究更少，大多数研究还停留在理论探索阶段，还没有形成较成熟的理论与实证分析模型，特别是对小微企业发展景气预警进行全面系统的研究基本上还是空白。

本研究报告正是基于上述国内外研究现状，旨在建立和完善中国中小微企业景气指数与预警评价体系，并开展区域中小微企业发展的实证研究。课题研究既跟踪国内外企业景气监测预警理论前沿，又直接应用于中国区域中小微企业发展的实践，因此研究具有理论意义和现实应用价值。

三　中国中小企业景气指数评价的经济意义

相对于大型企业而言，中小企业一般是指规模较小，处于成长或创业阶段的企业。中小企业景气指数是对中小企业景气调查所得到的企业家关于本企业生产经营状况以及对本行业发展景气状况的定性判断和预期结果的定量描述，用以反映中小企业生产经营和行业发展的景气程度，并预测未来发展趋势。由于中国中小企业量大面广，为了尽可能全面地反映中国中小企业的景气状况，本研究报告以中国规模以上工业中小企业、中小板及创业板上市企业及规模以下中小微企业为评价对象，先根据数据指标的特性基于扩散指数及合成指数的方法分别计算出分类指数，然后基于主成分分析法及专家咨询法等确定各分类指数的权重，最后进行加权计算，合成得到中国中小企业综合景气指数。

中国中小企业综合景气指数的取值范围在 0—200，景气预警评价以100 为临界值。100 上方为景气区间，100 下方为不景气区间，100 上下方又根据指数值的高低分别细分为"微景气/微弱不景气"区间、"相对景气/不景气"区间、"较为景气/不景气"区间、"较强景气/较重不景气"区间及"非常景气/严重不景气"区间。

第四节　中小企业景气指数编制流程及评价方法

编制景气指数评价是一项系统工程。本研究报告的中小企业景气指数编制流程主要包括评价对象确定、指标体系构建、数据收集及预处理、景气指数计算与结果讨论等步骤。本研究报告构建的中国中小企业景气指数的评价体系如图 4 - 1 所示。

图 4 - 1 中，虚线框表示该步骤只存在于某些特定的景气指数评价分析中，例如合成指数评价中的先行指标、一致指标与滞后指标分类等。

需要特别指出的是，本研究报告在对中国中小企业景气状况进行分析时，是依据上一年度各省级行政区或地区的中小企业景气指数值作为当年度景气测评依据的。本研究报告按以下四个步骤计算中国中小企业景气指数。

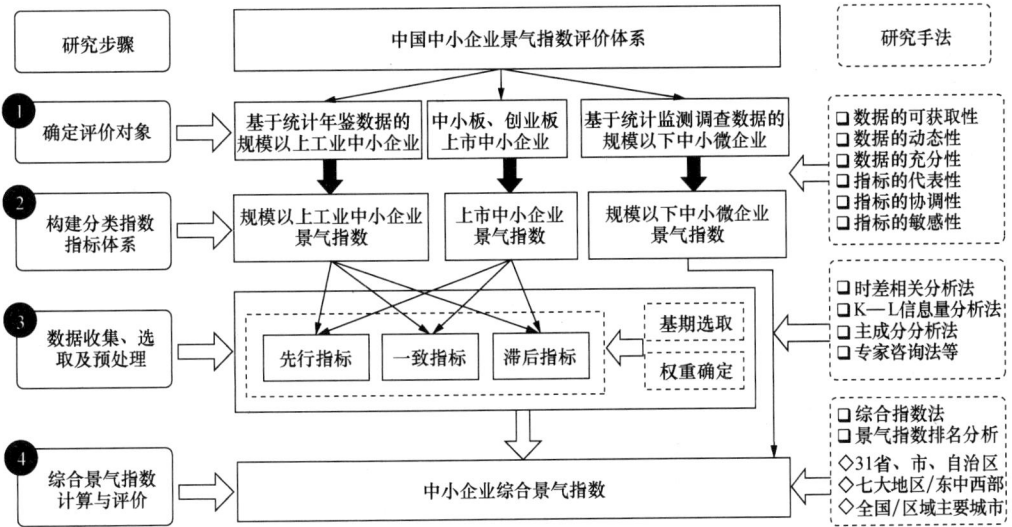

图4－1 中国中小企业景气指数编制流程

一 确定评价对象

本研究报告确定评价对象主要考虑两方面的因素。一方面明确景气指数评价针对的不是宏观经济而是中微观经济对象，所以，评价指标主要关注特定类型企业或特定行业的经济运行情况，在满足评价指标具有广泛代表性的前提下，还充分考虑指标能够反映评价对象的显著性特征。另一方面，从时间序列上看，明确了短期景气指数评价和中长期指数评价的对象，中长时间的评价充分考虑时间因素的影响，短期评价则对时间因素的影响做了忽略。

为尽可能全面地反映中国中小微企业发展景气状况，本研究报告确定以下三类中小微企业作为评价分析的对象：（1）规模以上工业中小企业（2010年以前主营业务收入达到500万元及以上，2011年以后同标准提高到2000万元及以上）；（2）中小板及创业板上市中小企业；（3）景气指数研究重点监测调查的规模以下中小微企业。

二 数据收集与预处理

2014年版研究报告在计算工业中小企业景气指数时，收集了中国31个省、市、自治区的2万余家工业中小企业数据，时间跨度为2001—2013年；在计算中小板和创业板上市企业景气指数和中小企业比较景气

指数时，收集了全国 500 家中小板和创业板上市企业财务数据及全国近 2
万家规模以下中小微企业运行及景气监测调查数据，时间跨度同为
2007—2014 年第一季度；重点监测中小微企业的原始数据主要从中小微
企业景气监测系统平台、中国经济监测中心、国家和地方中小微企业运行
监测调查数据等获得。

关于数据的预处理，主要是对收集到的数据进行统计学处理，由于景
气指数评价所收集的数据一般规模较大、种类繁多且时间跨度也较长。因
此，景气指数评价所收集的数据预处理主要包括无量纲化、消除季节性因
素以及剔除非常规数据处理等。

三　构建景气指数评价指标体系

在指标选取过程中，本研究报告主要遵循经济重要性、统计充分性、
指标协调性与灵敏性以及数列平滑性等原则。根据评价对象的不同性质，
指标选取过程中遵循的原则及其侧重点也有所差异。例如，对评价指标进
行长期的观察分析，重视指标获取数列的平滑性，而对于微观层面的评价
对象，如对中小企业的短期评价，则反映中小企业运行状态的总资产、流
动资产以及净收益等指标就显得尤为关键。

课题组在按前述第一步骤确定了三类评价对象之后，运用扩散指数和
合成指数的方法分别计算出了中国工业中小企业景气指数（Climate Index
of Manufacturing SMEs，ISMECI）、中小板及创业板上市中小企业景气指数
（Climate Index of SMEs Board and ChiNext Board，SMBCBCI）和中小企业比
较景气指数（Comparison Climate Index，CCI）三个分类景气指数，然后
采用定量与定性相结合，运用合成指数法构建了中国中小企业综合景气指
数（Composite Climate Index of SMEs，CCSMECI）。评价体系总体框架如
图 4 - 1。

四　指标权重的确定

对于工业中小企业和中小板及创业板企业景气指数，本研究报告根据
前述指标权重的确定方法，选择使用主成分分析法，通过 SPSS 软件实现。
首先，将原有指标标准化；其次，计算各指标之间的相关矩阵、矩阵特征
根以及特征向量；最后，将特征根从大到小排列，并分别计算出其对应的
主成分。本研究报告关于中小企业比较景气指数权重的确定主要参考了国
家统计局中国经济景气监测中心关于企业景气指数指标权重的确定原则。

而对于中小企业综合景气指数，课题组运用 AHP 法来确定工业中小企业景气指数、中小板及创业板企业景气指数和中小企业比较景气指数的权重。

五　景气指数的计算结果与分析

关于工业中小企业景气指数，本课题组主要采用合成景气指数进行计算。由于考察对象期间中国经济一直处于增长阶段，经济周期性并不是很明显，因此，在后续运用合成指数计算时，本课题组将经济周期对于工业中小企业景气指数的影响要因做了忽略处理。

此外，考虑到本研究报告是关于某一特定时间段的中小企业景气指数评价，因此，在运用合成景气指数算得了先行指数、一致指数和滞后指数后，再根据权重法，合成计算出了工业中小企业景气指数（ISMECI）。

关于中小板及创业板企业景气指数，本课题组首先使用扩散指数法计算获得各个指标的扩散指数，然后按照合成景气指数进行计算。同工业中小企业景气指数一样，考虑到本研究报告是关于某一特定时间段的中小企业景气指数，因此着重对一致指数进行了分析，再根据权重法合成计算出了中小板与创业板上市中小企业景气指数（SMBCBCI）。

关于中小企业比较景气指数，本课题组采用了中国国家统计局及本课题组在全国范围开展的中小企业景气监测调查的最新数据。企业景气监测调查是通过对部分企业负责人定期进行问卷调查，并根据他们对企业经营状况及宏观经济环境的判断和预期来编制景气指数，从而准确、及时地反映宏观经济运行和企业经营状况，预测经济发展的变动趋势。本课题组主要选取企业景气监测调查中针对中小企业的综合经营状况指数和企业家信心指数算得中小企业比较景气指数（CCI）。

为了更全面地反映中国中小企业景气发展状况，本课题组将工业中小企业景气指数、中小板及创业板企业景气指数和中小企业比较景气指数进行综合，最后获得了一个中小企业综合景气指数（CCSMECI）。本年度研究报告中所示的中国中小企业景气指数在内涵方面未作特别限定的情况下，即指的是这种综合景气指数。

第 五 章

2014 年中国中小企业景气指数测评结果分析

第一节　2014 年中国工业中小企业景气指数测评

工业中小企业景气指数计算以中国 31 个省级行政区统计年鉴数据为基础，在对中国各省、直辖市、自治区中小企业发展情况进行定量描述的基础上，计算各省、直辖市和自治区的合成指数。

一　评价指标的选取

工业中小企业景气指数的计算基于中小企业统计整理汇总数据。本研究报告根据经济的重要性和统计的可行性选取了以下指标（见表 5 - 1）。

表 5 - 1　　　　　　　　　工业中小企业景气指标选取

指标类型	指标项目
反映工业中小企业自身内部资源的指标	总资产
	流动资产
	固定资产
反映工业中小企业股东状况的指标	所有者权益
	国家资本
反映工业中小企业财务状况的指标	税金
	负债
	利息支出
反映工业中小企业生产经营状况的指标	主营业务收入
	利润
反映工业中小企业经营规模的指标	总资产
	企业数量
	从业人员

（一）反映工业中小企业自身内部资源的指标

该类指标包括：（1）总资产。反映企业综合实力。（2）流动资产。体现企业短期变现能力，确保企业资金链。（3）固定资产。反映企业设备投资及其他固定资产的投资状况。

（二）反映工业中小企业股东状况的指标

该类指标包括：（1）所有者权益。反映资产扣除负债后由所有者应享的剩余利益，即股东所拥有或可控制的具有未来经济利益资源的净额。（2）国家资本。反映了工业中小企业得到国家投资的政府部门或机构以国有资产投入的资本，体现了国家对中小企业的扶持力度。

（三）反映工业中小企业财务状况的指标

该类指标包括：（1）税金。包括主营业务税金及附加和应交增值税，主要体现企业支付的生产成本，影响企业收入和利润。（2）负债。影响企业的资金结构，反映企业运行的风险或发展的条件和机遇。（3）利息支出。作为财务费用的主要组成部分，反映企业负债成本。

（四）反映工业中小企业生产经营状况的指标

该类指标包括：（1）主营业务收入。企业经常性的、主要业务所产生的基本收入，直接反映一个企业生产经营状况。（2）利润。直接反映企业生产能力的发挥和市场实现情况，也显示了企业下期生产能力和投资能力。

（五）反映工业中小企业经营规模的指标

该类指标包括：（1）总资产。体现企业创造的社会财富，直接反映出区域中小企业的发展程度。（2）企业数量。直接反映了中小企业在一个区域的聚集程度。（3）从业人员数。反映企业吸纳社会劳动力的贡献率和企业繁荣程度。

二　数据收集及预处理

工业中小企业景气指数计算数据来自国家及各地的统计年鉴及工业经济统计年鉴。最新年鉴为 2013 年版，实际统计时间跨度为 2007—2012 年，在指标信息齐全和不含异常数据的基本原则下采集数据。本课题组先收集了中国 31 个省、直辖市和自治区的工业中小企业数据，然后按七大行政区域，即东北、华北、华东、华中、华南、西南和西北地区分别进行了汇总整理（见表 5 – 2）。

由于基于统计年鉴所获得的数据较为庞大，有些省份和年份的数据存在缺失值。另外，不同指标的数据在数量级上的级差较大，为了保证后续数据分析和数据挖掘的顺利进行，对收集到的年度数据分别进行了预处理，包括无量纲化、消除季节性因素以及剔除非常规数据等。一方面，尽量保证数据的完整性，避免缺失年份或省份的数据的存在；另一方面，考虑到中国各地区经济发展差异性较大，在数据处理过程中，本研究报告还关注到了数据样本中孤立数据与极端数值的影响。

表 5 – 2   **工业中小企业景气数据样本的地区分布**   单位：个

地区	省、直辖市、自治区名称	省份数量
东北	黑龙江、吉林、辽宁	3
华北	北京、天津、河北、山西、内蒙古	5
华东	山东、江苏、安徽、浙江、江西、福建、上海	7
华中	河南、湖北、湖南	3
华南	广东、海南、广西	3
西南	四川、云南、贵州、重庆、西藏	5
西北	陕西、甘肃、青海、宁夏、新疆	5
全国		31

三 指标体系及权重的确定

为了确定指标体系，首先对指标进行分类。在计算工业中小企业景气指数时主要采用时差相关系数法，首先确定一个能敏感地反映工业中小企业经济活动的重要指标作为基准指标。最能反映工业中小企业的经济状况的指标确定为工业增加值增长率。其次采用工业中小企业的总产值作为基准指标，并考察了全国工业中小企业总产值与 GDP、第二产业产值和工业总产值之间的相关性，具体实证结果如表 5 – 3 所示。

实证结果表明，工业中小企业总产值基本和整个经济循环波动保持一致，这种相关性很好地反映了工业中小企业的发展状况。因此，综合考虑到重要性、适时性和与景气波动的对应性，这里选取工业中小企业总产值作为基准指标。

表 5 - 3　　　　　　　　　　工业中小企业景气指数基准指标

相关性	GDP	第二产业产值	工业总产值
工业中小企业总产值	0.998**	0.998**	0.997**

说明：①相关分析时间为 2001—2012 年。② ** 表示在 0.01 水平（双侧）上显著。

资料来源：根据《中国统计年鉴》和《中国工业经济统计年鉴》各年度数据整理计算。

根据时差相关系数分析法计算出了各指标与总产值的时差相关系数和先行、滞后、一致期的期数指标，结果如表 5 - 4 所示。

表 5 - 4　　　　　　　　工业中小企业景气指标类型时差分析结果

指标	企业单位数	资产合计	流动资产	固定资产合计
期数	0	0	Lead4	Lag3
相关系数	0.987	0.996	0.992	0.999
指标	负债合计	所有者权益	国家资本	主营业务收入
期数	Lag4	Lag4	Lead4	0
相关系数	0.995	0.995	0.920	0.999
指标	税金	利息支山	利润总额	全部从业人员
期数	0	0	0	Lag4
相关系数	0.997	0.991	0.997	0.963

说明：表中期数栏中 Lag 表示滞后指标，Lead 表示先行指标，0 表示一致指标。

另外，本课题组还使用 K—L 信息量法、文献综述法、马场法、聚类分析法、定性分析法等，并咨询了专家意见，综合考察了各类先行、一致和滞后指标的选取方法，确定了中国工业中小企业的先行、一致和滞后指标，并根据主成分分析法求出先行指标组、一致指标组和滞后指标组的小类指标的权重；然后利用全国规模以上工业中小企业数据，具体计算出了各分类项目评价指标的权重；最后为了改善迄今基于单一的一致指标计算工业企业景气指数的计算方法，采用专家咨询法首次确定了先行指标组、一致指标组和滞后指标组大类指标的权重，结果如表 5 - 5 所示。

表5－5 工业中小企业景气评价指标的权重

指标类别	指标项目名称	小类指标权重	大类指标权重
先行指标组	流动资产合计	0.339	0.30
	国家资本	0.322	
	利息支出	0.339	
一致指标组	工业总产值	0.167	0.50
	企业单位数	0.166	
	资产总计	0.167	
	主营业务收入	0.167	
	利润总额	0.166	
	税金总额	0.167	
滞后指标组	固定资产合计	0.250	0.20
	负债合计	0.250	
	所有者权益合计	0.250	
	全部从业人员平均人数	0.250	
合计			1.00

四 2014年中国省际工业中小企业景气指数计算结果及排名

为了使各省、直辖市和自治区的工业中小企业景气指数波动控制在0—200的取值范围，2014年工业中小企业景气指数计算以2006年的全国平均值作为基年数据。由于实际统计的2006—2012年没有明显多个经济周期循环，因而本研究报告在运用合成指数算法进行计算时省略了趋势调整。经过计算，分别获得了中国省际与地区工业中小企业先行、一致与滞后合成指数，并按三组大类指标的权重（见表5－5），最终合成计算省际和地区工业中小企业综合景气指数。

由于各省工业中小企业景气指数受各省企业数量影响较大，因此本研究报告关于工业中小企业景气指数的计算考虑了企业数量调整。首先采用Min－max标准化将企业数量进行无量纲化处理，其次将合成的景气指数和企业数量与其相对应的权重相乘，最后将获得的乘数相加作为反映各省工业中小企业景气指数的值，调整公式如下：

调整后的工业中小企业景气指数 ＝ 调整前的工业中小企业景气指数 ×

60% + 企业数量×40%

为了获得 2014 年工业中小企业景气指数，本研究报告基于历年数据运用最小二乘法对 2013 年度省际工业中小企业景气指数进行了预测，并以 2013 年度的预测值作为 2014 年度工业中小企业景气指数评价数据。

表 5 - 6 及图 5 - 1 显示了 2014 年中国省际工业中小企业景气指数评价结果及排名状况。2014 年中国省际工业中小企业景气指数具有以下特点：

第一，2014 年全国工业中小企业平均指数为 39.35，较 2013 年微增了 1.27，有企稳回升趋势，表明全国工业中小企业总体上生产经营基本面良好。然而平均指数水准偏低，高于全国平均指数的省份为广东、江苏、浙江、山东、河南、上海、河北、辽宁、福建和湖北 10 省市，其他大部分省份在平均指数以下，反映全国多数地区的实体经济面临转型升级和创新发展的难题。

第二，2014 年全国工业中小企业景气指数最高的广东（150.99）与最低的西藏（1.55）相差 97 倍（见图 5 - 1），表明省际工业中小企业景气指数的差距较 2013 年（73 倍）有所拉大。

第三，中国工业中小企业发展活跃地区分布的梯次感明显。图 5 - 1 显示，2014 年中国省际工业中小企业景气指数大体上可分为四个层次。第一层次为广东、江苏和浙江三省，前三位排名连续四年位次相同，指数值均在 120 以上，工业生产总体持续保持"相对景气区"以上的运行趋势。其中，广东和江苏省的指数值连续四年保持上升态势，2014 年分别达到 150 和 140 以上；浙江省中小企业的工业生产在经历了 2013 年的小幅回落之后，2014 年有所回升，但仍与广东和江苏省存在一定距离。第二层次为山东、河南、上海、河北、辽宁、福建、湖北、四川，指数在 96—38，地区分布与 2013 年基本相同，层次内部福建和湖北易位，总体与第一层次仍相差 1 倍以上。第三层次包括湖南、安徽、天津、北京、山西、广西、陕西、云南，指数值在 32—20，其中安徽排名提升三位，景气值逼近第二层次，天津、北京、山西等的指数值有小幅下滑。第四层次为余部 12 个省份，指数值在 20 以下，平均比第一层次相差 11 倍多；层次内部江西和重庆的排名有所提升，吉林和内蒙古位次有所下降，总体与第一、第二层次之间工业生产的差距仍很大。

表 5 - 6　　　　　2014 年中国省际工业中小企业景气指数

省份	先行指数	一致指数	滞后指数	景气指数（ISMECI）	排名	与 2013 年排名比较
广 东	140.12	138.88	185.76	150.99	1	—
江 苏	123.13	131.30	143.58	140.78	2	—
浙 江	108.15	122.31	126.75	124.86	3	—
山 东	82.39	83.06	98.15	96.53	4	—
河 南	71.28	53.07	72.48	65.31	5	—
上 海	53.29	57.70	62.12	55.43	6	—
河 北	65.92	46.97	60.99	55.26	7	—
辽 宁	76.88	34.24	56.30	54.82	8	—
福 建	41.53	34.72	46.86	42.94	9	↑1
湖 北	47.08	34.32	45.64	41.83	10	↓1
四 川	46.93	26.21	42.15	38.28	11	—
湖 南	35.04	22.24	34.42	32.26	12	—
安 徽	30.44	20.10	31.00	30.53	13	↑3
天 津	25.55	28.92	31.63	27.76	14	↓1
北 京	31.23	24.99	26.96	25.78	15	↓1
山 西	36.09	18.54	35.18	25.68	16	↓1
广 西	37.83	15.29	24.91	23.80	17	—
陕 西	33.91	14.44	26.27	22.06	18	—
云 南	34.22	12.98	22.78	20.32	19	—
江 西	23.60	13.19	21.39	19.77	20	↑1
吉 林	24.13	14.52	23.46	19.71	21	↓1
黑龙江	22.72	12.89	21.32	17.43	22	—
重 庆	20.91	11.79	18.85	17.00	23	↑1
内蒙古	25.63	9.82	17.45	16.38	24	↓1
新 疆	25.84	8.85	15.83	14.40	25	—
甘 肃	18.11	11.98	16.97	13.82	26	—
贵 州	18.79	8.90	14.22	12.79	27	—
海 南	8.87	3.52	5.26	4.93	28	—
宁 夏	6.48	2.52	5.18	4.13	29	—
青 海	3.40	1.78	3.54	2.47	30	—
西 藏	3.31	0.78	1.84	1.55	31	—

　　说明：2013 年比较栏："—"表示排名与上年相同，"↑"、"↓"的数字分别表示与上年相比排名升降的位数。

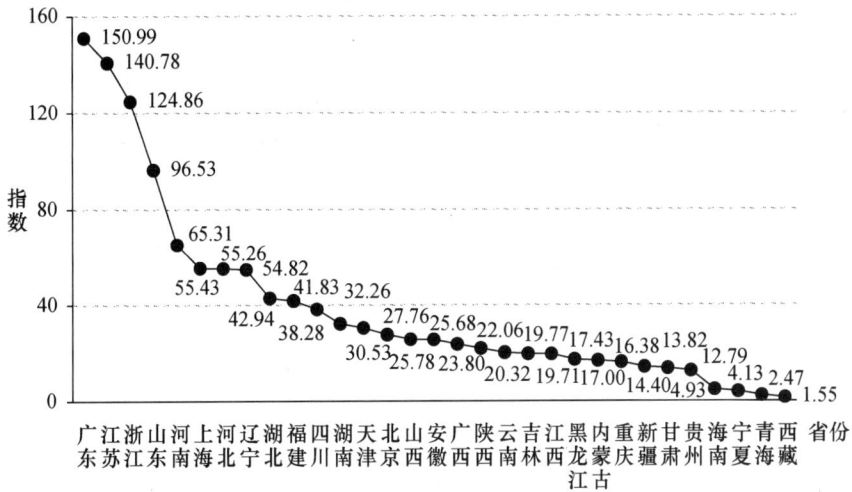

图 5 - 1   2014 年中国省际工业中小企业景气指数

第四，2014 年四大直辖市的工业中小企业景气指数排名与 2013 年相同，上海工业中小企业景气指数值最高（55.43），天津和北京次之，重庆最低（17.0）。五个自治区中，2014 年广西的工业中小企业景气排名继续位列第三层次，其他自治区工业中小企业景气排名总体靠后，西藏的景气指数值继续全国垫底（1.55）。

第五，从 2014 年省际排名来看，除安徽省工业中小企业景气指数排名变化较大之外，其他各省份前后一位小升小降，排名变化基本不大。但总体看来，2014 年中国省际工业中小企业景气指数差异仍然很大，这也是造成后述综合景气指数差异的要因之一。

五　2014 年七大地区工业中小企业景气指数计算结果及排名

根据表 5 - 6，按中国七大地理分布地区划分进行数据整理，得到 2014 年中国七大地区工业中小企业景气指数评价结果及排名状况（见表 5 - 7 和图 5 - 2）。主要趋势特点如下：

第一，地区间工业中小企业发展很不平衡，但东西部地区差距有明显缩小趋势。从全国来看，华东、华南地区工业中小企业发展的区域集聚优势仍然明显，2014 年工业中小企业景气指数值最高的华东地区（166.30）与最低的西北地区（49.60）相差 3.4 倍，但差距趋向缩小。

第二，2014 年华东地区工业中小企业景气指数（166.30）与 2013 年

（186.92）同比下降幅度较大，说明近年来华东地区受经济下行影响较大；华南地区工业中小企业景气指数排名第二，但指数值与华东地区仍相差两倍，这与中国工业中小企业发展较好的省份主要分布在华东长三角地区相吻合。华南地区中广东的工业中小企业发展虽然较好，但广西和海南等其他地区发展仍相对落后，从而整体上与华东地区的差异显著。

表 5-7　　　　　　　2014 年中国七大地区工业中小企业景气指数

地区	先行指数	一致指数	滞后指数	景气指数（ISMECI）	排名	与 2013 年排名比较
华 东	188.66	134.36	128.00	166.30	1	—
华 南	69.17	95.56	127.43	82.91	2	—
华 北	59.48	71.97	125.70	69.85	3	—
华 中	49.70	69.35	120.44	62.67	4	—
东 北	32.37	61.88	134.96	51.48	5	↑1
西 南	32.51	62.34	125.74	50.78	6	↓1
西 北	22.17	54.47	199.63	49.60	7	—

说明：与 2013 年排名比较栏："—"表示排名与上年相同，"↑"、"↓"的数字分别表示与上年相比升降的位数。

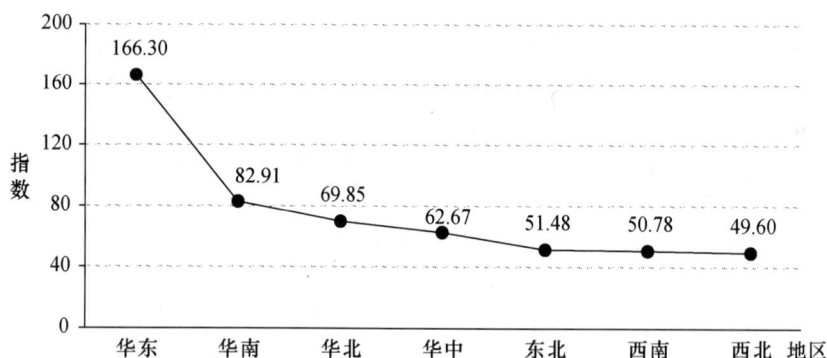

图 5-2　2014 年中国七大地区工业中小企业景气指数

第三，华南、华北、华中、东北、西南和西北 6 个地区呈依次递减趋势，但递减幅度差异不是很大（见图 5-2）。东北地区的工业中小企业分享近年来国家振兴老工业基地战略的红利，景气指数排名有所上升，但与西南和西北地区工业中小企业景气指数的差异不大。受宏观经济下行影响，2014 年中国大部分地区工业中小企业总体仍处于不景气区间低位运行。

第二节　2014 年中国中小板与创业板景气指数测评

一　指标体系构建及评价方法

中小板与创业板上市企业景气指数测评方面，2014 年度报告沿用了 2013 年度相关评价指标和评价方法，包括中小板和创业板两类数据。数据预处理持续采用扩散指数（DI）的编制方法。同时沿用 2013 年的计算方法，按权重合成计算分类综合指数。

扩散指数又叫扩张率，是所研究的经济指标系列中某一时期扩张经济指标数的加权百分比，其表达式为：

$$DI_t = \sum_{t=1}^{N} I_i = \sum W_i \left[X_i(t) \geqslant X_i(t-j) \right] \times 100\%$$

其中，DI_t 为 t 时刻的扩散指数；$X_i(t)$ 为第 i 个变量指数在 t 时刻的波动测定值；W_i 为第 i 个变量指标分配的权数；N 为变量指标总数；I 为示性函数；j 为两 k 比较指标值的时间差。若权数相等，公式可简化为：

$$DI_t = \frac{t \text{ 时刻扩散指标数}}{\text{采用指标总数}} \times 100\% \, (t=1,2,3,\cdots,n)$$

扩散指数是相对较为简单的景气评价指数，具体按以下三个步骤进行推导计算：

第一步，确定两个比较指标值的时间差 j，本报告中确定 $j=1$，将各变量在 t 时刻和 $t-1$ 时刻的波动测定值进行比较，若 t 时刻的波动测定值大，则是扩张期，$I=1$；若 $t-1$ 时刻的波动测定值大，则 $I=0$；若两者基本处于相等水平，则 $I=0.5$。

第二步，将这些指标值升降状态所得的数值相加，即得到扩张指数指标，即在某一时间段的扩张变量个数，并以扩张指数除以全部指标数，乘以 100%，即得到扩散指数。

第三步，绘制扩散指数变化图，即将各阶段的景气指数运用图表来表达。

由于部分创业板及中小板上市企业财务数据存在缺失，同时，为了使抽样企业样本更具科学性和代表性，因此2014年度研究报告根据深交所建立的中小板及创业板500指数收集了504家企业作为数据样本，其中包括中小板企业381家，创业板企业123家。

与计算工业中小企业景气指数一样，由于中小板及创业板企业景气指数受企业数量影响也较大，因此，本研究报告计算中小板及创业板企业景气指数时也将企业数量调整考虑在内。首先采用Min - max标准化将企业数量进行无量纲化处理，其次将合成的景气指数和企业数量与其相对应的权重相乘，最后将获得的乘数相加作为反映中小板及创业板企业景气指数的值，调整公式如下：

调整后的中小板及创业板企业景气指数 = 调整前中小板及创业板企业景气指数 ×60% + 企业数量×40%

二 2014年中国省际中小板及创业板企业景气指数排名分析

根据上述算法得到的2014年省际中小板及创业板企业景气指数如表5 -8所示。

分析2014年中国省际中小板及创业板企业景气指数的动态趋势，具有以下特点：

第一，2014年全国中小板及创业板企业平均指数为67.87，比2013年下降了5.7。高于全国平均指数的省份为广东、浙江、北京、江苏、山东、河南、上海，其他大部分省份在平均指数以下，可见市场景气总体呈现明显下滑趋势。指数最高的广东省（137.71）与最低的山西省（45.95）相差近3倍，与2013年相比省际间中小板及创业板企业景气指数的差异仍未得到缩短。

第二，中国省际中小板及创业板企业景气指数分布有明显的梯次感。其中，广东、浙江、北京、江苏处于第一层次，平均指数为106.59，江苏较上年下降一位，排名位于北京之后；山东、河南、上海、四川、湖南、辽宁、福建、安徽、湖北为第二层次，平均指数近70，其中福建、湖北的排名上升了4位以上，上海的排名上升了3位；第三层次包括新疆、吉林、西藏、江西、河北、广西、贵州、甘肃、重庆等省份，平均指数为60.20，其中西藏、江西、广西的排名上升了4位以上，甘肃、重庆、

表5－8　　　　　**2014 年中国省际中小板及创业板企业景气指数**

省 份	先行指数	一致指数	滞后指数	综合指数（SMBCBCI）	排名	与 2013 年排名比较
广 东	145.32	131.58	141.62	137.71	1	—
浙 江	112.84	102.26	103.19	105.62	2	—
北 京	100.18	89.40	101.38	95.03	3	↑1
江 苏	94.02	84.36	88.07	88.00	4	↓1
山 东	79.74	77.47	78.83	78.43	5	—
河 南	87.85	63.46	74.76	73.04	6	—
上 海	72.14	69.99	71.24	70.88	7	↑3
四 川	74.63	63.36	68.97	67.86	8	↓1
湖 南	78.52	59.79	70.51	67.56	9	↑2
辽 宁	74.26	63.74	64.97	67.15	10	↑2
福 建	70.99	61.41	67.86	65.57	11	↑4
安 徽	68.57	61.00	71.10	65.29	12	↓1
湖 北	73.00	58.77	69.07	65.10	13	↑9
新 疆	73.13	59.37	64.22	64.47	14	↑3
吉 林	69.21	56.78	74.14	63.98	15	↓6
西 藏	70.10	55.70	61.77	61.23	16	↑11
江 西	72.96	51.68	62.04	60.14	17	↑6
河 北	57.15	56.38	59.48	57.23	18	↑1
广 西	63.51	51.26	61.17	56.91	19	↑6
贵 州	55.74	53.73	63.16	56.22	20	—
甘 肃	60.86	52.29	58.74	56.15	21	↓13
重 庆	68.19	53.75	40.89	55.51	22	↓8
海 南	45.63	60.37	56.38	55.15	23	↓2
天 津	53.16	50.81	61.47	53.65	24	↓6
陕 西	36.97	54.93	57.04	49.96	25	↓9
云 南	50.91	45.26	54.50	48.80	26	↓2
山 西	68.79	43.25	18.46	45.95	27	↓1

　　说明：与 2013 年排名比较栏："—"表示排名与上年相同，"↑"、"↓"的数字分别表示与上年相比升降的位数。黑龙江、内蒙古、宁夏、青海因数据缺失本年度未进行评价排名。

吉林排名下降了6位以上；第四层次包括海南、天津、陕西、云南、山西，平均指数为50.70，排名均有下降，其中天津、陕西排名下降幅度较大。

第三，中国中小板及创业板企业发展活跃地区的分布非常集中，中小板及创业板企业景气指数和中小企业数量分布相关性较大。截至2014年第一季度，处于前三位的广东、浙江和北京三省市的中小板和创业板上市企业数量都在100家以上，其中，广东231家，浙江160家，北京100家，山西省的上市中小企业数量仅为5家，从而影响到景气指数值的高低。内蒙古、黑龙江、西藏、青海和宁夏5个省份的中小板及创业板上市企业数量因在5家以下，本研究报告而未进行相关评价。

第四，东部地区中小板及创业板企业景气指数比中部和西部地区高出很多。在东部省份中，广东省中小板及创业板企业景气指数最高（137.71），中部省份中最高的是河南省（73.04），而西部省份中指数最高的是四川省（67.86）。但总体上来看，中部地区与西部地区中小板及创业板企业景气指数之间差异不是很大，中部各省、直辖市及自治区中小板及创业板企业景气指数值比西部各省、直辖市和自治区中小板及创业板企业景气指数高出不是很多。

第五，四大直辖市中，北京的中小板及创业板企业景气指数值最高（95.03），最低的是天津（53.65）。5个自治区中，中小板及创业板企业景气指数最高的是新疆（64.47），其次是西藏（61.23），从中国省级行政区域的整体排名来看，5个自治区的中小板及创业板企业景气排名都较为靠后（见图5-3）。

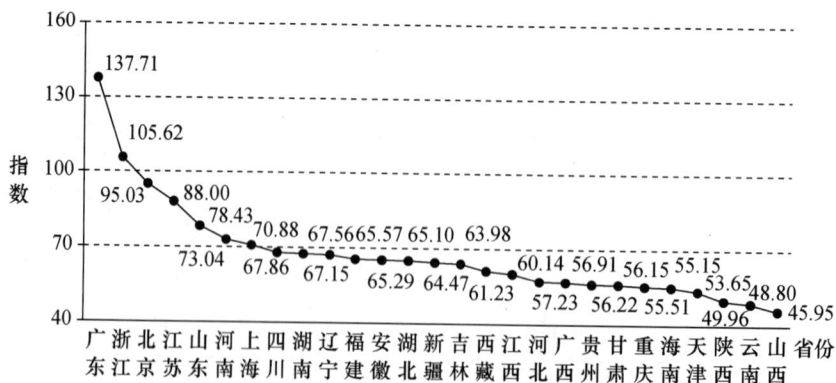

图5-3　2014年中国省际中小板及创业板企业景气指数

三　2014 年七大地区中小板及创业板企业景气指数排名分析

由表 5 – 3 计算得到了 2014 年中国七大地区中小板及创业板企业景气指数（见表 5 – 9）。

表 5 – 9　　2014 年中国七大地区中小板及创业板企业景气指数排名

地 区	先行指数	一致指数	滞后指数	综合指数（SMBCBCI）	排 名	与 2013 年排名比较
华 东	139.70	130.68	135.56	134.36	1	—
华 南	97.12	93.37	98.69	95.56	2	—
华 北	78.83	68.97	69.20	71.97	3	—
华 中	80.58	61.46	72.24	69.35	4	—
西 南	68.33	58.77	62.27	62.34	5	—
东 北	68.00	56.56	66.02	61.88	6	—
西 北	54.60	53.14	57.61	54.47	7	—

说明：与 2013 年排名比较栏："—"表示与 2013 年排名相同。

2014 年中国七大地区中小板及创业板企业景气指数具有以下特点：

第一，东西部地区差异明显，最高的华东地区（134.36）与最低的西北地区（54.47）相差大于两倍。华东、华南地区因中小板及创业板上市企业数量和发展质量较高，而在同类企业的区域景气指数排名中明显处于优势地位。

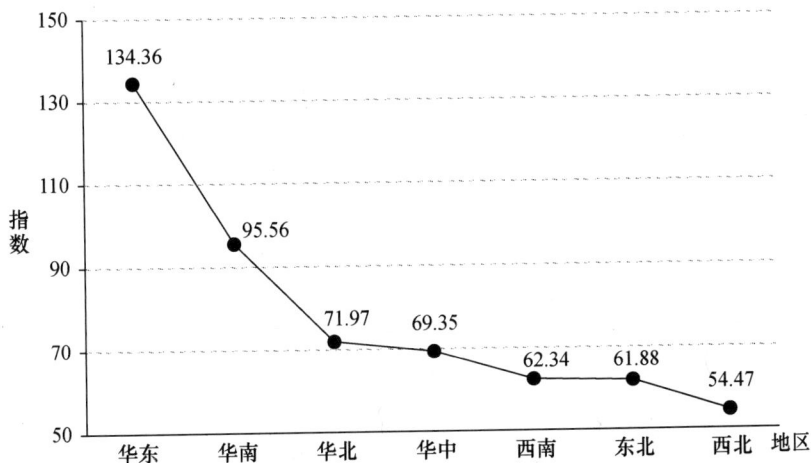

图 5 – 4　2014 年中国七大地区中小板及创业板企业景气指数

第二，华北、华中、西南、东北和西北 5 个地区依次递减，且这些地区之间的中小板及创业板企业景气指数值的递减幅度差异不大。

总体来看，2014 年中国七大地区中小板及创业板企业景气指数差异较大。各地区中小板及创业板企业发展仍不平衡，以华东、华南地区为中心，中小板及创业板上市企业的区域集聚现象非常明显。

第三节　2014 年中国中小企业比较景气指数测评

一　2014 年中国省际中小企业比较景气指数排名分析

中小企业比较景气指数反映中小企业家对当前微观经营状况判断结果和预期宏观经济环境的信心进行量化加工整理得到的景气指数，是对基于统计年鉴的工业中小企业景气指数和基于上市公司的中小板及创业板企业景气指数的补充。

为了获得 2014 年中小企业比较景气指数，本研究报告尽可能收集到 2013 年统计部门公开发布的各省、直辖市、自治区的最新企业综合生产经营景气指数及企业家信心指数的实际值，而对于数据缺失的部分省际中小企业比较景气指数则运用最小二乘法对其进行了预测。也就是说，2014 年度中国中小企业比较景气指数评价尽可能基于重点监测的实际数据，这样更能客观准确地反映企业最新景气状况。表 5－10 显示的是 2014 年基于监测调查数据的省际中小企业比较景气指数评价结果。图 5－5 更直观地反映了其排名及特点。

中国 2014 年省际中小企业比较景气指数具有以下特点：

第一，与 2013 年相比，2014 年中小企业家信心指数与企业生产经营指数总体上有一定上升，但区域间也存在差异。东北地区的吉林，华南地区的海南，西南地区的云南，华东地区的江苏、福建，华北地区的北京，中小企业比较景气指数排名有较大幅度的上升；西北地区的陕西，华中地区的河南、湖南，华东地区的浙江、江西，华北地区的天津等省份的中小企业比较景气指数排名都有小幅度的上升；湖北、重庆和西藏的指数值与上年持平；而黑龙江、河北、安徽、山东、贵州、广西、上海、辽宁、内蒙古、四川、甘肃、山西、广东、宁夏、青海、新疆 16 个省份的中小企

表 5 – 10 　　　　　　　　2014 年中国省际中小企业比较景气指数

省 份	综合指数（CCI）	排 名	与 2013 年排名比较	省 份	综合指数（CCI）	排 名	与 2013 年排名比较
陕　西	147.54	1	↑5	内蒙古	125.06	17	↓2
吉　林	140.67	2	↑12	湖　北	124.56	18	—
湖　南	139.80	3	↑8	四　川	124.07	19	↓3
海　南	138.57	4	↑13	江　西	123.64	20	↑2
黑龙江	138.37	5	↓4	西　藏	123.32	21	—
河　北	138.03	6	↓1	天　津	121.90	22	↑8
云　南	134.72	7	↑13	甘　肃	120.35	23	↓10
福　建	133.42	8	↑11	山　西	118.25	24	↓15
安　徽	132.19	9	↓5	重　庆	116.49	25	—
江　苏	131.52	10	↑13	河　南	115.95	26	↑5
山　东	130.48	11	↓8	浙　江	115.41	27	↑2
贵　州	130.08	12	↓10	广　东	114.22	28	↓4
广　西	129.49	13	↓6	宁　夏	112.39	29	↓1
上　海	129.36	14	↓6	青　海	109.86	30	↓20
辽　宁	125.84	15	↓3	新　疆	108.01	31	↓4
北　京	125.28	16	↑10				

　　说明：排名比较一栏："—"表示与 2013 年排名相同，"↑"、"↓"分别表示与 2013 年排名相比升降的位数。

业比较景气指数排名有不同程度的下降，其中贵州、山西、青海、甘肃下降幅度较大。总体看来，比较景气指数排名下降省份多于上升省份。可见，2014 年中国中小企业综合经营指数和企业家信心指数呈现略微下滑的趋势。

　　第二，个别省份的中小企业比较景气指数 2014 年的排名较 2013 年相差较大。海南、云南、江苏、吉林、福建和北京分别上升了 10 位及以上；而青海省较 2013 年下降了 20 位，山西、贵州和甘肃省分别下降了 10 位及以上。可见，2014 年中国省际中小企业比较景气指数波动较大。

　　第三，上海的中小企业比较景气指数较 2013 年有一定下降，但在中国四大直辖市中仍然保持最高（129.36），其次是北京（125.28）和天津（121.90），最低的是重庆（116.49）。在 5 个自治区中，指数最高的是广西（129.49），最低的是新疆（108.01）。

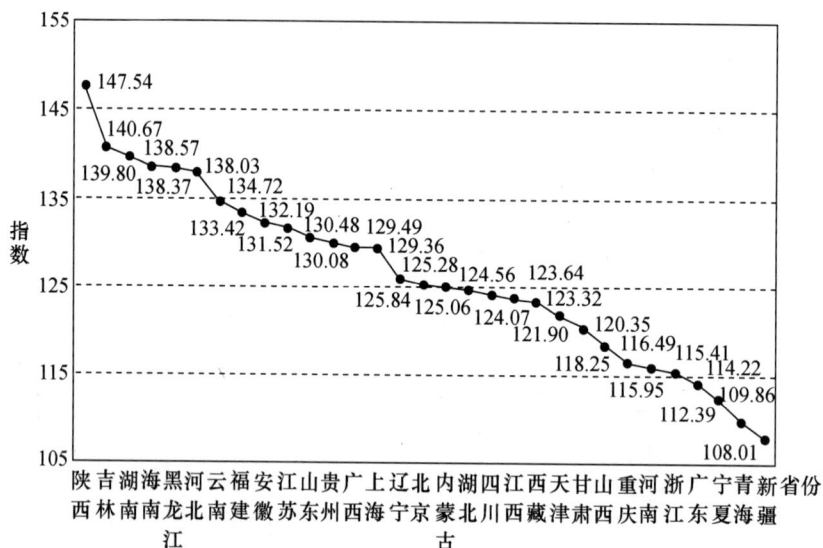

图 5-5 2014 年中国省际中小企业比较景气指数

二 2014 年中国七大地区中小企业比较景气指数排名分析

2014 年，中国七大地区中小企业比较景气指数具有以下特点（见图 5-11 和图 5-6）：

第一，七大地区的中小企业比较景气指数相差并不大。排名第一的东北地区仅比排名最后的西北地区高 15.33。

表 5-11　　　2014 年中国七大地区中小企业比较景气指数排名

地区	比较景气指数（CCI）	排名	与 2013 年排名比较
东北	134.96	1	—
华东	128.73	2	↑1
华南	127.43	3	↑1
西南	126.19	4	↓2
华中	125.99	5	↑2
华北	125.70	6	—
西北	119.63	7	↓2

说明：排名比较一栏"—"表示与 2013 年排名相同，"↑"、"↓"分别表示与 2013 年排名相比上升、下降的位数。

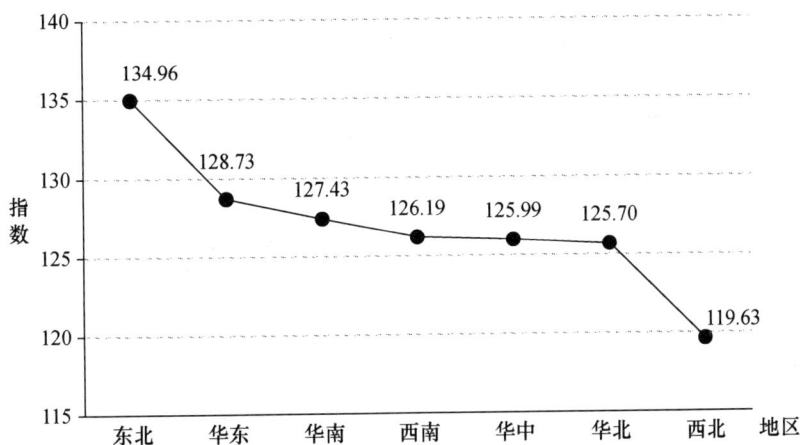

图 5 - 6 2014 年中国七大地区中小企业比较景气指数

第二，2014 年，中国七大地区工业中小企业景气指数和中小板及创业板景气指数排名一致，而中小企业比较景气指数排名差别较大。主要是因为不同地区基础设施、环境条件以及中小企业公共服务水平相差较大，导致了各地区企业家对本地区发展预期的判断不同。

第三，华东、华南地区受近两年内外环境和资金链问题等影响大，企业家对经营环境的信心指数明显下降。另外，中部和西部地区鉴于实施产业转移发展战略、区域中小企业发展促进对策的效果在逐渐显现，企业家信心相对较高，中小企业比较景气指数与华东、华南地区相比略高。

第四节　2014 年中国中小企业综合景气指数测评

一　计算与评价方法

鉴于数据扩充和方法调整，2014 年度报告在评价 2007—2009 年中小企业的景气指数时，采用工业中小企业景气指数作为中小企业景气指数，在此基础上，2010 年以后加入了中小板及创业板企业景气指数和中小企业比较景气指数，2014 年中小企业景气指数基于调整后的工业中小企业、中小板及创业板企业和比较景气指数三部分指数，根据专家咨询法确定如下权重，最终按以下合成指数的计算方法进行综合测评。

2014 年中小企业综合景气指数 = 调整后的工业中小企业景气指数值 ×60% + 调整后的中小板及创业板企业景气指数值 ×30% + 调整后的比较景气指数值 ×10%

二 2014 年中国省际中小企业综合景气指数排名分析

中小企业综合景气指数既能反映中小企业的繁荣程度，同时也是反映中小企业发展差异的重要指标之一。计算结果显示，对于中国大部分省级行政区来说，加入中小板及创业板景气指数和基于监测调查的中小企业比较景气指数对于原先只有工业中小企业景气指数的修正作用明显。2014 年，中国中小企业综合景气指数的计算结果及排名见表 5 – 12 和图 5 – 7。

2014 年中国省际中小企业综合景气指数具有以下特点：

第一，中国省际中小企业综合景气指数总体呈现分布差异大、阶梯式分布明显的特点。其中，最高的省份广东（143.33）与最低的青海（12.47）相差 11.5 倍。图 5 – 7 显示，中国省际中小企业景气指数大体分为四个层次。第一层次排名全国前四位的广东、江苏、浙江和山东 4 省，平均指数为 120；第二层次为河南、上海、辽宁和河北 4 省市，平均指数为 67.48；第三层次为福建、湖北、北京、四川、湖南、安徽和吉林 7 个省市，平均指数为 55.06；第四层次天津、广西、陕西、江西、山西等 16 省市，平均指数为 34.10。第一层次排名前三甲的广东、江苏和浙江三省中小企业综合景气指数发展优势明显，综合指数都在 100 以上，其他省份都在 100 以下，可见省际综合指数差异较大。

第二，东部省份中小企业综合景气指数相较于中西部省份高出很多。东部省份中，广东省（143.33）中小企业综合景气指数最高。东部沿海地区在中国中小企业发展历史中一直发挥着重要的牵引作用，尤其是长三角及珠三角地区。以广东、江苏和浙江等为代表的东部沿海地区，近年来，中小企业转型升级步伐加快，多元化经营、国际化经营的贡献度继续提升，景气指数总体一直领先于其他地区；中部省份中指数较高的是河南省（72.69）和河北省（64.13），两省中小企业完成工业总产值始终保持占全部工业总产值的六成左右，成为推动区域工业经济发展的主体力量。而西部省份中综合指数最高的是四川省（55.73），近年来，西部大开发战略的实施为四川中小企业的发展提供了良好机遇，也是四川省景气指数稳步增长的主要原因。总的来看，中西部大部分省份之间中小企业综合景气指数差异不是很大。

第三，4 个直辖市中，上海市中小企业综合景气指数值最高（67.46），但受国内宏观调控、外需萎缩等因素影响，上海中小企业综合景气指数有所下降。直辖市中重庆（38.50）最低，其主要原因在其约六成中小微企存在流动资金紧张情况，对中小企业成长造成较大的阻碍。北京（56.50）和天津（44.94）居中。

第四，5 个自治区之间景气指数差距不大，排名都较为靠后。5 个自治区中，中小企业综合景气指数最高的是广西（44.30），由于其地方政策支持力度较大以及金融机构的扶持能力加强，虽然地处中南部，广西的综合景气指数上升的趋势还是较好的。而自治区中最低的是宁夏（13.72），其综合指数与 2013 年持平。

表 5 - 12　　　　　2014 年中国省际中小企业综合景气指数排名

省份	综合景气指数（CCSMECI）	排名	与 2013 年排名比较	省份	综合景气指数（CCSMECI）	排名	与 2013 年排名比较
广 东	143.33	1	—	广 西	44.30	17	↑2
江 苏	124.02	2	↑1	陕 西	42.98	18	↓5
浙 江	118.14	3	↓1	江 西	42.27	19	↑5
山 东	94.49	4	—	山 西	41.02	20	↓4
河 南	72.70	5	↑2	云 南	40.30	21	↑1
上 海	67.46	6	↓1	新 疆	38.78	22	↑3
辽 宁	65.62	7	↑1	重 庆	38.50	23	—
河 北	64.13	8	↓2	贵 州	37.55	24	↓3
福 建	58.78	9	—	甘 肃	37.17	25	↓7
湖 北	57.08	10	—	海 南	33.36	26	↑1
北 京	56.50	11	↑1	西 藏	31.63	27	↑4
四 川	55.73	12	↓1	黑龙江	24.30	28	↓1
湖 南	53.60	13	↑1	内蒙古	22.34	29	↓2
安 徽	52.11	14	↑1	宁 夏	13.72	30	—
吉 林	51.58	15	↑5	青 海	12.47	31	↓2
天 津	44.94	16	↑1				

说明：排名比较一栏"—"表示与 2013 年排名相同，"↑"、"↓"分别表示与 2013 年排名相比升降的位数。

图 5 –7　2014 年中国省际中小企业综合景气指数排名分布

三　2014 年中国七大地区中小企业综合景气指数排名

根据表 5 –12，我们整理计算出了 2014 年中国七大地区中小企业综合景气指数并进行了排名，如表 5 –13 和图 5 –8 所示。

表 5 –13　　　　2014 年中国七大地区中小企业综合景气指数排名

地区	指数	排名	与 2013 年排名比较
华东	152.96	1	—
华南	96.16	2	—
华北	75.91	3	—
华中	71.01	4	—
东北	62.95	5	—
西南	41.79	6	—
西北	58.06	7	—

2014 年中国七大地区中小企业综合景气指数具有以下特点：

第一，各地区排名与 2013 年相同，地区之间中小企业发展仍很不平衡。排名靠前的华东、华南地区是中国中小企业发展最具活力的区域，继续保持地区均衡发展的明显优势。华东地区中小企业综合景气指数值最高

（152.96），高出第 2 位华南地区一倍左右，华东地区呈现出一枝独秀的特征。

第二，华南、华北、华中、东北、西南和西北 6 个地区呈依次递减趋势，而且每个地区的递减幅度差异不是很大。华北、华中、西南地区中小企业综合景气指数近年来提升较快，与这些地区实施产业转移发展战略、推进区域中小企业发展促进对策逐渐取得积极效果有很大关联。

第三，2014 年七大地区综合景气指数较 2013 年有所下降，东西部地区差异趋向缩小。华东地区与综合指数最低的西北地区（58.06）相差近 3 倍以上，表明西北地区中小企业发展的综合环境与发展水平仍存在很大改善余地。但近年来随着国家有关"开发大西北"战略的实施，西北地区中小企业发展景气指数提升较快，与华东地区的差距在逐渐缩短。

图 5 - 8 2014 年中国七大地区中小企业综合景气指数排名分布

第 六 章

中国中小企业景气指数变动
趋势分析(2010—2014)

为了分析中国中小企业综合景气指数的发展趋势,以下按2014年中国各省份及七大地区中小企业综合景气指数排名的前后顺序,分别对近五年(2010—2014)中国31个省级行政区及七大地区中小企业发展动态做时序分析。

第一节 省际中小企业景气变动趋势分析

一 广东省

2014年,广东省中小企业综合景气指数同比保持小幅增长(见图6-1),持续排名居全国第1位。广东省工业中小企业景气指数、中小板和创业板上市企业景气指数稳居全国榜首,中小企业综合景气指数已连续四年位居榜首,并远远超出全国平均水平。

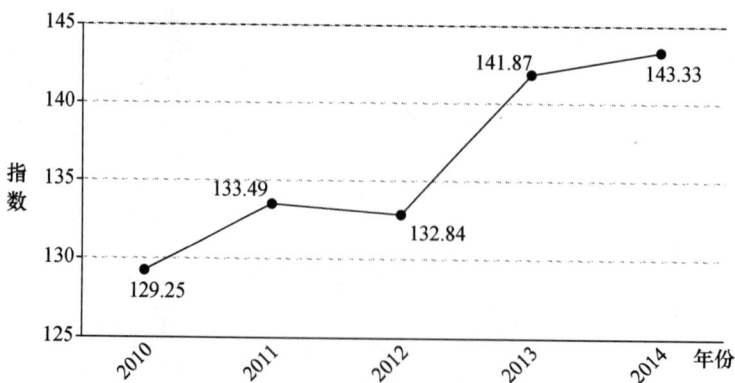

图6-1 广东省中小企业综合景气指数趋势

　　近三年来，广东省反映中小企业综合生产经营状况和企业家信心的比较景气指数在全国31省中的排名一直靠后，可见广东省中小企业家对当前以及预期的经济环境评价并不乐观。为促进中小企业发展，广东省在2012年、2013年已遴选高成长企业共350家，2014年计划遴选第三批150家高成长企业，实施500家高成长企业品牌创建提升计划，支持一批高成长企业的品牌创建提升项目。2013年年末，广东省政府发布公告加大了对中小企业的财政支持力度，推动中小企业服务体系及融资服务体系建设，追加认定和扶持了一批中小企业公共（技术）服务示范平台，重点推进区域性、行业性公共技术服务平台建设。通过大力推进科技服务平台机构建设，组织实施促进科技服务业发展专项计划，累计安排科技项目经费超过1亿元，在全省各地扶持建设一批园区科技服务机构、专业化科技服务平台、行业科技服务平台等。通过上述政策措施的实施，全省中小企业保持在"较为景气"区间运行，总体呈现稳定上升的走势。

二　江苏省

　　2014年，江苏省中小企业综合景气指数与上年持平，首次超过浙江，全国排名第2位。近几年来，其景气指数缓步提升（见图6－2）。2014年，江苏的工业中小企业景气指数、中小板和创业板上市企业景气指数都维持了较高水准，体现中小企业综合生产经营状况和企业家信心的比较景气指数较上一年全国排名上升了13位，反映出江苏中小企业家对当前的经济环境持较乐观态度。

　　目前，江苏省有中小企业150万家。自2013年以来，工业生产景气度在适度区间内持续上扬，工业投资增势平稳，工业用电量稳步上升；金融机构贷款增速止跌企稳，融资规模逐步稳定。但是，对外贸易低位徘徊，大量小微企业出口不振；部分中小企业融资难、融资贵问题仍然存在。为此，江苏省经信委、省中小企业局牵头搭建了江苏省中小企业公共服务平台。63家分布在江苏省各地的窗口平台集聚了上百家联动机构，能为江苏省150多万家中小企业提供融资担保、管理咨询等与企业经营发展相关的实时、贴心服务。这些中小企业扶持政策实施的累积效果将会在今后一个时期得到进一步显现。

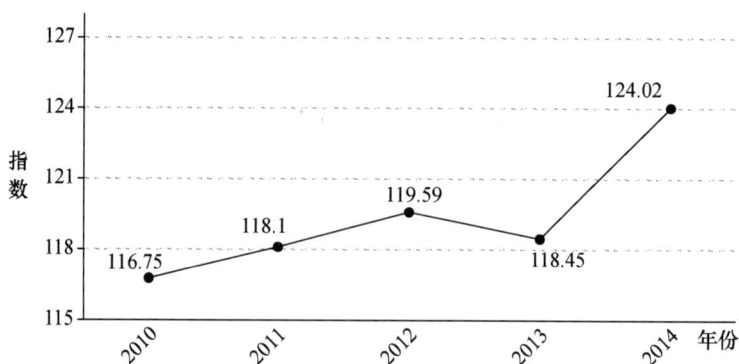

图6-2　江苏省中小企业综合景气指数趋势

三　浙江省

2014年，浙江省中小企业综合景气指数被江苏赶超，较上年下降了1位，排名全国第3位。中小板及创业板企业景气指数和工业中小企业景气指数排名一直保持在全国前几位，但近三年来，企业家信心指数及比较景气指数排名一直靠后。图6-3显示，自2011年浙江省中小企业综合景气指数回升后，虽仍保持在相对景气区间，但近三年来一直呈现小幅度下降趋势。特别是实体经济方面，体现制造业发展景况的工业中小企业景气指数近两年一直低于广东和江苏，排在全国第3位。分析其主要原因，是受部分中小企业融资担保链断裂、资金链断裂、"老板跑路"等影响较大。

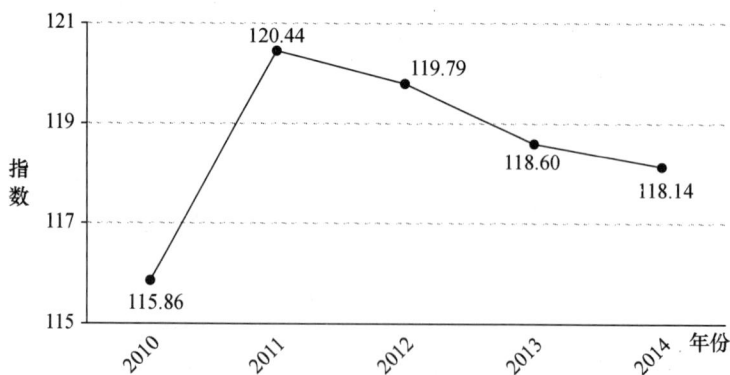

图6-3　浙江省中小企业综合景气指数趋势

浙江省发改委对千家重点企业的 2014 年第二季度监测数据显示,企业的资金压力仍然趋紧。有 30.6% 的企业反映本季融资成本上升。2014 年上半年度的监测数据显示,装备制造业、高新技术和战略性新兴产业增加值同比分别增长 9%、8.3% 和 7.8%,增幅均高于规模以上工业。目前,浙江省为了促使企稳回升,正着力尝试推进"个转企、小升规、规改股、股上市"等系列举措,通过实施"四换三名",即"腾笼换鸟、机器换人、空间换地和电商换市"及培养"名企、名品、名家",打造行业龙头,大力推进中小企业转型升级,力争维持中小企业综合景气的回升和健康持续发展。

四　山东省

2014 年,山东省中小企业综合景气指数排名与 2013 年一样为全国第 4 位,但指数值较上年同比有所下降(见图 6 - 4)。山东省 2014 年中小板及创业板景气指数以及工业中小企业景气指数排名与上一年相同,因此综合景气指数的下降主要与其 2014 年中小企业比较景气指数下滑有关。

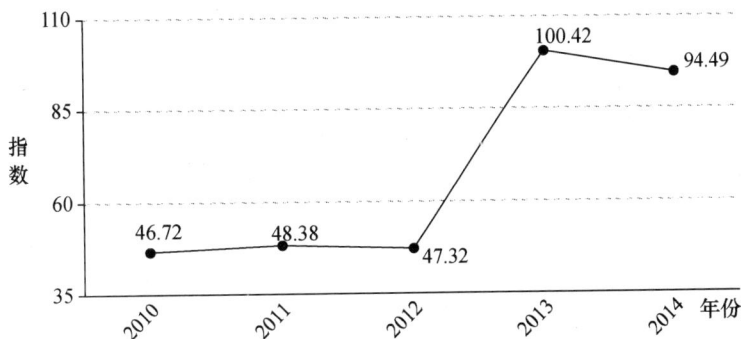

图 6 - 4　山东省中小企业综合景气指数趋势

截至 2012 年年底,山东省中小企业户数达到 81 万户,比上年新增 6 万户。新登记个体工商户和私营企业从业人员 191.7 万人,占全部新增就业人口的 78.3%。2013 年,中小企业效益增速回升,但受各项生产经营成本持续攀升的原因,盈利空间进一步缩减。产业结构中服务业的小微企业占比较低、发展不够。山东省工业、农业发展位居全国前列,规模以上中小企业总量全国靠前,但规模以下小微工业企业个数明显低于其他发达省份，生产性、生活性服务业的小微企业较少，"一条腿短"的问题比较突出。如何促进生产性、生活性服务业的小微企业的发展、提升中小微企业家信心是今后景气提升的重要课题之一。

五 河南省

2014年，河南省中小企业综合景气指数超过上海市居全国第5位，较上年排名上升了两位（见图6-5）。三个分类指数中，工业中小企业景气指数与中小板及创业板景气指数的排名和上年持平，比较景气指数与上一年比有所上升。总体来说，近年来，河南省中小企业综合景气指数呈现波动上升的走势。

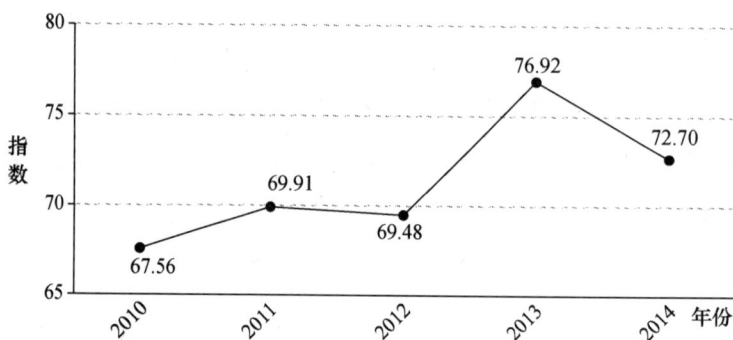

图6-5 河南省中小企业综合景气指数趋势

为鼓励中小企业发展，河南省政府每年重点扶持100家中小企业升级为大型企业，1000家小微企业成长为规模以上企业。为拓展民营中小企业的市场，政府明确提出，将加强政府采购，预留年度政府采购项目预算30%以上的份额给中小企业。为落实2013年国家对中小商贸企业办理融资担保和国内贸易信用险等相关业务的财政补助政策，河南省财政厅与河南省商务厅联合发布，符合条件的企业可以申报相关财政补助。与江苏、浙江、广东等东部省份相比，河南省中小企业企业家信心指数明显高于东部部分省份，但河南省大量中小企业仍处于产业链低端，整体竞争力还较弱，综合景气指数仍不及东部大部分省份。

六 上海市

2014年，上海市中小企业综合景气指数排名为全国第6位，较上年下降1位。综合景气指数同比出现较大下滑（见图6-6），主要是因为其中小企业比较景气指数较上年有所下降。

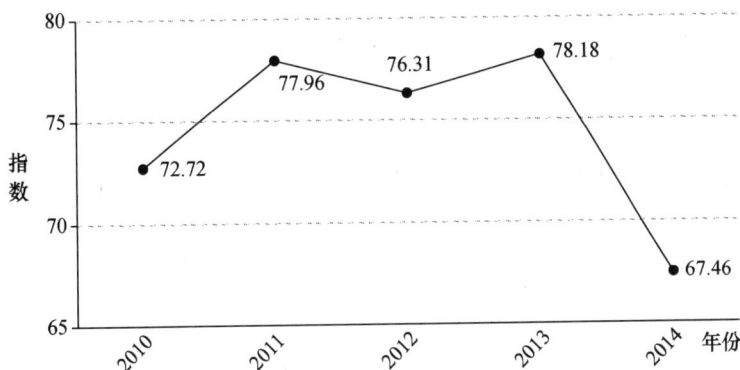

图 6 - 6　上海市中小企业综合景气指数趋势

自 2013 年以来，上海市落实中小企业发展专项资金已达 1 亿元，但融资渠道较窄、融资难等问题依旧突出。据上海市的中小企业及商会反映，目前非银行融资占中小微企业融资总量低于 5%。服务中小企业的职能分散在政府各部门，尚未形成社会化、规范化、标准化、优质化的服务网络。对于中小企业，尤其是规模以下中小企业的统计监测体系尚未建立，预测引导功能有待体现。2013 年，上海开展自由贸易区试点，对不具有资产或融资能力优势的中小企业来说，这既是发展的良好机遇，也是全新的挑战。

七　辽宁省

2014 年，辽宁省中小企业综合景气指数排在全国第 7 位，较上年上升 1 位。如图 6 - 7 显示，近三年来，综合景气指数总体波动较大。与上一年相比，2014 年，辽宁省中小板及创业板景气指数排名有所上升，工业中小企业景气指数以及中小企业比较景气指数在全国范围内排名与上年相差不大，2014 年的指数值同比有所下滑。

辽宁省中小企业行业分布与大企业雷同。为进一步支持小微企业的发展，辽宁省将对困难小微企业减半征收房产税、城镇土地使用税。2014 年辽宁省在 750 户创新型企业中，择优选出 60 户创新能力强、成长性好、产品技术代表国际、国内同行业先进水平的企业，进一步加大对创新型中小企业的扶持力度，带动全省中小企业科技创新，力促全省产业转型升级。在这样的背景下，近年来，辽宁省中小企业综合景气指数在全国各省排名中总体呈稳中有升的发展趋势。

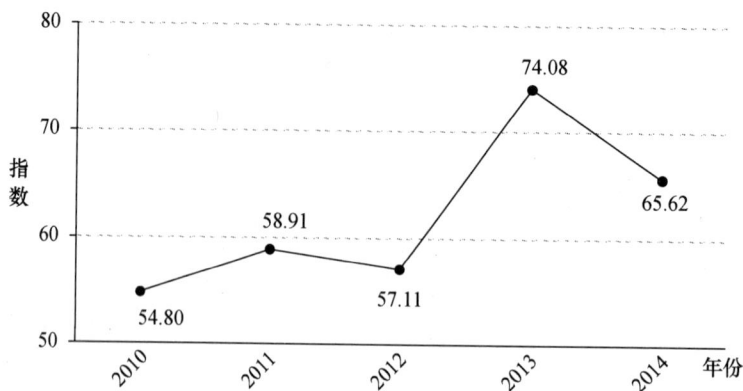

图 6-7 辽宁省中小企业综合景气指数趋势

八 河北省

2014 年，河北省中小企业综合景气指数排名全国第 8 位，与上年比较下降了 2 位。如图 6-8 所示，2014 年，河北省中小企业综合景气指数下降较大。中小企业比较景气指数总体同比有所下降，中小板及创业板企业景气指数有所上升，工业中小企业景气指数与上一年持平。

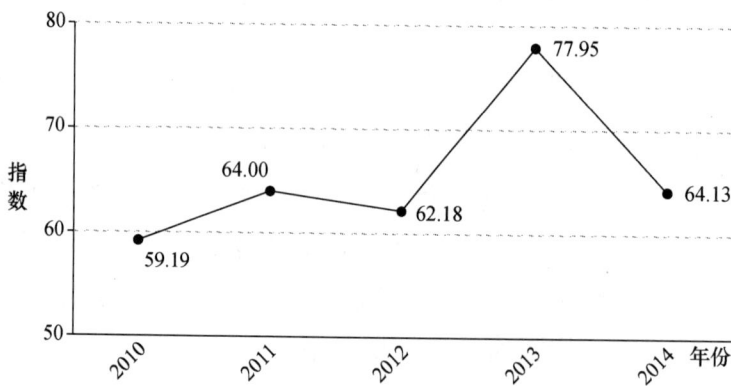

图 6-8 河北省中小企业综合景气指数趋势

河北省有良好的区位优势，毗邻京津经济圈，但其中小企业发展较为滞后。近年来，面对融资难、产品技术、产业结构较落后、自主创业意愿不高等制约中小企业发展的因素，河北省政府大力支持中小企业的发展，出台了一系列政策，如对创业者初次创办的小微企业给予一定程度补助等。随着政策实施效果的逐渐显现,河北省中小企业综合景气指数总体会出现企稳回升态势。

九　福建省

2014 年,福建省中小企业综合景气指数排名为全国第 9 位,与前两年排名相同。中小板及创业板企业景气指数和企业家信心指数排名较上年有较大幅度提升,可见,福建省中小企业家对未来经济发展有较乐观的态度。福建省的中小企业多从事加工以及进出口贸易,受国内及国际市场影响较大。2014 年,综合景气指数数值有所下滑,更多是受到宏观经济总体下行趋势影响所致（见图 6 - 9）。

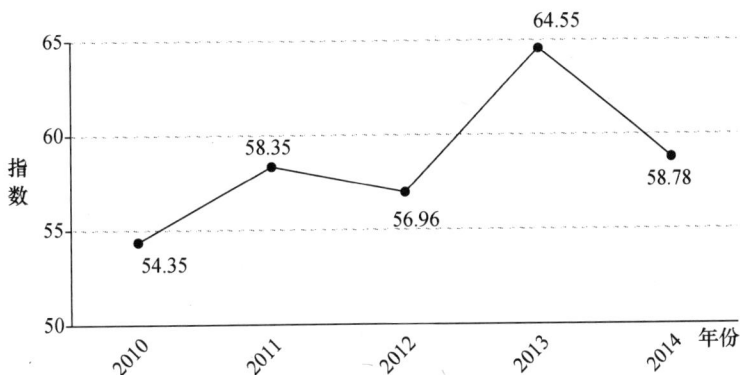

图 6 - 9　福建省中小企业综合景气指数趋势

福建省政府 2014 年出台了九条措施扶持小微企业发展,将引导更多的个体工商户转化为企业。各级地方政府也鼓励小微企业进入工业园区,在工业园区规划中预留小微企业的用地用房。同时,为推动小微企业上规模,对新增的规模以上工业企业、限额以上批发和零售企业提供税收减征政策。这些政策的实施都有利于今后其中小企业综合景气的回升。

十　湖北省

2014 年,湖北省中小企业综合景气指数排名为全国第 10 位,与上年相同。近年来,湖北承接东南沿海地区向中西部地区的产业转移,着力打造中国中部"硅谷",培育了一批科技含量高、发展潜力好的中小企业,工业中小企业景气指数保持在全国前 10 位,中小板及创业板企业景气指数保持了上升态势;但受宏观经济下行的影响,反映企业生产经营景况和企业家信心的中小企业比较景气指数波动较大。从总体趋势看，近年来，湖北省中小企业综合景气指数有下滑趋势（见图6－10）。

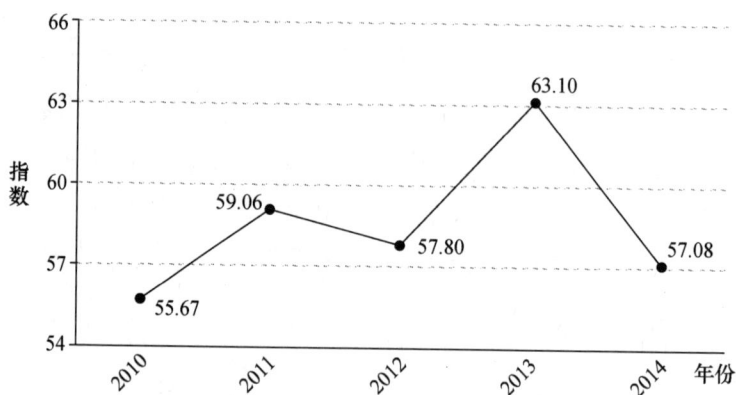

图6－10　湖北省中小企业综合景气指数趋势

十一　北京市

2014年，北京的中小企业综合景气指数排名为全国第11位，比上年排名上升1位。与2013年相比，其工业中小企业景气指数下降了1位，中小板及创业板上市企业景气指数上升到全国第3位，中关村的"新三板"市场为北京中小企业的发展带来了新的机遇。

为扶持中小企业发展，北京市政府规定，政府采购优先购买中小企业产品。北京市的中小企业以第三产业为主，现代服务业发达，行业主要集中在租赁与商务服务业、批发和零售业、制造业等行业，易受宏观经济环境的影响，2014年综合景气指数有所下滑（见图6－11）。

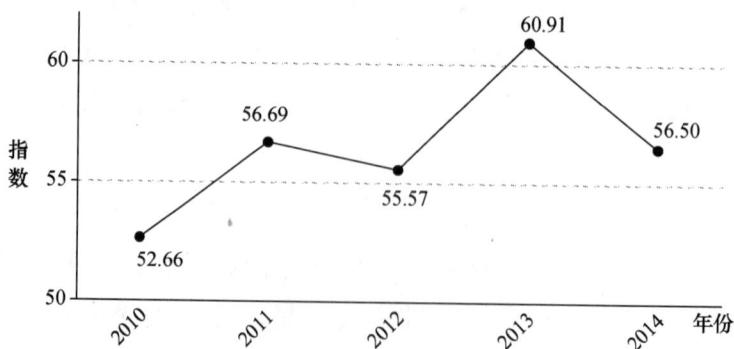

图6－11　北京市中小企业综合景气指数趋势

十二　四川省

2014 年，四川省中小企业综合景气指数排名为全国第 12 位，比上年下降了 1 位。2013 年其工业中小企业景气指数趋稳，中小板及创业板企业景气指数在全国排名上升了 1 位，比较景气指数排名下降了 3 位，综合景气指数具体数值有所下降（见图 6 - 12）。

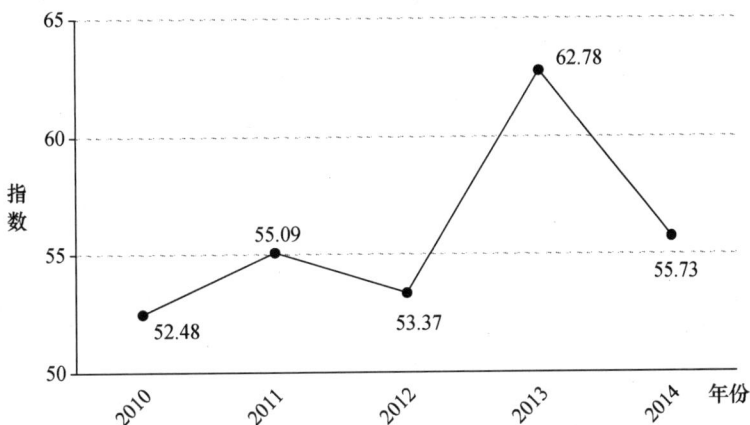

图 6 - 12　四川省中小企业综合景气指数趋势

2013 年，四川先后成功举办"民企入川、央企入川、港澳企业四川行"三大投资促进活动，签约项目投资总额达到 8336.9 亿元。同时，2013 财富全球论坛、第十二届世界华商大会、西博会三大国际性会议相继在成都成功举行。然而，由于"4·20"芦山强烈地震、"7·9"特大洪灾等极端自然灾害，部分中小企业受到影响。煤炭产业作为部分县市的支柱产业，竞争优势逐渐丧失。另外，四川钢铁、水泥、电解铝、平板玻璃等多个行业，均存在不同程度的产能结构性过剩。在稳中有进、稳中向好的经济发展局面下，四川省的中小企业综合景气指数呈现波动上升的走势，创新驱动和产业结构优化已成为四川转型升级发展的强大动力。

十三　湖南省

2014 年，湖南省中小企业综合景气指数排名为全国第 13 位，较上年上升 1 位。这主要得益于其反映中小企业综合生产经营状况和企业家信心的中小企业比较景气指数在 2014 年有较大提升，由 2013 年的全国第 11

位上升为全国第 3 位，显示出了中部省份中小企业家创业环境有较大改善。尽管其工业中小企业景气与上市中小企业景气指数在全国排名相对稳定在 10 位前后，但 2014 年的综合指数与其他许多省份一样受宏观经济下行影响同比有较大下滑。总体趋势看来，近几年来湖南省中小企业综合景气指数波动较大（见图 6 - 13）。

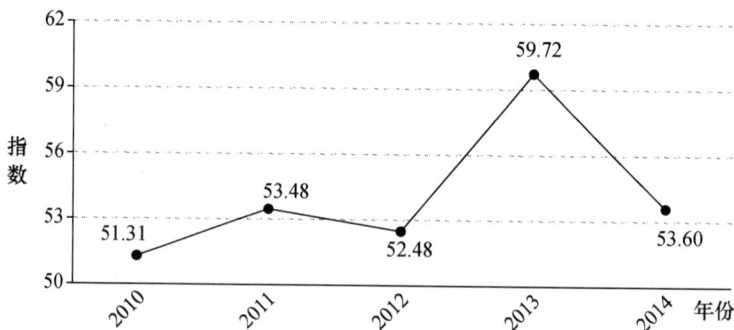

图 6 - 13　湖南省中小企业综合景气指数趋势

自 2013 年以来，湖南省开展"扶助小微企业专项行动"，重点围绕政策咨询、投资融资、创业创新、转型升级、管理提升、舆论宣传六个方面组织开展九大类活动，重点帮助企业获得政策、资金、管理、技术、法律、培训等发展所需的各类要素。自 2014 年以来，许多湖南中小企业相继在"新三板"、股交所、上海 Q 板等交易平台挂牌上市。估计 2015 年以后湖南省的中小企业综合景气指数会出现企稳回升态势。

十四　安徽省

2014 年，安徽省中小企业综合景气指数排名为全国第 14 位，较上年上升了 1 位。与 2013 年相比，其工业中小企业景气指数排名上升了 3 位，但中小企业比较景气指数下降了 5 位，由此 2014 年综合景气指数出现了较大下滑（见图 6 - 14）。

国内经济正处于经济增速换挡期，受国内外大环境影响，安徽省近年来经济发展呈下行态势。另外，工业化、城镇化加速发展，安徽省也正处于转型升级的战略机遇期，安徽的中小企业数量不多，总量偏小，现代化程度较低，成本压力大，显示了不同于东部沿海省份中小企业发展的现状。占工业比重较大的煤炭、钢铁、有色、建材、化工等行业产能过剩严重，普遍面临生产放缓、经营困难等诸多问题。2014年，安徽省提高了对小微企业的出口信用保险费补贴比例，继续采取差额缴费、补贴直拨的方式。另外，安徽省继续推动产业转型升级，培育主导产业、化解产能过剩、大力发展现代农业和服务业，这些举措都会促进其中小企业综合景气的尽快恢复。

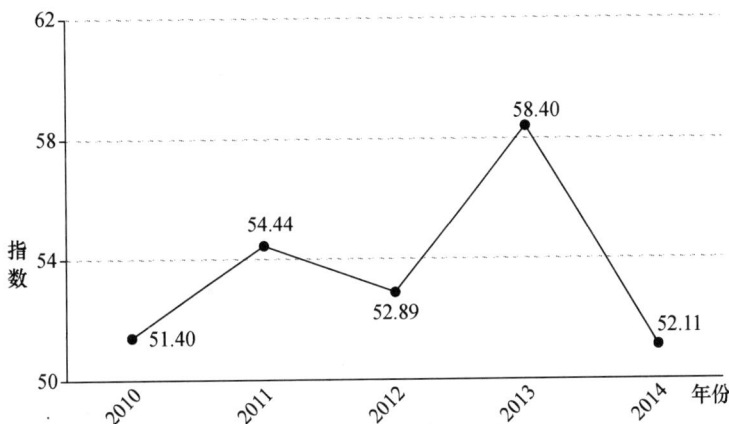

图6-14 安徽省中小企业综合景气指数趋势

十五 吉林省

2014年，吉林省中小企业综合景气指数排名为全国第15位，比上年上升了5位，这主要是因为其中小企业比较景气指数在最近一年上升了12位，可见吉林省中小企业家的近期预期比较乐观。

就总体趋势来看，2014年吉林省的中小企业综合景气指数受工业中小企业景气下滑的影响较上年有较大下降（见图6-15），但吉林省经济运行总体平稳，发展趋势与全国基本相近，各项主要经济指标都高于全国平均水平。为促进省内中小企业发展，吉林省政府为新办的中小企业提供多方面不同的税收优惠，政府的各项支持政策会促使其中小企业综合景气指数的提升。

十六 天津市

2014年，天津市的中小企业综合景气指数排名为全国第16位，较上年排名上升了1位。2010—2013年天津市的综合景气指数较平稳（见图

6－16）。与 2013 年相比，2014 年，天津市中小板与创业板景气指数下降幅度较大，而中小企业比较景气指数有一定幅度上升，故综合景气指数的总体排名与上年相近。

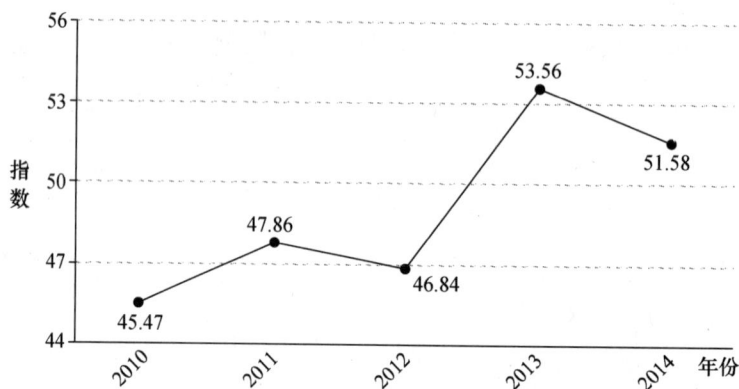

图 6－15　吉林省中小企业综合景气指数趋势

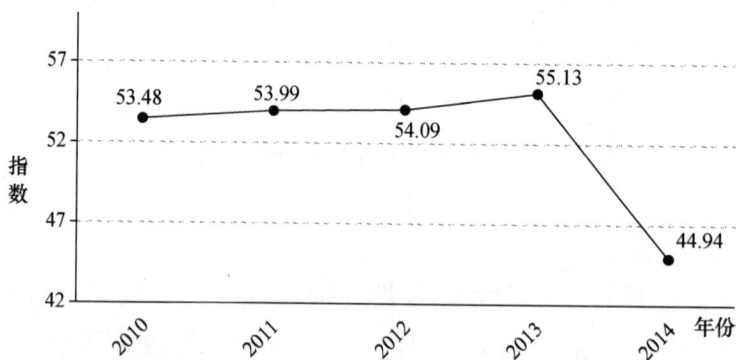

图 6－16　天津市中小企业综合景气指数趋势

2014 年，天津市经济转型加快。受国际、国内市场变化的影响，中国东部地区，包括上海、深圳、北京等启动了新一轮经济转型。新一轮转型以创新驱动为特征，科技创新和知识取代了传统的土地、劳动力等一般生产要素，成为经济增长最关键的因素。天津市建成了中国首家"863"产业化促进中心、国家锂离子动力电池研究中心等创新平台。通过实施新一轮科技小巨人计划，2013 年，天津市新增科技型中小企业 1.53 万家，累计达到 5 万家。基于政府的扶持政策，2015 年以后，天津市工业中小企业及上市中小企业的景气指数有望回升。

十七　广西壮族自治区

2014 年，广西中小企业综合景气指数排名全国第 17 位，与 2013 年相比上升了两位，主要原因是其依托边贸优势的工业中小企业发展保持了相对稳定。2014 年，受经济下行、企业生产经营环境总体恶化的影响，广西中小企业比较景气指数的全国排名有所下降。从总体趋势来看，广西近几年中小企业综合景气指数的波动较大（见图 6 - 17）。

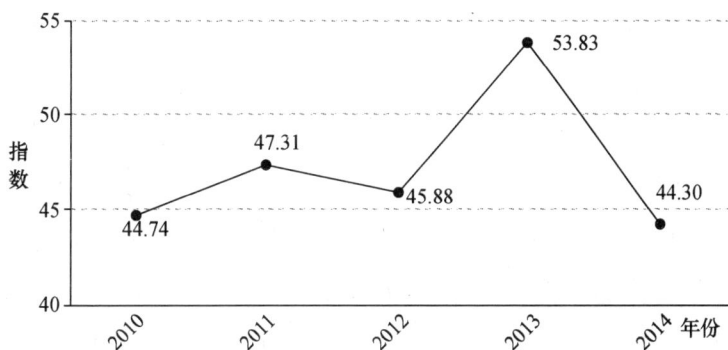

图 6 - 17　广西壮族自治区中小企业综合景气指数趋势

十八　陕西省

2014 年，陕西省中小企业综合景气指数排名为全国第 18 位，比上一年下降了 5 位，这主要是因为其工业中小企业景气提升缓慢，特别是中小板及创业板景气指数排名较上年有较大下降，使得其综合景气指数出现较大下滑（见图 6 - 18）。

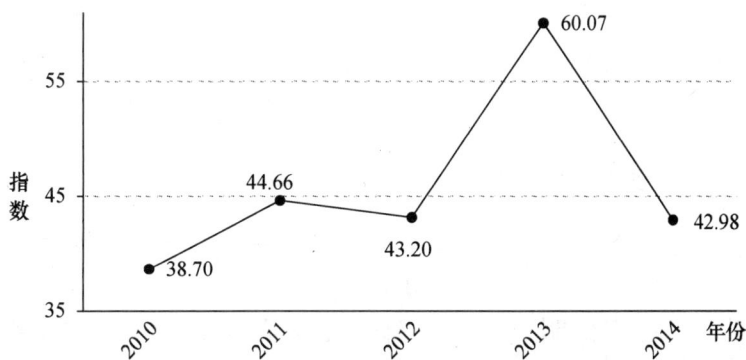

图 6 - 18　陕西省中小企业综合景气指数趋势

近几年来，陕西省中小企业以"扩总量、调结构、促转型"为发展主线，加快产业聚集、装备升级和产品开发，不断提高发展质量和市场竞争力，总体保持了平稳较快发展的态势，发挥了增长主力军的重要作用。但是，受国内外市场低迷、产能过剩、成本上升和出厂价格走低等多重因素叠加影响，当前企业生产运行中仍有较多困难和问题：利润水平下降；融资困难加重；用工难、用地难比较普遍；企业利润空间缩小等。但2014 年反映中小企业生产经营景况和企业家信心的比较景气指数有所提升，排名居全国第 1 位，2015 年其综合景气指数有望出现企稳回升。

十九　江西省

2014 年，江西省中小企业综合景气指数排名为全国第 19 位，较上年上升 5 位，回归到 2012 年的较高排名。这主要是因为江西省 2014 年形成中小企业综合景气指数的工业中小企业、上市中小企业及企业家信心三个分类指数在全国排名都有不同程度的上升。但与全国许多省份一样，受经济下行大环境的影响，2014 年的综合景气指数仍有下滑趋势（见图 6 - 19）。

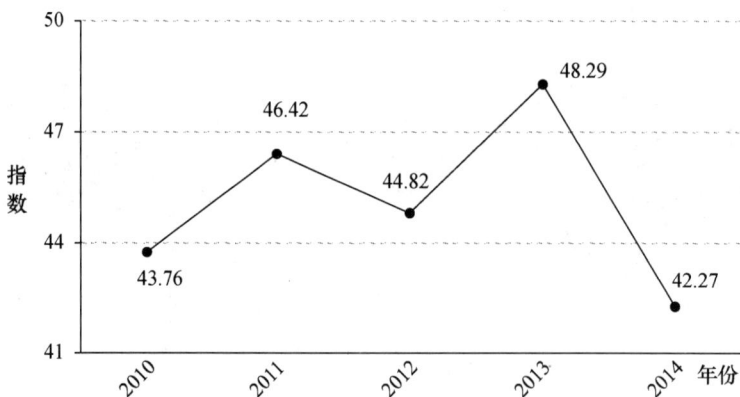

图 6 - 19　江西省中小企业综合景气指数趋势

近年来，江西省工业生产稳步回升，固定资产投资平稳增长，消费市场稳中略降，外贸出口明显回暖，财政收支基本稳定，金融存贷款适度增加，物价水平涨幅上升，货运量增幅回落。在 2014 年江西政府出台针对小微企业的税收优惠政策，以促进中小企业的快速发展。

二十　山西省

2014年，山西省中小企业综合景气指数排名为全国第20位，比2013年下降了4位，这主要是由于反映中小企业生产经营综合景气和企业家信心状况的比较景气指数2014年排名有较大幅度的下降。山西省工矿业比较发达，特别是中小煤矿企业数量较大。近年来，随着国家对煤炭生产环境的治理整顿力度加大，2014年，中小企业综合景气指数有较大下滑（见图6-20）。

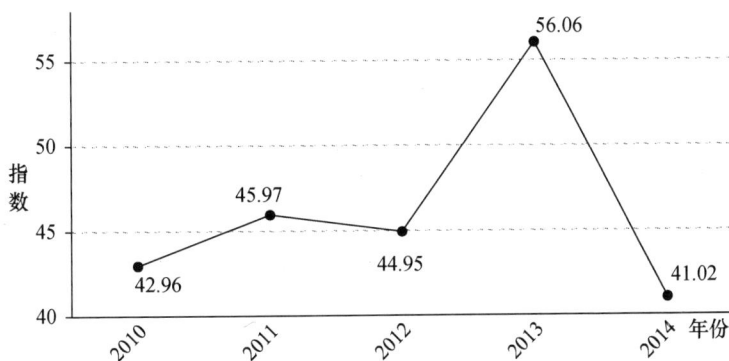

图6-20　山西省中小企业综合景气指数趋势

为了实现企稳回升，自2014年以来，山西省中小企业局与山西省财政厅转变政府资金扶持中小企业方式，由过去直接支持企业转向间接支持，由支持"点"转向支持"面"，力求让资金的利用率达到最大化。另外，山西省将重点支持中小企业信用担保机构、中小企业信用再担保机构增强业务能力，提升小微企业担保服务水平和积极性，扩大中小企业特别是小微企业担保业务规模，探索创新小微企业担保业务模式，着力缓解中小微企业融资难问题，财政资金倾向于业务补助、增量业务奖励、代偿补偿、创新奖励的方式。

此外，为了大力支持中小微企业发展，自2014年以来，山西省财政厅积极探索支持中小企业的新方式，集中财力建设以1个省级服务平台为枢纽，11个市级综合服务窗口平台和18个产业服务窗口平台为节点的中小企业公共服务平台网络。利用网络平台便捷的优势，为中小微企业提供创业服务、人员培训、3D技术服务、管理咨询、财税代理、专利商标、用工招聘、政策解读、技术创新、检验检测、金融服务、物流服务、信用查询等全方位、多层次、多形式的服务。预计到 2015 年，随着山西省全面完成所有窗口平台的建设任务，将大力助推中小企业综合景气的回升。

二十一　云南省

2014 年，云南省中小企业综合景气指数排名为全国第 21 位，较上年上升 1 位。与 2013 年比较，2014 年云南省中小企业比较景气指数排名有较大幅度的上升，这与 2013 年年末云南省政府出台的针对小型微利企业的税收优惠政策有关。但总体来看，受经济下行的大环境的影响，近几年其综合景气指数呈持续下滑趋势（见图 6 – 21）。

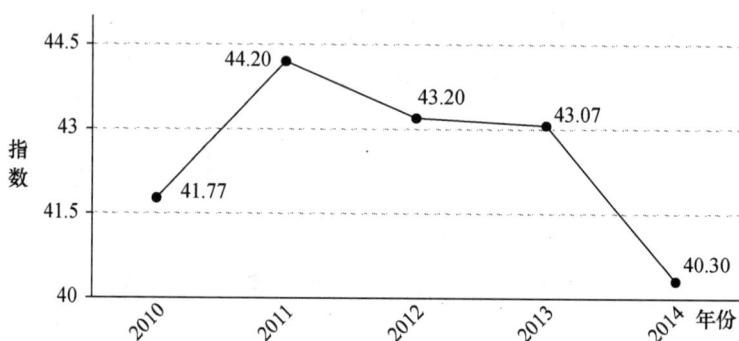

图 6 – 21　云南省中小企业综合景气指数趋势

近年来，云南省以科技创新平台建设计划为重点，采取多种措施扶持科技型中小企业健康发展，全省涌现出一大批产品技术含量高、竞争力强的科技型中小企业。截至 2014 年 6 月，全省通过认定的云南省科技型中小企业已达 1545 家。此外，针对中小企业融资难问题，云南省引进"中行信贷工厂"新模式，引入保险产品解决担保企业担保能力不足，为小微客户提供授信；企业以出口退税专用账户的退税款作质押担保，从而获得融资。截至 2014 年第一季度，中国银行云南省分行为云南全省近 1160 户中小企业提供 80 多亿元的授信额度，累计授信金额近 100 亿元。这些措施都有利于云南省中小企业综合景气指数的提升。

二十二　新疆维吾尔自治区

2014 年，新疆中小企业综合景气指数排在全国第 22 位，较上年上升了 3 位。这与新疆 2014 年中小板及创业板景气指数在全国排名有一定程度的上升有关。但是，受社会治安等环境因素的影响，反映中小企业综合生产经营环境和企业家信心的比较景气指数 2014 年有所下滑，综合景气指数也出现较大程度的下降（见图 6-22）。

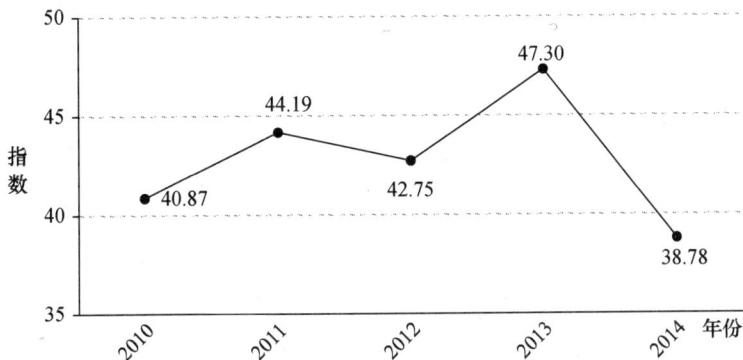

图 6-22　新疆维吾尔自治区中小企业综合景气指数趋势

为了改善中小企业发展环境，2014 年 5 月，新疆中小企业服务中心与上海股权托管交易中心签订战略合作协议，设立了上海股权托管交易中心新疆企业挂牌上市孵化基地。7 月，新疆首批 7 家中小企业在上海股权托管交易中心成功挂牌，为新疆中小企业开辟了新的直接融资渠道，这不仅可以缓解中小企业融资难问题，同时可以为新疆的中小企业引进先进技术、管理模式、市场等要素，促进新疆中小企业的结构调整和转型升级。

二十三　重庆市

2014 年，重庆市中小企业综合景气指数排名为全国第 23 位，与上年相同。2014 年重庆市中小企业比较景气指数和工业中小企业景气指数有小幅度上升，而中小板与创业板景气指数全国排名下降了 8 位。重庆具有影响力和竞争力的行业主要集中在如批发、零售、餐饮业等劳动密集型行业。受经济下行大环境的影响，其 2014 年综合景气指数也出现了较大程度的下降（见图 6-23）。

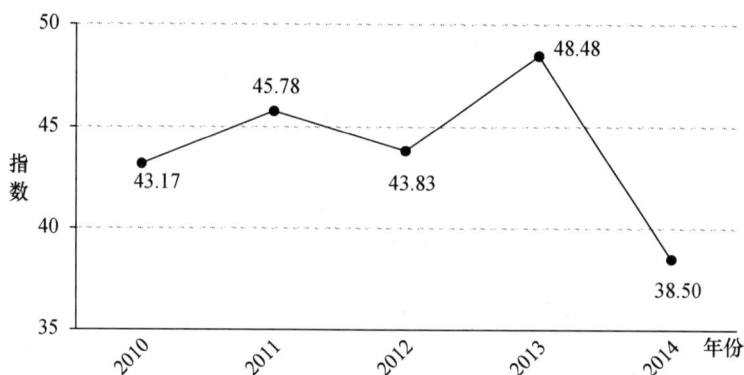

图6-23　重庆市中小企业综合景气指数趋势

　　为促进中小企业发展，近年来，重庆市经信委、市工商局联合实施了
"IT微企万户培育计划"。另外，还支持微型企业参加各类会展活动开拓
市场，并鼓励会展公司在渝举办服务全市微型企业的会展活动，帮助小微
企业拓展营销渠道。科技型中小企业技术创新项目则主要对创业初期、商
业性资金进入尚不具备条件、最需要由政府扶持的科技型中小企业、微型
企业技术创新项目给予资助，重庆还出台了十五条优惠政策力促网络零售
产业发展。这些政策措施的实施都将有利于重庆中小企业综合景气指数的
回升。

二十四　贵州省

　　2014年，贵州省中小企业综合景气指数排名为全国第24位，较上年
下降了3位，这主要是因为反映其中小企业综合生产经营状况和企业家信
心的中小企业比较景气指数最近一年有较大幅度下降。受全国经济下行影
响，与上一年相比，2014年贵州省的中小企业综合景气指数数值下降幅
度较大（见图6-24）。

　　近年来，贵州省为促进中小企业发展，对为小微企业提供贷款担保和
融资服务的信用担保机构，在通过审核后实施营业税优惠政策。另外，贵
州省中小企业局还计划从落实倍增计划、提高民营经济比重、加大企业扶
持、推动创业带动就业、建设服务大厅、拓展服务平台网络等九个方面来
改善中小企业发展环境。这些措施将有利于贵州省中小企业景气指数的
回升。

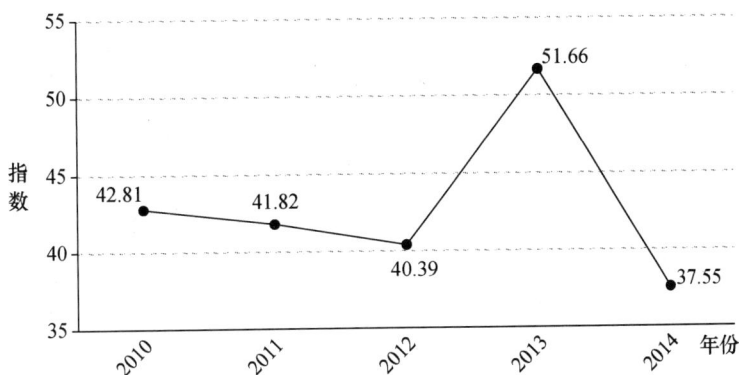

图6-24 贵州省中小企业综合景气指数趋势

二十五 甘肃省

2014年，甘肃省中小企业综合景气指数排名为全国第25位，比上年下降了7位。主要是因为其2014年中小企业比较景气指数和中小板及创业板景气指数排名都有一定程度的下降，由此其2014年综合景气指数也出现了较大下滑（见图6-25）。

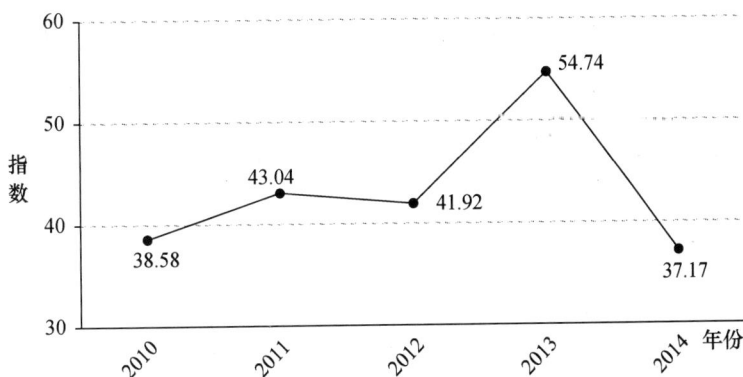

图6-25 甘肃省中小企业综合景气指数趋势

近年来，甘肃省为促进省内中小企业发展，设立中小企业发展专项资金用于支持甘肃省中小微企业（非公有制企业）技术改造和服务体系建设的资金。专项资金将重点向非公经济和小微企业倾斜，专项资金的80%用于支持中小微企业技术改造，20%用于支持中小微企业服务体系建设。这些措施将有利于甘肃省中小企业综合景气指数的提升。

二十六 海南省

2014 年，海南省中小企业综合景气指数排名为全国第 26 位，较上年上升 1 位。排名上升主要是由于 2014 年海南省中小企业比较景气指数和中小板及创业板景气指数排名较上年相比有所上升。与全国其他省份的综合景气指数比较来看，近年来海南省中小企业综合景气指数稳中有升，但增速幅度不大。受经济下行大环境的影响，其 2014 年综合景气指数也出现了较大下滑（见图 6 – 26）。

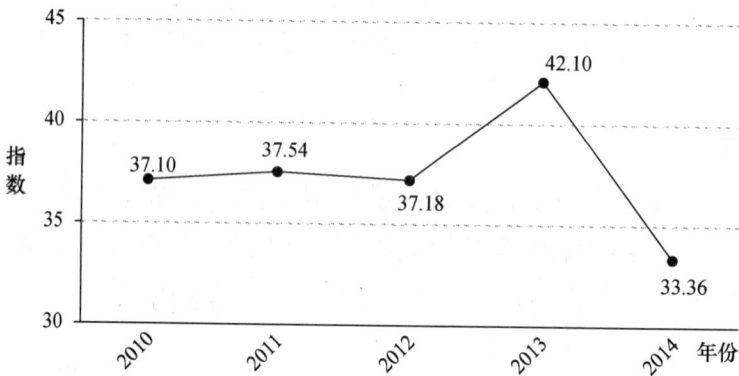

图 6 – 26　海南省中小企业综合景气指数趋势

据统计，海南省中小微企业的平均生命周期仅为两年左右，企业普遍基础薄弱，经营分散，集聚程度低，导致其行业竞争力差，抗风险能力弱，可持续发展性不强。近年来，海南省出台了成长性企业奖励的引导政策，主要针对医药、高新技术等有发展前景的行业进行奖励。同时，出台了担保贷款贴息等普惠政策，目前已惠及近 2000 家企业。这些措施将有利于海南省中小企业综合景气指数的回升。

二十七 西藏自治区

2014 年，西藏中小企业综合景气指数排名为全国第 27 位，较上年上升 4 位。这主要跟其中小板及创业板景气指数较上年全国排名上升了 11 位有关。西藏经济总量小、发展基数低，与内地相比发展起步较晚，但由于国家政策扶持以及待开发项目多，潜力较大。近年来，自治区实施《中小企业发展专项资金管理办法》，区政府财政拿出 2 亿元专项资金，用于扶持和促进全区中小企业又好又快地发展。同时，区政府财政又拿出近70亿元，用来保障和改善民生。中小企业把握发展良机，实现了综合景气指数的稳步提升（见图6-31）。

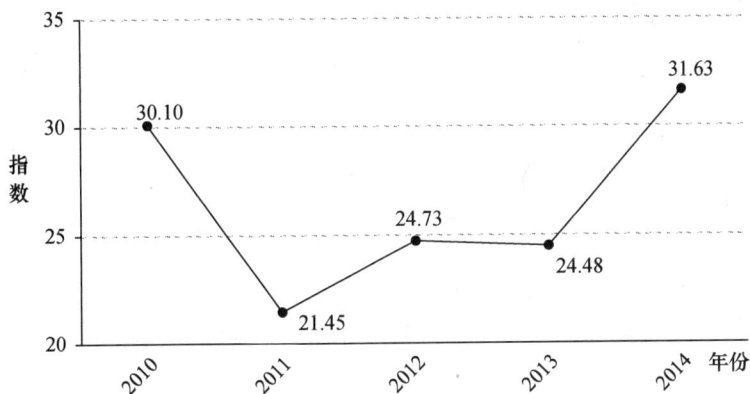

图6-27　西藏自治区中小企业综合景气指数趋势

二十八　黑龙江省

2014年，黑龙江省中小企业综合景气指数排名为全国第28位，较上年下降了两位。与2013年相比，反映其中小企业综合经营和企业家信心的中小企业比较景气指数排名有所下降，上市中小企业数量少，工业中小企业景气回升较慢，使得其综合景气指数出现较大下滑（见图6-28）。

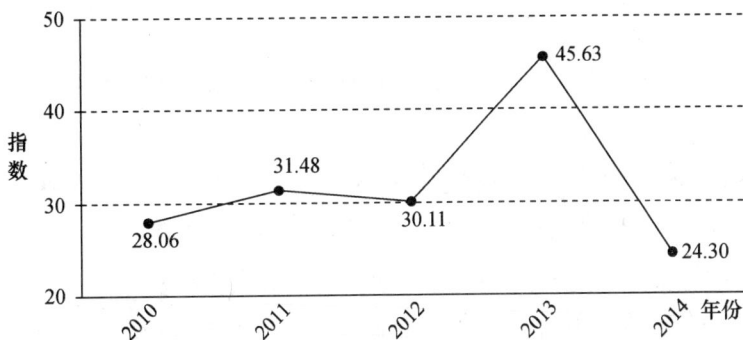

图6-28　黑龙江省中小企业综合景气指数趋势

近两年，黑龙江省引进和培育壮大科技型中小企业500家，技术合同交易额达到110亿元。目前，黑龙江省将加强创业基地建设作为改善中小企业综合发展环境的重要抓手。具体拟抓好八个方面的创业载体：一是与大企业协作配套型；二是同行业小企业集聚型；三是依托园区型；四是技术创新型；五是特色产业型；六是农产品加工型；七是新兴产业型；八是现代服务业型。随着创业环境的改善，全省中小企业综合景气指数也会相应回升。

二十九 内蒙古自治区

2014年，内蒙古中小企业综合景气指数排在全国第29位，较上年上升1位。中小企业比较景气指数以及工业中小企业景气指数排名小幅下降，上市中小企业数量少，2014年综合景气指数下降幅度较大（见图6－29）。

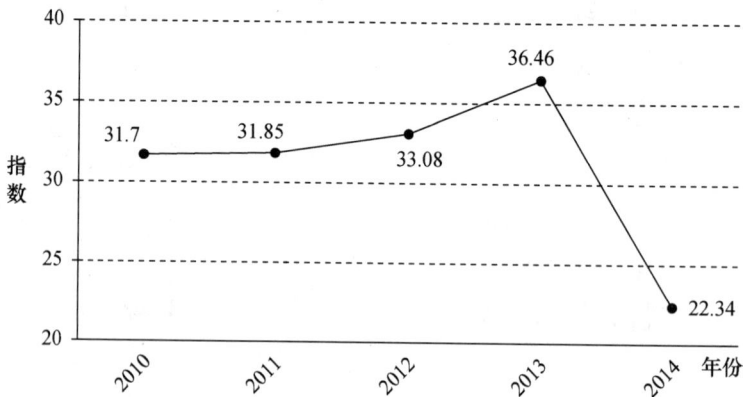

图6－29 内蒙古自治区中小企业综合景气指数趋势

受国际、国内经济形势变化及全区经济运行阶段性特征等影响，内蒙古整体经济在下行压力中平稳增长。但经过多年的潜力挖掘，资源优势、后发优势的边际效应正逐步递减，使经济的增长率逐步下降。为此，自2013年以来，内蒙古共下达各类支持中小企业发展专项资金超过26亿元，全区中小企业增长超过13%，个体工商户突破100万户，目前在落实对小微企业金融服务的政策支持，降低小微企业抵押评估登记费用，以促进中小企业持续稳定发展。

三十　宁夏回族自治区

2014 年，宁夏中小企业综合景气指数排名为全国第 30 位，与上年持平。工业中小企业景气处于低稳态势，中小企业比较景气指数有所下滑，上市中小企业不够发达，从而使得 2014 年综合景气指数下降幅度较大（见图 6 - 30）。

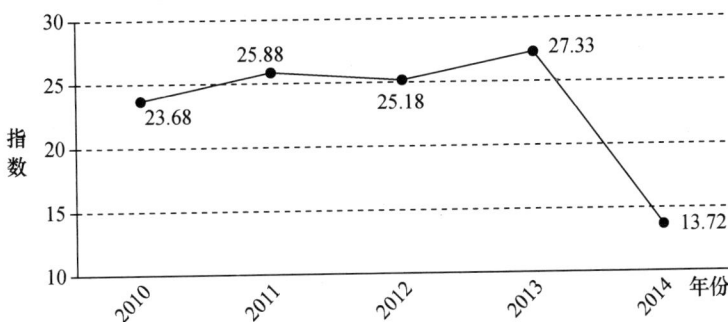

图 6 - 30　宁夏回族自治区中小企业综合景气指数趋势

为促进中小企业发展，宁夏参照"中国企业 500 强"评选办法，结合宁夏中小企业发展水平制定评审标准，将 2013 年度企业营业收入、净利润、从业人数、企业履行社会责任情况等作为主要指标，在 2014 年开展宁夏中小企业 50 强排序活动。此类活动有利于为中小企业营造创新、良性、快速发展的环境，同时也将为促进宁夏中小企业抢抓发展机遇、提升中小企业整体发展能力。

三十一　青海省

2014 年，青海省中小企业综合景气指数较上年下降两位，排在全国末位。其工业中小企业景气处于低稳态势，特别是中小企业比较景气指数有所下滑，上市中小企业不够发达，从而使得其 2014 年综合景气指数下降幅度也较大（见图 6 - 31）。

为促进中小企业发展，青海省在 2014 年选择 1000 家具有发展潜力的中小微企业开展重点培育，全面提升中小微企业发展质量和水平。计划到 2015 年能够实现千家企业主营业务收入年均增幅超过 20%，完成增加值年均增幅超过 20% 的"双 20"目标。

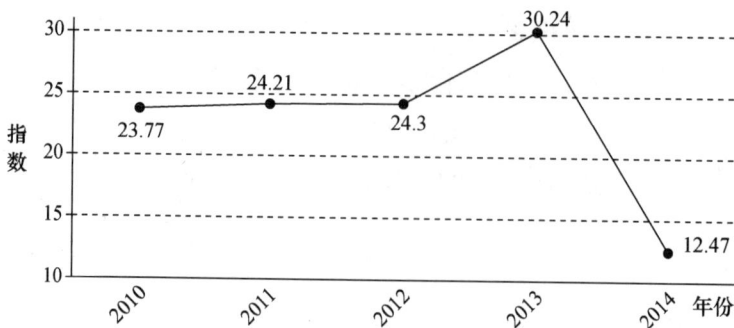

图 6 – 31　青海省中小企业综合景气指数趋势

第二节　近五年中国七大地区中小企业景气变动趋势

一　华东地区

华东地区包括上海市、江苏省、浙江省、安徽省、福建省、江西省和山东省，覆盖了长三角地区所有省市。2010—2014 年，华东地区的中小企业景气指数水平一直排名全国第一，并且远远高于全国平均水平。

2010 年以后，华东地区逐渐走出金融危机的低谷，但增长缓慢。这主要是由于汇率变动、劳动力及原材料成本上涨、国际贸易摩擦等多方面因素对中小企业相对发达的地区造成一定程度上发展抑制。工业中小企业是拉动经济增长的主要力量，而近年来工业中小企业亏损数量的增加，也是这些地区增长放缓的原因之一。但是，在 2014 年经济出现了衰退的趋势，是由于投资需求与消费的失衡，导致企业生产的增长超过国内购买力的增长，利润下降甚至亏损企业增多，地区中小企业综合景气指数同比出现下滑（见图 6 – 32）。

二　华南地区

华南地区包括广东省、海南省和广西壮族自治区，其中小企业综合景气指数仅次于华东地区，排名全国第二，这主要得力于广东省中小企业的成长和发展。

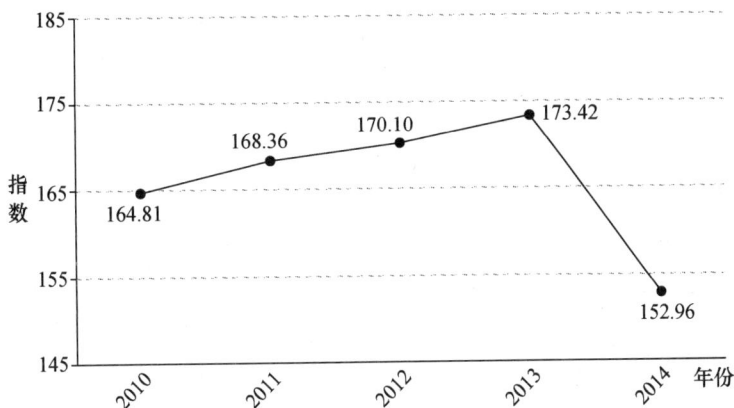

图 6 – 32 华东地区中小企业综合景气指数趋势

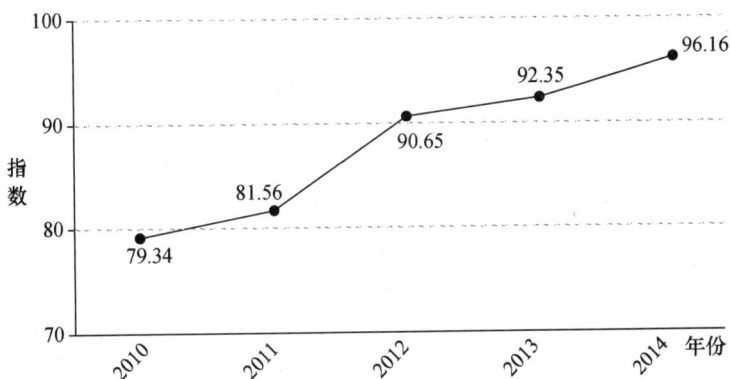

图 6 – 33 华南地区中小企业综合景气指数趋势

2012 年，随着经济见底，出口下降，华南地区中小企业综合景气指数增速放缓。该地区的中小企业集群发达，近年来，企业转型升级步伐加快，成长型企业增多，尤其在对外贸易上有优越的区位优势。但在 2014 年，对外贸易行业形势严峻，中小企业出口尤为困难，累计进出口值不断下降，地区中小企业综合景气指数总体出现了下滑（见图 6 – 33）。

三 华北地区

华北地区包括北京市、天津市、河北省、山西省和内蒙古自治区。2014 年，华北地区中小企业综合景气指数在全国七大地区排名第三，与 2013 年相同。总体看来，受近年来山西、内蒙古等地区资源型中小企业景气波动较大的影响，华北地区中小企业综合景气指数增速放缓，2014 年呈现下滑趋势（见图 6 – 34）。目前，总体指数水准处于全国平均水平。

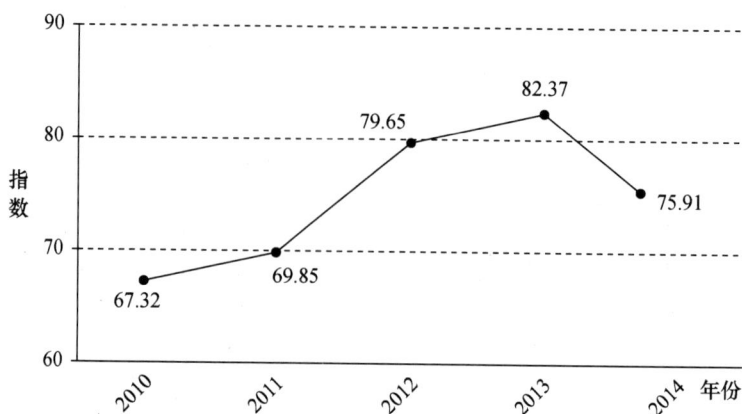

图6-34 华北地区中小企业综合景气指数趋势

四 华中地区

华中地区包括中部河南省、湖北省和湖南省。2010—2014 年，该地区中小企业综合景气指数一直处于全国第 4 位的中游水平。如图 6-35 所示，近年来，华中地区积极承接产业转移的发展机遇，大量中小企业将成为连接东西部产业经济和市场的纽带，中小企业综合景气指数逐年平稳增长。但 2014 年受宏观经济下行影响，地区中小企业综合景气指数呈现下滑趋势。

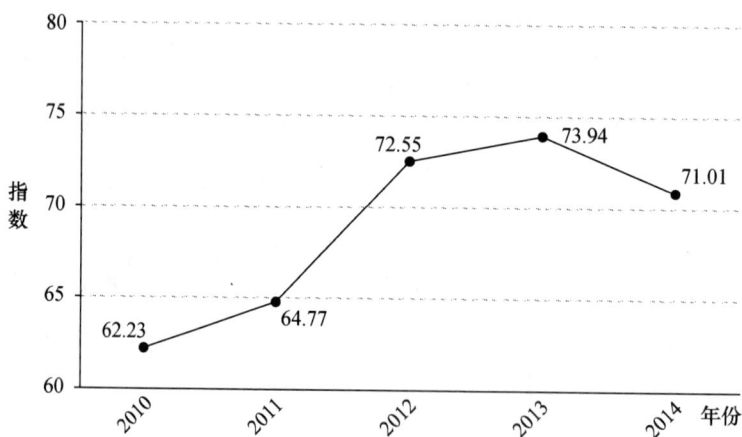

图6-35 华中地区中小企业综合景气指数趋势

五 东北地区

东北地区包括辽宁、吉林和黑龙江三省。2014 年中小企业综合景气指数排名全国第 5 位，与 2013 年相同。如图 6 - 36 所示，近年来该地区的中小企业综合景气指数上升缓慢，全国排名一直在第 5—6 位的低位徘徊。东北地区工业主体为重工业，特别是以能源原材料工业为主体的高耗能行业占比高，钢铁、水泥、有色金属、造纸等行业产能过剩问题较严重，2014 年地区中小企业综合景气指数出现较大下滑。

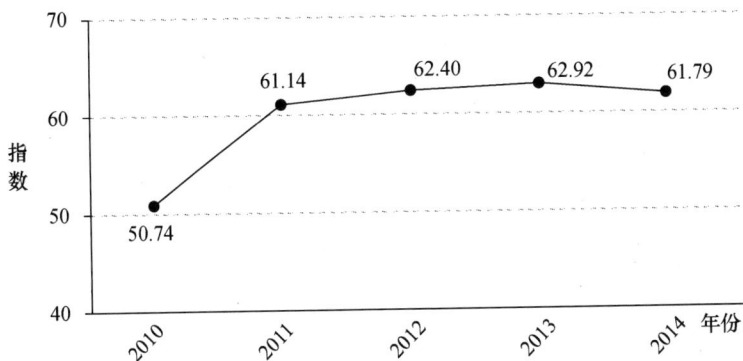

图 6 - 36 东北地区中小企业综合景气指数趋势

六 西南地区

西南地区包括重庆市、四川省、贵州省、云南省和西藏自治区。2014年，该地区中小企业综合景气指数排名全国第六。该地区中小企业以资源型和劳动密集型企业为主，2013 年以前，景气指数呈现逐年平稳增长态势。但在 2014 年，受宏观经济下行的影响，地区中小企业综合景气出现下滑趋势（见图 6 - 37）。

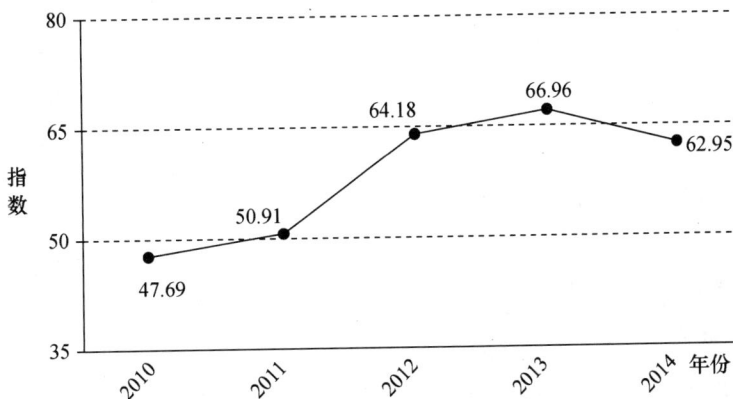

图 6 - 37 西南地区中小企业综合景气指数趋势

七 西北地区

西北地区包括陕西省、甘肃省、青海省、宁夏回族自治区和新疆维吾尔自治区，是中国经济发展相对落后的地区。近五年来，该地区的中小企业综合景气指数均处在较低水平，2013年以前，整体呈上升趋势，但2014年受经济下行影响景气指数值有所下滑（见图6－38）。

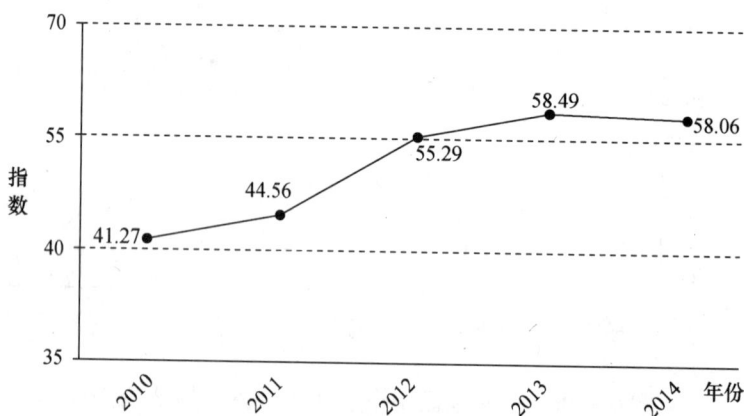

图6－38 西北地区中小企业综合景气指数趋势

第三节 2014年景气指数测评综合性探讨

2014年，中小企业面临形势既有国内实体经济增速降低、受制于国际汇率及贸易摩擦，又有融资难、成本持续攀升、财税体制困境、转型升级难度加大等不利因素。2014年，中国中小企业在政府的宏观经济调控和政策扶持之下，缓解了中小企业面临的诸多困难，总体看来，当前中国中小企业发展的基本面是好的，但发展景气回落，仍面临着各种严峻挑战。

一 2014年中国中小企业综合景气指数变化特征

（一）总体景气下降趋势明显

本课题组以相应年份的工业总产值为权重分别计算得到了近三年来中国中小企业综合景气指数的加权平均指数（见图6－39）。

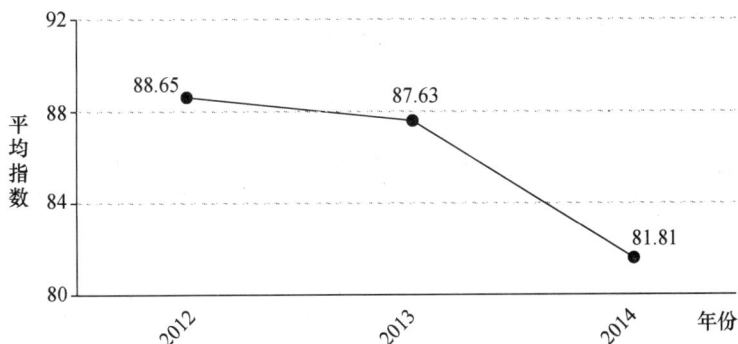

图 6－39　中国中小企业综合景气平均指数波动趋势

结果显示，2014 年中国中小企业综合景气平均指数为 81.81，与 2013 年相比下降了 5.82，总体景气下降趋势较为明显。这是受到近年来国际市场低迷、国内经济减速下行、劳动力及原材料等要素成本持续上涨等多方面因素叠加影响的结果，反映了当前中小企业，特别是小微企业经营难的现实。具体分析其原因，主要有以下四个方面：

一是连续三年以来成本要素上升过快，特别是人工成本出现刚性上升，挤压了中小微企业的利润空间。无论是沿海地区，还是中西部地区，职工工资普遍增长较快，平均达到 20%—30% 。同时，中小企业结构性缺工，熟练技工和技术研发人员严重缺乏，人才流失频繁等因素，也在无形中推高了用工成本。同时，由于最低工资标准上调，相应社会保险和公积金的征缴基数也随之增长，增加了企业社会保险支出负担，工资上涨的速度已远超中小企业利润平均增速。另外，能源、原材料价格维持波动攀升态势，国有大企业的行业垄断、市场封锁等也助推了中小企业物流成本的上升，尤其使得工业中小企业景气指数回升缓慢。

二是市场需求不足，2014 年 4 月小型企业采购经理指数 PMI 为 48.8%，连续 25 个月在临界线以下。近年来，受国内外各种复杂因素的影响，经济下行的压力比较大。经济下行对中小企业的影响明显，需求拉力减弱，市场竞争激烈，反映经营困难的企业不断增加，尤其使得中小企业家信心指数波动很大。

三是融资难、融资贵仍然制约着中小微企业发展。本课题组的监测调查资料显示，银行贷款存在审批周期长、借贷时间短、融资贵等问题。从直接融资看，中小企业板和创业板股票市场门槛较高，面向中小企业的债券类、信托类、票据类和短期融资券等金融产品创新不足，政策性创业引导基金规模小，中小企业集合债券、中小企业集合信托等融资成本高，综合融资成本往往高达12%—15%。融资成本居高不下，中小板和创业板企业景气改善难度大。

四是中小微企业的税费负担比较重。本课题组监测调查资料表明，中小企业承担的各类收费较多，最多可达30多种，其中包括一些不合理收费、摊派等，隐形负担重。这些因素交织叠加，使得2014年中国中小企业景气指数呈现下滑趋势。

（二）省际之间上下波动较大

从2014年省际中小企业综合景气指数上看，大部分省份的景气指数较2013年都有所下降，高于全国平均指数的只有广东、江苏、浙江和山东四省，其中广东省和江苏省以较高的工业景气指数保持了综合景气递增趋势，特别是江苏省凭借较高的工业景气指数和企业家信心指数赶超浙江，逼近广东；广东省和浙江省的中小板及创业板景气指数相对较高，但企业家信心恢复缓慢，其中浙江省受担保链断裂、资金链断裂、"老板跑路"等影响，近三年，其中小企业景气呈现连续下滑趋势。

其他绝大部分省份的景气指数都低于全国平均指数。这客观地反映了当前经济下行环境为大多数中小企业带来的经营压力。与2013年相比，综合景气排名上升较快的有吉林、江西、河南、西藏等，但与排名前10位省份的景气值仍有较大差距；综合景气指数排名靠后的内蒙古、黑龙江、宁夏和青海等主要因中小板及创业板企业少而影响到其排名。多数省份处于不景气区间，这既反映中国中小微企业综合发展普遍面临诸多困难，同时也预示这些中小微企业具有较大发展潜力和成长空间。

（三）东中西部发展差距缩小

从七大地区中小企业综合景气指数的变化趋势上看，反映省际波动趋势，2014年与上年相比，总体也有所下降。同时，各地区之间中小企业发展仍不均衡。其中华东地区持续一枝独秀，其以下六个地区呈依次递减趋势，但每个地区的递减幅度差异不是很大。华北、华中、西南地区中小企业综合景气指数近年来提升较快，与这些地区实施产业转移发展战略、推进区域中小企业发展促进对策逐渐取得积极效果有很大关联。华东地区与综合指数最低的西北地区相差三倍以上，表明西北地区中小企业发展的综合环境与发展水平仍存在很大改善余地。

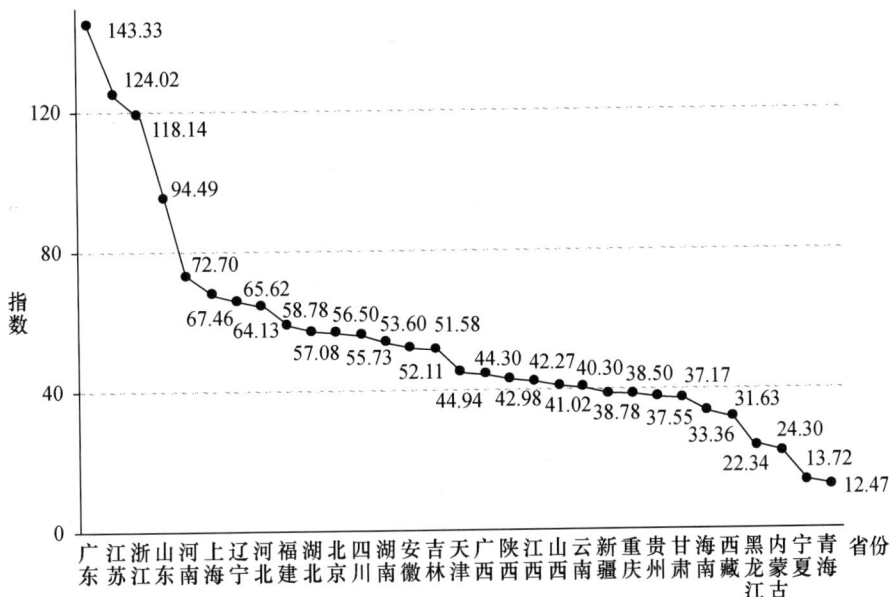

图 6-40 2014 年中国省际中小企业综合景气指数波动趋势

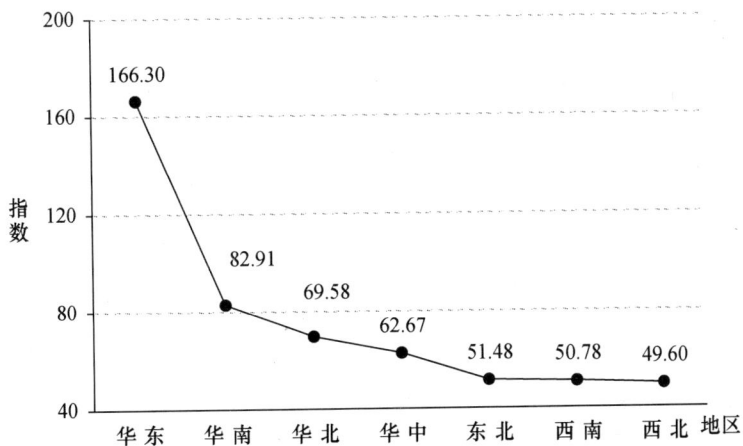

图 6-41 2014 年中国七大地区中小企业综合景气指数

中西部地区中小企业以劳动密集型为主，科技型成长企业和创业型企业数量相对较少，中小企业产业集群还不够发达。但近年来随着国家有关"开发大西北"、建设"中原经济区"和"长江经济带"战略的实施，特别是党的十八大以后，对于劳动密集型中小企业加大扶持力度也成为中小企业政策的实施重点，这些都有助于促进中西部地区中小企业发展景气的快速提升，使其与东部地区的发展差距正在逐渐缩短。

二 基本判断及预测

近几年来，中国中小企业发展的形势发生了根本变化，高成本竞争和市场需求相对不足同时并存，已经成为当前和今后中小企业面临的主要矛盾。总体上看，当前中国中小企业发展的基本面是好的，但经济下行压力仍然比较大。随着劳动力成本、融资成本、原材料成本、税费成本、物流成本等的上升，同时，在中小企业发展过程中仍旧面临大企业及国有企业的"挤出效应"，尤其是宏观经济环境不景气的背景下，各种社会资源向大企业倾斜倾向更加明显。社会资源分配向已发展壮大的企业集聚，就会进一步挤压中小微企业的生存空间。特别是中小企业融资担保问题如果得不到根本改善，区域性、系统性风险会不断增大。在拉动内需、均衡发展过程中，如何防止新一轮"国进民退"，防范化解区域性、系统性风险，已成为当前和今后促进中小企业健康持续发展的重大关注。

针对当前存在的问题，党中央、国务院及各地政府部门都高度重视，2013 年以来，打政策"组合拳"，密集出台了一系列重要的政策、法规和举措。随着政策实施的累积效应的逐渐释放，预计 2015 年中国中小企业综合景气会回升并接近合理的景气区间。

三 相关政策建议

中国中小企业面对的这些重大变化，从发达国家的经验看，唯一的出路是提升自身的素质和竞争力，不断提高创新能力，通过技术创新和管理创新，克服成本上升的压力，提高产品的市场竞争力，全面转向"提素质、控成本、拓市场"，形成新的竞争优势。

（一）积极创新，缓解中小企业融资贵、用工贵等难题

一是针对当前中小型企业用工成本上升等问题，加强调查研究，建立联合会商机制，针对中小企业发展中出现的新情况、新问题，及时出台应对措施，进一步提供财政补贴、税收减免、简化审批等一揽子扶持。对小微企业缴纳员工保险和公积金等给予适当补贴或者税收抵免，以缓解企业

压力。

二是进一步拓宽融资渠道，发挥财政资金引导信贷投入的杠杆作用，引导信贷投资方向，调动金融机构的积极性。完善信用担保体系建设，加大对信用担保业的投入，引导民间资金注入。加大中小企业商业银行、农村合作银行等区域性金融机构加快发展，鼓励设立面向中小企业融资的信贷分支机构。加强直接融资工作，通过资本市场创业（风险）投资机构、债券市场等加大融资力度。针对当前大企业拖欠配套中小企业资金的现象，尽快制定相关政策措施，缩短拖欠时间，减少拖欠现象。进一步清理整合行政事业性收费和政府性基金，取消各种垄断性的经营收费等。

三是针对公益性、半公益性和营利性中小企业服务机构（组织）组织扶持政策专题研究，加强分类指导，提高可操作性。引导和鼓励银行、保险与民间投资支持中小企业服务体系建设，探索中小企业公共服务平台的绩效评估机制，切实提高平台的专业化水平和专业服务质量。

（二）系统规划，有效推动中小企业转型升级进程

发达国家的经历表明，在低成本竞争优势丧失后，应强化创新驱动，着力提高技术创新能力，掌握知识产权，形成新的竞争优势。应积极引导和支持中小企业加快技术进步、提升管理、优化结构和转型升级，切实增强抵抗市场风险的能力，推动中小企业走上内生增长、创新驱动的发展轨道。

首先，在融资方面，进一步加大对中小企业融资方面的支持力度，拓宽中小企业融资渠道，为中小企业转型升级提供资金支持。

其次，在服务方面，进一步完善中小企业服务体系建设，为企业转型升级提供咨询和服务的平台，重点在技术研发、人才培养、技能培训、管理提升、制度完善等方面加强服务。

再次，在财税政策方面，加大对创新型、创业型中小企业的财税支持力度，鼓励中小企业加强技术研发，引导创新型中小企业进一步加大研发投入，落实研发费用的所得税税前加计扣除政策，走"专、精、特、新"之路。

此外，要大力加强公平竞争和知识产权保护，为企业营造良好的外部环境。

（三）多措并举，助力中小企业拓展市场需求空间

第一，积极推广运用电子商务等新型销售渠道，降低营销费用，提升

企业盈利率；

第二，推广新型商业模式，优化整合资源，协助企业构建自身的核心竞争力；

第三，扩大内需，为中小企业创造丰富的市场资源，提升赢利空间；

第四，鼓励中小企业采用先进适用技术，对原有产品进行升级换代，积极拓展新的市场；

第五，创新服务模式，形成多元化、多层次的中小企业服务体系和"政府扶持中介、中介服务企业"的运行机制，鼓励企业建立科学的人才引进机制、健全人才培养模式和出台人才激励措施，为中小企业提供高质量的融资担保、信息咨询、技术创新、人才培训和市场开拓等公共服务平台。帮助企业拓展市场，帮助中小企业拓展国内国际市场，为中小企业搭建各类商品交易平台，开展中小企业供需对接活动，加强工贸结合、农贸结合和内外贸结合，鼓励中小企业参加国内外展览展销活动，进一步加大政府采购支持中小企业发展的力度。

（四）完善制度，健全中小微企业运行监测预警体系

借鉴日本经验创设中小企业诊断制度，出台小企业会计准则，加快建立和完善全国中小企业运行监测工作机制和信息体系。加强信息发布和服务，定期和及时发布中小企业规划指南、政策解读、动态分析等专题信息，以及风险防范和预警提示。加强对热点、难点问题的前瞻性研究，关注小微企业发展的苗头性、倾向性问题，组织专题研究，切实促进中国中小企业健康持续发展。

第 七 章

2014 年中国主要城市中小企业
景气指数测评

编制中国主要城市中小企业景气指数是区域中小企业景气指数研究的重要课题。该研究对于分析把握中国主要城市中小企业发展的现状，探索中国区域中小企业发展的新规律和新课题，都具有重要理论意义和现实意义。

第一节 评价方法与指标体系

一 评价对象与评价方法

评价中国主要城市的中小企业景气指数的思路和方法与研究省际中小企业综合景气基本相同，即根据主要城市工业中小企业景气指数、中小板及创业板景气指数和比较景气指数三个分类指数进行加权来计算分析。

关于工业中小企业景气指数，主要采用合成景气指数进行计算，评价对象是主要城市规模以上（主营业务收入达到 2000 万元及以上）的工业中小企业。由于考察期间中国经济周期性并不是很明显，所以，在运用合成指数计算时忽略了经济周期对工业中小企业景气指数的影响，着重对一致指数进行计算与分析，以此来表示主要城市工业中小企业景气指数。

关于中小板及创业板景气指数，则采用主成分分析法、扩散指数法和合成指数法的方法，其评价对象为截至 2013 年 12 月 30 日在中小板及创业板上市的中小企业。

关于比较景气指数，主要通过收集国家统计局实施的企业景气监测调查资料，选取针对中小企业的企业景气指数的数据，计算出了主要城市中小企业比较景气指数。

二 样本的选取与指标体系

（一）样本选取

在样本选取上，鉴于直辖市为省级行政单位，在中小企业数量、规模及发展水平上与一般的省级市和地级市没有可比性，所以未纳入本章的计算排名。本章首先选取了中国四大直辖市以外的省会城市，如杭州、福州、成都等。其次，参考中小企业具体分布情况，本章针对部分省份选取了中小企业数量多的主要工业城市，如江苏选取苏州代替省会城市南京，山东选取青岛代替省会城市济南，辽宁选取大连代替沈阳。由此最终确定了苏州、杭州、合肥、福州、青岛、郑州、武汉、长沙、广州、成都、贵阳、西安、乌鲁木齐、石家庄、大连、昆明 16 个主要城市（其中长春市由于一家企业被停牌，导致长春市在中小板及创业板上市的企业仅存两家，不具比较意义而未列入评价对象）。

工业中小企业景气指数和比较景气指数主要是基于城市统计年鉴数据，其中，由于统计年鉴中未报告郑州、贵阳、乌鲁木齐、石家庄和昆明的相关企业调查数据，因此，在计算中小企业综合景气指数时根据统计原则做了部分忽略处理。

对于中小板及创业板景气指数，主要选取深交所上市的 1098 家中小板及创业板企业中注册地址位于上述 16 个城市的 261 家企业（已去除部分数据严重缺乏的企业），对其进行了计算分析，最终系统地总结了中国主要城市中小企业的最新发展现状。

（二）指标体系说明

本章作为中国中小企业景气指数研究的补充，在指标体系的建立上参照前文所提出的指标体系及权重。

关于工业中小企业景气指数指标体系，本章主要考虑一致指标的影响，即采用工业总产值、企业单位数、资产总计、主营业务收入、利润总额和税金总额来计算工业中小企业景气指数。而先行指标和滞后指标仅作为参考。

关于中小板及创业板景气指数指标体系，类似的，本章也只考虑一致指标的影响，选取总资产、主营业务收入、财务费用、利润总额和税金总额五个指标作为计算依据。先行指标和滞后指标仅用作参考。

关于比较景气指数指标体系，本章参考前文的处理方式，利用企业综合经营指数和企业家信心指数来计算。

三　分项指数与综合指数的计算

（一）计算方法

关于中国主要城市工业中小企业景气指数，由于报告采用合成指数法，最后需要进行基年调整，为了使各主要城市工业中小企业景气指数波动控制在 0—200，本研究报告以 2007 年各城市的平均值作为基年数据。同时，由于本研究报告收集的数据是 2005—2012 年的年度数据，没有明显的多个经济周期循环，因此本研究报告在运用合成指数算法进行计算时省略了趋势调整的步骤。另外，由于本研究报告关注的是中国转型期工业中小企业景气指数状况，经过计算，获得了 16 个主要城市的 2006—2013 年工业中小企业一致合成指数。最后，对 2014 年主要城市工业中小企业景气指数运用最小二乘法进行了预测，计算结果见表 7 - 1。

关于中小板及创业板企业景气指数的计算，首先，将企业数量进行无量纲化处理；其次，将合成的景气指数和企业数量与其相对应的权重相乘；最后，将获得的乘数相加作为反映中小板及创业板企业景气指数的值。其调整公式如下：

调整后的中小板及创业板企业景气指数 = 调整前的中小板及创业板企业景气指数 ×60% + 企业数量 ×40%

中小企业比较景气指数反映中小企业家对当前微观经营状况的判断结果和预期宏观经济环境的信心进行量化加工整理得到的景气指数，是对基于统计年鉴的工业中小企业景气指数和基于上市公司的中小板及创业板企业景气指数的补充。本研究报告中，企业综合生产经营指数同样也主要是对所选主要城市当前中小企业经营状况、经营环境好坏的评估，企业家信心指数主要反映了企业家对企业可预期的未来经营状况的判断，因此，在综合了本课题组实施的中国中小企业景气监测调查及研究团队对于各地区中小企业实地考察评估的基础上，本研究报告将中小企业比较景气指数的计算方法确定如下：

比较景气指数 = 企业综合生产经营指数 ×40% + 企业家信心指数 ×60%

关于中小企业综合景气指数的计算，本研究报告将工业中小企业景气指数、中小板及创业板企业景气指数和中小企业比较景气指数进行综合，最后获得中小企业综合景气指数。由于工业中小企业景气指数时间跨度为2005—2012年，而中小板及创业板企业景气指数和中小企业比较景气指数只有2010—2013年的数据，因此在计算中国主要城市中小企业景气指数时分为两个阶段进行。第一阶段为2006—2009年的中小企业景气指数，采用工业中小企业景气指数作为中小企业景气指数；第二阶段2010—2014年的中小企业景气指数则综合了工业中小企业景气指数、中小板及创业板企业景气指数和中小企业比较景气指数三个指数。

（二）计算过程

在具体计算过程中，由于上述两阶段的计算均涉及两种以上景气指数的合成，本研究报告关于中小企业景气指数的具体算法分以下两步：

第一步，确定工业中小企业景气指数、中小板及创业板企业景气指数以及中小企业比较景气指数在中国中小企业景气指数评价中的权重。首先，运用层次分析法，确定工业中小企业景气指数、中小板及创业板企业景气指数和中小企业比较景气指数的权重；其次，在咨询了浙江工业大学中国中小企业研究院和国内相关专家及研究人员的意见后，结合本报告研究团队成员所获得的相关资料进行内部讨论，最终确定中国工业中小企业景气指数、中小板及创业板企业景气指数和中小企业比较景气指数之间的权重分别为0.6:0.2:0.2。

第二步，计算不同阶段的中小企业景气指数。对于2006—2009年中小企业综合景气指数，本研究报告采用以下方法计算：

中小企业综合景气指数 = 调整后的工业中小企业景气指数值

由此，2013年中国主要城市中小企业景气指数的计算方法如下：

中小企业综合景气指数 = 调整后的工业中小企业景气指数值×60% + 调整后的中小板及创业板企业景气指数值×20% + 调整后的中小企业比较景气指数值×20%

根据以上计算方法及计算过程，2014年中国主要城市中小企业景气指数分项数据及综合数据如表7-1所示。

表 7 - 1　2014 年中国主要城市中小企业景气指数分项数据及综合数据

城市	工业中小企业景气指数	中小板及创业板景气指数	比较景气指数	综合指数
苏州市	151.38	121.52	124.64	140.06
杭州市	128.24	121.63	117.31	124.73
广州市	103.57	112.69	107.15	106.11
青岛市	73.29	86.63	120.40	85.38
成都市	39.40	93.55	166.68	75.69
福州市	36.26	89.56	146.50	68.97
武汉市	35.53	82.40	118.99	61.60
大连市	37.41	86.86	101.32	60.08
长沙市	23.37	91.29	138.86	60.05
西安市	14.57	84.75	166.57	59.01
合肥市	15.36	93.93	124.17	52.84
郑州市	39.86	93.12	—	42.54
石家庄市	39.03	81.88	—	39.79
昆明市	16.98	73.57	—	24.90
贵阳市	10.99	82.18	—	23.03
乌鲁木齐市	6.94	88.34	—	21.83

说明："　"表示相应数据缺失。

第二节　主要城市中小企业景气指数测评结果

以下通过 2010—2014 年的时序分析，来把握 16 个主要城市中小企业综合景气指数测评结果和发展趋势。结果显示，中小板及创业板企业景气指数和比较景气指数对于综合景气指数的修正作用较为明显。

一　苏州市

2014 年，苏州中小企业综合景气指数位居直辖市以外 16 个主要城市的第 1 位。2010—2012 年，苏州中小企业景气指数呈逐年增长趋稳态势，但 2013 年出现小幅下降，2014 年出现回升（见图 7 - 1），主要原因是苏州市政府大力开展工业产业转型升级管理，提供一系列扶持政策，指导中小企业发展，使得中小板及创业板景气指数和比较景气指数有所上升。从变化趋势来看，虽然苏州中小企业景气指数较高，但仍处在波动期，有较强的敏感性。而作为长三角地区中小企业发达城市，苏州中小企业综合景气指数的变化趋势与江苏省基本保持一致。

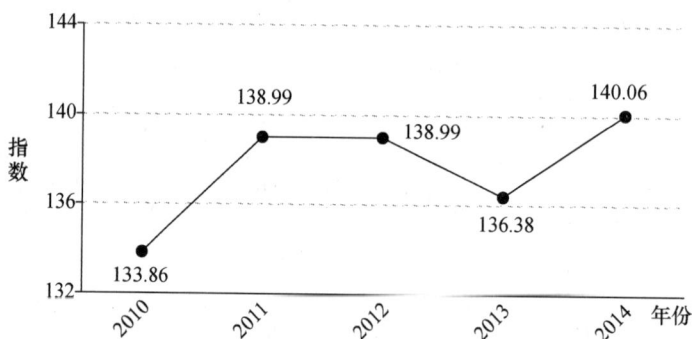

图 7 - 1　苏州市中小企业综合景气指数变化趋势

二　杭州市

2014 年，杭州中小企业综合景气指数排名居全国 16 个主要城市第 2 位。2010—2012 年，杭州中小企业综合景气指数逐年平稳增长，2013 年有所下滑；2014 年，杭州中小企业综合景气指数略微回升（见图 7 - 2）。2014 年，杭州市率先助力小微金融，为小微企业提供金融服务，中小企业发展良好。从变化趋势来看，作为浙江省会城市，杭州中小企业综合景气指数的变化与浙江省有较大的差异，这主要是因为浙江省各地区中小企

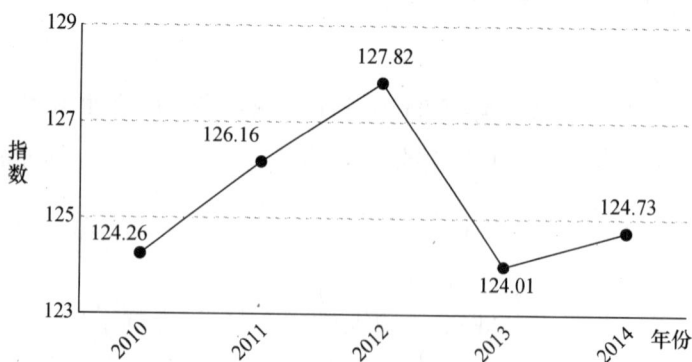

图 7 - 2　杭州市中小企业综合景气指数变化趋势

业发展不均衡，差异显著，较为发达的地区除了杭州，还有宁波、温州、绍兴、台州等地，而丽水、衢州等地则较为落后，这些市中小企业经营状况的差异对浙江省中小企业综合景气指数有较大影响。

三 广州市

2014 年，广州中小企业综合景气指数排名居全国 16 个主要城市第 3 位。总体来看，2010—2012 年广州中小企业综合景气指数逐年平稳增长，在 2013 年出现小幅下滑，2014 年，广州中小企业综合景气指数呈小幅下降趋稳态势，下降程度明显减小，逐渐与 2010 年持平，中小企业经营状况仍较为景气（见图 7－3）。从变化趋势来看，作为广东省的省会城市，广州中小企业综合景气指数的变化与广东省有较大的差异，这主要是因为广东省中小企业多集中于深圳、东莞、中山等地，这些地市中小企业经营状况对广东省中小企业综合景气指数也有较大影响。

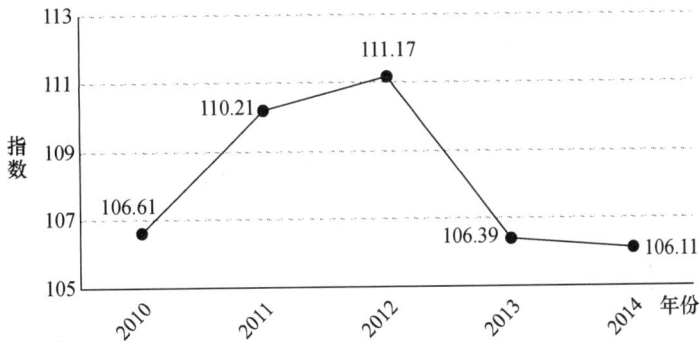

图 7－3 广州市中小企业综合景气指数变化趋势

四 青岛市

2014 年，青岛中小企业综合景气指数排名全国 16 个主要城市第 4 位。2010—2014 年青岛的中小企业综合景气指数一直比较平稳（见图 7－4），说明中小企业经营状况处于一个较为平稳的发展时期。从变化趋势来看，青岛中小企业综合景气指数的变化与山东省有较大的差异，虽然山东省中小企业综合景气指数较低，但是青岛作为山东半岛蓝色经济区的核心区域和龙头城市，其中小企业较为发达，景气度较高。

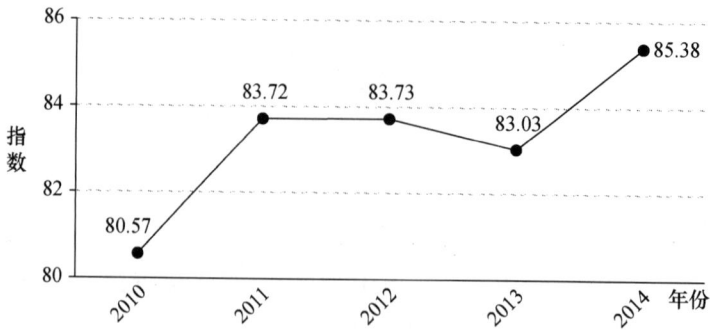

图 7 - 4　青岛市中小企业综合景气指数变化趋势

五　成都市

2014 年，成都中小企业综合景气指数排名居全国 16 个主要城市第 5 位，较上年上升 1 位。如图 7 - 5 所示，2010—2012 年，成都中小企业综合景气指数逐年增长，2013 年有所下降；到 2014 年，成都中小企业综合景气指数大幅上升。近年来，成都市加强扶持小微企业，建设小企业创业基地，促进中小企业健康发展，因而使中小企业的经营景气度有了较大的提高。从变化趋势来看，作为四川省的省会城市，成都市中小企业综合景气指数的变化与四川省基本保持一致。

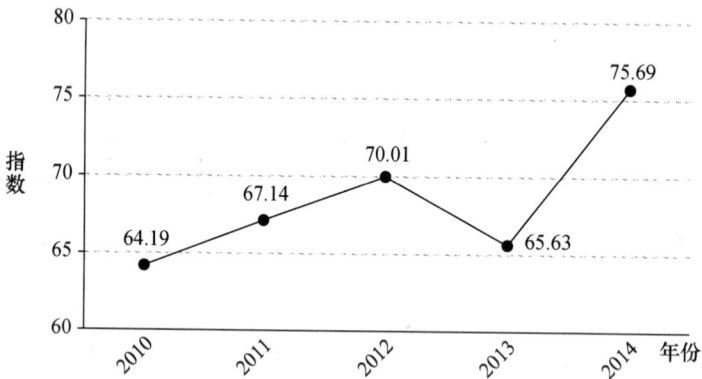

图 7 - 5　成都市中小企业综合景气指数变化趋势

六　福州市

2014 年，福州中小企业综合景气指数排名居全国 16 个主要城市第 6

位，较上年下降 1 位。2010—2014 年，福州中小企业综合景气指数一直保持稳定增长（见图 7－6），中小企业经营景气度不断上升。作为福建省会城市，福州中小企业综合景气指数变化与福建省基本步调一致。

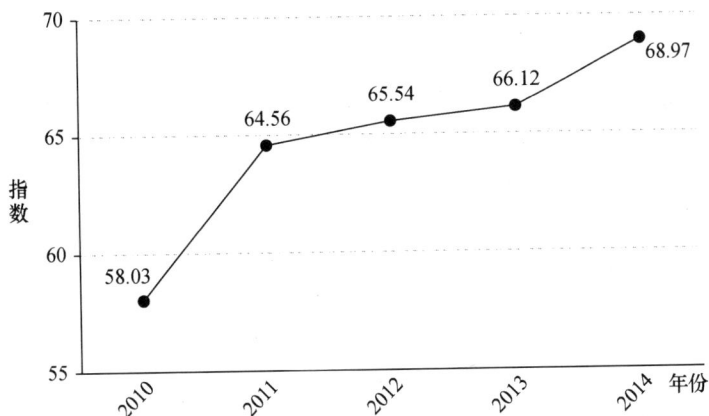

图 7－6　福州市中小企业综合景气指数变化趋势

七　武汉市

2014 年，武汉中小企业综合景气指数排名居全国 16 个主要城市第 7 位。2011 年，武汉中小企业综合景气指数有小幅提升，2012 年和 2013 年呈现平稳态势；2014 年，武汉中小企业综合景气指数有小幅下降（见图 7－7），基本在指数为 63 处上下浮动，其经营状况基本处于较为景气阶段。从变化趋势来看，作为湖北省的省会城市，武汉中小企业综合景气指数的变化与湖北省基本保持一致。

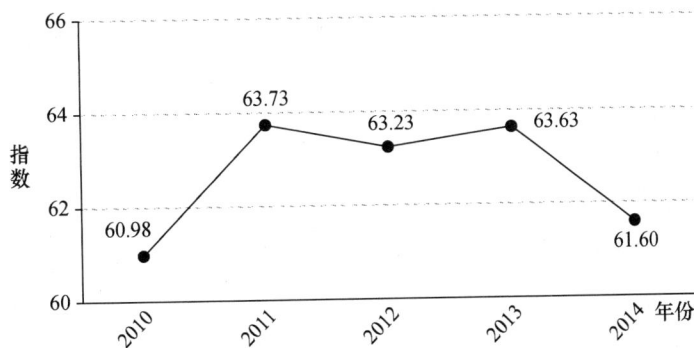

图 7－7　武汉市中小企业综合景气指数变化趋势

八 大连市

2014 年，大连中小企业综合景气指数排名居全国 16 个主要城市第 8 位。如图 7-8 所示，2010—2012 年，大连中小企业综合景气指数呈连续下滑态势，2013 年有所回稳；2014 年，大连中小企业综合景气指数又出现小幅下降（见图 7-8）。近年来，大连市一些中小企业转型升级面临诸多困难，在形势不明朗的情况下，企业经营环境有所恶化，景气度不断下降。从变化趋势来看，大连市的中小企业综合景气指数的变化与辽宁省基本保持一致。

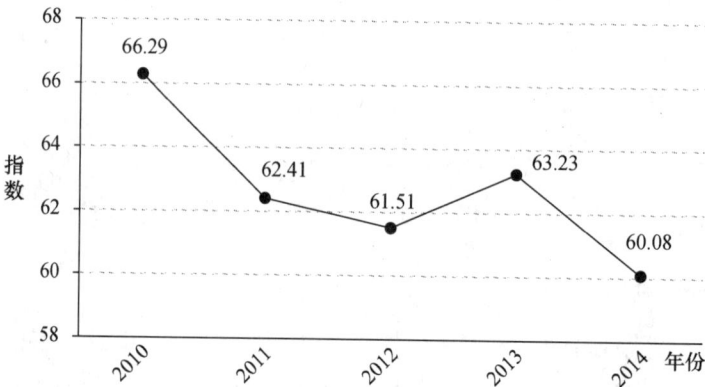

图 7-8　大连市中小企业综合景气指数变化趋势

九 长沙市

2014 年，长沙中小企业综合景气指数排名居全国 16 个主要城市第 9 位。如图 7-9 所示，2010—2014 年，长沙中小企业综合景气指数保持稳定增长态势，处于一个较为平稳的发展时期，也显示出了其中小企业发展的活力。从变化趋势来看，作为湖南省的省会城市，长沙中小企业综合景气指数的变化与湖南省基本保持一致。

十 西安市

2014 年，西安中小企业综合景气指数排名居全国 16 个主要城市第 10 位，较上年上升 1 位。2011 年，西安中小企业综合景气指数小幅上升，2012—2013 年基本平稳；2014 年，西安中小企业综合景气指数出现大幅上升，主要原因是中小板及创业板景气指数以及比较景气指数上升所致

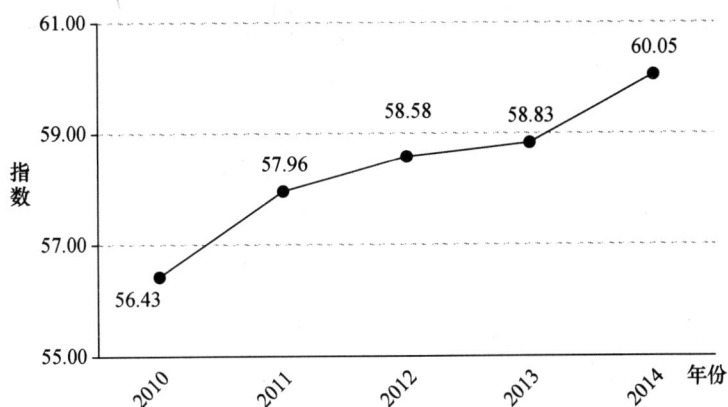

图 7 - 9　长沙市中小企业综合景气指数变化趋势

（见图 7 - 10）。西安作为西北地区较为发达的城市，其中小企业发展状态持续变好，也显示了西安中小企业的发展潜力。而作为陕西省的省会城市，西安市中小企业综合景气指数的变化与陕西省基本保持一致。

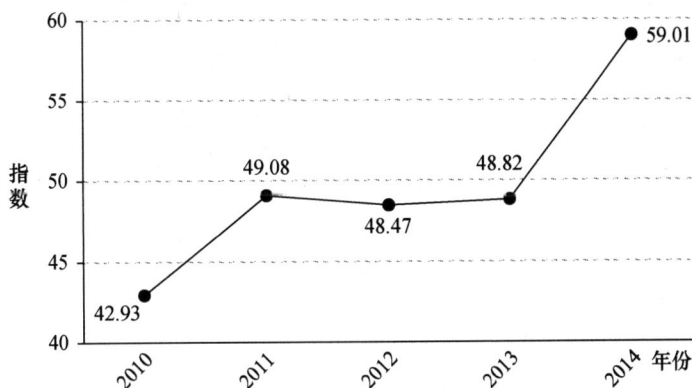

图 7 - 10　西安市中小企业综合景气指数变化趋势

十一　合肥市

2014 年，合肥中小企业景气状况处于全国 16 个主要城市第 11 位，较上年下降 1 位。2011 年，合肥中小企业景气指数有小幅上升；2012—2014 年，合肥中小企业景气指数呈现稳中有升态势（见图 7 - 11）。从发展趋势来看，基本处于平稳态势，只有略微波动，显示了合肥市中小企业发展变化较缓慢。作为安徽省会城市，合肥市中小企业综合景气指数的变化与安徽省基本保持一致。

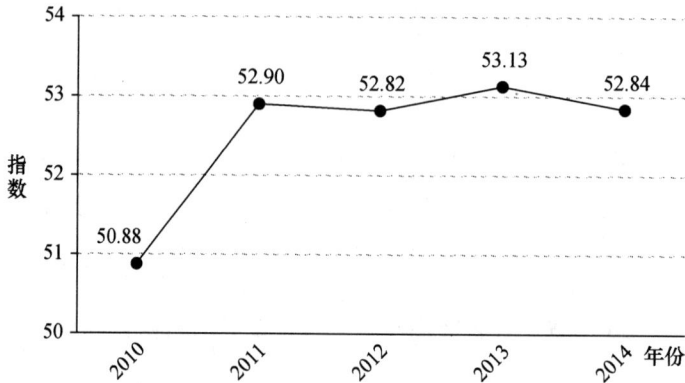

图 7－11　合肥市中小企业综合景气指数变化趋势

十二　郑州市

2014 年，郑州中小企业综合景气指数处于全国 16 个主要城市第 12位。图 7 - 12 显示，2010—2014 年，郑州中小企业综合景气指数保持平稳增长，中小企业景气度稳中有升。从变化趋势来看，作为河南省的省会城市，郑州市中小企业综合景气指数的变化与河南省基本保持一致。

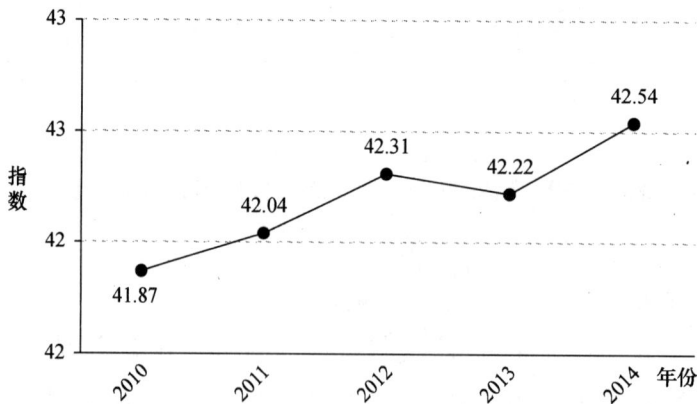

图 7－12　郑州市中小企业综合景气指数变化趋势

十三 石家庄市

2014 年，石家庄中小企业综合景气指数处于全国 16 个主要城市第 13 位，与河北在省级行政区中的排名有较大的差异。2010—2014 年，石家庄中小企业综合景气指数呈缓慢上升趋势（见图 7－13）。总体来看，与 2013 年相比，2014 年石家庄中小板及创业板企业景气指数、中小企业比较景气指数均有所上升。2014 年，石家庄加大中小微企业扶持政策的力度，大力培育成长型企业，综合景气指数有明显上升的趋势。从变化趋势来看，作为河北省会城市，石家庄中小企业综合景气指数的变化与河北有较大的差异，这主要是因为河北省的中小企业分布较为分散，中小企业综合景气指数受多方面影响。

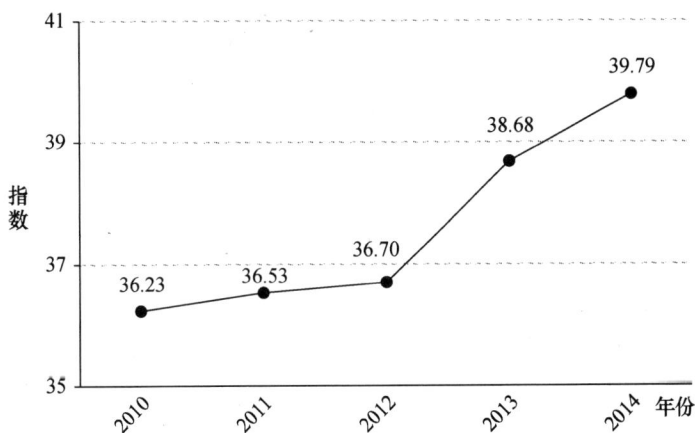

图 7－13 石家庄市中小企业综合景气指数变化趋势

十四 昆明市

昆明市作为本年度研究报告新增的主要城市，2014 年其中小企业综合景气指数排名居全国 16 个主要城市第 14 位。近五年来其中小企业景气指数值在 24—25 呈 N 字形波动，总体变化不大（见图 7－14）。作为云南省的省会城市，昆明市中小企业综合景气指数的变化与云南省基本保持一致。

十五 贵阳市

2014 年，贵阳中小企业综合景气指数排名居全国 16 个主要城市第 15 位。2010—2013 年，贵阳中小企业综合景气指数呈现稳定发展趋势；

2014 年，贵阳中小企业综合景气指数有小幅下降（见图 7 - 15），主要原因是其工业中小企业景气指数较低，加之受经济下行、生产经营环境总体恶化的影响。作为贵州省的省会城市，贵阳市中小企业综合景气指数的变化与贵州省基本保持一致。

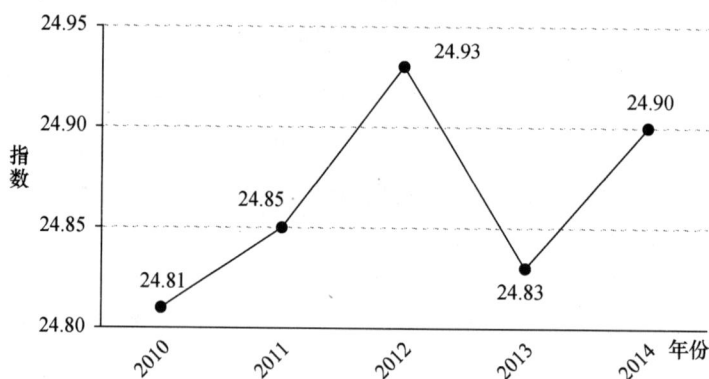

图 7 - 14　昆明市中小企业综合景气指数变化趋势

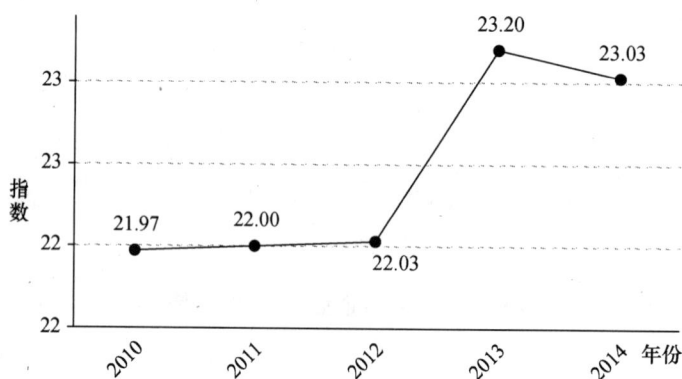

图 7 - 15　贵阳市中小企业综合景气指数变化趋势

十六　乌鲁木齐市

2014 年，乌鲁木齐市中小企业综合景气指数排名居全国 16 个主要城市最后一位。2010—2013 年，乌鲁木齐市中小企业综合景气指数呈稳步增长趋势，2014 年呈现下滑趋势（见图 7 - 16），主要原因是其工业中小企业景气指数变化不大。作为新疆的省会城市，乌鲁木齐市中小企业综合景气指数的变化与新疆维吾尔自治区基本保持一致。

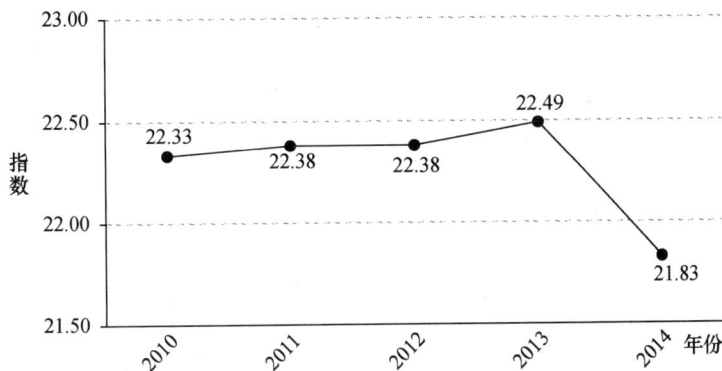

图 7-16　乌鲁木齐市中小企业综合景气指数变化趋势

第三节　主要城市景气指数综合性探讨

运用前述研究计算方法，2014 年，中国 16 个主要城市中小企业综合景气指数的计算结果及排名状况如图 7-17 所示。

2014 年，中国直辖市以外的 16 个主要城市中小企业综合景气指数有以下特点：

第一，主要城市之间中小企业综合景气指数差异很大。最高的苏州与最低的乌鲁木齐相差 6 倍以上。图 7-17 显示，中国主要城市中小企业综合景气指数大体上可以划分为三个层次。第一层次包括苏州、杭州和广州，平均指数为 123.63；第二层次为青岛、成都、福州、武汉、大连、长沙、西安和合肥，平均指数为 65.32；第三层次包括郑州、石家庄、昆明、贵阳和乌鲁木齐，平均指数为 30.42。

第二，东部城市中小企业综合景气指数比中部和西部城市高出很多。排名前 5 位的城市中，东部占 4 个，前 3 位都属于东部城市。总体来看，中部与西部城市中小企业综合景气指数之间差异不是很大。

第三，主要城市中小企业综合景气指数排名与前述省际中小企业综合景气指数的层次分布相对一致，但同年排名有错位之处。如第一层次都集中在华东、华南地区；与2014年省际排名比较，广东排名第一，但广州在城市排名中居苏州和杭州之后第3位；成都、长沙和西安等城市分别比四川、湖南、陕西等2014年省际排名略显靠前，青岛市和山东省在各自排名榜中位次相同，都为第4位。

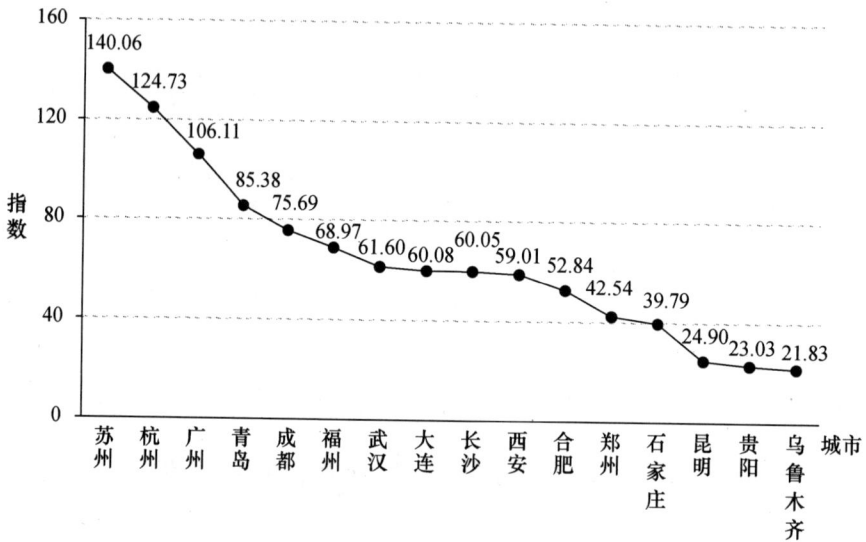

图7-17 2014年中国主要城市中小企业综合景气指数及排名

第 三 篇

中国区域中小企业景气指数实证研究
——浙江篇

第 八 章

浙江省中小微企业发展现状、问题与对策建议

浙江省是中国中小微企业发展较为发达的典型地区。浙江省著名的块状经济就是由众多中小微企业集聚而成，具有"一乡一业、一村一品"特色的产业集群。正是浙江中小微企业的发展，推动浙江经济连续多年来的高速发展。当前，中国经济正处在"三期"叠加阶段，即经济增速换挡期、结构调整阵痛期、前期刺激政策消化期，在此背景下转型升级是必须要付出一定代价的。

自 2014 年以来，各级政府加大了淘汰落后产能的力度，广大从事传统行业的中小企业普遍面临着较大的转型升级压力。大量从事低附加值加工业的浙江中小微企业迎来了前所未有的挑战与机遇。中小微企业面临的用工贵、用料贵、融资贵与间接费用贵，订单难、转型难和生存难的"四贵三难"问题更为突出。也有一批中小微企业在外部经济环境影响下，难以实现转型升级，出现了衰退的迹象。庆幸的是，浙江中小微企业始终秉承浙江经济发展的"四千"精神，勇于拼搏、探索，从而开启了浙江中小微企业转型升级的新篇章。本章将重点分析浙江中小微企业发展的现状与问题，并在此基础上进一步对浙江中小微企业的发展环境进行预测，从而对浙江中小微企业的可持续发展给予客观的评价与建议。

第一节　浙江省中小微企业发展现状

浙江省中小微企业起步早、发展快、体量大、业面宽，集群式发展的中小微企业是浙江经济持续多年高速成长的重要原因。可以说，中小微企业是浙江区域经济的金名片和特色优势。早在 20 世纪 60 年代，浙江广大

农村就有很多社队企业从事农副产品加工、农业机械修理、日用品生产等。改革开放以后，这些农村乡镇企业逐渐成为中小民营企业的主力来源。这类企业大多数已成长为活跃在中国市场经济发展的第一线的骨干企业。更有部分企业已成功实行"走出去"的战略，进一步与国际化接轨，实现了跨越式的发展。

浙江省是中小企业大省，全省中小企业260万户，占全省企业总数的99%以上，占全国8%左右。完成了全省80%的GDP，82%的出口，制造业85%的税收，提供90%的就业岗位，中小微企业在浙江经济社会发展中的重要地位不可替代。中小微企业是现阶段浙江民营企业科技创新的主体，是推动浙江经济结构调整、促进企业转型升级、繁荣当地社会生活的重要力量。同时，这些小微企业作为全球浙商创业成长的主要平台，长期以来，为打造浙江的各类专业市场、发展浙江的块状经济及产业集群、推动科技创新、充实地方就业、促进社会和谐稳定等方面作出了不可替代的重要贡献，在全国也具有代表性并发挥着风向标的作用。

浙江独特的地理条件和社会文化环境孕育了敢为人先的浙商精神，也滋养培育了一批又一批极具创新和创业精神的中小微企业。浙江中小微企业较之其他地区具有更强的创业精神，形成了自身特有发展特征。

一　全民创业热情高涨，创业组织形式多样

浙江是创业的乐土，来浙创业的不仅有本省本地的城乡居民，又有外省、外国客商。近年来，电子商务在浙江发展极快，在淘宝等创业平台引领下，浙江创业热情再次得到了激发，网商数量屡创新高，成为全国电商、网商的创业之都。浙江小微企业创业注册方式上，既有个体工商户、独资企业，又有合伙企业、农民专业合作社、有限责任公司等，也有淘宝商户等非传统经营类型。另外，浙江中小微企业在创办过程中深受浙江经商文化的沿袭与熏陶，往往出现由"五缘"（血缘、亲缘、地缘、行缘、学缘）和"五同"（同宗、同姓、同乡、同学、同好）为联系纽带的合资企业。

二　家族式管理模式盛行，企业经营方式灵活

浙江中小微企业大多延续着家族式的经营模式，这些企业管理层中多半是创办者或高层的亲友，"五缘"、"五同"等关系在企业内部较为普遍，个体社会资本成为企业管理的重要辅助，有助于提高经营团队的团结和稳定。这些家族式企业经营方式大多较为灵活,销售上多采用直销方式,灵活而富有流动性。国内外的各类专业市场经验丰富。较为普遍地采用"前村后店"的产销运作模式,并在企业间形成了较好的分式协作网络,对于多变的市场环境体现出了较强的灵活性。但家族式管理也造成了财会制度多不健全、缺乏企业风险控制等问题。以家族式经营为主的中小微企业往往不愿重用家族以外的工作人员,内部的一致团结和外部固定的合作网络造成了企业单一的"战略思维"和稀疏的"信息网络"。

三　中小微企业块状经济发达,产业集聚效应显现

浙江在全国具有特色优势的产业和区域,多数也是"块状经济"发达的产业和区域。依托"块状经济"支撑产业和区域发展,是浙江制造业的显著特点。中小企业是"块状经济"的主体,具有生生不息的创业精神和经济活力。以数十万之众集聚于"块状经济"的中小企业单位,虽然多数没有进入大工业生产体系,但是形成了以特色产品为龙头、以专业化分工为纽带、以中低收入消费群为主要市场的地方生产体系,以及为之配套的社会服务体系,构筑起专业化产业区,呈现"无形大工厂"式的区域规模优势。并且不少中小企业做深专业化,成为"专精特新"的"小型巨人"企业。典型的"块状经济"显示"小资本大集聚、小企业大协作、小产品大市场、小产业大规模"的特征,通过产业组织创新赢得竞争优势。

四　民间资本投融资活跃,金融创新与金融风险并存

中国金融体制对中小微企业融资需求存在金融抑制。根据 2014 年数据,占全省中小企业 98% 的制造业中小企业,能从银行等正规金融机构获得贷款的仅占 10%,80% 以上依靠自筹资金或民间借贷。长期以来,浙江小微企业的融资渠道主要是自有资金、亲戚朋友借款,很少有正式的融资渠道,尤其是在浙江温州,充裕的民间资本,为小微企业提供了多种正规与非正规融资渠道;在投入资金方面,既有货币资金,也有实物资产和知识产权。浙江小微企业普遍固定资本小,对经营所需的设备、技术、场地等要求不高。通过民间金融创新,可满足较多中小微企业的短期融资需求。近年以来,浙江省中小微企业融资难、融资贵等问题进一步显现,特别是企业互保联保产生的担保链危机四起,成为当前影响浙江省中小企业平稳健康发展的主要障碍。

五　浙商精神得到传承，中小微创业文化氛围良好

浙江中小微企业的创业文化源于对早期浙江经商文化的承袭，各地悠久的手工艺和副业又为这些创业活动提供了良好的基础条件。另外，对社会地位的追求与个人价值的体现也逐渐融入了新一代浙江创业文化中。其中，温州人的创业与冒险精神一直以来都被国内外所熟知。浙江文化积淀深厚，历来主张"通商惠工"、"义利并存"的"事功"文化，浙江人善进取、善开拓、敢冒险，商业头脑发达。浙江创业文化在改革开放的新形势下成为推动浙江经济迅速发展的原动力。近年来，浙商精神得到了较好的传承，部分知名民营企业进入了二代传承，新一代民营企业家具有现代经营理念，又兼具传统浙商精神。另外，一大批网商和电商在新一轮互联网创业中涌现出来，将高新技术创业和浙商创业精神结合起来，使浙江中小微企业增添了更多活力。

上述这些特征，一方面反映了浙江小微企业长期以来积累了成功发展的经验；另一方面也隐含着其在企业组织、管理、人才及资金等方面存在更多不确定性和经营风险。与发达国家和新兴市场需求相比，目前浙江中小微企业的自身素质和发展水平还不高，长期积累的结构性和素质性问题突出，"低、小、散"普遍特征依然存在，部分制造业和专业市场的优势正在丧失，新的优势尚未完全形成，多数企业仍处于产业链末端，抵御风险能力较弱，普遍存在生产经营困难和转型升级压力。特别是近两年，浙江小微企业在复杂多变的国际经济金融形势和国内银根紧缩、宏观调控的大背景下，总体面临"人荒"、"钱荒"、"电荒"和高成本、高税费"三荒两高"的挑战，加上利率、汇率、税率和费率"四率"，薪金、租金和土地出让金"三金"，原材料进价和资源环境代价"两价"几种因素叠加的影响，企业生产经营成本直线上升，经营业绩恶化明显。

同时，从产业或实体经济的角度来看，由于产业上游银根、地根、能源（油电）流、物（路桥）流、信息流高度垄断，中小企业特别是小微企业的生存空间被严重挤压；产业下游大量民营中小企业过度竞争，导致"利润比刀片还薄"；加上投资渠道窄、出口少，民间资本大幅涌向房地产、高利贷等虚拟经济，产业空心化严重，实体经济受到严重影响。近年来，浙江各地不断出现民间借贷风波，一批小微企业由于受资金链断裂影响而集中出现停工或倒闭，业主频频出逃，由此引发的一系列经济和社会

问题引起了中央和社会各界的广泛关注。

第二节　浙江省中小微企业发展存在的主要问题

浙江省是中国中小民营经济发展的先驱地，也是现阶段催生和践行中国中小微企业发展政策的代表性地区。目前，浙江小微企业既面临着前所未有的发展机遇，也面临着全新挑战。基于此，剖析浙江省中小微企业的生存发展状况，客观认识浙江中小微企业发展和存在的问题，对于全国中小企业建立持续健康发展的长效机制，都具有重要的现实意义。

一　中小微企业扶持政策不到位，生存环境仍然没有本质改善

当前中国中小微企业面临产业、技术、金融、财税、法律等部分决策盲区及政策落实不到位的问题。2002 年，中国颁布了《中华人民共和国中小企业促进法》，之后国家各部委出台了 160 多项针对中小微企业发展的政策，如 2009 年国务院颁布的《关于进一步促进中小企业发展的若干意见》（简称"国二十九条"）细化了对于中小微企业的政策支持范围，2011 年工信部发布的《"十二五"中小企业成长规划》提出了支持中小微企业发展的战略方向和相关重要举措等，但仍存在中小微企业法律法规不健全、政策落实不到位的现实困境。

目前，中小微企业的政府主管部门涉及多个部门，国家工商局管登记，工信部管工业中小企业，国家商务部管服务类中小企业，税务局管税收，国家统计局管规模以上企业，国家工商联合会管民营企业，等等，呈"五龙治水"、各自为政状况。中小微企业转型升级亟须国家从顶层设计出发，进一步在产业、技术、金融、财税及法律等方面有针对性地完善和强化政策支持体系。浙江省虽然对中小微企业发展较为重视，也出台了一些有别于其他地区的扶持政策。但近年来，中小微企业经营的政策环境并没有获得本质改善，加之最近几年以来宏观经济环境较为动荡，浙江中小微企业的经营环境出现了恶化的迹象。2013 年，浙江省工业增加值同比增长仅 8.5%，其中中型企业工业增加值同比增长 8.9%，而小微企业工业增加值同比仅增长 8.1%。工业销售产值的情况更差。2013 年，浙江省工业销售产值同比仅增长 7.1%。其中，中型企业工业销售收入同比增长

7.1%，小微企业工业销售收入同比增长 7.6%。上述数据显示，2013 年以来，浙江中小微企业经营状况依然较为困难。

二 中小微企业技术实力薄弱，难以切换为创新驱动发展

当前，中国中小微企业面临技术、产品、管理转型升级难，生存压力大的问题。大部分中小微企业仍采用模仿跟进方式，创新意识不强、创新人才缺乏，创新基础薄弱，创新资金不足，创新服务缺失，共性技术研究推广乏力，这些都直接影响中小微企业的自主创新。在浙江中小微企业中，自己拥有正规的企业技术研发中心的比例并不高，普遍存在研发投入不足的问题。在当前转型升级的背景下，许多中小企业难以仅仅依靠自己的力量实现从成本竞争转向创新竞争。中小企业成长面临着国际和国内经济巨大变革带来的历史机遇和严峻挑战，"转方式、调结构、上水平"势在必行。

但是，绝大多数中小企业都是缺少核心技术的公司，产品大多来自模仿，核心技术部分掌握在被模仿国内外大企业的手里。因为缺少核心技术，产品的同质化问题严重，同行之间只能通过价格战来竞争。2013年，虽然中小企业在工业总产值、税收、外贸出口和就业中作出了极大的贡献，然而，在 R&D 支出、技术引进和消化吸收、技术改造经费上，大企业所占的比重显著升高，分别占据所有企业的52.38%、38.46% 和38.98%。尤其是近几年，外需的减少和国内各种生产成本的不断走高，导致众多企业的利润一降再降。在经济高涨的环境下，微薄的利润还尚可维持企业的经营，但在经济出现波动时企业缺乏自主创新的弊端就显露无遗。中小微企业的转型升级必须坚持依靠创新驱动发展，重点培育具有知识产权优势和品牌优势的创新型企业。但这一点需要长时间的努力。

三 中小微企业仍然集中于传统产业，产能结构和产业结构不尽合理

当前，浙江中小微企业大多数集中在传统产业，服务业中小企业发展滞后，产业结构不合理；高耗能行业总产值占工业比重高，部分行业产能过剩、布局雷同突出，靠走"拼资源、拼价格、拼环境"的老路难以为继。此外，区域发展仍不均衡，浙江中西部地区中小企业发展动力不足。

由于中小企业普遍缺乏资金、技术、人才、信息，要实现产业结构优

化目标，任务重，压力大。优化产业分布、企业规模和产品结构，淘汰落后产能是中小微企业转型升级的重点目标之一。多年累积的结构问题近年来表现更为突出，产能结构中落后产能比例较大，需要一定时间的消化和淘汰。整体产业结构也不是很合理，浙江中小微企业的产业结构分布仍以传统制造业为主，其次为第三产业，占比最低的为第一产业。总体上看，从事生产性服务业和其他现代服务业的中小微企业比例仍然不高。

近年来，浙江电子商务发展较快，传统中小微企业尝试借助先进的电商模式改造自己的商业模式和商业流程，取得了一定的效果。但整体的产业结构调整依然需要较长时间才能显现效果。首先，2013 年浙江省生产总值（GDP）37568 亿元，比 2012 年增长 8.2%。其中，第一产业增加值 1785 亿元，第二产业增加值 18447 亿元，第三产业增加值 17337 亿元，分别增长 0.4%、8.4% 和 8.7%。人均 GDP 为 68462 元（按年平均汇率折算为 11055 美元），增长 7.8%。三次产业增加值结构由上年的 4.8：50.0：45.2 调整为 4.8：49.1：46.1。其次，《中国中小企业发展年鉴》的数据显示，浙江规模以上工业中小企业已达 63273 家，占全省工业总量的 84.1%，占工业税收的 73.3%，占外贸出口的 82.5%，并提供了 90.9% 的就业岗位，结合以上两方面的数据可以发现，浙江中小微企业的产业结构分布仍以传统制造业为主，其次为第三产业，占比最低的为第一产业。

四　融资困境未得到有效缓解，互联互保风险有回潮迹象

融资难、融资贵等加剧中小微企业转型升级困境。中国中小型金融机构发育不足，中小微企业占企业总数的 99% 以上，而中小微企业贷款仅占贷款总额的 8% 左右。同时，涉企收费偏多偏高，违规收费屡禁不止，中小企业负担依然较重。只有协同政府、金融机构、科研机构等多方单位资源，才能真正促进中小微企业融资创新，进而有效促进中小微企业转型升级。

根据 2014 年做的中小微企业融资专项调研，有 3.76% 的中小微企业认为当前融资十分困难，有 17.01% 的中小微企业认为当前融资比较困难，约有 15.2% 的中小微企业通过民间借贷、小额贷款公司和担保公司获取借款，支付利息要远高于正常的银行借款利息。这说明，中小微企业的融资环境虽较金融危机肆虐之际有所改善，但其面临的融资难、融资贵问题并没有得到实质性解决。同时，互联互保引发的破产风潮最近

也出现了回潮趋势。2013 年浙江谛都控股集团有限公司陷入破产危机。2014 年，宁波当地的浙江兴润置业投资有限公司破产，涉及债务金额高达 35 亿元，兴润置业及关联企业资金链断裂对当地其他相关企业造成了较大影响。

五　国际贸易争端和贸易摩擦增多，中小微企业国际化困境加剧

全球产业链"低端锁定"，攻坚战略异常艰巨。国际贸易保护主义抬头，技术性贸易壁垒等贸易保护手段不断翻新、更趋隐蔽，贸易摩擦范围逐步从传统产业向高新技术产业蔓延，人民币升值压力加大，中小企业进入国际市场面临更大困难。目前，中小微企业国际化需求更多地体现在海外研发资源协同利用，海外优质企业资源投资以及国际贸易平衡化等方面，这对中国中小微企业实现转型升级将起到战略性的影响。2013 年，光伏等新兴产业频频受到美国、欧盟等地的双反调研。浙江省作为近年光伏产业的新兴大省，在本轮国际贸易争端中影响较大。

除了光伏产品之外，其他类型的出口产品也遇到了不少类似的贸易争端困扰。2014 年，越南发生打砸中资企业事件，部分赴越投资的浙江中小企业也受到了一定程度的影响。2013 年，浙江省进出口总额同比增长 7.5%，出口总额同比增长 10.8%，进口总额下滑 10%。2013 年，外商直接投资企业数量同比减少 1.6%，利用外资新签协议金额 243.8 亿美元，同比增长 15.7%，实际利用外资 141.6 亿元，同比仅增长 8.3%。上述数据较之以往仍处于中低速增长水平，说明自全球金融危机以来，浙江省中小微企业面临的国际贸易和国际投资环境并未得到实质性改善。中小微企业国际化仍然存在较大困难。

第三节　现阶段浙江省中小微企业发展环境分析

一　国际经济复苏得以巩固

2014 年，世界经济将处于危机过后的温和复苏期，逐步趋于稳定。发达国家情况向好，新兴经济体依旧困难。总体形势优于 2012 年和 2013 年。美国经济的强劲复苏将成为 2014 年国际经济的最大亮点。美国经济增长、就业、通胀等数据向好，进一步确认了其复苏的真实性。欧债危机

已经见底，将呈现一个 W 形的筑底过程。2013 年，日本经济逐步走出通缩，全年 GDP 增长 2.6% 左右，但这一切是以日本经济结构进一步恶化为代价的。随着刺激政策减弱、消费税增加、政府债务压力上升，2014 年的日本经济增长将在 1% 左右。经济增长的剧烈波动、政策的大幅调整，都会造成日本经济的风险增加。以美国经济的强劲复苏为标志，新一轮经济周期的起点已经来临。尽管还面临诸多难题，但世界经济将再一次进入螺旋式上升的新阶段。

二　国内经济增速略有放缓

浙江省经济运行总体平稳，增速略有放缓。自 2014 年以来，浙江坚持稳中求进、改中求活、转中求好，抓改革、治环境、促转型、惠民生。经济运行开局平缓，出现了许多积极变化。第一季度，全省生产总值 7768 亿元，按可比价格计算，比上年同期增长 7%。第一季度，规模以上工业增加值 2669 亿元，比上年同期增长 6.2%，增幅同比回落 1.9 个百分点；销售产值 13232 亿元，增长 4.4%；出口交货值 2507 亿元，增长 2.2%。其中，中小微企业在工业增加值同比增速、外贸出口等方面与大企业相比保持了强劲恢复。这也说明近年来出台的扶持发展小微企业的一系列政策措施的效果开始显现，发展环境不断得到改善。

与错综复杂的国内外经济形势相比，当前经济增速仍处于合理区间，但下行压力较大。下一阶段，浙江将高度关注经济运行中出现的新情况、新问题，特别是各种风险，通过全面深化改革来保持合理的经济增长速度，在产业结构优化中推进经济提质增效升级，努力实现全年预期目标任务。

三　投资增长呈现新亮点

2014 年，浙江注重转中求好，切实发挥消费、投资、出口"三驾马车"的作用，特别是要扩大有效投资，加大浙商回归工作力度，努力使浙江经济行稳致远。

首先，依然坚定不移地扩大有效投资，抓规模、抓项目、抓具体，更好地发挥投资拉动增长和促进转型的关键作用。早在 2011 年 10 月，浙江召开了首届世界浙商大会，提出要"创业创新闯天下，合心合力强浙江"，"浙商回归"再度成为浙江经济发展的聚焦点，并且，新时期的"浙商回归"不单单意味着资本的回流，更意味着高层次的跨越，他们带着转型的金点子、创业的新路子、创新的新招数纷纷踏上归程，为浙江中小微企业的转型升级添砖加瓦。

其次，由于小额贷款、短期贷款供给不足，以及企业资金长期化需求与金融市场贷款的短期化形成了巨大冲突，然而浙江民间资本对企业的资金周转提供了强有力的后盾，庞大的民间资本和良好的投资氛围，以及数量巨大且灵活高效的融资需求，形成了丰富的金融资源。近年来，随着大量学者、政策制定者的重视，浙江民间资本管理已逐步规范化，并将在短期内出台具体细则，为浙江中小微企业提供了更为宽广的融资渠道。

四 深化改革带来政策红利

2013 年，浙江省政府率先自我改革，以审批制度改革为突破口，纵向撬动政府职能转变，横向撬动经济社会各领域改革，不断激发民间活力。2013 年，浙江省级行政许可事项从 706 项减少到 424 项、非行政许可事项从 560 项减少到 96 项。同时，"四大国家战略举措"相关改革等一系列的经济社会领域改革也在有条不紊地推进中。

2014 年，浙江坚持以改革为统领，围绕使市场在资源配置中起决定性作用和更好发挥政府作用，加快建立权力清单制度，全面开展要素配置市场化改革，推进各级各类先行先试的改革试点，以开放促改革。在经济领域，浙江将进行使市场在资源配置中起决定性作用深化经济体制的改革，充分发挥经济体制改革牵引作用。在政府领域，将全面推行政府权力清单制度，依法取消和严格管理一批不符合全面深化改革要求的行政权力，在 2013 年的基础上再取消和下放一批省级审批权限，精简和优化政府机构和人员，不断提高依法行政水平。

在外贸领域，将重点支持高附加值产品出口、服务贸易出口，加快电子商务发展，探索实行外资准入前国民待遇加负面清单管理模式，支持企业和个人扩大对外投资，开展跨国并购和国际技术合作。上述深化改革措施的落地实施将从体制上改革广大浙江中小微企业发展的制度环境释放中小微企业的活力。

五 实体经济盈利依旧困难

近年来，受需求疲软、行业产能过剩、过度竞争等影响，浙江省纺织、塑料、光伏、医药等行业产品主要价格持续下跌，但是，企业劳务用工、财务费用等刚性成本居高不下，仍处于上涨状态，小微企业利润率日趋下降。加之用地、用工及环保能源要素制约不断加剧，不少企业生产经营压力大，存在经营风险。

特别引人关注的是，长期以来，浙江实体产业界所秉持的"四千精神"出现了萎缩趋势。近年来，追逐资本高回报的心态与行为在房地产投资、资本运作、短期经营行为等方面受挫，面对工业经济低位运行、产销增长乏力、出口严重下滑、企业负担依然偏重的经济社会现实，不少小微企业家对发展前景信心不足，预期有所下降。回归重振实体经济、推动转型升级仍然存在严峻挑战。

第四节　对策与建议

一　强化金融对接实体经济，有效解决融资难与融资贵问题

浙江省金融机构应紧紧围绕"稳增长、防风险"两条主线，通过"保总量、优结构、促改革"继续为稳增长提供有力的金融要素保障，确保浙江经济平稳发展。

一是通过大力发展中小银行，构建多层次银行体系，打破少数大型银行垄断融资市场这样一种"利益固化的樊篱"，削除过高的金融垄断利润，鼓励、支持和发展符合市场经济内在要求的更加充分的金融市场竞争。

二是进一步开放金融市场，鼓励、支持和引导发展社会出资、风险自担的城市社区银行。

三是修改村镇银行市场准入管理办法，调整或取消国有商业银行参股要求，着力促进自主经营、自负盈亏的村镇银行更快更好发展。

四是积极拓展小额贷款公司融资渠道，调整小贷公司监管标准和风险管控要求，增强小额贷款公司贷款能力，支持符合条件的小额贷款公司升格为股份制村镇银行，同时借此规范民间借贷，引导民间融资白市化。

五是鼓励大中型金融机构加大对民营小微企业的信贷支持，鼓励和引导各类商业银行寻找、培育和扶持优良小微企业客户群，适应此类企业客户群的贷款需求，创新贷款机制，满足此类企业融资及其便利需求。对规模较大、信誉较好的民营企业，可考虑通过授信评估、减少授信民营企业管理层次、简化授信企业信贷审批程序，提供更多融资便利和支持。

六是积极构建政府支持、各类市场主体参与的民营企业信用担保体系建设，切实有效地解决民营中小微企业融资抵押能力不足等传统难题。

二 多措并举改善中小微经营环境，提升中小企业创新能力

政府帮扶、银行贷款、企业互助是"输血"，提高企业自身创新能力，增加产品附加值，扩大市场占有率和盈利水平，实现自有资金的良性循环，才是"造血"。通过实施转型升级，促进政策和帮扶行动，结合中小企业信息化和运行监测平台建设，大力培育一批新的成长型小微企业，使之成为所在行业的冠军企业、标杆企业，并发挥其示范作用，带动更多的小微企业从"制造"到"创造"，实现持续健康成长。建议组织专业课题组，对迄今国家有关部门推出的"中国成长型中小企业"的概念和评价方法，以及近年来浙江和各省开展的"成长型中小企业"评定工作进行深入研究，广泛调查小微企业，确立符合现阶段特点的"成长型小微企业评价体系"及"小微企业转型升级评价标准"，从而为科学地引导和培育成长型小微企业提供理论和方法论上的支撑。

在促进转型升级的过程中，要坚持以企业为主体、市场为导向，创新产学研合作机制，加快中小企业创业基地和技术创新联盟等公共服务平台建设，加快培育技术创新型领军企业；要积极营造中小企业创新经营的良好环境，强化政策激励，最大限度地激发企业创新活力，帮助中小企业提高自身造血功能，从而增强中小企业对市场变化的免疫能力。浙江遍地都是小微企业，关键是如何形成基于技术创新的现代产业集群和产业链。

三 加大中小企业税收减免优惠政策力度，助力企业转型升级

中小微企业是推动国民经济发展、构造市场经济主体、促进社会稳定发展的基础力量，然而，目前中国中小微企业的税负相对较重，对其发展带来了较大的不利影响。全国工商联在最新的《中国民营经济发展形式简要分析报告》中指出，当前中小企业的税负依然较重、严重制约了其可持续发展。在转型经济的宏观背景下，中小企业的转型升级需要得到多方保障，其中，最重要的一点就是税收减免。具体应重视以下四点：

一是加大财政对民营企业转型升级项目的支持力度，鼓励民营企业参与国家科技创新计划、重大科技攻关计划。

二是通过财政参与的方式，鼓励建立和发展有助于支持和引导民营企业转型升级的各种投资基金，支持民营企业转型升级项目，扶植科技含量

高、发展前景好、具有明显带动作用和示范作用的重大项目和符合国家产业发展政策的重点行业和重要企业及其转型升级与发展。

三是着手实行有助于支持和引导民营企业转型升级的税收优惠政策，包括"科研减税"政策、加速折旧政策和抵扣资本购进项目所含增值税政策，等等，引导和鼓励更多民营企业参与技术创新、实现转型升级。

四是进行有助于不同所有制企业参与技术创新、实现转型升级的财政平等扶持制度，形成有助于民营企业转型升级的制度支持基础。

四　完善区域小微企业服务体系，健全监测统计系统平台

要通过建立符合中国经济社会发展实绩的公共技术服务平台，促进民营企业转型升级，提高民营企业市场竞争力。制定政策，通过政府服务平台，鼓励和引导各高校建立定向为企业培养专门有用人才的新方式新机制，鼓励和引导企业开展各种形式的培训，提升已有员工的职业技能，满足企业转型升级的人才需要。为了从根本上解决小微企业经营管理人才素质偏低、技术人才以及后继人才不足的问题，建议借鉴日本等国外的有效经验，通过政府出资建设重点面向小微企业的培训机构，通过脱产和半脱产的方式，专门培养小微企业经营管理者和小微企业技术工人，开展有关中小企业诊断和技能提升的培训指导，以形成长效机制。

另外，小微企业统计资源分散、数据质量差是困扰当前政府决策的难题之一。目前，国家统计局、国家发改委、工信部和农业部等部门主要是统计和监测大中型企业的数据，对量大面广的小微企业运行状况缺乏及时监测与统计。为此建议：尽快建立面向小微企业发展实际的监测统计系统平台，从而能更清楚地把握小微企业发展状况及趋势以出台相关政策及措施为其发展保驾护航。

五　正确处理政府与市场关系，加大对民营企业的市场开放

党的十八届三中全会报告指出，"经济体制改革的核心问题是处理好政府与市场的关系，必须更加尊重市场规律，更好地发挥政府作用"。要从当前实践角度看，处理好政府与市场关系、提高资源配置效率，最关键的是"打破各种各样的人为垄断"。要依据依法治国、以法理政、一切以法行事的原则，通过"非禁即可"的辨认方式，满足民营企业（主体是中小微企业）自主进入的选择要求，达到凡法律不禁止的一切领域和行业，市场主体均可自主平等地进入。

在中国现阶段，电力、铁路、航空、银行等均属于具有垄断特征且能够产生垄断收益的行业，因此，民营企业有进入要求。然而，由于已经进入的企业不愿意放弃既得收益，不仅如此，众多地方政府管理部门及其当事人的实际利益诉求也常常与这类企业密切关联，加上民营企业自身实力方面的问题，因此，民营企业的实际进入难免困难重重。

至于支持民营企业兴办教育和开展医疗、文化和保障等社会服务以及参与城市供水、供热、供气等市政公用事业和基础设施投资、建设与运营，同样会面临上述矛盾和问题。这就是说，在中国现阶段，如何切实促进社会公平正义、实现充分的平等竞争，仍有大量工作要做。

第 九 章

浙江省中小企业景气指数测评

——基于企业监测数据

本章关于浙江省区域中小企业景气指数测评研究，基于使用《浙江统计年鉴》（2008—2013）数据和在浙江省 2013 年 11 地市重点监测的 5800 余家企业的财务数据及景气监测调查收据，主要参考本研究报告第四章提出的景气指数评价体系和方法，即先分别计算出 11 个地级市工业中小企业景气指数、中小板及创业板景气指数、比较景气指数及重点监测企业景气指数四部分分类指数，然后根据专家咨询权重法进行加权计算，最终得到浙江省各地市中小企业综合景气指数。

第一节 浙江省 11 地市工业中小企业景气指数测评

一 评价指标选取及数据的收集与预处理

根据本书第四章确立的工业中小企业景气指数评价体系选取流动资产合计、国家资本、利息支出、工业总产值、企业单位数、资产总计、主营业务收入、利润总额、税金总额、固定资产合计、负债合计、所有者权益合计和全部从业人员平均数 13 个评价指标。计算数据全部来自浙江 11 市的历年统计年鉴。在指标信息齐全和不含异常数据两个原则的指标思想指导下收集数据。在数据的处理方面，一方面尽量保证数据的完整性，避免缺失年份或地区的数据存在；另一方面考虑到各地级市的经济发展差异性，在数据处理过程中还关注孤立数据和极端数据的影响。在计算工业中小企业景气指数时同样主要采用时差相关分析法，同样采用工业中小企业的总产值作为基准指标。先行指标、一致指标和滞后指标的确定及权重分配沿用本书第四章实证的结果（见表4-5）。

二　计算结果与排名

据此经过计算，分别获得了浙江11市2008—2012年工业中小企业的先行指数、一致指数与滞后指数及基于权重法的工业中小企业合成指数。在此基础上通过最小二乘法曾预测得到了2013年11市工业中小企业景气指数（见表9-1和图9-1）。

表9-1　　　　　浙江省11地市工业中小企业景气指数

先行指数	宁波	杭州	绍兴	嘉兴	温州	台州	金华	湖州	衢州	丽水	舟山
2008	195.53	178.52	101.82	96.67	98.46	64.04	71.36	51.32	17.64	17.79	11.37
2009	196.17	179.92	102.48	97.35	98.90	64.36	72.00	51.63	17.76	17.89	11.52
2010	197.44	181.37	103.35	98.15	99.69	64.82	72.95	52.05	17.90	18.03	11.54
2011	194.72	179.30	101.69	97.04	98.62	63.78	72.22	51.65	17.74	17.93	11.45
2012	196.83	181.59	102.58	98.30	99.62	64.55	72.42	52.18	17.88	18.09	11.62
一致指数	宁波	杭州	绍兴	嘉兴	温州	台州	金华	湖州	衢州	丽水	舟山
2008	157.27	165.88	89.66	85.54	78.46	68.56	60.60	54.83	20.02	19.70	8.92
2009	158.12	166.44	90.10	86.05	79.08	68.86	60.94	55.22	20.10	19.84	9.04
2010	160.71	169.20	91.32	87.59	80.38	69.66	62.08	55.96	20.46	20.14	9.09
2011	159.17	167.95	89.86	87.08	80.20	68.60	61.80	55.90	20.41	20.25	8.98
2012	159.66	170.11	90.36	87.94	80.77	69.20	62.18	56.50	20.57	20.26	9.04
滞后指数	宁波	杭州	绍兴	嘉兴	温州	台州	金华	湖州	衢州	丽水	舟山
2008	199.63	164.41	103.22	104.27	87.75	72.52	72.24	50.45	21.68	17.40	10.45
2009	201.01	165.90	103.98	105.08	88.50	72.99	72.64	50.87	21.86	17.56	10.59
2010	202.17	167.23	104.85	105.74	89.19	73.54	73.38	51.28	22.07	17.79	10.61
2011	199.57	165.39	103.29	104.77	88.52	72.47	72.56	51.00	21.91	17.78	10.53
2012	201.33	167.37	104.27	106.48	89.36	73.32	73.16	51.53	22.06	17.87	10.67
工业中小企业景气指数	宁波	杭州	绍兴	嘉兴	温州	台州	金华	湖州	衢州	丽水	舟山
2008	177.22	169.38	96.02	92.63	86.32	68.00	66.16	52.90	19.64	18.67	9.96
2009	178.11	170.38	96.59	93.25	86.91	68.33	66.60	53.27	19.75	18.80	10.09
2010	180.02	172.45	97.64	94.39	87.93	68.98	67.60	53.85	20.01	19.04	10.13
2011	177.92	170.84	96.09	93.60	87.39	67.93	67.08	53.64	19.91	19.06	10.03
2012	179.14	173.01	96.81	94.76	88.14	68.63	67.45	54.21	20.06	19.13	10.14
2013	177.75	169.67	96.41	92.80	86.51	68.20	66.37	52.98	19.67	18.70	10.01

说明：2013年为预测值。

资料来源：浙江省及各地市统计年鉴（2008—2013）。

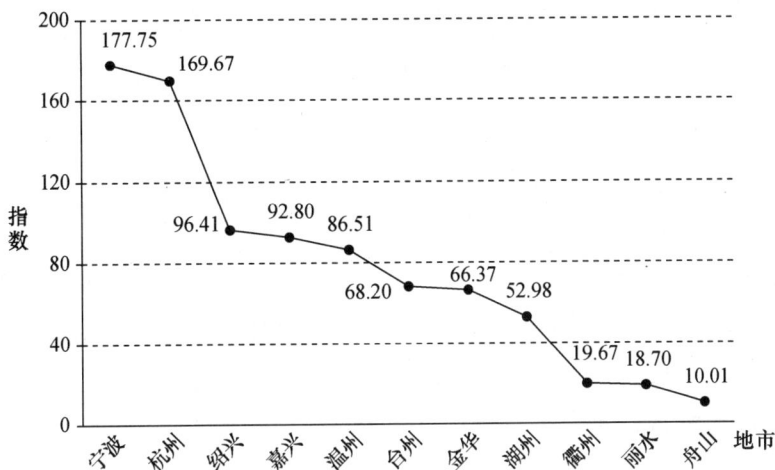

图9-1　2013年浙江省11地市工业中小企业景气指数及排名

三　趋势特点分析

如图9-1所示，2013年浙江省11地市工业中小企业景气指数有如下特点：

一是高低层次分明。以各市2013年工业总产值为权重求得的2013年全省工业中小企业平均景气指数为93.49，宁波、杭州、绍兴三市的工业中小企业景气指数高于全省平均指数，为第一层次；嘉兴、温州、台州、金华和湖州五市为第二层次；第三层次包括衢州、丽水和舟山三市。从工业景气指数数量级来看，呈现出总体两头小、中间大的橄榄球状结构特征，表明浙江多数地市工业中小企业的景气指数接近居中水准，总体发展水平有待提升。

二是发展层次之间的差异较大。第一层次平均指数远远超过第二层次和第三层次的指数水平，其中工业景气指数最高的宁波市和最低的舟山市相差17倍以上，表明浙江区域内的工业中小企业发展很不平衡。第一层次中，宁波和杭州市的成长型中小企业数量相对较多，工业经济实力总体较强。其中作为计划单列市的宁波市，工业发展基础良好，经济外向度较高，引进消化先进技术的能力较强，现代制造业在浙江省内占有重要地位；作为省会城市的杭州，凭借得天独厚的地理、人才和技术资源优势，着力发展电子、电商行业，显示出了强大的现代制造的综合实力。第二层次中，温州的实体经济虽然近年来出现较大衰退，但发挥资本集约型经济的效率优势，工业中小企业的景气指数仍保持了较高水准；嘉兴、台州等大部分市的中小企业多从事劳动密集型产业，面对资金缺乏、成本攀升的压力，景气指数相对偏低。第三层次中，衢州以化工、钢材、水泥等传统工业或素材产业为主，容易受市场供需波动的影响；丽水长期发展生态产业，舟山近年大力发展海洋经济，发展潜力很大，但目前效果尚未充分显现。这三个地市工业中小企业较前两层次发展不足，但在政策引导下，也有一定的成长趋势。

三是总体来看，浙江工业中小企业景气指数区间分布不平衡，特别是欠发达地区的工业中小企业发展相对滞后，大部分地市在促进中小企业工业发展方面共同面临着机遇和挑战。从发展趋势来看，浙江工业中小企业成长发展的空间还很大。

第二节　浙江省11地市上市中小企业景气指数测评

一　评价指标选取及数据的收集与预处理

参考本书第四章确立的中小板和创业板企业景气指数评价体系，本章选取了总资产、流动资产、固定资产、股东权益、税金、流动负债、财务费用、主营业务收入、利润和存货10个指标。在指标信息齐全和不含异常数据两个原则的基本指导思想下进行了数据收集活动。截至2014年3月，共收集了在深交所中小板上市的企业82家，创业板上市企业13家，共95家。考虑上市时间的不同，本章选取的时间区间为2008年第一季度至2014年第一季度。

因为本章是研究浙江省11个地级市的情况，所以在收集完成以后，将根据上市公司的注册地，分别划入各自所在的地级市，并且按照每家企业相应的资产总额、固定资产等指标的季度数据进行汇总。由于舟山市的中小板和创业板企业数据不全，因此未予测评。

对于不同中小板及创业板上市企业数据的预处理，本章主要计算各个指标的扩散指标。根据扩散指数的编制方法，首先计算各个指标各季度的环比发展速度，其次采用国际上通行的 X－11 方法消除季节变动和不规则变动的影响，再次将环比发展速度与 2013 年第一季度的发展速度相比，求算每个指标的扩散指数 DI。

指标分类和权重确定方面，采用时差相关系数法确定利润作为基准指标，并考察了利润的扩散指标指数与总资产的扩散指数，净资产收益率和主营业务同比增长率之间的相关性，由此最终确定了先行指标、一致指标和滞后指标。

二　计算结果与排名

各分类指标的权重仍沿用本书第四章确定的方法，最后再通过企业数量进行调整，最终得到浙江省 2013 年 10 地市中小板和创业板企业的合成景气指数（见表 9 - 2）。

表 9 - 2　　2013 年浙江省 10 地市中小板和创业板企业景气指数排名

城市	景气指数	排名	城市	景气指数	排名
杭州	132.86	1	金华	59.70	7
台州	88.57	2	湖州	54.53	8
绍兴	82.84	3	衢州	41.07	9
宁波	74.28	4	丽水	39.03	10
温州	62.75	5	舟山	—	—
嘉兴	60.89	6	全省平均指数	68.42	

说明：（1）浙江全省平均指数根据加权平均法以 2013 年各市工业总产值为权重算出，以下相同；

（2）舟山市中小板和创业板上市企业数据存在缺失，在此未作测评。

三　趋势特点分析

如图 9 - 2 所示，浙江省 10 个地级市中小板与创业板企业景气平均指数为 68.42，各市之间差异较大。杭州、台州、绍兴的上市中小企业景气指数高于全省上市中小企业景气平均指数。其中杭州市中小板和创业板景气指数最高，为 132.86；丽水最低，为 39.03。杭州市的指数较为突出，整体指数多集中在 60—80 的区间。10 地市指数分布大体可以分成四个层次，第一层次为杭州市；第二层次为台州、绍兴、宁波三市；第三层次为温州、嘉兴、金华、湖州；第四层次为衢州和丽水，各层次内指数差距较小。舟山市中小板和创业板上市企业数据缺失，此次未作测评。总体来看，浙江省各主要城市的中小板及创业板景气指数差异较大。各地中小板及创业板发展较为不平衡，存在地区聚集现象。

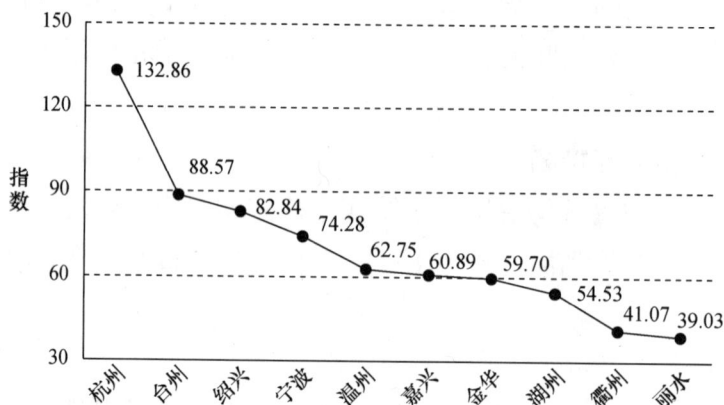

图9-2　2013年浙江省主要地级市中小板和创业板企业景气指数

第三节　浙江省11地市中小企业比较景气指数测评

中小企业比较景气指数反映中小企业家对当前微观经营状况判断结果和预期宏观经济环境的信心进行量化加工整理得到的景气指数，是对基于统计年鉴的工业中小企业景气指数和基于上市公司的中小板及创业板企业景气指数的补充。本章使用的企业综合生产经营景气指数和企业家信心指数数据，主要来源于浙江省11个地级市重点监测企业数据及监测调查资料。

表9-3显示的是2013年基于监测调查数据的浙江省各地市中小企业比较景气指数计算结果。图9-3更直观地反映了浙江省各市比较景气指数排名。

如图9-3所示，浙江省11地市2013年中小企业比较景气指数差异并不大，都处于景气区间。结果显示，2013年浙江11地市中小企业比较景气指数平均为119.15，在景气指数区间之内。其中金华市最高，其指数为127.40。

表 9-3　　　　2013 年浙江省 11 地市中小企业比较景气指数排名

城市	比较景气指数	排名	城市	比较景气指数	排名
金华	127.40	1	湖州	117.70	7
台州	127.36	2	绍兴	113.98	8
嘉兴	121.62	3	宁波	113.87	9
衢州	121.16	4	温州	112.68	10
丽水	119.86	5	舟山	106.26	11
杭州	118.16	6	全省平均指数	119.15	

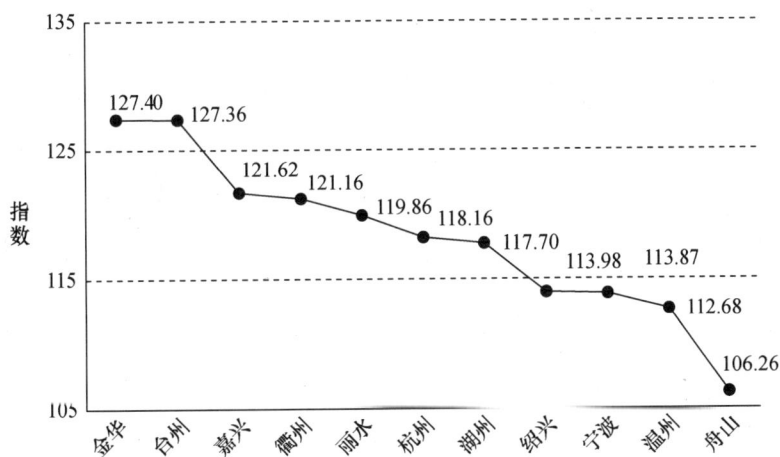

图 9-3　2013 年浙江省 11 地市中小企业比较景气指数

2013 年，金华市在 23 项主要经济指标中，有 19 项指标增速高于全省平均水平，12 项指标增速居全省前 3 位，进出口总额、出口总额、房地产投资、金融存款余额和金融贷款余额 5 项指标增速全省居首，因此企业比较景气指数上升较快、经济平稳发展。其次是台州市，指数值为127.36，台州市 2013 年固定资产投资持续快速增长，服务业发展形势良好，消费市场稳步增长，转型升级取得一定成效，中小企业比较景气较好。嘉兴和衢州市的中小企业比较景气指数均在 120 以上，排名靠前，综合经营状况总体稳步提升，企业家信心逐步加强。

11 地市中，宁波市受外贸出口不振等影响，中小企业比较景气指数较低；温州市由于受民间借贷市场萎缩的影响，比较景气指数相对较低；

舟山市的支柱产业为造船业，但受船市低迷影响，中小企业比较景气指数在浙江省11地市中为最低，反映了外贸不振、民间借贷市场萎缩、转型升级进入攻坚战对中小企业经营带来的压力和挑战。

第四节　浙江省11地市重点监测中小企业景气指数测评

重点监测企业数据是来自浙江省2009—2013年中小企业生产经营运行监测数据。为尽可能准确地反映浙江中小企业的经营运行状况，指标选取方面，在考虑了经济重要性、统计可行性和数据可取性的同时，考虑到规模以上中小企业指标的选取，参考第四章相关评价指标体系，从近20项监测项目中，最终选取了工业总产值、产成品、财务费用、资产总计、主营业务收入、利润总额、应收账款、负债合计和从业人员平均数9个监测指标为评价指标，同时确定以工业总产值为基准指标，然后根据主成分分析法，确定了先行指标、一致指标和滞后指标及其权重。由此计算出的浙江省11地市重点监测中小企业2009—2013年分类指数和合成景气指数如表9-4和图9-4所示。

表9-4　2009—2013年浙江省11地市重点监测中小企业景气指数

地区	2009年	2010年	2011年	2012年	2013年
杭州	104.35	104.42	107.17	107.26	107.96
嘉兴	98.25	98.57	100.51	99.90	101.03
台州	94.77	95.33	97.56	97.69	96.82
绍兴	92.46	93.68	93.35	93.97	95.56
金华	73.01	73.15	74.60	75.10	75.91
丽水	68.35	68.66	70.50	70.81	71.14
温州	66.51	66.89	66.59	68.43	68.61
宁波	52.66	53.93	53.84	53.81	53.65
舟山	38.75	38.99	40.09	39.91	39.93
湖州	27.05	27.16	27.81	28.05	28.15
衢州	21.80	21.71	22.12	21.93	22.13
全省平均					72.16

资料来源：基于浙江省中小企业生产运营监测平台数据。

如图 9 - 4 所示，2013 年，浙江省重点监测中小企业发展指数各市之间差异很大。根据加权平均法以 2013 年各市工业总产值为权重计算出的全省重点监测企业平均指数为 72.16，高于该平均指数的地市有杭州、嘉兴、台州、绍兴、金华和丽水。其中，杭州市的重点监测中小企业指数最高，为 107.96；最低的是衢州市，为 22.13。就各年而言，呈现出平稳上升趋势。造成各地市指数差距巨大的原因有，一方面浙江省各地市的中小企业发展存在不均的情况，个别地市的企业发展较为缓慢，与其他地区相比相对滞后。另一方面，需要说明的是，上报的企业数据中部分指标尚存在缺失。这些因素都影响到相关指数测评的过程和结果。今后随着重点监测企业样本分布的合理化以及上报数据完备性的提高，该类指数的评价效用会进一步提升。

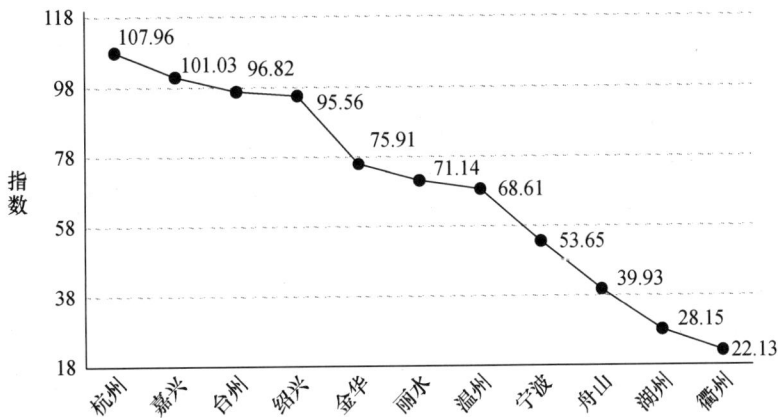

图 9 - 4　2013 年浙江省 11 地市重点监测中小企业景气指数排名

第五节　浙江省 11 地市中小企业综合景气指数测评

为了能够更直观、有效地反映 2014 年浙江省中小企业的景气状况，本节将再对上述工业中小企业景气指数、中小板和创业板景气指数、中小企业比较景气指数和重点监测中小企业景气指数 4 种分类指数进行加权计算，最终得到 2014 年浙江省 11 个地级市中小企业综合景气指数（见表

9－5）。其计算公式为：

浙江省区域中小企业综合景气指数＝工业中小企业景气指数×40％＋中小板和创业板景气指数×20％＋中小企业比较景气指数×20％＋重点监测中小企业景气指数×20％

表9－5　　2014年浙江省11地市中小企业综合景气指数排名

城市	指数	排名	城市	指数	排名
杭州	139.66	1	金华	79.15	7
宁波	119.64	2	湖州	61.27	8
绍兴	97.04	3	丽水	53.49	9
嘉兴	93.83	4	衢州	44.74	10
台州	89.83	5	舟山	33.24	11
温州	83.41	6	全省平均指数	102.51	

表9－6　　2014年浙江省11地市中小企业综合景气指数

城市	工业中小企业景气指数	中小板及创业板景气指数	中小企业比较景气指数	重点监测企业景气指数	综合景气指数	工业总产值
杭州	169.67	132.86	118.16	107.96	139.66	12962.28
宁波	177.75	74.28	113.87	119.46	119.64	4248.62
绍兴	96.41	82.84	113.98	95.56	97.04	3333.83
嘉兴	92.80	60.89	121.62	101.03	93.83	8551.25
台州	68.20	88.57	127.36	96.82	89.83	1562.99
温州	86.51	62.75	112.68	68.61	83.41	1331.00
金华	66.37	59.70	127.40	75.91	79.15	6039.93
湖州	52.98	54.53	117.70	28.15	61.27	12155.08
丽水	18.70	39.03	119.86	71.14	53.49	3530.81
衢州	19.67	41.07	121.16	22.13	44.74	3791.97
舟山	10.01	—	106.26	39.93	33.24	1199.83
全省平均	93.49	74.50	119.15	72.16	102.51	

说明："—"表示数据缺失。

同时，为了便于进行纵向和横向比较分析，同样根据加权平均法以2013 年各市工业总产值为权重计算出了 2014 年和 2013 年浙江省中小企业综合景气指数的全省平均值。结果显示，2014 年全省平均综合景气指数为 102.51，远远高于 2013 年的平均值（69.26），表明浙江省中小企业综合景气指数尽管在全国排名有所下滑，但加入重点监测企业数据进行测评后，浙江省中小企业景气指数有较大上升。如表 9 - 5 和表 9 - 6 所示，2014 年，浙江省中小企业综合景气指数具有总体差异大、发展层次分明的特点。

（1）各市之间的中小企业综合景气指数总体差异很大，指数最高的杭州市（139.66）与指数最低的舟山市（33.24）相差 4 倍多。反映了经济总量及企业数量对中小企业综合景气指数的影响。其中，杭州市的高指数主要得益于其工业企业的贡献，而舟山市等在制造业方面的相对劣势，也从综合指数中有所体现。

（2）发展层次分明。三个层次的分布格局，一方面源于各地市中小企业发展政策落实情况不同，发展重点相异；另一方面从基础条件、区位优势等方面来看，各地市差异较大，也最终影响到综合排名。

（3）第一、第二层次内部的综合发展指数值相差不大。内部发展较为均衡，主要原因是中小企业产业集群和专业市场都比较发达，在同一层次内的产业发展模式也都有一定的相似度。第一、第二层次中小企业发展环境总体较好。第三层次内部差异较大，中小企业发展总体滞后。

总体看来，浙江省 11 地市中，杭州和宁波市中小企业发展处于相对安全的较强景气区间；绍兴、嘉兴、台州、温州、金华处于弱安全的微景气区间；湖州、丽水、衢州及舟山处于经营风险较强的不景气区间。目前，浙江省正着力尝试推进"个转企、小升规、规改股、股上市"等一系列举措，通过实施"四换三名"，即"腾笼换鸟、机器换人、空间换地和电商换市"及培养"名企、名品、名家"，打造行业龙头，大力推进转型升级，力争实现中小企业的健康持续发展。

第 十 章

浙江省主要行业景气指数测评

——基于行业监测数据

第一节　评价指标体系

本章是对浙江省主要行业的景气指数计算分析，数据主要来源于浙江省中小企业分行业监测数据，以及浙江省统计部门发布的分行业企业家信心指数。

浙江省中小企业分行业监测指标包括工业总产值、出口交货值、用电量、营业收入、营业成本等 16 个项目。为了使监测数据能够得到充分的利用，本章运用峰谷对应法对 16 个项目进行时差分析，在确定各指标的时间性质后，再从同一类型指标中剔除相关性较强的指标，从而最终确定了 10 个监测指标，并根据指标特性，参考企业景气指数评价的方法确定了先行指标、一致指标和滞后指标及其权重，具体如表 10 - 1 所示。

表 10 - 1　　　　中小微企业行业景气预警评价指标

指标类别	中小企业行业景气监测指标	小类指标权重	大类指标权重
先行指标	固定资产投资额	0.484	0.3
	财务费用	0.516	
一致指标	工业总产值	0.203	0.5
	用电量	0.191	
	营业收入	0.203	
	利润总额	0.203	
	应交税费	0.200	

指标类别	中小企业行业景气监测指标	小类指标权重	大类指标权重
滞后指标	负债总计	0.339	0.2
	应收账款	0.339	
	从业人员	0.322	
合计			1.0

指标权重的确定，参考中国经济景气监测中心的指标权重确定原则，采用专家咨询法确定了各项指标的权重值（见表10-1）。

第二节　数据收集及预处理

计算浙江省主要行业的景气指数，数据来源于浙江省中小微企业运行监测平台的监测数据和浙江省统计局发布的企业家信心指数。由于监测网站的数据是实时更新的，在2012年数据的基础上，本章继续增加了2013年12个月的监测数据进行分析。

本章的目的是分析浙江省的主要行业，故采集的也是行业的各项指标数据。监测报表对行业的分类是按照国家统计局最新修订的《2011年国民经济行业分类标准》执行的，行业细分较为具体。而各行业包含企业数量不一，特别是浙江省中小企业数量众多，也发展得好，形成了许多有特色的地域产业，监测报表上各行业的企业数量就很好地说明了这个问题。在处理监测报表时，首先，总结工信部、国家统计局以及各类以行业、产业为研究对象的平台上对行业的分类情况，比对监测数据中的行业类别及企业数量，将各细分行业归结为五大类行业。其次，按大类将各月报表中的行业企业明细进行编辑整理，并统计了各细分行业每月监测的企业样本数量，选取了12个月中监测最多的企业数作为样本数（见表10-2）。同时，为了减少样本企业数量的变化对每月指标数据的影响，本章将各指标数据按照企业比例对应放大，使数据保持一致性和可比性。

根据表10-2的监测数据，本章最终选择了企业数量最大的四个行业作为研究对象，分别为通用设备制造业（744家）、纺织业（722家）、金属制品业（530家）以及橡胶和塑料制品业（436家）。

表 10 - 2　　浙江省中小微企业监测数据的行业分类及企业样本数

行业大类	行业细分	企业数量	行业大类	行业细分	企业数量
纺织产业	纺织业*	722	轻工业	农副食品加工业	131
	纺织服装、服饰业	297		食品制造业	57
	化学纤维制造业	26		酒、饮料和精制茶制造业	26
原材料工业	石油加工、炼焦和核燃料加工业	4		皮革、毛皮、羽毛及其制品和制鞋业	378
	化学原料和化学制品制造业	216		家具制造业	118
	非金属矿物制品业	156		造纸和纸制品业	195
	黑色金属冶炼和压延加工业	184		文教、工美、体育和娱乐用品制造业	148
	有色金属冶炼和压延加工业	109		橡胶和塑料制品业*	436
装备制造业	通用设备制造业*	744		金属制品业*	530
	专用设备制造业	190	其他	木材加工和木竹藤棕草制品业	216
	汽车制造业	179		印刷和记录媒介复制业	77
	铁路、船舶、航空航天和其他运输设备制造业	111		医药制造业	86
	电气机械和器材制造业	313		其他制造业	732
	计算机、通信和其他电子设备制造业	136		废弃资源综合利用业	12
	仪器仪表制造业	54		金属制品、机械和设备修理业	31

说明：*表示企业数量最多的行业。

资料来源：本课题组根据浙江省中小微企业监测平台数据整理。

　　在统计四个行业的数据时，先将四个行业每月的数据筛选出来，再按行业归并，得到每个行业连续24个月的源数据。然后将源数据按照每月上报企业占最大企业数的比例进行放大，得到一致化的数据，并且将四个行业每月的16个指标数据汇总成季度数据，以便进行景气指数的计算。

　　在数据一致化和季度数据计算过程中，存在个别指标值特别大或是运算得到的月份数据出现负值的情况，对此本章按统计学方法进行了数据预处理。在排查数据过大的指标时可以确认到具体的企业，然后对比该企业在其他月份上报的数据，可以确定该异常数据是否为企业误报。若确认是企业误报，且该企业的各项数据对行业总体值在数量级上没有较大影响，则在月度数据中剔除该企业的各项指标数据；若企业的指标数据对行业总体值影响较大（占10%以上），则对比该企业历月数据，对该月的异常指标值进行估算，用估算值代替异常值，得到修正后的行业总体的指标值。

第三节　行业景气指数的计算

基于浙江省监测数据的中小微企业行业景气指数计算，本章采用合成指数的方法。

首先，运用峰谷对应法，确定备选的16个指标与参照指标的峰谷对应情况，选用工业总产值作为参照指标，运用Excel软件绘出折线图，观察各指标上升和下降的变化趋势，与参照指标的变化趋势作比较，将指标进行归类，最终筛选了10个指标，具体如表10-1所示。然后，运用层次分析法计算得到每个指标的权重，用于合成指数的计算。

其次，运用合成指数方法计算每个行业的先行指数、一致指数、滞后指数，并对连续8个季度数据进行回归分析，得到2014年预测值。同时，将浙江省四个行业的企业家信心指数进行回归预测。

再次，将先行指数、一致指数和滞后指数三个指数按照2:5:3的权重合成计算出中小微企业行业景气指数。

最后，将中小微企业的行业景气指数与企业家信心指数按4:6权重合成，得到中小微企业行业景气指数。

第四节　结果分析

根据以上方法，计算得到了浙江省2013年主要行业的景气指数，并预测得到了2014年相应行业的景气指数值（见表10-3）。

根据表10-3可以看出，浙江省2011—2014年中小微企业主要行业综合景气指数的活动趋势具有以下特点：

第一，四大主要行业四年来的景气情况总体呈下降趋势。其中三个行业的综合景气指数在2011—2014年出现了显著下降，金属制品业在2012年有所上升后连续两年呈现下降趋势。橡胶和塑料制品业2014年预测的景气指数同比有所上升。

表10－3　　　　　浙江省中小微企业四大主要行业景气指数

主要行业	2011 年	2012 年	2013 年	2014 年
纺织业	121.76	114.62	114.25	108.91
橡胶和塑料制品业	129.93	128.96	128.71	141.73
金属制品业	131.32	134.55	130.86	121.37
通用设备制造业	143.80	137.55	127.55	114.54

第二，四大主要行业同比景气度不尽相同，但相差不大。2011年和2012年，四大行业景气排名先后为通用设备制造业、金属制品业、橡胶和塑料制品业、纺织业。而2013年通用设备制造业的景气指数出现较大程度的下降。2014年受环保整顿导致的促进剂供给趋紧影响，橡胶和塑料制品业整体价格上涨，其行业景气出现大幅提升。

第三，景气指数同比2013年下降的三个行业中，通用设备制造业的景气指数下降幅度最大，2014年下降了10.2%，下降趋势愈发明显。纺织业下降幅度最小，2014年下降了4.7%。橡胶和塑料制品行业与其他三个行业有所不同，2014年景气指数同比2013年上升了10.1%。

总体来看，浙江省四大行业的综合景气指数在2013—2014年呈下降趋势，行业间景气指数变化差异明显，这与宏观经济环境及行业本身发展特点有关。

一　浙江省中小企业行业景气总体状况

浙江省作为中国中小企业数量较多、发展较好的省份之一，各行业有明显的地域特色，如绍兴的纺织业、海宁的皮革城、永康的五金、温州的电器等。过去的浙江经济模式取得过巨大的成功，但近年来温州、绍兴、杭州萧山各地接连不断的中小企业倒闭潮也说明了过去的模式存在一些问题。比如，金融和信用体制不健全、资金逐利性太强、缺少高科技产业等，中小企业发展中形成的这些问题，开始阻碍企业以及浙江省的经济发展。与此同时，浙江省中小企业多年累积的产能过剩问题也日趋突出，许多行业的产能利用率跌至80%以下，有些甚至不到50%。浙江省中小企业主要聚集在纺织业、制造业和轻工业，近年来，以电子商务为代表的新型产业发展较为迅速，以义乌小商品和杭州阿里巴巴为代表的电子商务产业逐渐成为近年来浙江省发展最快的产业。

2014年是中国经济转型、深化改革的新开端，浙江省纺织业及各类制造业等实体产业应抓住这个发展趋势，结合各自行业的特点，进行企业转型升级，以继续保持稳中求进，并创造出新的增长点。

二 浙江省主要行业景气分析

（一）纺织业

纺织是传统工业，又是工业文明的象征，在中国，这是一个劳动密集程度高、对外依存度较大的产业。它处于产业链的中间，包括纺纱与织布，是对棉、化纤等原材料的加工织造，为下游的服装、家纺等行业提供原料的一个行业。中国纺织业的发展经历了三个时期：从集中到分散，从东南到全国；从分散到集中，从全国到东南；从东到西，从南到北。改革开放后，发达国家向中国东南沿海地区转移了大量劳动密集型工业产业，其中，就包括纺织业，几十年的发展使得这一地区的纺织业在规模上和技术上较全国都有了较大提升，同时也萌生了许多中小纺织企业，浙江省就是中小纺织企业集群比较发达的典型地区。

纺织业是浙江省的支柱产业之一，一直以来以规模扩张和要素低价这种传统模式维持出口和利润的高增长，但近年来棉花差价大，劳动力、能源成本上升，以及经济不景气引起的需求低迷，多种不利因素导致了纺织业生产、利润、出口等指标的增长率明显下降，企业效益大幅下滑，产业经营压力增大，特别是中小企业经营陷入困境。从图10-1可以看出，2011—2013年浙江省纺织业整体景气度下降明显，而2014年景气度较上年下降幅度增大。

近年来，纺织业景气度下降，与以下五个方面的原因有关：一是2010—2011年中国棉花价格暴涨狂跌，而纺织企业在价高时大量购置原料造成库存量增加，制成品卖不出原来的价格，又碰上需求不振，如服装行业一直在低谷徘徊，企业利润下降很大。二是近年来国内劳动力、能源、利息等成本上升，劳动密集型产业遭遇"人、电、钱"三荒，企业生产未能全负荷运转。三是自 2013 年以来，随着纺织业不断升级改造和结构调整，中国纺织行业产能更多地向大企业集中，使得中小企业生存压力增大。同时，大量廉价棉纱涌入国内市场，对国内棉价再次形成打压。四是由于棉花政策的实施，对中国纺织行业冲击很大。五是面对纺织市场的不景气，税负过重也是纺织业不景气的重要原因。

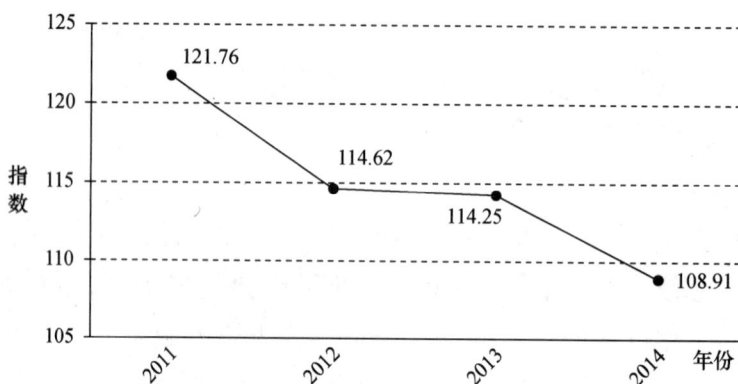

图 10 – 1　浙江省纺织业景气指数趋势

　　总的来说，纺织业环境压力大、节能减排形势十分严峻，综合成本上升压力突出。在外需不振、内需趋缓、效益下滑、市场低迷的形势下，预计 2015 年浙江省纺织业前景也不容乐观。

　　（二）通用设备制造业

　　通用设备制造业是制造业的核心组成部分，它生产机械设备和各式工具，为国民经济生产和国防建设提供装备。浙江是中国重要的装备制造和出口基地，其出产的机械产品在全国具有很强竞争力。省内比较有特色的产业基地主要有杭州大型成套设备、绍兴节能环保设备、温州电工电气装备、宁波塑料机械、衢州动力机械等，优势产品有泵、阀、轴承等。浙江省的机械工业在改革开放前一直处于全国中间偏下的水平，发展成为现在的排名靠前的机械大省，是民营经济不断竞争发展的结果。但机械大省多表现在规模上，行业内在的技术水平不高，产品多是零配件，整机产品少，产业结构低、层次重复、技术创新和产品研发能力弱，这些都和机械大省不相称，还存在较大发展和提升的空间。

图 10 - 2 显示，浙江省通用设备制造业景气指数四年来一路下跌，由 143.80 降至 114.54，下降幅度不断增大，目前是四个行业中跌幅最大的。

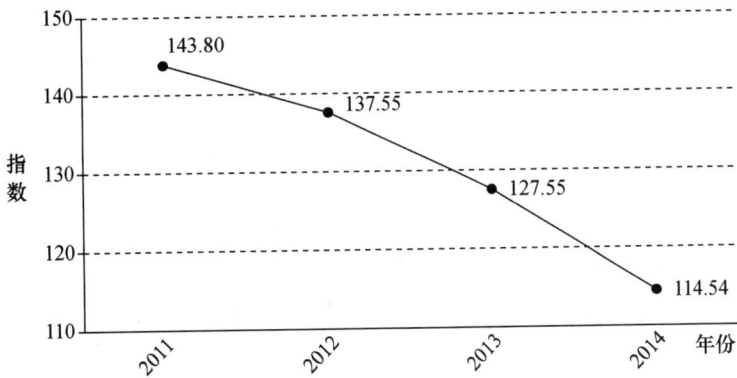

图 10 - 2　浙江省通用设备制造业景气指数趋势

这里可以考虑的原因，主要有以下几个方面：一是浙江通用设备行业中小微企业的产成品以阀门、轴承、泵、机床、磨具这类零配件为主，其同质性较高，容易在竞争中被淘汰；二是面临着越来越大的成本上升压力，主要是由于钢材、石油、电力、交通、人力等要素价格不断上涨，由于主营业务收入增速放慢，而成本上升，行业利润出现明显下降；三是产品销量增幅回落，表现出市场需求增长率减少，而利润在销量及成本的双重影响下增幅回落更甚；四是在需求增长趋缓之下，行业的产能依然高速膨胀，产能过剩，库存较高。

在高库存、产销弱以及需求不振的形势下，加上行业的成本优势在逐渐丧失，预计短期内浙江省通用设备制造业仍以去库存为主，长期看来仍有巨大的发展潜力。

（三）橡胶和塑料制品业

天然橡胶产业的上中下游分别是天然橡胶生产、贸易以及天然橡胶消费品的制造，其中，橡胶制品主要有轮胎、胶带、胶鞋、医疗器械等。浙江省橡胶制造主要为轮胎等。塑料制造的原料是石化产业的产品，即苯、乙烯、丙烯、丁烯、苯乙烯等化学产品，经过化工合成不同化学组成的材料，塑料产品制造企业则直接采购这种粉末颗粒状的材料进行产品的制造。不同成分的材料有不同的用途，如世界上产量最大的 PVC 材料，可以用于制造管道、插座等工业品，也可以制造玩具、人造革等日用品，可以说塑料制品是我们生产生活不可缺少的组成部分。塑料制品新材料的研发，将带动整个塑料制品业的发展和各种高层次消费品、功能性产品的加工生产。塑料工业蕴含了高技术，也可发展成为具有较大成长空间的新兴制造行业。

图 10 - 3 显示，浙江省的橡胶和塑料制品业在 2011—2013 年间的发展基本保持平稳，2014 年景气指数大幅上升。分析行业景气波动的原因，主要有以下三方面：一是成本方面，2011 年下半年以来，国际原油价格维持了较长时间的连续上涨趋势，至 2012 年下半年跌回 2011 年 9 月以前的水平，价格波动较大，再加上利息上调、生产成本提高，而终端产品价格难以涨价；二是需求方面，橡塑行业下游产业需求旺盛，在 2011—2012 年表现为产销两旺，但由于成本原因，利润很低；三是出口方面，由于宏观经济下行及人民币升值的影响，出口量有所下降。总的来说，橡塑行业在经济下行期受成本上升、需求下降、出口减少影响，增速放缓，但行业本身仍具较高成长性，景气程度基本保持平稳。2014 年，受到环保整顿政策的影响，橡胶促进剂供给趋紧影响橡胶的价格大幅度上涨，并推动下游致整个行业价格跟涨，橡胶和塑料制造业景气上升。

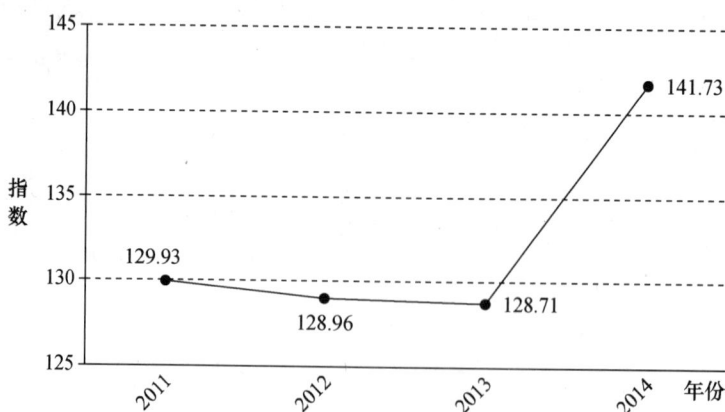

图 10 - 3　浙江省橡胶和塑料制品业景气指数趋势

（四）金属制品业

金属制品行业涵盖范围很广，包括结构性金属制品制造、金属工具制造、集装箱及金属包装容器制造、不锈钢及类似日用金属制品制造等。浙江省是金属制品生产大省，但还不是金属制品强省，行业发展潜力巨大。

浙江省金属制品业中五金占据了很大板块，2013 年其行业产销规模达到 3000 亿元，占全国总量的 30% 以上，是国内最大五金产品制造基地和产品集散中心。浙江拥有 23 个"国字号"五金产业基地，其中金华永康是"中国科技五金城"，温州永嘉县是"中国五金饰扣之都"，金华浦江县是"中国挂锁产业基地"，杭州临安是"中国五金工具生产基地"。目前，浙江省有 24 个国家工商总局认定的"驰名商标"，拥有"伟星实业"、"苏泊尔"、"爱仕达"等一大批行业领军企业。

图 10 - 4 显示，2011—2014 年浙江省金属制品业的景气指数以 2012 年为"拐点"经历了上升和下降两个阶段。2012 年以前，浙江省五金行业发挥规模优势和品牌优势，景气保持上升趋势，但近两年持续下滑，分析其原因，一是国际市场品牌效应不明显，以贴牌为主；二是技术创新能力弱，以仿制为主；三是企业结构不合理，产品以中低端市场为主。在国际经济增速放慢大背景下，浙江五金同样遭遇了成本上涨、招工难、人民币升值、原材料价格大幅波动等问题。加之，国内五金行业的整个格局在不断变化，以前五金市场是供不应求，现在供大于求，产能过剩问题比较突出。

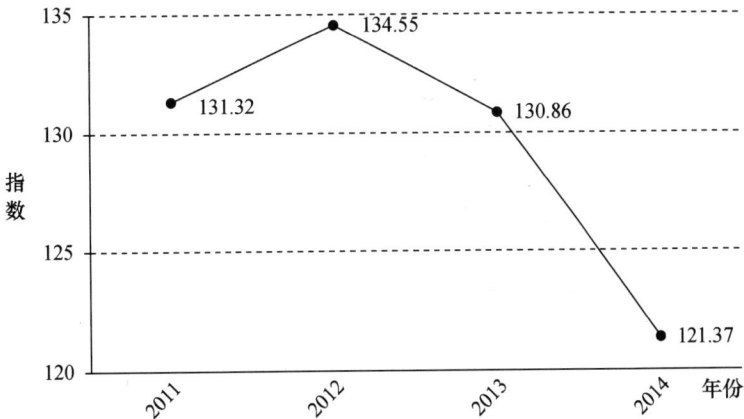

图 10 - 4　浙江省金属制品业景气指数趋势

三 行业分析综合性讨论

本章对浙江省行业发展景气状况进行分析，最大特色是首次系统地利用了浙江省最新的中小微企业监测数据，计算得到了纺织业、通用设备制造业、橡胶和塑料制品业、金属制品业的景气数据，并做了相应的预警。经对比查证，其结果与浙江省中小企业实际情况相符合。

浙江省为制造业大省，主体经济的增长方式多依赖生产要素的低成本和数量的增大，技术上的创新仍然匮乏。针对这样的现状，最本质的解决方式就是产业的转型升级，从设备更新、人才引进到新产品、新技术的研发再到注重产品的高质量、高技术含量及服务品质的提升，都是企业成长发展乃至壮大的必由之路。而整个工业经济是一个整体，在谋创新、谋发展时，要有序。如新兴产业，该类产业技术更新快、投入产出效率高、产品的市场很大，一旦一个关键性的技术成功了，得到的收益就会源源不断，而这类企业在发展初期遇到的资金、人才等困难多，政府要尽量扶持。传统产业如纺织、机械制造等，原有的粗放增长方式已经走到了尽头，物价上涨带来的各种成本的上涨，使得企业的利润点迅速压缩，若不能进行转变，则将面临经营困难，对于这类行业，要加快促进转型升级和创新驱动发展。

第 四 篇

中国中小企业发展热点专题研究

第十一章

中小企业融资担保专题研究

第一节 中国中小企业融资担保现状调查分析

针对中国中小企业融资及担保情况，本课题组在 2014 年 4—6 月联合 OECD 中小企业创业与融资调查组展开了专项调研。本次调研以企业在线填报方式为主，样本总数为 687 家中小微企业。调研过程得到浙江工业大学中国中小企业研究院景气指数监测平台及浙江省经信委（中小企业局）小微企业培育监测平台的大力支持。从调研情况看，2013—2014 年中国中小企业融资担保情况主要有以下几个特点。

一 银行对小微企业惜贷，中小企业融资难依然存在

根据调查，过去三年（2011—2013）单家中小企业向银行或其他金融机构申请贷款被拒绝的次数占总申请贷款次数的比率大致是 6.18%，说明经过历年的银行信贷调整，中小企业银行贷款的可获得性有所提高（见表 11 - 1）。但是，最终银行的放贷金额与中小企业最初设想的金额有较大的差距。最近一次银行贷款实际额度是最初计划申请额度的比例仅为 59.6%，说明银行借贷依然较为困难，中小企业融资难问题依然存在（见表 11 - 2）。

二 银行借贷成本依然较高，中小企业融资贵并未缓解

根据调查，2013 年银行贷款给中小型企业（资产 4000 万元以下）的贷款年利息大约为 8.39%，明显高于基准利率。若考虑到银行借贷的额外成本，总体成本将高于 10%。有 25.91% 的中小企业享受到了贷款利率，说明中国针对中小企业贷款的优惠政策取得了一定成效。近六成的中

小企业的银行借款利率介于6%—10%，其他还有相当一部分中小企业是以较高利率才获得银行和其他金融机构的借款的（见表11-3）。

表11-1   银行拒绝放贷情况调查结果

问题	选项	频次	占比（%）
过去三年（2011—2013年）向银行或其他金融机构申请贷款被拒绝的次数占总申请贷款次数的比率	没有被拒过，每次都申请到贷款	447	65.07
	20%以内	185	26.93
	20%—40%	30	4.37
	40%—60%	17	2.47
	60%—80%	2	0.29
	80%—90%	6	0.87
	90%—100%	—	—

表11-2   银行实际放贷比例调查结果

问题	选项	频次	占比（%）
最近一次银行贷款实际额度占最初计划申请额度的比例	50%及以下	299	43.52
	50%—70%	80	11.64
	70%—90%	83	12.08
	90%—100%	204	29.69
	100%—150%	18	2.62
	150%以上	3	0.44

表11-3   中小企业银行贷款利率调查结果

问题	选项	频次	占比（%）
2013年银行贷款给中小型企业（资产4000万元以下）的贷款年利息	5%以下	178	25.91
	6%—10%	401	58.37
	11%—15%	75	10.92
	16%—20%	18	2.62
	21%—25%	11	1.60
	26%—30%	4	0.58
	31%以上	—	—

三　抵押贷款依然是主流方式，中小企业贷款面临限制

根据调查，54.44%的企业是通过房产、土地、设备等作为抵押品获取银行贷款的，仅有1.75%的企业通过存货、应收账款、商标、专利等质押获取贷款，说明无形资产抵押方式还需进一步推广。另外，11.94%的企业通过互保联保方式获取贷款，3.93%的企业通过专业担保公司担保，这说明担保也是中小企业获取银行信贷的重要方式（见表11-4）。总体上看，信用贷款的比例依然不大，说明银行信贷投放还需进一步改进。

表11-4　　　　　　　　抵押担保方式调查结果

问题	选项	频次	占比（%）
最近一次贷款的抵押担保方式	信用贷款，无须担保	105	15.28
	互保联保企业担保	82	11.94
	专业担保公司担保	27	3.93
	房产、土地、设备等抵押	374	54.44
	存货、应收账款、商标、专利等质押	12	1.75
	其他	87	12.66

四　银行借贷的额外费用较高，提高中小企业整体借贷成本

根据调查，大部分企业都报告了银行贷款过程中除了正常的利息支付外，还需以购买理财产品等多种形式支付额外借贷费用来获取银行贷款。加权平均计算，除了利息之外的额外融资成本经折算约占贷款总额的3.70%（见表11-5）。这进一步推高了中小企业的借贷成本。

表11-5　　　　　　　　银行借贷的额外成本调查结果

问题	选项	频次	占比（%）
最近一次银行贷款中，除利息成本之外的额外融资成本（按一次性折算）约占贷款总额的比例	1%—3%	449	65.36
	3%—5%	119	17.32
	5%—10%	90	13.10
	10%—20%	17	2.47
	20%以上	12	1.75

五 中小企业以短期借款为主，短贷长用现象没有缓解

根据本课题组调查，中小企业的银行贷款中平均有 56.1% 为短期银行贷款，其中 44.69% 的企业短期借款比例高达 90%—100%（见表 11 - 6）。这说明，广大中小企业仍然存在较为严重的短贷长用现象，这在无形中会增加中小企业融资风险。

表 11 - 6　　　　　　　　　银行借贷期限结构调查结果

问题	选项	频次	占比（%）
公司短期银行借款占公司银行贷款总额的比例	20% 以内	261	37.99
	20%—40%	35	5.09
	40%—60%	30	4.37
	60%—80%	25	3.64
	80%—90%	29	4.22
	90%—100%	307	44.69

六 企业间货款拖欠时间较长，显示中小企业资金链压力较大

根据调研情况看，个人消费者（B2C）拖欠供货公司的货款在合同清算期结束后一般逾期 48.38 天才能收回，远高于欧盟国家等 OCED 发达国家水平（见表 11 - 7）。企事业客户（B2B）拖欠供货公司的货款在合同清算期结束后一般逾期 96 天才能收回，也要远高于欧盟国家等 OCED 发达国家水平（见表 11 - 8）。上述两项指标说明，中国中小企业在资金运营方面效率不高，普遍面临着较大的资金链流转压力。

表 11 - 7　　　　　　个人消费者（B2C）货款逾期天数调查结果

问题	选项	频次	占比（%）
个人消费者（B2C）拖欠贵公司的货款在合同清算期结束后一般逾期多长时间才能收回	基本无拖欠	57	29.38
	1—5 天	3	1.55
	5—15 天	13	6.70
	15—30 天	21	10.82
	1—3 个月	54	27.84
	3—6 个月	21	10.82
	6—12 个月	10	5.15
	1 年以上	15	7.73

表 11 – 8　　　　　　　企事业客户（B2B）货款逾期天数调查结果

问题	选项	频次	占比（%）
企事业客户（B2B）拖欠贵公司的货款在合同清算期结束后一般逾期多长时间才能收回	基本无拖欠	101	17.32
	1—5 天	7	1.20
	5—15 天	21	3.60
	15—30 天	70	12.01
	1—3 个月	173	29.67
	3—6 个月	122	20.93
	6—12 个月	55	9.43
	1 年以上	34	5.83

第二节　中小企业融资担保创新

长期以来，由于中小企业存在权属不清晰、评估价值不合理、缺乏信用观念等问题，以及银行和中小企业之间存在信息不对称的问题，使得融资困难的问题始终困扰着中小企业和制约着中小企业的发展。这一问题始终难以得到根本有效解决，要破解中小企业融资难题，还需治标治本，需要积极探寻融资模式的创新，让中小企业能贷到资金，也要保障贷方的资金安全。近年来，浙江等地区中小企业融资担保模式不断创新，有助于解决中小企业融资难和融资贵的问题。这些创新方式可以归纳为担保抵押方式创新、融资平台创新和混合模式创新三大类。

一　担保模式创新

（一）网络联保模式创新

1. 基本情况

网络联保贷款是阿里巴巴与合作银行共同研发并服务于中小企业的贷款产品。网络联保贷款是一款不需要任何抵押的贷款产品，由 3 家或 3 家以上企业组成一个联合体，共同向银行申请贷款，同时企业之间风险共担。当联合体中任意一家企业无法归还贷款，联合体其他企业需要共同替他偿还所有贷款本息。网络联保的方式打破了原有地域的界限，获得了中小企业担保方式区域性的延伸。

2. 典型案例

2007年5月16日，中国建设银行浙江分行与阿里巴巴公司联合开发"网络联保"信贷模式是一种以企业间交易网络和互联网为基础，针对中小企业网商定制的金融产品。随着建设银行在资信证明上的破冰，电子商务信用开始成为银行衡量是否能向中小企业提供贷款的重要依据，网上交易信用成为中小企业贷款的新"砝码"，开创了国内先例。网络联保贷款是电子商务领域的信用信息供给与银行需求之间的合作，实现了商业信用和银行信用的捆绑与整合，缓解了中小企业的信用信息不足，有效地降低了银企间的信息不对称问题。比如，联合体中A企业获得贷款50万，B企业获得贷款50万，C企业获得贷款50万，则每家企业承担的贷款责任都是150万元。如果A到期无法归还贷款50万，则需要B、C企业的企业法人共同替A归还其50万元贷款及利息。网络联保贷款作为网络经济领域的信息应用到传统金融中，是一次突破性创新，2009年6月被中央电视台报道称为"金融创新代表"。

3. 模式总结

与当前的中小企业融资担保模式相比，网络联保融资模式的优点体现在以下几个方面：

（1）网络联保融资模式将中小企业自身的担保资源扩充为融资联盟内所有企业，因此大幅度增强了融资担保的有效性，显著降低了金融机构向中小企业借款的不确定性。

（2）网络联保融资模式具有较强的通用性，且银行的资信评估由以前对单个中小企业的评估转变为对整个中小企业融资联盟的捆绑评估，因此进一步降低了银行的借贷风险。

（3）网络联保融资模式以互联网为基础，通过建立融资联盟信息共享平台，有效地解决了银企之间的信息不对称问题，有助于中小企业搜寻联盟的成员（见图11 -1）。

（二）金融仓储模式创新

1. 基本情况

金融仓储，是基于金融和仓储的一种交叉创新，主要是指融资企业以

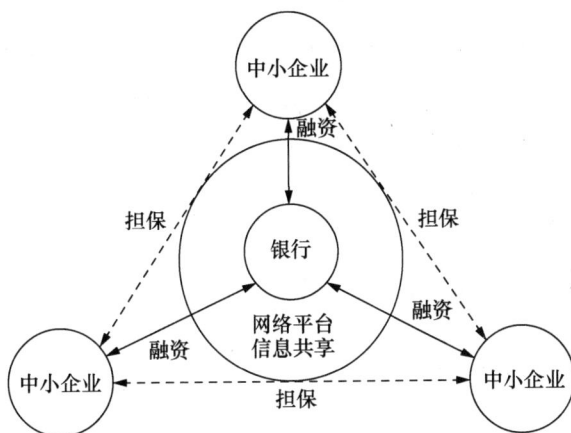

图 11 - 1 中小企业网络联保融资模式

说明：实线箭头表示中小企业与银行之间的融资关系；虚线箭头表示中小企业之间相互担保，共同承担无限连带责任。

存货（原材料、半成品、产品）或由仓储公司出具的仓单为质押标的，从金融机构取得融资的活动，仓储公司在质押期间对质押物进行监管。近年来，金融仓储在中国逐步开展，对盘活中小企业闲置资源、增加流动资金、降低资金成本起到了独特的作用，便利了中小企业融资。同时，金融仓储作为金融机构拓展发展空间、增强竞争力的重要领域，为金融机构提供了一个新的增长点。

2. 典型案例

2008 年，浙江涌金仓储股份有限公司（以下简称浙江金储）作为全国首家金融仓储公司在杭州正式成立，专心致力于金融仓储业务。至2010 年 9 月，浙江金储已与近 20 家银行开展合作，共为 103 家中小企业提供金融仓储服务，融资额达 23 亿元，在国内设立了多家分支机构和办事处。浙江金储经过两年多的实践，探索出一条银行、借款企业和仓储企业三方联动的供应链融资模式（见图 11 - 2），使存货成为中小企业信用交易中的重要担保资源。通过动产监管（或称三方监管）这个主要业务，既大大盘活了中小企业闲置资源，有效地解决了中小企业贷款抵押难问题，又使动产质押物成为风险损失的最终承担者，减少了银企信息不对称现象，加大了银行信贷支持力度。

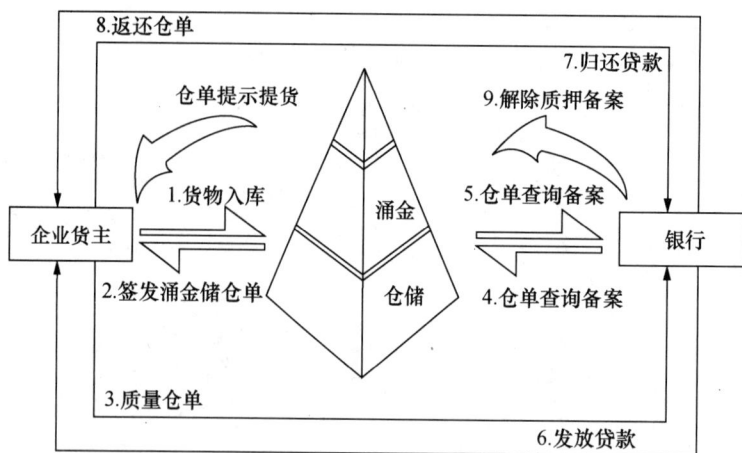

图11-2 涌金仓储融资模式

3. 模式总结

金融仓储的创新与发展开辟了中小企业融资新途径，一方面盘活了中小企业动产资源，如原材料、产成品等，有效解决抵押难问题；另一方面减少银企信息不对称现象，加大银行放贷积极性。然而，中国金融仓储业务规模还很小，对于庞大的中小企业融资需求来说，只是杯水车薪。但是可以预见，中国庞大的中小企业群体为金融仓储产业化发展提供了广阔的空间，一旦金融仓储实现产业化、规模化，将能满足很大一部分中小企业的动产质押融资需求。

中国目前缺乏统一的动产融资物权登记平台，动产登记分散且尚未形成统一的动产融资登记平台，为融资主体的权利公示和信息查询带来不便。质押物所有权不清晰容易引起法律纠纷；质押物质押期间物理或化学性质的改变以及市场价格的剧烈波动都将影响到其担保价值。由于中国金融仓储业正处于初始阶段，不论是业务标准流程还是责任约束机制都有待进一步完善。

（三）无形资产抵押创新

1. 基本情况

许多企业无厂房、无资金，但有技术，在中小企业融资呈现缺口的情况下，无形资产抵押贷款进一步拓宽了融资渠道，具有较大创新性和实践意义。除土地使用权外的无形资产评估体系在国内尚不成熟，相对于无形资产的内在价值，其成本往往是象征性的，要正确评估确认无形资产的真实价值，不是一件容易的事情。在以往实践操作中，一般商誉、知识产权等无形资产是没办法抵押的。能抵押的无形资产一般是能明确评估其价值，如专利所有权，土地使用权等。无形资产抵押创新为科技型中小企业提供了更为便利的融资方式。

2. 典型案例

2009 年 7 月 8 日，浙江省杭州科技银行隆重开业。该银行积极探索知识产权交易、投资机构投资价值认定等发现企业无形资产未来价值的方式方法，发挥地方科技计划专家库的优势，组建一支专家咨询委员会，参与重大信贷项目和业务的信贷评审，突破了在科技专业方面的局限，是解决科技型中小企业融资问题的新的尝试。

3. 模式总结

从不动产向动产质押，从实物向权利，从有形资产向无形资产、抵押等模式进一步拓展。特别适用于对价值容易估价的，或者声誉、无形价值巨大的相关标的。但是，无形资产等抵押物估价困难，缺乏一套完整的相关信贷抵押体系。

二　融资平台创新

（一）小额贷款公司模式

1. 基本情况

小额贷款公司是由自然人、企业法人与其社会组织投资设立，不吸收公众存款，经营小额贷款业务的有限责任公司或股份有限公司。与银行相比，小额贷款公司更为便捷、迅速，适合中小企业、个体工商户的资金需求；与民间借贷相比，小额贷款更加规范、贷款利息可双方协商。小额贷款公司作为浙江金融体制改革的重要成果和民营资本进入地方金融领域的重要途径，呈现出稳定向好的发展态势。

2. 典型案例

宁波鄞州小贷公司盼"增雨解渴"。一方面，小额贷款公司不能吸储，而自有资本金又有限；另一方面，中小企业贷款需求旺盛。宁波鄞州已开业的两家小额贷款公司齐喊"渴"。2014 年 5 月中旬，鄞州第二家小额贷款公司——鄞州茂森小额贷款有限公司开业，因为在试营业期间，1

亿元资本金全部贷出，开业当天，他们只好向一家银行融资 5000 万元。而鄞州首家小额贷款公司——鄞州汇金小额贷款股份有限公司在 2 亿元资本金用完后，获得两家银行授信 1 亿元，目前，已融资 6000 万元用于放贷。2013 年，鄞州汇金小额贷款股份有限公司实现的 2700 万元利润全部作为资本金，以满足客户需求。只贷不存，小贷公司"等米下锅"。鄞州汇金小额贷款股份有限公司总经理叶光弦说，资金几乎全部贷出去了，中小企业的需求还特别旺盛，大家都很急。小额贷款公司成为鄞州区众多"三农"主体、中小企业缓解资金的"及时雨"。贷款资金两三天就能到账，对部分资金周转时限要求高的中小企业和个体户来说，是快速又及时的。但是，小额贷款公司只存不贷，本身资金有限，对于巨大的中小企业市场需求来说，可贷资金只是杯水车薪。

3. 模式总结

小额贷款公司已成为中小企业融资的金融新生力量。中小企业融资难，小额贷款公司这种小型融资创新模式，对于破解中国中小企业融资难问题，具有四大优势。

（1）小额贷款公司发展势头良好。根据浙江省工商局的最新数据，近年来，浙江省小额贷款公司累计贷款余额同比成倍增长。为浙江超过 7 万农户、个体工商户和小企业主等缺乏银行信贷支持的群体化解了融资障碍。

（2）吸引民间资本效率高。据浙江省工商行政管理局的数据，近年来，小贷公司的可贷资金大多流向"三农"和微小企业。这些贷款对象以往由于资信低、规模小，多数被银行拒之门外，小额贷款公司的发展切实为缺乏银行信贷支持的群体化解了融资障碍。

（3）贷款时间短周转快。小额贷款公司是以提供短期贷款、满足客户的短期流动资金需求为主的。调查结果显示，小额贷款公司发放贷款平均只需 2—3 天，最长不超过一个星期，手续简单，贷款审批时间短。可见，小额贷款公司具有适合小微企业信贷要求急、时间短、周转快的优点。

（4）服务小微企业比重大。调查结果显示，小额贷款公司融资小微企业或农户的比例是浙江省金融机构中最高的，小额贷款公司使资金真正流向需要资金的小微企业、个体工商户和农户，既促进了小微企业的发展、扩大了就业，也切实服务了实体经济。

（二）村镇银行

1. 基本情况

村镇银行就是指为当地农户或企业提供服务的银行机构。区别于银行的分支机构，村镇银行属一级法人机构。目前，浙江省农村只有三种金融主体：一是信用社；二是只存不贷的邮政储蓄；三是中国农业银行的分支机构。农村的金融市场还处于垄断状态，没有竞争，服务水平就无法提高，农民的贷款需求也无法得到满足。村镇银行，是对农村金融机构的有效创新发展。

2. 典型案例

温州从 2009 年开始先后建立了 6 家村镇银行，它们分别是永嘉恒升村镇银行、苍南建信村镇银行、乐清联合村镇银行、浙江文成北银村镇银行、浙江泰顺温银村镇银行和浙江平阳浦发村镇银行股份有限公司。表 11 -9 报告了这几家村镇银行具体的股权结构情况。目前，村镇银行网点相对较少，6 家分别位于永嘉、乐清、苍南、文成、平阳、泰顺几个县市。而且可看出，分布地区涉及温州相对贫困的县，如文成、泰顺、苍南等地。主要特征如下：

表 11 -9　　　　　　　　温州市村镇银行的股权结构

村镇银行名称	开业日期	注册资本	主发起人出资额及股权占比	其他股东股权占比
永嘉恒升村镇银行	2009 年 4 月 21 日	19800 万元	瓯海农村合作银行出资 7000 万元，占 35.35%	永嘉县农村信用联社占 5.05%，21 家永嘉、瓯海企业共占 59.6%
苍南建信村镇银行	2009 年 5 月 26 日	15000 万元	中国建设银行股份有限公司出资 5250 万元，占 35%	24 家企业共占 65%
乐清联合村镇银行	2010 年 5 月 18 日	20000 万元	杭州联合农村合作银行，出资 8000 万元，占 40%	13 家企业共占 60%
文成北银村镇银行	2011 年 4 月 21 日	5000 万元	北京银行出资 2000 万元，占 40%	其他股东股权占比 60%
平阳浦发村镇银行	2011 年 5 月 31 日	10000 万元	上海浦东发展银行出资 5100 万元，占 51%	13 家企业共占 49%
泰顺温银村镇银行	2011 年 6 月 29 日	5000 万元	温州银行出资 2495 万元，占 49.9%	9 家企业共占 51.1%

资料来源：本课题组整理。

（1）温州村镇银行设立于各个乡镇，其金融服务对象主要是"三农"和小微企业，而这一块内容是国有商业银行很少涉及的领域，因此，设立村镇银行正好可以弥补温州乡镇地区的金融空白。

（2）较之其他商业银行，村镇银行的设立门槛比较低。按照中国银监会的有关规定，在县（市）设立村镇银行，其注册资本不得低于300万元人民币；在乡（镇）设立的村镇银行，其注册资本不得低于100万元人民币。温州金融改革中还加入了符合条件的小额贷款公司可以转制成为村镇银行的政策，在政策上放宽了村镇银行的准入机制。

（3）温州村镇银行具有决策链条短、信贷审批和发放贷款快、经营机制灵活等优势；且村镇银行的贷款定价灵活，利率一般较低，往往依据客户的资信情况制定不同的贷款利率。

（4）温州村镇银行自2009年成立以来虽然发展迅速，但是，作为新型的农村金融机构在温州还仅仅只有6家，公众认同度不高，品牌效益一般。此外，由于起步不久，村镇银行的服务内容也非常有限，很难与国有商业银行进行竞争。基于这两个因素导致了村镇银行吸储非常困难，加上贷款利率低，其资金主要来源于高利率的同业拆解和发起行借款，进一步制约了村镇银行的盈利能力。

3. 模式总结

村镇银行作为一种新型的农村金融机构，自成立以来，以其独特的经营机制、市场化运作、高效率的贷款审批等优势较好地满足了农村多元化的金融需求。村镇银行在中国发展十分迅猛，主要原因在于其自身具备的优势。一是村镇银行的独立法人机构制度。与国有大型银行相比，村镇银行的优势在于作为独立的法人机构，市场目标准确定位于"三农"、中小微企业，立足本土，做小做细，机制灵活；办理业务流程短、快；擅长做小企业、小客户，等等。二是村镇银行灵活的贷款方式。跟大型银行比效率高，贷款灵活，在贷款时主要参考的就是贷款者的人品和还款能力，大银行就不可能这么容易贷款了。另外，大银行眼光高，喜欢大客户，二三十万的贷款，他们不放在眼里，但对于村镇银行来说，这已经是黄金客户了，村镇银行十分愿意接待小客户。

三　混合创新

（一）典型案例1："桥隧模式"

"桥隧模式"由浙江大学金雪军研究团队创立，主要是针对具有高价值和高增长潜力的中小企业，提出的一种创新型的贷款担保运作模式。该模式区别于传统模式，即在担保公司、银行和中小企业三方关系中导入了第四方（业界投资者，包括风险投资者和上下游企业），从而架通了信贷市场与资本市场。在新型的贷款担保模式下，将能实现四方共赢：对于业界相关者而言，他能够以较低的价格获得具有较好价值潜力的目标公司；对于企业而言，在财务困难时与其破产清算而流失企业价值，还不如出售或稀释股权来尽可能减少现金流问题对企业价值的损害；对于银行，业界相关者的介入为其降低了交易成本，减少坏账发生的概率；而担保公司则因存在业界相关者的或有介入，从而降低了其所承担的代偿风险，有利于其争取与银行开展业务，并有利于改善与银行合作时的条件，最后还可能扩大其资本金的担保放大倍数，提高担保公司业务发展的空间。

（二）典型案例2："路衢模式"

"路衢模式"是"桥隧模式"的衍生与发展。所谓"路衢模式"，简而言之，就是形象地将各种金融资源（担保、信托、投资）、各个市场主体（担保公司、信托公司、银行证券业、中小企业、投资者等）和政府主体间通过四通八达的网络连接起来，在原有"桥隧模式"的基础上，构建起条条大路、座座大桥，为中小企业融资提供有效地途径。2008年9月，杭州西湖区政府和中新力合担保有限公司合作，推出了首只小企业集合信托债权基金——"平湖秋月"，标志着"路衢模式"的首次实践。之后，各地纷纷仿效，积极通过"路衢模式"解决中小企业融资问题。

（三）模式总结

"桥隧模式"、"路衢模式"，集合了多方的力量，在融资方式上打破"点"的效应，努力实现面上，甚至是网状多方合作的效益，浙江省首只小企业集合信托债权基金的发行，标志着我省在中小企业融资上的又一伟大创新尝试。传统银行业务模式，加之不对称的中小企业信息体系，制约了中小企业融资的发展需要，以阿里巴巴网络联保等为代表的互联网金融创新模式，打破了传统银行信贷对中小企业实物征信的要求，打破了狭小的地域限制，取得了突破性的进展，但同时对网络安全提出了更高的要求；以涌金仓储为代表的金融仓储模式，盘活了中小企业动产资源，但中国金融仓储业正处于初始阶段，不论是业务标准流程还是责任约束机制都有待进一步完善；以小额贷款公司、村镇银行为代表的融资平台发展壮大，以及其他混合创新模式，拓展了中小企业融资的渠道和平台，为浙江省中小企业融资服务开辟了新思路，将为解决我省中小企业融资难问题起到重要的作用。

随着互联网金融的发展以及浙江省中小企业科技含量的提高，中小企业融资渠道将逐渐打破原有的方式，实现网络化、联合化、专业化，浙江省中小企业融资难问题将有所缓解，中小企业融资创新模式将有更多的形式，更大的发展。

第三节　丽水农村金融改革

一　丽水农村金融的相关背景

丽水作为"九山半水半分田"的农业大市，全市农业人口约210万，占全部人口数的80%左右，地形以山区为主，居住相对分散，路途遥远。多年来，由于体制、机制和政策等多重因素的制约，丽水全市农村金融服务配套设施不齐全，供给不足。丽水发展长期存在"两大两难"问题，即三农需求大、融资难和城乡差距大、普惠难的问题，村镇小微企业由于缺乏足够及有效的抵押物，再加上银企双方信息不对称，导致小微企业贷款难，小微企业想发展也没有足够的资金供给，导致企业无法做大规模，进而制约了丽水的经济发展。

2012年3月30日，中国人民银行、浙江省政府联合印发了《关于在浙江省丽水市开展农村金融改革试点工作的通知》，决定在丽水市进行农村金融改革试点工作。同年5月17日，中国人民银行、浙江省人民政府联合印发通知，决定在丽水市开展农村金融改革试点工作，并同意实施《丽水市农村金融改革试点总体方案》。丽水市成为全国首个经央行批准的农村金融改革试点地区。其目的是通过完善农村金融制度，为广大山区探索出一条可持续发展、可供复制、改善农村金融服务的适合农村金融发展之路，解决了农村的金融难问题，促进农村农业发展和农民增收。

二 丽水农村金融改革的过程及内容

丽水金融改革早在2006年就已起步，丽水在农村金融改革中，创新性地提出"信贷支农、信用惠农、支付便农、创新为农"四大金融支农工程。目前，已经形成了"丽水模式"，其建立的"银行卡助农取款服务、农村信用体系建设、林权抵押贷款"等金融组织创新模式取得了显著的效果，并且对中国农村来说具有借鉴意义（见表11-10）。

表11-10   丽水市金融改革的动向

时间	改革过程及内容	结果
2006年	丽水市通过开展"林权抵押贷款"业务，通过"多平台建设、多机构参与、多品种覆盖"的方式推进林权抵押贷款工作，建立一整套完整的贷款制度体系，建立多个中心、机构参与，并且根据信贷需求特点创新推出三种林贷新模式	改革措施实施后效果明显，截至2012年4月，丽水已累计发放林权抵押贷款7.25万笔，金额50.55亿元，贷款余额26.62亿元，居浙江省首位，惠及林农20余万，形成了具有特点的"丽水模式"
2009年	建立完善的农村信用体系，挨家挨户上门收集信息，根据评价标准对农户进行信用等级评价，通过公示接受群众监督，并且建立农户信用信息管理系统，建成统一的为金融机构服务的信息平台	截至2012年第一季度，全市行政村信用评价面达到100%，农户信用评价面达到92%。为解决农村金融提供了信用依据
2010年	在全国率先开展"银行卡助农取款服务"创新工作，指导辖区涉农银行机构在行政村指定商店设立服务点，布放专用POS机，通过刷借记卡让农民就近支取养老、医疗等涉农补贴资金，享受最急需最基本的支付结算服务	截至2012年年底，全市2114个助农取款点累计办理小额取现1亿多元，惠及130余万农民。解决了农村居民小额取现难的问题

资料来源：本课题组整理。

从2006年开始，丽水市率先开展林业投融资改革试点，通过开展"林权抵押贷款"业务，使林农手中的林权证成为农民进行贷款的依据。丽水市以"多平台建设、多机构参与、多品种覆盖"的方式推进林权抵押贷款工作。多平台建设，在丽水全市范围内建立多平台机构，形成一整套完善的贷款担保体系。多品种覆盖，根据辖区林权结构和农村信贷需求的不同推出不同的贷款模式，目前，包括林农小额循环贷款、林权直接抵押贷款、森林资源收储中心担保贷款三种林贷新模式。

2009 年，在中国人民银行丽水市中心支行的牵头推动下，建立了较为完善的农村信用体系，有效地推进金融支农工作、破解农村金融难题。截至 2012 年第一季度，全市行政村信用评价面达到 100%，农户信用评价面达到 92%。

2010 年，中国人民银行丽水市中心支行报经总行批准，在全国率先开展"银行卡助农取款服务"创新工作，银行在每个行政村指定商店设立服务点，分布专用 POS 机，通过刷借记卡让农民可以直接就近领取养老金、医疗等涉农补助，解决了农民必须长途跋涉去镇上银行网点取钱的困难。2012 年，丽水市着力推进助农取款服务点建设，全面实现农村各种涉农补贴发放和缴费"一卡通"，并将银行卡助农取款服务点与村邮站建设、农村地区社保卡发放相结合。

2012 年，中国首个农村金融改革试点首选在丽水。5 月 17 日，丽水市举行农村金融试点改革推进会并提出了"八大体系"：创新农村金融组织体系、丰富农村金融产品体系、强化金融惠农政策体系、健全农村金融市场体系、完善农村社会信用体系、搭建金融服务平台体系、改进农村支付服务体系和优化农村金融生态体系。同时解决了金融服务的供给问题，使得创业的农民能够快速有效地获得金融机构的资金支持，为发展农村经济提供了一定的有利条件。此外，丽水市还制订计划，加快农村金融体系的建设，创新更多适合农村发展需求的信贷模式，扩大抵押担保物的范围，在最大程度上帮助农民获得贷款；并且，也出台相应的政策措施为实行农村金融改革提供良好环境，引导民间借贷向良性发展。

2014 年，在丽水农村金融改革两周年之际，对于下一步丽水农村金融改革有五大重点内容，包括推进"三权"抵押贷款创新、推进"三个平台"建设、推进"四信"建设、推进"四级"担保组织体系建设和推进外汇管理五大亮点创新。

三　丽水农村金融改革的成效

丽水市农村金融改革试点的成立以及不断推出的各种农村金融创新，向外界传递了中国农村金融改革的前进方向。丽水农村金融改革的成功也为全国的农村和农民提供了改革方向，为农村发展提供新的思路。

在两年的试点中,丽水着重做大做强了"三权"抵押贷款、农户信用等级评定和打造农村金融服务站这三大金融支农工程。截至 2014 年第一季度末,全市"三权"(林权、土地流转承包经营权和农村住房财产权)抵押贷款余额 45.51 万元,惠及 20 多万农民;全市累计办理小额取现 80.87 万笔,金额 2.25 亿元,惠及 130 余万农民……在浙江丽水农村金融改革试点两周年之际,一系列可喜的数据标志着丽水在做实做大普惠金融、加强金融对"三农"支持的探索上取得了阶段性的成果。

林权抵押贷款改革开始于 2007 年,丽水在市县两级建立了以林权管理中心、森林资源收储中心、林权交易中心和森林调查评价机构为主要架构的"三中心一机构"服务平台,创新设计了林农小额循环贷款、林权直接抵押贷款和森林资源收储中心担保贷款等多种贷款方式,建立了从林权评估、登记、抵押担保到发生不良贷款处置的一系列制度机制,形成了林权抵押贷款"丽水模式"。在此基础上,丽水积极推进土地流转承包经营权和农村住房财产权抵押贷款试点,初步构建了较为完整的农村产权融资体系。

在农户信用等级评定方面,截至 2014 年第一季度末,丽水全市已成功创建市级信用村(社区)711 个,信用乡(镇、街道)23 个,省级信用村(社区)22 个,信用乡(镇、街道)8 个,评定信用农户 37.99 万户。并在此基础上,积极引导涉农金融运用农户信用等级评价结果,共有 25.74 万农户累计获得 261.46 亿元贷款,信用农户贷款覆盖面同比增长 29%。

在支付结算体系上,丽水在全国率先打造集小额取款服务站、反假币工作站、金融消费权益保护站、农户基本信用信息采集服务站、金融宣传工作站和"三农"融资服务站六位一体的多功能农村金融服务站,为广大农民提供小额取现、代理转账、协办证券保险和农户贷款业务等"一站式"金融服务。目前,丽水全市已组建 2010 家农村金融服务站,实现农村地区全覆盖,农民享受基本金融服务不出村。

下一步,丽水将突出推进农村产权抵押融资创新、促进农村金融市场竞争两条主线,进一步完善农村基础金融服务体系建设,全面提升农村金融服务水平,重点推进五大工程。

第四节　互联网金融的发展

互联网金融，顾名思义，就是利用网络、通信等一系列现代信息科学技术实现资金融通的一种新兴金融模式。在此种模式下，市场信息不对称程度大大降低，供需双方的资金能够通过网络直接对接，同时减少交易成本。

目前，中国在互联网金融模式方面主要有以下几种：一是央行第三方支付牌照的陆续发放；二是 P2P 网络贷款平台的蓬勃发展；三是众筹模式的兴起；四是以阿里巴巴小额信贷、苏宁易购为代表的大数据金融模式。

一　第三方支付

所谓第三方支付，就是具备一定实力和信誉保障的非银行金融机构，采用与产品所在国家以及国外各大银行签约，实现资金转移和网上支付结算。在通过第三方支付平台的交易中，买方选购商品后，使用第三方平台提供的账户进行货款支付，由第三方通知卖家货款到达、进行发货；买方检验物品后，就可以通知付款给卖家，第三方再将款项转至卖家账户。典型的第三方支付模式可以分为：

（1）互联网型支付模式。以在线支付为主，捆绑大型电子商务网站，迅速做大做强，如支付宝、财付通为首的互联网型支付企业。

（2）金融型支付模式。侧重行业需求和开拓行业应用，以银联商务、快钱、汇付天下、易宝、拉卡拉等为首的金融型支付企业。

（3）第三方支付公司为信用中介。以非金融机构的第三方支付公司为信用中介，类似银联商务、拉卡拉、嘉联支付这类手机刷卡器产品，如乐富支付向广大银行卡持卡人提供基于 POS 终端的线下实时支付服务，并向终端特约商户提供 POS 申请/审批、自动结账/对账、跨区域 T＋1 清算、资金归集、多账户管理等综合服务。

根据中国人民银行第三方支付管理部门统计资料，截至 2013 年 7 月，完成第三方支付牌照公司名单，共计 7 批 250 家公司。另据 2013 年中国电子商务研究中心监测数据，中国第三方支付市场规模已达 16 万亿元。

二 P2P 网贷

P2P 是英文 Peer to Peer Lending 的缩写。网络信贷起源于英国，随后发展到美国、德国和其他国家，P2P 模式通过互联网点对点的方式完成借贷连接，即网络信贷公司提供平台，借款人在平台发布借款需求，投资人通过投标的方式给予借款人贷款；资金借入人到期偿还本金，网络信贷公司收取中介服务费。

自 2007 年第一家 P2P 网络贷款平台拍拍贷成立以来，P2P 网络融资呈现交易规模日益放大、影响范围逐渐广泛的发展态势。中国电子商务研究中心的数据显示，目前，中国规模以上 P2P 平台超过 200 家，2013 年贷款规模超过 600 亿元，比去年实现翻番（见表 11 - 11）。按目前的发展态势，预计 2014 年总成交量将超过千亿，甚至接近 2000 亿元。

表 11 - 11   2007—2013 年 P2P 网络贷款规模

年份	贷款规模（亿元）	年增长率（%）
2007	0.2	—
2008	14	69.00
2009	46	228.57
2010	140	204.35
2011	158	12.86
2012	300	89.87
2013	600	100

资料来源：中国电子商务研究中心，http://www.100ec.cn/。

三 众筹

众筹（crowdfunding）一词起源于美国，又被译作"群众集资"或"群众募资"，指的是普通大众以互联网为平台，集中个体资金用来支持某个项目或组织。众筹的雏形可追溯到 18 世纪，当时，欧洲很多文艺作品都是依靠一种叫作"订购"（subscription）的方法完成的。例如，莫扎特、贝多芬采取这种方式来筹集资金，完成自己的作品。他们先去找订购者，这些订购者提供资金，当作品完成时，订购者会获得一本写有他们名字的书，或是协奏曲的乐谱副本，或者可以成为音乐会的首批听众。类似的情况还有教会捐赠、竞选募资等。众筹即利用互联网和 SNS 传播的特性，让小企业、艺术家或个人对公众展示他们的创意，争取大家的关注和支持，进而获得所需要的资金援助。

表 11 - 12　　　　　　　　　国内外主流众筹平台

众筹平台	特点
Kickstarter	最为著名的美国众筹网站之一，专注于美国本土项目，历史上曾经帮助过数个明星项目的成立。该平台只提供给那些具有创造力的项目进行，例如一个特定的电影、设备、书籍的制作，大多数以捐赠形式或者一些小礼品来回馈给投资者
Indiegogo	较为著名的国际众筹网站，涉猎面更广但是资助者较 Kickstarter 少，这可能是由于其面向全球的缘故。平台上的项目较多地偏向于捐赠性质，同时由于没有采取"全得或全失"的模式，出资方的时间紧迫感较少因而更易于发生未筹满的情况，而且在此情况下仍需要支付允诺的款项
点名时间	国内最大众筹平台，主打科技新硬件的综合类众筹网站
追梦网	创意计划众筹平台和点名时间一样，最早开始涉足众筹的国内网站，偏向文化创意项目的综合类众筹网站
淘宝星愿	首页原名"淘宝众筹"，上线作为淘宝的一个子页面，2014 年 3 月底更名为"淘宝星愿"，原为面向名人的众筹平台，现已向所有人开放项目发起
众筹网	后起之秀，目前发展得不错
淘梦网	最大的微电影众筹平台，专注支持电影梦想
乐童音乐	专注音乐

资料来源：本课题组整理。

相对于传统的融资方式而言，众筹方式更为开放，能否获得资金也不再是由项目的商业价值作为唯一标准。只要是网友喜欢的项目，都可以通过众筹方式获得项目启动的第一笔资金，为更多小本经营或创作的人提供了无限的可能。近几年来，众筹在国外迅速壮大。除了作为一种融资途径外，很多科技企业甚至用众筹作为它们市场营销的手法。例如，谷歌曾通过众筹开发网站的新字体，虽然只筹得 3000 美元，但该公司首席经济学家哈尔·瓦里安（Hal Varian）认为，众筹是测试消费者需求的一种良策。此外，他还认为，众筹非常适合那些创造知识产权的行业。

四　大数据金融

电商企业通过大数据应用积极拓展互联网金融，主要包括以阿里金融为代表的阿里信用贷款、以淘宝（天猫）贷款等微贷产品和以苏宁易购为代表的供应链模式。阿里小贷利用淘宝、天猫电商平台积累的大数据信息，形成了网络信用评价体系和风险控制计算模型，并据此向网络商户发放贷款。以苏宁、京东为代表的供应链金融依托海量交易数据，通过与银行等机构合作，对产业链中的上下游企业提供融资服务。

（一）典型案例1：阿里信用贷款

阿里信用贷款是阿里推出的针对小微企业的一款无须抵押、担保的纯信用贷款产品，主要适用于成长性较好、无不良记录、资金流动性强且近12个月总销售额不小于100万元的小企业主和个体工商户。

阿里信贷采用多种审核相结合的方式，包括线下与线上、数据与实际考察相结合的方式对申贷企业的信用加以考察。考察并非仅通过数据，还要委派专业第三方机构考察企业的经营状况、财务指标和非财务评价指标，包括现场会谈及实地考察，还包括外访资料收集以及电话与企业沟通确认。贷款放款时打入企业法人个人账户，使得企业信用与个人信用相结合，增加了信用可靠度。

阿里贷款的额度没有固定的标准，一般根据企业的整体经营状况、诚信指数等综合考量。贷款额度为2万—100万元，期限12个月，一般以等额本息方式还款。

（二）典型案例2：淘宝、天猫贷款

淘宝、天猫贷款主要针对淘宝及天猫商城的店主而开设的小额贷款，帮助中小微企业解决周转资金融资难题。整个审核环节都通过网络完成，借贷方提出申请后，系统自动根据商铺的交易量、退款率、交易的稳定性以及是否有被淘宝处罚等综合评价是否符合申贷条件。审核通过后，系统会显示申贷金额，申贷者还需填写相关信息，线上签订贷款合同，此时系统会显示每阶段要还款的金额、还款方式以及还款期限。最后，阿里小贷公司直接将款项打至借款人支付宝账户。而贷款的方式也分为两种：

（1）订单融资贷款。申请借款、审批、放款、还款均在网上实现，订单的周期在几天到一个月内，订单日利率0.05%，单笔最高贷款金额为100万元。在风险控制上，订单金额的95%作为贷款上限额度，避免过度放贷；期限在一个月，符合金融理论中贷款周期越短风险越小的观点；订单的相关交易及信用数据实现网上全监控，有利于控制资金风险。

（2）信用贷款。提供给淘宝店主或天猫商户，无须抵押、担保，仅凭店主或商户的信用向阿里小贷申请的贷款模式。根据申请人资信水平、授信风险及信用需求等缺点授信额度，授信额度 5 万—100 万元，日利率 0.06%，贷款以 80% 和 20% 的比例分发到借款人的银行卡和支付宝账户上，贷款期限内可以循环使用，周期 6 个月。在风险控制上，既关注店主或商家网上交易与信用记录，也关注线下情况；资金分发到银行卡和支付宝账户，也是一种分散风险、加强资金流向监管的措施；根据借款人网上交易量、交易额以及网上好评率等确定借款人信用等级，进而确定放贷的最大额度。

（三）典型案例 3：苏宁易购

苏宁云商已将线上线下供应链、服务链整合打包，通过三年时间，实现了产品、支付、物流、服务和金融五大电商产业链布局，最快实现了传统零售业的网上布局。以供应链融资为基础，推出"苏宁小贷"金融业务，凡是苏宁经销、供销商均可以"结算单应收账款"作为抵押物进行融资贷款，最高单笔融资额可达 1000 万元。主要有以下几种形式。

（1）开展保理业务。与交通银行、中国银行、光大银行、花旗银行、渣打银行、汇丰银行等国内外多家银行合作，是国内开展电商金融业务覆盖银行数量最多的电商平台。2012 年，苏宁"银行保理"业务成交量超过 30 亿元。

（2）成立小额贷款公司。苏宁香港子公司与其关联方苏宁电器共同出资设立"重庆苏宁小额贷款有限公司"，帮助小微企业解决融资问题。

（3）形成第三方支付支持。2012 年 7 月，苏宁易付宝正式获得央行颁发的第三方支付牌照，为苏宁电器与苏宁易购线上线下融合发展提供金融支持。

（4）筹建苏宁银行。苏宁以完成 suningbank、sunanbank 等相关域名注册和苏宁银行有限公司的工商注册，为下一步发展打下基础。

第十二章

中小企业电子商务专题研究

信息化是继工业化之后世界经济的又一场革命，是当今世界经济和社会发展的大趋势。随着信息化程度的深入和信息技术的快速发展，电子商务在经济生活中的地位越来越重要，企业信息化是电子商务的基础，电子商务是企业信息化建设的最终实施目标。大力发展电子商务，推进企业信息化进程，支持企业运用现代信息网络技术开展跨境电子商务的国际合作和交流，对于中小企业的发展至关重要。本章首先对中小企业信息化建设的现状及问题予以梳理与归纳，并在此基础上引出电子商务概念，揭示信息化与电子商务的关系，并进一步论述中小企业电子商务现状及未来趋势。由此引入跨境电子商务概念，揭示中小企业未来全球跨境交易的新渠道，希望这些分析对于中小企业具有借鉴意义。

第一节　中小企业信息化建设及发展

一　中小企业信息化建设的战略意义

信息化的概念，最早由日本社会学家梅悼忠夫 1963 年在其《论信息产业》一文中提出，随后在工业经济和信息技术的推动下，信息化概念在不同领域得到应用和研究。其中，企业信息化研究更受到政府及专家学者的关注。

在中国，为了解国内中小企业的信息化现状以及对信息化的需求，国家发改委中小企业司于 2007 年组织《每周电脑报》、《中国中小企业》杂志社、中国中小企业信息网联合开展了中小企业信息化状况调查活动。调查结果显示，60.8% 的中小企业设置有专职信息化建设和运行部门，说明信息化建设工作已经在企业中提到了重要高度。而且其中有31%的企业由首席信息官或副总经理主管信息化工作，39%的中小企业专门设置了信息化部门经理专职管理企业信息化工作。由此可见，中小企业已充分认识到信息化对企业发展的重要作用。

中小企业信息化是一个特别宽泛的概念，不同领域有着不同的理解。近年来，中国经济发展迅速，企业信息化建设逐步深化和推进，对于中小企业信息化的认识和理解也在不断加深，以此为基础，逐渐形成了比较完整规范的中小企业信息化的定义，实质上就是中小企业利用计算机、网络、通信和软件等现代信息技术和设备，实现企业的办公管理、资金运用、生产流程、市场营销、对外宣传等业务全程数字化，并且在各个业务领域取得一定的效益，从而来提高自身管理水平，增强企业核心竞争力。这是由中小企业的规模不大、资金短缺等特点决定的。

中小企业信息化的建设，将使其在专业化能力和自身市场竞争力方面得到提升，从而缩小其与市场之间的距离，加大其与国际国内市场的开拓力度，促进产业结构调整进而转变经济发展方式，这对于提高国民经济整体发展水平具有十分重要的作用。中小企业信息化建设的战略意义主要表现在以下几个方面：

第一，提升中小企业的市场开拓力和竞争力。中小企业的规模较小，对市场信息的反应较为快速，进入退出市场机动性较强，与生俱来就有灵活性与适应性的特点。中小企业信息化无疑为它们这种优势的发挥提供了良好的技术平台和环境基础。中小企业可以更全面快捷地搜集市场信息，提高销售预测的精准度，提高市场占有率和销售额。中小企业还可以通过大数据的分析了解客户的需求，不断获得新客户，并改进对客户的服务流程，从而提升企业的竞争力。

第二，降低中小企业的内外交易成本。中小企业信息化的建设，一方面在企业内部建立网络、数据库和各类信息管理系统在内的信息化工作平台，实现办公无纸化，减少开支，提高成本核算准确度。另一方面通过信息资源的共享、电子数据交换、电子商务等技术能够高效整合企业内外部的信息，实现生产销售一体化，降低库存，减少运作成本，提高投资回报率。还可以通过建立营销网络，提高企业对外的知名度。这能使决策的失误降低，大大提高决策的正确性。

第三，提高决策质量，改善决策机制。根据中国中小企业的现状调查可知，中小企业在中国由于决策权力过于集中，因此在决策制度上存在很多缺陷。例如家族管理模式中，决策权力属于过度集中。所以，很多现实中的决策管理问题急需以科学化的管理手段来解决。通过信息技术的运用，能有效地为决策者提供信息，有利于提高决策的质量，降低企业决策风险，从而实现科学管理。

第四，提高员工素质，促进组织结构优化。信息系统的运用能加强员工之间的沟通，提高工作效率和协作能力，使得员工的工作积极性和主观能动性被充分调动起来。同时，员工也可以利用信息平台进行学习与培训，掌握新动态，认识新事物，提高自身的素质。员工的能力得到完善后，将淡化部门之间的界限，使组织结构从金字塔型向扁平型转变，加快了信息在企业中的流动，从而提高了企业应对外界变化的灵敏度。

第五，实现国家信息化战略。据统计，2013 年中国中小微企业占全国企业总数的 99.7%，其中小微企业占 97.3%，提供城镇就业岗位超过80%，创造的最终产品和服务相当于国内生产总值的 60%，上缴利税占50%。中国发明专利的 65%、企业技术创新的 75% 以上和新产品开发的80% 以上，都是由中小企业完成的。可见，中小企业的信息化程度直接影响着整个国家的信息化建设和经济社会的稳定发展。国家实现信息化的过程中，中小企业的信息化起着很重要的作用，加快中小企业信息化有利于早日实现国家信息化的战略。

二　中小企业信息化建设现状及存在问题

中小企业是促进就业、改善民生、发展经济的基础力量，是构成市场经济主体中数量最大、最具活力的企业群体，已经逐渐成为国民经济的支柱，中小企业信息化之路也是中国国民经济信息化建设的重要支撑主体。中国企业信息化建设从 20 世纪 70 年代开始起步，90 年代步入迅速发展时期，2000 年以后，中小企业信息化建设逐步从单机应用阶段或局域网应用阶段转向更高层次的系统应用，许多中小企业根据自身发展的需要，成功构建了企业信息管理系统，通过宽带主干网接入互联网，有些还开展了电子商务业务。

根据工业和信息化部的统计资料，2013 年共有 11 家大型电信运营商、信息化服务商和专业服务机构参与了中小企业信息化推进工作。据不完全统计，这些企业和机构在全国建立的分支服务机构有 2279 个，配备的专业服务人员达 9.5 万人，同时，通过信息化服务平台，凝聚了 60 多万家专业合作伙伴。近年来，为开展中小企业信息化服务投入的资金累计达 29.2 亿元，2013 年投入的专项资金达 10.6 亿元。2013 年开展的线上线下培训活动 18000 多场，参加培训 135 万人次；开展应用推广和中小企业信息化推进活动 56000 多场，参与人数 1200 多万人次。

为更好地推动信息化和工业化相结合，2014 年 5 月，工业和信息化部中小企业司司长在中小企业信息化服务信息发布会上强调，中小企业信息化推进工作要严格按照《促进信息化与工业化深度融合专项行动计划（2013—2018）》的总体部署，认真落实国务院《关于促进信息消费扩大内需的意见》，依托中小企业信息化推进工程，组织实施中小企业两化融合能力提升行动，积极推动中小企业信息化服务平台建设，探索应用互联网、云计算等信息技术，全方位支持中小企业特别是小微企业的创新发展，努力开创中小企业信息化推进工作的新局面。

尽管社会各界对中国中小企业信息化的建设充满了期待，但这是一个漫长而又艰辛的过程，在这个过程中还面临着来自观念、资金、人才、物资等方面的问题与挑战。通过调研与分析，可以将当前中小企业信息化建设中存在的问题归纳为以下几个方面：

第一，存在错误观点，认识不到位。现在经营、管理、销售模式老套的中小企业仍占绝大多数，那些经营者采用的是传统的思想理念，他们没有意识到当今快速发展的信息技术，也没有体会过信息技术带来的经济效益。此外，有一部分中小企业经营者已经意识到了信息化建设的重要性，但是，由于认识上的不到位，虽然企业开设了自己的网站，用上了各种信息管理系统，最终还是因为管理操作上的不当而未能给企业带来经济效益。同时，中小企业中的很多员工对信息化的认识仅仅停留在处理文件、上网聊天、游戏的层面，并没有深入客观的认识，导致部分员工缺乏工作动力，不关心企业的信息化建设，长此以往就会影响企业信息化发展的进程。

第二，需求观念模糊，分析不够系统准确。大多数中小企业的业务繁多，常常没有足够的人力物力，企业领导者一方面对繁重的业务流程难以全面分析，另一方面又缺乏对信息技术的了解，所以，难以概括企业对信息系统的具体要求，这就导致软件开发商进行盲目开发。此外，也有些中小企业的需求观念模糊，在目标不明确的情况下盲目仿造他人的系统，最后因为不适用而造成巨大损失。同时，当前软件市场品种繁多，令人眼花缭乱，这也使得企业往往无从下手，选择上的失误将会制约中小企业未来的发展。

第三，建设成本过高，资金投入缺乏。2012年3月21日，中国复旦大学管理学院对外发布了一个对中小微企业成长指数的研究报告，报告显示，现阶段中国的中、小、微企业共有1300万个之多，这些企业在盈利方面压力比较大，生存的现实状况大多不太乐观。况且，中小企业在前期花钱购买信息系统后，后期还要根据企业的功能需求不断改进与维护，这是一项长期工程，需要人力、物力和资金的投入与支持，据统计，企业信息化系统每年的维护费用占整个系统建设费用的10%—20%。因此，解决资金不足问题是实施中小企业信息化的前提条件。

第四，信息人才缺失，软件开发滞后。中小企业信息化的建设成本较高且周期较长，信息化需要一批专业人员去建设、操作、维护和更新。但实际上，中国除了一些新兴的科技型中小企业外，大部分中小企业内部没有专门的IT部门，或IT部门力量薄弱，信息技术人才水平不高或人员不够，尤其是既懂技术又懂管理的复合型人才更少，人才瓶颈问题突出，这为中小企业信息化的建设、实施与应用带来了很大障碍。

第五，政策支持力度不足，环境保障薄弱。企业的发展离不开政府的支持，起步较晚、基础薄弱的中小企业更需要政府的帮扶。国家对于新出现的信息平台贸易还未建立起严格的法律制度，信息安全保障系统不完善。2004年，中国实施了《中华人民共和国电子签名法》，首次明确可靠的电子签名与手写签名或盖章的法律效力是同等的，但这只是一个开始，相关的配套措施还有待进一步完善。此外，当前的外部社会环境也比较滞后，网络传输速度慢、在线成本高、服务质量差等问题突出，社会经济秩序不规范，有形市场尚不完善，网上营销缺乏配套的信息系统、物流系统、支付系统和信用安全保障系统。

三　中小企业信息化建设的发展前景及对策

中小企业要想发展，其信息化的建设刻不容缓，面对以上问题，企业、社会、政府应当采取积极措施从观念、管理模式、人员、政策等方面进行应对：

第一，强化企业信息化观念。中小企业要重视信息化的建设，转变传统的管理销售观念；经营者要深刻理解信息化的内涵，简单地说，企业信息化包含了综合集成、信息共享与智能决策三个方面的内容。此外，经营者也要充分认识到信息化建设对企业的重要性，认识到信息化管理将有助于减少企业层次，增强信息在企业间的流动，提高决策的质量。在对外销售方面，电子商务的运用将是大势所趋，客户关系管理也被更多的人所重视。经营者必须重视信息化建设项目，对项目的高度重视和正确决策是推动信息化建设向前发展的关键因素，中小企业要紧紧围绕以效益为中心，采取阶段发展、逐步推进的办法，最终实现全面信息化。

第二，建立与信息化相适应的管理模式。中小企业信息化的建设必然要求企业转变原有的组织结构与管理模式，通过业务流程重组，将从上而下的金字塔型管理系统进行扁平化、内部网络化。此外，企业信息系统平台的投资与建设应当与组织的设计紧密结合，并根据实际情况制订企业信息化的分期分阶段实施计划，确立每期每阶段的任务和目标，形成配套体系，使企业内部信息传递更为便捷，管理者与员工、部门与部门之间的沟通更为直接。从国内外中小企业信息化实施的经验来看，业务流程重组、转变相应的管理模式是中小企业信息化进行到一定阶段时必不可少的步骤。

第三，加大信息化投入及人员培养力度。要想跟上信息化时代，中小企业就必须加大在信息化建设方面的投入，尤其重视对员工素质和技能的培养，通过外部人才引进和内部人员培训的方式，解决信息化人才瓶颈问题。除了人才问题，中小企业还必须学会用战略的眼光来看待信息化建设，尽最大可能加大信息化建设所需资源的投入，同时也要进行合理规划，做有针对性的投入。

第四，政府加强支持与引导。企业的发展离不开政府的支持，由于中小企业起步较低，基础薄弱，在实践中其发展一直受到规模的限制和资金缺乏的影响，所以更是需要政府的扶持与引导。在当前信息化背景下，政府应当营造宽松的政策环境，推动中小企业信息化的良性发展；通过社会信息化的进步促进产业信息化的发展，以此来减少信息不对称；建立信息咨询服务机构，为中小企业提供政策、技术及人才等各方面的信息服务，以增强中小企业的竞争能力和市场适应能力。

第五，设立企业网站，重视电子商务。企业信息化是电子商务的基础，电子商务是企业信息化建设的最终实施目标。信息技术的发展，极大地拓宽了中小企业的销售渠道，使得中小企业可以通过互联网在全球销售产品和服务，减少了交易成本，中小企业之间可以通过信息化平台而更为紧密地联系在一起，由电子商务发展而来的 B2B、B2C、C2B、C2C、O2O等电子商务模式也为中小企业带来了巨大的利益，由此，信息化建设已成为中小企业提高自身竞争力的有效途径。因此，中小企业想要长期发展，搞好信息化建设，有条件的必须设立企业网站，重视电子商务。

通过采取以上措施，中小企业在良好的政策环境和技术环境之下，其信息化的建设道路必将越来越平坦。随着信息化时代市场竞争的加剧，政府、企业、信息开发商都应该对于信息化建设的重要性有着更深刻的认识，加快推进中小企业信息化的进程，通过电子商务拓展销售渠道。

第二节　中小企业电子商务应用及发展

一　国外中小企业电子商务模式及发展趋势

电子商务模式又称互联网商务模式或者简称商务模式，许多学者都对电子商务模式进行了研究探索。保罗·蒂默（Paul Timmer，1998）认为，电子商务模式是关于产品、服务以及信息流的一种构架，是一种对业务活动不同参与者及各自角色的描述，同时也是对这些参与者的潜在利益和收入来源的一种描述。并将其从价值链角度进行分类，分别分为电子商店、电子采购、电子商城、电子拍卖、虚拟社区、协作平台、第三方市场、价值链整合商、价值链服务供应商、信息中介、信用服务和其他服务 12 大类。美国麦肯锡管理咨询公司认为，存在三种新兴电子商务模式，即销售方控制的商业模式、购买方控制的商业模式和中立的第三方控制的商业模式。销售方控制的商业模式只提供信息的卖主网站，可通过网络订货的卖主网站；购买方控制的商业模式是通过网络发布采购信息，是采购代理人和采购信息收集者偏好的模式；中立的第三方控制的商业模式提供特定产业或产品的搜索工具，包括众多卖主的店面在内的企业广场和拍卖场。

美国是最早发展电子商务这种新型商业模式的国家。目前，全球市场五成以上的交易都发生在美国。据美国零售联合会（National Retail Federation）分支机构 Shop.org 发布的报告，2006 年，美国电子商务销售额（不包括旅游业务）达 1465 亿美元，年增长率 29%。2007 年，美国小企业管理局（SBA）和商业部就制定了电子商务小企业战略。美国总统奥巴马指出：到 2012 年，使美国成为世界电子商务生存和发展的最佳温床；只有小企业真正复苏，美国经济才会复苏。信息技术在经济发展中起着关键性的作用，美国 2009 年第一季度环比下降趋势得到逆转，电子商务交易规模平稳回升，而第二季度的快速反弹明显，环比增长甚至达到 2.2%。

英国也十分重视电子商务的发展，英国政府一直把中小企业发展放在首要地位，1996 年正式启动电子支付系统，1998 年英国政府进一步明确了英国信息化建设的目标，发表了白皮书《我们的未来：建立竞争的知识经济》，截至 2010 年年底，约占英国中小企业的 42% 的中小企业开展了电子商务。2012 年，英国的战略目标之一就是要把本国打造成最适合电子商务发展的地方。截至 2012 年年底，已实现 150 万微型、中型、小型企业上网，移动电话 100% 的普及率，其中 3G 用户比率超过 10%，实现 100 万网上微型、中型、小型企业交易，其电子商务发展势头一直处于欧洲的领先地位。

新加坡地处亚洲，拥有大批中小企业，其电子商务的发展和中国有很多的内在共同点。新加坡政府旨在创造一个具有知识基础的、亲商的企业环境，由于其拥有特区政府及有关机构、完备的基础建设的大力支持，到目前为止，新加坡已有很多中小企业开始发展电子商务。在新加坡，就发展潜力方面，企业对企业之间电子商务的应用，对该国中小企业来说显得更为合适。他们制订了《新加坡中小企业 21 世纪十年发展计划》，1998年电子商务的交易额仅为 5800 万美元，但 2010 年，新加坡进行国际互联网交易的中小型企业数发展至 3.2 万家。业界估计到 2015 年年底其电子商务贸易额将超过 40 亿美元。

从以上美国、英国和新加坡三国的电子商务发展情况来看，中小企业的稳定发展对国家经济的稳定发展是至关重要的，而这三个国家在扶持中小企业的发展决策上都提倡了电子商务的发展，他们成功的发展经验给中国未来电子商务的发展带来了很多的启示。

二　国内中小企业电子商务模式现状及存在问题

1997 年，中国化工信息网正式在互联网上提供商务服务，开启了中国电子商务发展的序幕。2004 年，全国人大通过了《电子签名法》，国务院通过了《关于加快电子商务发展的若干意见》；2005 年，中国人民银行出台《电子支付指引（第一号）》，对电子支付中的规范、安全、技术措施、责任承担等进行了详细的规定；2007 年，国家发改委、国务院信息化工作办公室联合发布《电子商务发展"十一五"规划》，这是中国首部电子商务发展规划，首次在国家政策层面确立了发展电子商务的战略和任务。根据国家统计局的调查，2011 年中国 58754 家大中型企业拥有企业网站数量为 39162 个，平均每个企业拥有 0.67 个网站。

伴随着近几年信息技术的发展和国民经济的提高，中国电子商务发展所取得的成绩十分优异。商务部发布的《中国电子商务发展报告（2012）》显示，2012 年，中国电子商务交易额突破 8 万亿元，仅次于美国，成为目前世界第二大网购市场，自 2003 年以来，年复合增长率达到 120%。特别是网络零售市场更是发展迅速，艾瑞咨询数据显示，2012 年中国网络购物市场交易规模达 13040.0 亿元，较往年增长 66.2%，在社会消费品总零售额的占比达到 6.2%。从季度数据来看，2012 年第四季度由于受"双 11"、"双 12"等促销活动影响，中国网络购物市场交易规模高达 4239.4 亿元，同比增长 80.0%，环比增长 32.4%。

最近四年，中国电子商务蓬勃发展不断迈上新台阶，阿里研究院发布的《中国城市电子商务发展指数报告（2013）》显示，2013 年，中国电子商务年交易额达到 10.67 万亿元，顺利进入"十万亿时代"。为了促进电子商务的和谐发展，国家发改委、商务部、财政部等部委先后确定了深圳、广州、杭州等 53 个城市为"国家电子商务示范城市"，这 53 个城市的 B2B 网商数量（含内贸和外贸）在全国占比超过 70%，零售网商数量占比超过 65%，网购消费者数量占比超过 55%，这些示范城市在促进电子商务发展的过程中都发挥了重要的支柱作用。

艾瑞分析认为，电子商务的快速发展，主要得益于以下原因：一方面，主要推动力来自电子商务在中小企业中渗透率增加，中小企业 B2B 推行平台服务，B2B 企业加入交易环节促进行业发展。此外，网络购物等细分行业的快速增长也整体推动电子商务市场的快速发展。另一方面，政策环境更有利于推动电子商务的发展，继工业和信息化部 2012 年 3 月发布的《电子商务发展十二五规划》后，商务部于 2013 年 11 月 21 日发布了《促进电子商务应用的实施意见》，推出十大措施促进电商发展。2013年，中国中小企业 B2B 电子商务交易规模为 5.2 万亿元，较 2012 年同比增长 20.7%，近几年来，中小企业 B2B 电子商务交易规模变化如图 12 -1 所示。2013 年，中小企业 B2B 电子商务在线交易规模为 3110.7 亿元，同比增长 46%；2013 年，中国中小企业 B2B 电子商务交易渗透率为13.7%。近几年来，中国中小企业 B2B 电子商务在线交易规模及渗透率如图 12 -2 所示。2013 年，中国中小企业 B2B 电子商务交易中，外贸占比总体呈持续小幅上升的态势；政策方面的利好及部分企业对于跨境电商的加速布局是外贸占比上升的主要原因。

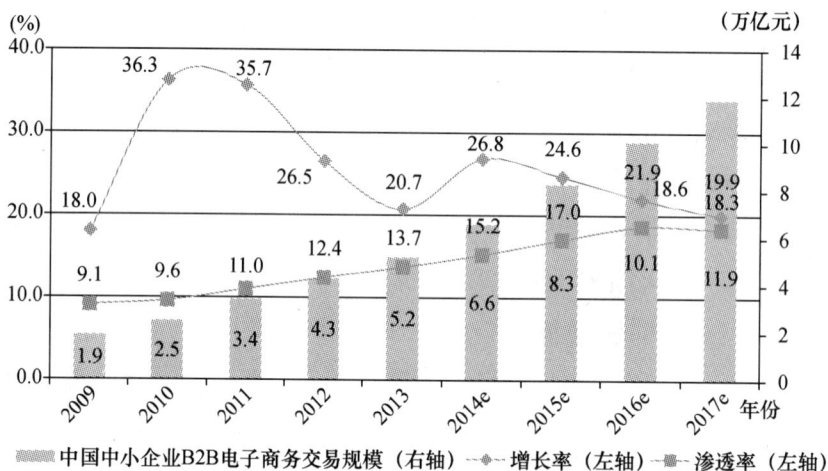

图 12 -1　2009—2017 年中国中小企业 B2B 电子商务交易规模

电子商务蓬勃发展的同时也衍生出了一系列的电子商务模式，是在电子商务创新条件下传统商业模式发展的一个新形式。目前，最普遍的划分方式是按照交易主体进行划分，即企业（business）、消费者（customer）和政府（government），具体划分情况见表 12 -1。其中，B2B 是全球电子商务发展的主流，B2C 将成为未来的商务的主要趋势。

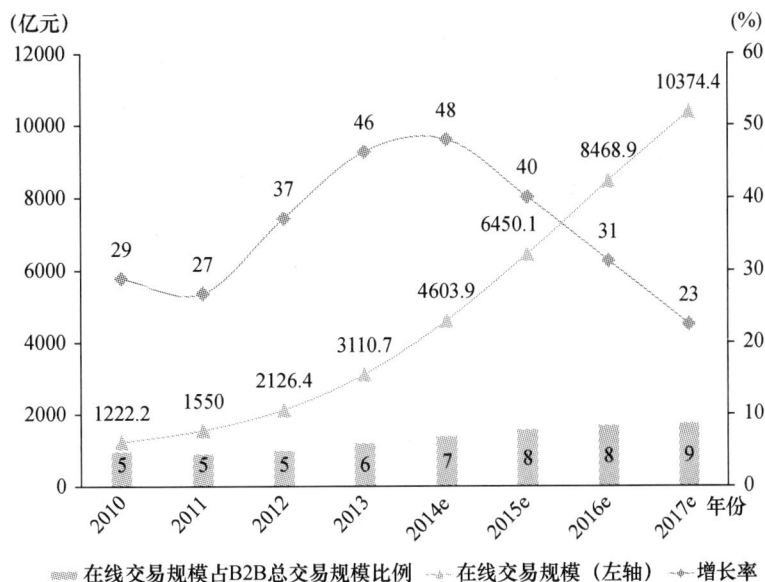

图 12 - 2 2010—2017 年中国中小企业 B2B 电子商务在线交易规模及渗透率

资料来源：引自艾瑞咨询集团《中国电子商务行业年度监测报告（简版）（2014）年》。同时参考国家统计局、海关总署数据，根据艾瑞统计模型核算。

表 12 - 1　　　　　　　　　根据交易主体划分的电子商务类型

名称	内容	案例
B2B	企业与企业间	阿里巴巴
B2C	企业与消费者间	电子零售业，如亚马逊、当当网等
C2C	消费者间	易趣网（eBay）、淘宝（taobao）
B2G	企业与政府间	企业电子通关、电子报税和政府网上采购等
C2G	个人与政府间	电子政务的一种类别，包括政府网上采购和个人网上报关、报税等
C2B	消费者与企业间	采到宝网、卡当网
O2O	线上与线下相结合	车帮网、中团网

资料来源：本课题组汇总整理。

在中国，B2B 模式在电子商务上占最大比重。艾瑞咨询数据显示，2012 年中国网购市场中 B2C 交易规模达 3869.9 亿元，在整体网络购物市场交易规模的比重达到 29.7%，较 2011 年的 25.3% 增长了 4.4 个百分点；从增速来看，2012 年，中国网络购物 B2C 市场增长 95.1%，高于

C2C 市场 56.4% 的增速。艾瑞咨询分析，B2C 将继续成为中国网络购物市场发展的主要推动力。和 C2C 相比，B2C 在信誉和质量保障方面更能得到网购用户信任。而天猫、京东商城、苏宁易购等 B2C 购物网站也融合了 C2C 的优势，通过大力吸引优质网站或商家入驻，在确保商品质量的同时，也使商品的丰富性得到极大的提升，更好地满足了消费者的需求。

中国中小企业的电商发展之路是漫长而又曲折的，期间，我们正面临着种种问题。一方面是发展势头的良好猛进，另一方面又是电商技术人才的匮乏；一方面是积极建立电商平台，另一方面又是平台的不予更新等现存面临的问题。具体可归纳为以下几点：

第一，涉足电商力不从心，缺乏专业的人才。许多中小企业因为规模小，人力、财力、物力水平都较低，还处在起步阶段，所以不得不放弃涉足电子商务领域。对于这类中小企业，国家应该通过制定优惠政策，减免税收，拓宽融资渠道来鼓励其成长。而有些中小企业可能花费精力建设了电子商务网站，但是，由于没有专业人才的管理、维护、更新，导致网站形同虚设，无法开展电子商务活动。这就需要企业从自身出发，通过对专业人才的培养，在企业内部形成商务化信息化的氛围，带动企业一起走向信息化。

第二，发展电子商务意识不够，理解有偏差。目前，中国仍有很多的中小企业对信息时代所带来的革命完全没有感知，这类企业始终把发展的重点放在实体市场上，不明白抢占网络市场的重要性和紧迫性，他们不懂电子商务能为企业的发展带来什么。还有一些中小企业对电子商务没有客观的认识，在他们眼中，电子商务就等于高科技，需要大量的资金投入才能发展。而现有的已经开展电子商务的企业中，很大部分认为就是建立一个网站，把企业的相关信息放在网站上就行了。还有些企业对电子商务抱有很大的期望，认为只要投入马上就会有回报，但在实际的过程中投资的回报率没有达到就认定这条路行不通而放弃。所以，中小企业们要对电子商务有个客观的认识，深刻理解电子商务这一领域。

第三，网站建设定位不清，执行力弱。大部分中小企业使用互联网参与电子商务的程度良莠不齐，有些中小企业官网上展示的信息很匮乏，只是简单的企业简介和联系方式，内容十分空洞。有些网站则更新速度很慢，很长时间才更新内容，仅有 1/3 的网站信息可以及时更新。

第四，国家政策法规不够健全，环境体系差。线上交易近几年发展得很快，但是也带来了很多负面问题，比如支付安全性能差、账号盗取案件频发等。因为电子商务是比较新的营销模式，所以带来的这些问题也是全新的，牵涉的地区和部门都很大，例如工商、税收、保险、银行等部门。但是，面对这些问题，政府应当在参考国外电商发展的基础上积极完善相关法律法规，这样，才能让更多的人放心地从事商务活动，才能让我们充分地享受电子商务带来的便利。

三　中小企业电子商务发展趋势及应用平台

发展电子商务是解决目前中小企业问题强有力的武器，可以在很大程度上拓宽中小企业获取信息的渠道，还可以为中小企业的未来发展拓宽空间。未来，中小企业电子商务的发展将更加快速、更加全面、更加个性化。

第一，电子商务的发展将呈现高速增长的态势。在信息技术的冲击和电商竞争对手的刺激下，越来越多的中小企业将纷纷开展电子商务活动，希望通过互联网平台来实现对于市场的掌控，提高了产品以及相应的服务品质，实现了成本的降低，最终提高企业的竞争力。虽然目前中小型企业在电子商务方面的发展表现出远远低于大型企业的情况，但是其未来的发展趋势不容小视。

第二，更加贴近客户个性化需求。在开展电子商务的过程中，企业在追求电子商务所带来的机遇的同时，也越来越重视充分了解其客户的个性化信息的重要性。如客户购物特殊的兴趣和风格等。不仅要有好的商务模式，还必须要有好的实现机制。只有这样，中小企业才能引来更多新的客户，培育更加忠实的消费者。

第三，围绕网络交易派生出新的服务行业。随着电子商务网络交易平台的逐渐完善，相关的衍生服务也越来越多，如网络议价、网络模特、网络美化装修、网（站）店运营服务与外包等。例如，美的、苏泊尔、安踏、诺基亚、HTC 等企业的 B2C 业务均由电商外包服务企业负责代为运营管理。目前，这些职业正在成为年轻人的创业热点。

第四，第三方平台将成为发展电子商务的主要载体。近年来，B2B 与 B2C 加速整合，并由信息平台向交易平台转变。就零售市场来看，C2C 占据主流，但 B2C 在不断扩大市场份额。目前情况下，平台之间竞争激烈，市场日益集中。中国范围内的以阿里巴巴为代表的第三方电子商务平台，所经营的业务范畴横跨国内以及国际市场两方面的业务，这种情况的存在使得中小型企业不仅可以在其自身的平台上开展国内业务，同时也可以开拓国际市场。以阿里巴巴（淘宝、天猫）、京东商城为第一梯队拉开了与其他中小型电子商务企业的差距，电商平台的寡头竞争局面初步形成。

同时，电子商务平台的功能也在日益全优化。阿里巴巴、京东商城、易迅等都在着力建立和完善自己的物流快递体系。此外，电子商务活动的各方面功能也日益独立显现呈现高度分工的局面，尤其是在物流、电子支付两个方面，第三方支付牌照也让各自平台拥有了基于自身支付工具的交易手段。

随着信息技术的不断发展，新一代的信息技术在电子商务服务中得到了快速的应用与推广。除了已经得到大量应用的以 RFID 为代表的物联网技术外，大数据正逐渐让数据挖掘发挥其精准营销功能。传统的数据挖掘技术已经难以应付电子商务快速发展的局面，为此，阿里巴巴、京东商城等几家大型电子商务企业正在开展大数据的相关应用，大数据的作用将日益显现。云计算也开始在电子商务平台企业中得到应用，阿里巴巴建立了聚石塔，京东商城则投资 40 亿元分别在内蒙古、江苏建设自己的云中心基地，并开发了名为"云鼎"的云计算架构平台。

四 从第三方电商交易平台看未来发展——以阿里巴巴为例

关于中小企业第三方商务平台的发展，卜国琴（2008）认为，中国中小企业开展电子商务要紧密结合自身和社会经济大环境的实际情况，按部就班，审时度势，不可以盲目冒进。中国企业信息化程度低，普及率低，相关的法律法规体制不完善，都决定了中小企业发展电子商务不可能在短期内就可以实现跨越式进展，一定要稳字当先，不失时机地寻求机会进取。

阿里巴巴是马云在 1999 年创立的企业对企业（B2B）的网上贸易市场平台。2012 年 7 月 23 日，阿里巴巴宣布调整淘宝、一淘、天猫、聚划算、阿里国际业务、阿里小企业业务和阿里云为七大事业群，组成集团 CBBS 大市场，是全球国际贸易领域内最领先、最活跃的网上交易市场和商人社区，目前已经成功融合了 B2B、C2C、搜索引擎和门户等功能，成长为中国最大的网络公司和世界第二大网络公司。阿里巴巴电子商务平台的构成如图 12 - 3 所示。

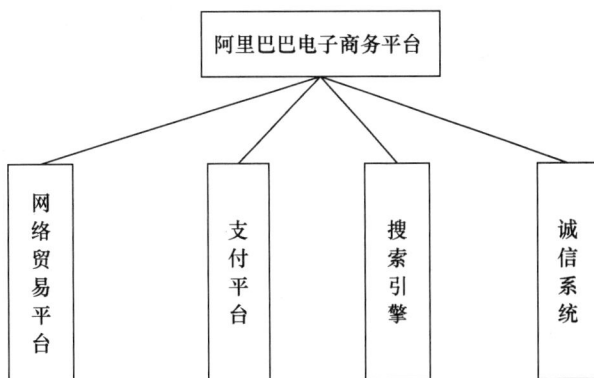

图 12 - 3　阿里巴巴电子商务平台构成

资料来源：引自汪勇婷、谢印成《阿里巴巴电子商务平台的功能挖掘与中小企业应用对策探讨》。

2013 年，阿里巴巴的业务规模在 491.47 亿元人民币，净利润为 220.08 亿元。到了 2014 年第一季度，阿里巴巴就完成了 2013 年半年的任务，营收达到为 30.58 亿美元，净利润为 13.64 亿美元。2013 年的利润率为 45%。2014 年 5 月 7 日，阿里巴巴集团向美国证券交易委员会（SEC）提交了 IPO（首次公开招股）招股说明书，计划在纽约证券交易所或纳斯达克全球市场上市，拟筹资 10 亿美元。

2014 年 6 月，阿里巴巴公布了 2014 财年数据，数据显示，阿里巴巴在 2014 财年总收入 525.04 亿元人民币，同比增长 52.1%，利润 234.02 亿元，同比增长 170.6%。同时，2014 财年阿里巴巴平台上完成的商品成交总额达到了约 1.68 万亿元人民币，相比 2013 财年大幅提升了 55.8%，活跃买家人数达到了 2.55 亿人，仅 2014 年第一季度就增加了 2300 万人。此外，阿里还拥有 221.31 亿元的各类证券、资产投资。凭借现金增长和利率的上浮产生的额外收入，支付宝支付的技术和软件服务费的大幅增加，中小企业贷款业务的扩张，这些都为阿里巴巴集团补充了现金来源，为过去和将来的大规模投资和业务扩张提供了充足的弹药。

作为全球最大的电子商务交易信息平台之一，阿里巴巴在 2001 年就推出了针对国际贸易的"中国供应商"业务，成为中国供应商会员，中小企业可以通过阿里巴巴提供的优质买家资源，有效地提升中小企业的成交机会和宣传力度，从而打造出电子商务的黄金外贸通道。阿里巴巴集团董事会主席兼首席执行官马云不遗余力地大力推荐中小企业，宣称中小企业将主宰全球贸易及电子商务的未来。马云在峰会上谈及了电子商务在促进中小企业发展上的角色，他指出，电子商务改写了商业世界，让中小企业可以在公平赛场上享有推销品牌的新机会。此前马云曾经预计在 21 世纪中，灵活的中小企业可以利用电子商务去击倒大企业。在建立阿里巴巴之时，马云就充分认识到，阿里巴巴的目标是通过让包括生产衬衫链扣、摩托车在内的绝大多数中国中小型企业进行贸易往来，并把它们与全球连锁供应商连到一起，从而为其打造市场。

　　近年来，依托于阿里巴巴电子商务平台，众多的中小企业快速搭建起网上渠道。《阿里巴巴小企业活跃指数（aBAI）》报告显示，阿里巴巴平台上的大、中、小企业分布占比如图 12-4 所示，小卖家占比最大，2013年较 2011 年占比增幅较为明显；从图中我们还可以看出，近几年大卖家占比略有下降，而中卖家占比趋于稳定。

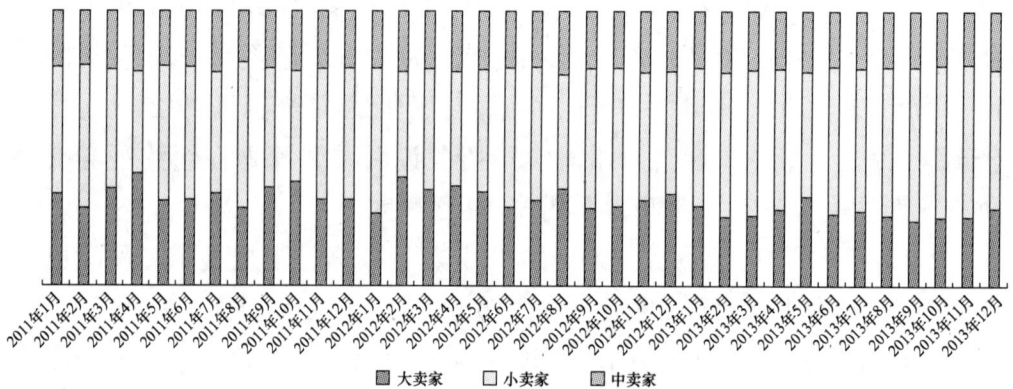

图 12-4　阿里巴巴电子商务平台按规模划分的大中小卖家样本占比
资料来源：引自阿里研究院《阿里巴巴小企业活跃指数（aBAI）》。

　　目前，许多中小企业的线下渠道竞争日趋激烈，开发新的市场和开拓新的营销渠道已经成为当务之急，然而，现实中的新市场开发和新渠道开拓，其成本都是巨大的，令中小企业难以承受。除此之外，城市地理位置的差异也给各地中小企业的电子商务发展带来了难题。江苏、浙江、上海由于电商起步早、政策较为完善，所以发展得比较迅速，阿里研究院于2014 年 3 月发布了一份《全国各省城市电子商务发展指数排名》，如表

12-2 所示，我们可以看出全国的电子商务发展很不平衡。

表 12-2　　　　2013 年中国各省城市电子商务发展指数排名

排名	省市	电子商务发展指数	排名	省市	电子商务发展指数
1	北京	27.95	18	湖南	9.32
2	上海	27.16	19	陕西	9.24
3	浙江	22.29	20	安徽	8.89
4	广东	18.53	21	贵州	8.81
5	海南	16.63	22	山西	8.62
6	福建	15.72	23	河北	8.61
7	江苏	15.51	24	内蒙古	8.60
8	天津	15.31	25	江西	8.59
9	新疆	13.92	26	宁夏	8.55
10	台湾	13.85	27	广西	8.49
11	西藏	13.22	28	吉林	8.44
12	湖北	10.98	29	黑龙江	8.26
13	辽宁	10.71	30	云南	8.23
14	重庆	10.23	31	河南	7.69
15	山东	10.07	32	甘肃	7.20
16	四川	9.77	33	香港	6.83
17	青海	9.57	34	澳门	6.01

说明：城市样本数 294 个。

资料来源：引自阿里研究院《2013 年中国城市电子商务发展指数报告》。

此外，由于网上交易具有虚拟的不确定性，所以网购的诚信问题尤为突出，面对这一难题，阿里巴巴提出了"中国供应商"服务，为国内众多中小企业网上商户踢开了网络诚信问题这块"绊脚石"。中小企业以此作为企业展示窗口，将品牌及产品信息最大范围传达给国际买家。另外，阿里巴巴由第三方权威机构为"中国供应商"会员提供专业资信认证，打造"网上诚信社区"。据调查，85%以上的网上买家会优先考虑同经过诚信认证的企业做生意，通过第三方权威资信认证，有助于企业赢得国际买家的青睐和信任。阿里巴巴"中国供应商"，让国内中小型企业不仅在与国外的商户交易中买卖轻松，并能长期保持竞争力，排名靠前，真正做到了买卖无难事，诚信通天下，让民族产品在零距离中跨出国门。

支付平台（支付宝）是淘宝网在 2003 年与中国工商银行、中国建设银行、中国农业银行和招商银行联手推出的安全支付工具，并且和 VISA 建立战略结盟，任何一张有 VISA 标志的银行卡都支持。现在，支付宝不仅为淘宝网的用户、商家提供安全的支付服务，在 2005 年 6 月，支付宝宣布开通网站联盟，还可以为加盟网站提供网上安全支付服务。2002 年 3 月 10 日，阿里巴巴中文网站正式推出"诚信通"产品，主要用以解决网络贸易信用问题。它专为发展中企业量身定制，提供强大的服务，提高企业的成交机会。

从阿里巴巴多年来的业务发展轨迹我们可以探寻出一些在网络经济时代中小企业流通渠道拓展的途径。对于中小企业，由于缺乏市场开发资金，它们难以抢占市场，难以把有关自己企业和产品的信息有效地传达至顾客，更难有效地把产品销售给顾客。而第三方交易平台阿里巴巴的出现，正好为中小企业搭建了准公共的网络信息平台，使它们不必单独投资，只需花较少的钱就可以成为会员，在平台上发布信息。一个小企业的吸引力是极其有限的，但集腋成裘，当众多会员企业的信息集聚在阿里巴巴平台上时，国内外大型采购商出于货比多家和降低采购成本目的不禁纷纷向它们询价。这样，阿里巴巴的准公共网络信息平台很好地为中小企业解决了流通渠道的信息流瓶颈，为它们开拓了一片广阔的经营空间，也就是说，中小企业是可以通过电子商务有效拓展其流通渠道的，而它们的生存发展空间也将因此得以拓展。

第三节　中小企业跨境电子商务发展分析

一　中小企业跨境电子商务发展的战略意义

跨境电子商务，被称为中国对外贸易的蓝海，是指分属不同关境的交易主体，通过电子商务平台达成交易、进行支付结算，并通过跨境物流送达商品、完成交易的一种国际商业活动。中国跨境电商运营模式主要由第三方服务平台（代运营）模式、小宗 B2B 或 C2C 模式、大宗 B2B 模式和独立 B2C 模式四种不同类型模式构成，如图 12 - 5 所示。

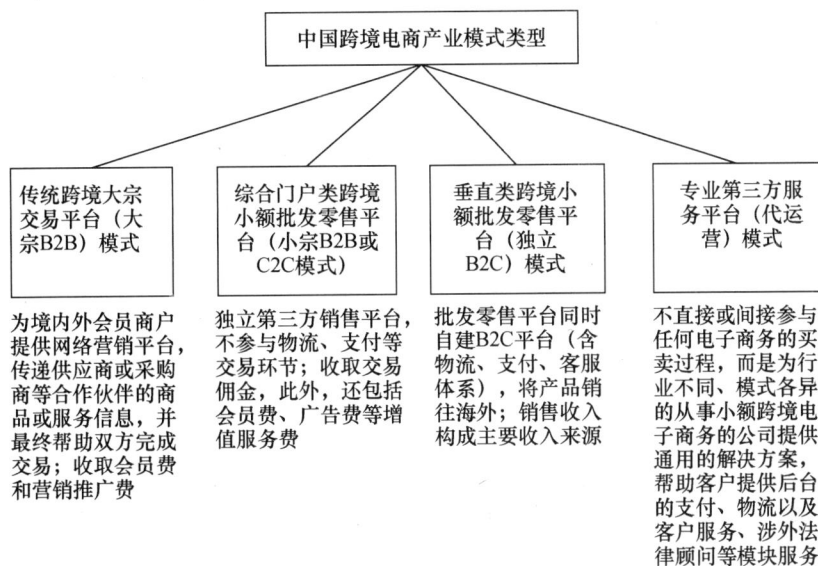

图 12-5　中国跨境电商产业模式类型

资料来源：引自艾瑞市场咨询有限公司《中国跨境电商市场研究报告（2013）》。

　　跨境电子商务的快速发展将对进出口贸易带来深远的影响。传统外贸面对的是最为广泛的国际市场，流通环节多，价差大，对比外贸，跨境电商能够有效地节约资源和劳动力、绕过贸易壁垒的限制，减少中间环节，缩短了供应链，具有更为丰厚的利润，促进外贸发展模式转型，加快制造行业的变革，提高国际竞争力。电商网站集聚商品智能检索、商品信息资源、消费者口碑公开化、广告推送多样性和支付便捷等多方面优势，为中小型企业打开国际市场开辟了发展道路。

　　此外，国际市场对于跨境电商来说潜力巨大，有着全球不同国家和地区众多的商家和消费者，在国内政府部门和企业协调合作的大力推动下，已经逐渐形成了一条从营销到支付、物流和服务相对完整的产业链，对中国跨境电商起着基础性的作用，同时对整个国民经济持续稳定发展有着深远的意义。由于中国的跨境电子商务处于发展初级阶段，它的发展潜力大呈上升趋势。近几年随着系统的完善和国家政策的支持，跨境电商会处于迅猛发展的趋势。可以预见，未来几年，外贸在线购物的发展将会和前几年以淘宝为典型的内贸在线购物平台一样进入黄金发展期，在政策的扶持下，跨境电商将给外贸带来新的红利。

二　中小企业跨境电子商务的发展现状及存在问题

自中国加入世界贸易组织起，进出口交易额逐年增长，到 2012 年，中国成为全球进出口贸易规模最大的国家。受 2008 年金融危机的影响，全球经济持续低迷，中国的外贸形势不容乐观，近三年出口额持续走低，但作为一枝独秀的中国跨境电子商务平台例如敦煌网，速卖通等持续盈利，形势利好，形成鲜明反差，给对外贸易带来了新的营销方向。我国的跨境贸易电子商务从 2012 年开始试水，2012 年 5 月国家发改委印发的《关于组织开展国家电子商务示范城市电子商务试点专项的通知》确定了网络电子发票应用、跨境贸易电子商务服务、电子商务标准和交易敞篷追溯服务等六项试点重点领域。其中，跨境贸易电子商务服务试点确定在郑州、杭州、宁波、上海和重庆五个城市开展。

中国的跨境电商目前正处于发展初期，但是发展潜力巨大。2013 年 5 月，第二届京交会在北京开幕，在同期举行的中国电子商务大会上，商务部电子商务和信息化司司长李晋奇发布了《中国跨境电商市场研究报告》并指出，2011 年，中国跨境电商进出口交易额约为 1.6 万亿元，2012 年约为 2.3 万亿元，同比增长 43.75%，但相较于中国整体进出口贸易市场规模，占比仍处于较低水平，仅占 9.6%，2013 年，中国跨境电商进出口交易额突破 3.1 万亿元。艾瑞咨询《2012—2013 年中国跨境电商市场研究报告》预测，中国跨境电商交易规模将持续高速发展，电子商务在中国进出口贸易中的比重将会越来越大，到 2016 年，将达到 19.0%，跨境电商交易规模将达 6.5 万亿元，年均增速接近 30%。

2013 年 11 月，电商平台 eBay 在北京发布了一份《大中华区跨境电子商务零售出口产业地图》报告，报告显示，中国香港和中国沿海地区为中国跨境零售电商的主力，其中福建、浙江和江苏增速最快。这份报告还显示，超过一半卖家对未来前景表示乐观。eBay 内部数据显示，大中华区跨境零售出口总交易额最高的三大产品品类为电子类产品、时尚类产品和家居园艺类产品。从跨境电商交易模式分布情况来看，集中贡献来源为 B2B 市场和出口市场，占比均超过 90%；商品品类主体为 3C 电子产品、服装服饰以及运动户外用品。

虽然政府加大力度出台政策拉动跨境电子商务的发展，但其发展还是遇到了一些困难，可简单地归纳为以下几点：

第一，跨境消费普及率低。这几年，在国家政策的支持下，电子商务迅速发展，网络交易额日益攀升，网购人数及网购消费水平明显上升。而相较于国内电商，网民跨境网购人数少、消费比例低。据研究，从原因来看，中国网民选择跨境消费主要是以质量为主。从跨境网购消费来看，中国跨境网购用户对于化妆品及护理类产品、数码产品、母婴用品及奢侈品等产品需求较高。从用户群体来看，中国跨境网购用户主要是由高学历、高收入、高职位群体构成。由此可见，中国网民跨境消费的普及率较低，消费者观念还未完全形成。针对以上现象，国家政府和电商企业应该加大跨境电商的宣传力度，促进中国网民跨境消费的观念形成。

第二，交易信用及支付安全问题凸显。由于电商活动主要是一项在线虚拟交易活动，交易双方具有显著的信用不确定性，各国的信用管理体系也不能很好地应用到跨境电子商务领域。跨境交易中假冒伪劣产品甚多，不仅损害企业自身利益形象，而且也不利于中国的国际形象。同样，国外的一些网站也存在一定的欺骗性，其中不乏钓鱼网站，使中国的消费者权益受损，而跨国维权由于法律不完善而异常艰难。相关数据显示，国内约有上亿位在线消费者受到网络虚假信息的侵害，诈骗金额相当之高，正因为如此，大约有80%的消费者基于对信用及安全问题的担忧而不选择网购。

第三，缺乏电子商务通关服务的管理制度和标准规范。跨境电子商务目前以小额交易为主，通关方式主要靠物流公司，无须如传统大额外贸出口一样报关，但是，随着跨境电子商务的进一步发展，大额交易逐渐增多，进出口的货物超过海关规定的免税数量或金额，就要按要求申报，从而涉及一系列烦琐的手续和较大的开支，因此跨境电子商务的贸易额和贸易量受到很大制约。目前，商务部、海关总署、质检总局、邮政局等部门正在共同研究，制定促进跨境贸易电商通关服务的管理制度和标准规范，以及相关的邮件检验、检疫监管模式，确立产品质量安全监管，以促进跨境电子商务的健康发展。

第四，物流技术落后且运输成本高。跨境物流成本高、速度慢，严重制约了跨境电商的发展，同时，中国是一个以劳动力生产为主的国家，信息科技化技术不强，物流企业信息处理水平能力低，其分拣、包装等流程都是人工处理，这就导致了低效的物流操作和低客户服务水平。在跨境电子商务中，信息流不畅通及物流技术的落后会直接影响到跨境电子商务的发展。目前，国内走在前面的跨境电子商务网站比如敦煌网、速卖通、环球资源等网站主要以国内最大的物流快递企业 EMS 作为主要合作伙伴为国外的客户提供物流支持。而国际上通用的快递公司例如 DHL、UPS、FEDEX 等尽管运输速度快但因其价格昂贵，很少为海外顾客所使用。

第五，知识产权和仿货问题。由于中国跨境电子商务目前以中小额交易为主，很多产品是从传统工厂和国内内贸的企业转型而来，过去主要靠仿制品牌商品的外观及设计加上相对低廉的价格吸引国外客户，而跨境电子商务对产品的专利的保护和需求远远超过境内电子商务，所以，跨境电商往往因国内供应商的假冒伪劣及产品质量问题而使前进的脚步受到阻碍，不仅有因侵犯知识产权而被海关扣留的仿冒产品，更是发生国内知名外贸电商网站信用欺诈事件，使得跨境电商的信用及安全问题十分显著。作为当前外贸新形势下的跨境电子商务要有长期的发展，必须要帮助国内的自有品牌上线销售，抵制仿货带来的各种问题，建立直通海外的销售渠道，树立中国品牌形象，开展国际合作。

第六，操作手续多且复杂。跨境交易需要拥有支持外币支付的信用卡或储蓄卡、国外送货地址、支付转运费和关税，流程复杂且耗时较长。消费者需要拥有稳定资产证明，才能办理外币信用卡，并且需要具有良好的外文认知能力，才能在国外网站直接购买商品，所以，实际交易起来十分不便，若能实现"一键购买"，则必然会增加用户基数，提高成交金额。

第七，海关税收壁垒高。跨境电子商务与国内电子商务相比，必然会涉及海关通关监管与征税。一方面，大量的货物通过快件渠道和邮递渠道进境，给海关传统的货物监管与征税带来了挑战；另一方面，企业和社会要求海关要进一步提高通关效率，特别是一些电商企业的跨境贸易出现了难以快速通关、难以规范结汇以及难以出口退税等问题。尽管基于互联网的信息流动畅通无阻，但是，货物的自由流动受到国界的限制，进口货物需要通关是一个国家框架下的行为准则，也是 B2C 跨境电子商务不可逾越的关卡。其间一系列的烦琐手续和费用支出是消费者所关注的重点，因为申报不合格而使商品滞留海关导致买家收不到货的情况也时有发生。

跨境电子商务是外贸经济发展中的新生事物，推动跨境电子商务是一个系统工程，各试点城市及外贸企业要充分认识这些试点工作的重要意义，要以高度的责任感和紧迫感，真抓实干，探索创新，确保试点取得成效，为推动跨境电子商务发展、促进中国外贸稳定发展作出贡献。

三　中小企业跨境电子商务发展趋势探析

随着电子信息技术和经济全球化的深入发展，电子商务在国际贸易中的地位和作用日益凸显，已经成为中国对外贸易的发展趋势。近年来，跨境电商越来越受到政府部门的高度重视，国家发改委、商务部、海关总署、人民银行、质检总局、国家邮政局、国家标准委等部门积极围绕综合法律法规、信息监管、支付清算、通关、物流保税、电子认证、纠纷解决、经营者行为、示范试点等标准规范和配套管理制度层面的建设，跨境电子商务法律政策环境不断完善。艾瑞网通过整理 2004 年至今中国颁布的跨境电商领域相关法律法规发现，当前的监管原则选择了合规和适度原则，即在促进电子商务行业发展和鼓励创新的前提下，进行监管；监管机制依然延续了传统的外部多层次监管。近年来的具体政策如表 12 - 3 所示。

表 12 - 3 2004—2013 年中国电商及跨境电商领域的相关法律法规体系

法律法规	颁布时间	主要内容	发文单位
《电子签名法》	2004 年 8 月 28 日	针对经营者使用可靠的电子签名与提供电子认证服务颁布	国务院办公厅
《关于加快电子商务发展的若干意见》	2005 年 1 月 8 日	属综合大法，建议出台对电子商务贸易链条以及有利于市场参与者发展的法规	国务院办公厅
《商务部关于促进电子商务规范发展的意见》	2007 年 12 月 13 日	推动网上交易健康发展，逐步规范网上交易行为，帮助和鼓励网上交易各参与方开展网上交易，警惕和防范交易风险	商务部
《跨境贸易人民币结算试点管理方法》	2009 年 7 月 1 日	对跨境贸易人民币结算试点的业务范围、运作方式，试点企业的选择、清算渠道的选择等问题作了具体规定	中国人民银行
《商务部关于加快流通领域电子商务发展的意见》	2009 年 11 月 30 日	扶持传统流通企业应用电子商务开拓网上市场，培育一批管理运营规范、市场前景广阔的专业网络购物企业和网上批发交易企业	商务部
《网络商品交易及有关服务行为管理暂行办法》	2010 年 5 月 31 日	针对网络商品经营者和网络服务经营者在中华人民共和国境内从事网络商品交易及有关服务行为颁布	国家工商行政管理总局

续表

法律法规	颁布时间	主要内容	发文单位
《非金融机构支付服务管理方法》	2010 年 6 月 14 日	针对从事支付业务的非金融机构，促进支付服务市场健康发展，规范非金融机构支付服务行为，防范支付风险，保护当事人的合法权益	中国人民银行
《关于促进网络购物健康发展的指导意见》	2010 年 6 月 24 日	完善服务与管理体制，健全法律与标准体系，改善交易环境，培养市场主体，拓宽网络购物领域，规范交易行为	商务部
《跨境贸易人民币结算试点管理办法实施细则》	2010 年 9 月 15 日	为推动跨境贸易电子商务发展，海关总署启动郑州、上海、重庆、杭州和宁波 5 个跨境贸易电子商务服务试点城市部署会	中国人民银行
《支付机构客户备付金存管暂行办法》	2011 年 11 月 4 日	规范支付机构客户备付金的管理，保障当事人的合法权益，促进支付行业健康发展	中国人民银行
《支付机构互联网支付业务管理办法》	2012 年 1 月 5 日	针对支付机构，为规范和促进互联网支付业务发展，防范支付风险，保护当事人的合法权益	中国人民银行
《网络商品交易及服务监管条例》	2012 年 6 月 1 日	以《网络商品交易及有关服务行为管理暂行办法》为基础，涵盖了电子商务市场诸多细分领域，涉及交易监管层、广大网络消费者、网络经营者、服务提供者、交易平台等市场主体	国家工商行政管理总局
《支付机构跨境电子商务外汇支付业务试点指导意见》	2013 年 2 月 17 日	支持跨境电子商务发展，规范支付机构跨境互联网支付业务，防范互联网渠道外汇支付风险	国家外汇管理局
《关于实施支持跨境电子商务零售出口有关政策的意见》	2013 年 10 月 1 日	解决近年来中国迅速发展的跨境电子商务，特别是跨境电子商务企业对消费者模式下，现行管理体制、政策、法规及现有环境条件已无法满足其发展要求的实际问题，支持跨境电子商务零售出口健康快速发展	商务部等八部委
《关于跨境电子商务零售出口税收政策的通知》	2014 年 1 月 1 日	明确了跨境电子商务零售出口有关的税收优惠政策，将推动跨境电商走向实质性利好	财政部、国家税务总局

资料来源：本课题组整理汇总。

　　在以上国家相关政策的支持下，2014 年 5 月以来，中国各地的跨境电子商务不断发展，呈现出一片欣欣向荣的景象。据不完全统计，各地相关政策如表 12 - 4 所示。

表 12 - 4　　2004—2013 年地方出台的中国电商及跨境电商领域的相关政策

地区	政策
内蒙古	满洲里拟建设中俄蒙跨境电子商务服务平台，并草拟《满洲里市跨境电商规划纲要》
宁夏	银川跨境贸易电子商务平台于 2014 年 9 月底上线运行，将为宁夏跨境贸易带来新的机会
宁波	2013 年 11 月 27 日起，宁波跨境贸易电子商务进口业务开始试运行，半年中宁波海关共审核通过跨境贸易电子商务进口申报单 45386 份，货值 2464 万元，共有来自中国 31 个省市、自治区及中国香港的 22088 名消费者在跨境平台上进行消费。2014 年 3 月，宁波跨境贸易电子商务服务试点项目——宁波阳光海淘平台"跨境购"正式发布，由国家发改委和海关总署授牌
上海	上海正在建设 3 个平台来支撑跨境贸易电子商务的一般出口模式，分别是上海跨境贸易电子商务服务平台、上海海关跨境贸易电子商务通关管理系统和海关 H2010 系统，目前已基本成型
西安	2014 年 5 月底，西安跨境贸易电子商务服务试点平台正式上线测试，并开出西北跨境贸易电子商务服务试点第一单，标志着西安跨境贸易电子商务发展已步入快车道
重庆	重庆首个跨境电商进口交易平台"爱购保税"已于 2014 年 6 月正式运行。该平台主要为入驻保税港区、从事进口业务的中外企业提供线上及线下相关服务，包括线上运营、保税仓储、物流配送、通关、商检等环节
安徽	由亿赞普（北京）科技有限责任公司（以下简称"亿赞普公司"）投资的"安徽跨境电子商务平台"项目将于 2014 年 6 月底正式签约落户合肥，将为合肥乃至安徽的企业开展出口贸易提供包括企业产品信息化、全球推广、跨境电子商务、跨境支付、互联网金融、智能物流等在内的一体化服务，提高贸易便利化水平
北京	北京跨境电子商务公共信息平台于 2014 年 6 月初正式启动，该平台由北京海关负责功能研发和系统建设，支持口岸进/出口、保税进/出口等全部四类跨境电子商务业务模式。不仅帮助跨境电商解决退税难的问题，同时还从管理、通关手续方面帮助跨境电商进行提速
吉林	长春兴隆综保区获准开展跨境电子商务试点。带动吉林省、长春市外贸经济转型升级，成为省、市、区三级政府和长春海关共同的愿望
深圳	深圳 52 家跨境电商龙头企业牵头成立了深圳市跨境电子商务协会，协会有 200 多家会员企业致力于推动行业合作，贯彻国家政策
杭州	杭州萧山经济技术开发区服务外包产业园，以跨境电子商务企业及其第三方服务商为服务的主要对象，致力于成为中国最具特色的服务外包产业园和跨境电子商务产业集聚区

　　资料来源：本课题组整理汇总。

随着以上国家相关政策的不断出台，随着跨境电子商务公共服务的进一步完善，中小企业进入跨境贸易的门槛将进一步降低，那么企业可以以更低的成本来完成海外推广、国际物流等流程，让中小企业专注于自身的生产与研发。此外，第三方在线支付的广泛使用也可以降低企业交易成本以及效率，促进企业参与跨境贸易商业模式的多样化。

中国跨境电子商务在规模保持快速增长、门槛逐步降低、模式更加多样、覆盖产业和企业范围进一步扩大的同时，在结构上也会出现新的变化：移动电子商务将加快崛起，信息、文化等服务贸易比重得到提高，基于效率、服务、品牌等的平台竞争将更加激烈，专业电子商务平台加快兴起。跨境电子商务是拓宽外贸进出口的新引擎，使国外与国内、生产者与消费者的联系更加直接；跨境电子商务是加快企业成长的新机会，给一些成长性好的中小企业创造了新的发展空间；跨境电子商务是提升政府对外开放水平的新抓手，推动各部门资源共享、高效运行、统一协作；跨境电子商务是促进产业结构升级的新动力，将促使提供信息服务传统方式向提供交易、营销、支付、物流等综合服务转变，运营模式的转变会带动跨境电商交易额的增长，促进中国进出口贸易稳定持续上升。那么，虽然中国跨境电商现在还处于发展的初级阶段，但其发展前景十分美好。

在线综合交易平台 IBUonline 环球商业联盟的专家认为，随着互联网信息时代不断向前推进，国际贸易的电子商务化将在世界范围内继续发展兴盛，且不可逆转。在中国市场，依然还有相当大比例未加入电子商务的浪潮的传统企业群体，这是跨境电子商务在未来一段时间保持增长的肥沃土壤。

四　中小企业跨境电子商务的典型案例

（一）义乌中小企业的跨境电子商务

义乌，是全球最大的小商品集散中心，也是众多中小企业的聚集地，在阿里巴巴电子商务发展指数排名所形成的"2013 年中国电子商务发展百佳县"榜单中，义乌名列榜首。同时，义乌每周都会向全球发布世界首个日用消费品批发指数——"中国义乌小商品指数"。指数的发布进一步巩固和提升了义乌小商品行情对全球小商品市场的影响力，增强了中国小商品对全球的话语权。

义乌作为一个全球小商品集散地，每天都有来自中国各地的 20 万经

商大军活跃在这里，其中，常驻义乌采购商品的外商超过 1 万名，出口
215 个国家和地区，经批准在义乌设立的境外企业办事处有 2300 多家，
境外客商在义乌银行开设账户 9000 多个，据阿里研究中心统计，截至
2013 年年底，注册地在义乌的网店账户（含淘宝和天猫）超过 11 万个，
超过义乌国际商贸城的商户数量（7 万家左右），成为义乌最大的商人群
体。近几年，义乌淘宝卖家账户数量增长情况如图 12 - 6 所示。2012 年，
义乌诚信通用户完成 B2B 在线交易额为 22.4 亿元，2013 年，义乌网店销
售额超过 380 亿元。在中国的县级区域中位居第 1 位。2013 年上半年，
义乌共有以公路为主的物流企业 700 多家，各类快递企业 134 家。2013
年，从义乌发出的网店包裹超过 2.3 亿件，义乌各类电子商务产业园已经
超过 10 个，这些都为开展大规模跨境电子商务提供了良好的条件。

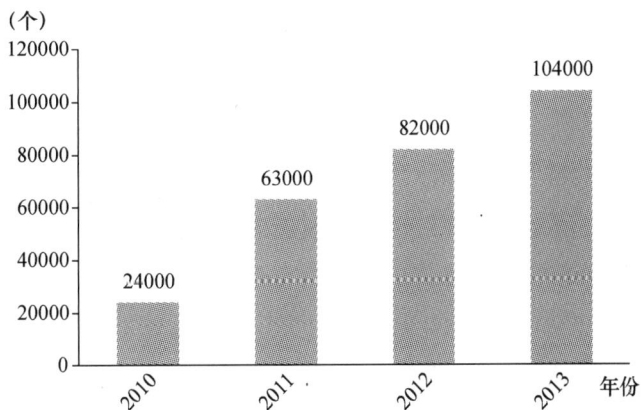

图 12 - 6　2010—2013 年义乌淘宝卖家账户数量增长情况（含天猫）
资料来源：本课题组根据阿里研究院资料绘制。

　　此外，联合国难民署、外交部礼品采购处、家乐福亚洲总部分别在义
乌市场建立采购中心，欧美等发达国家已经成为义乌商品的重要出口市
场。在义乌，每年要举办 40 多场专业展会；有设施齐全的国际物流中心
和 5 个专业货运市场，有国内外货运经营单位 600 多家，全球 20 强海运
集团已有 15 家在这里设立办事处，开通了 250 多个大中城市货运业务，5
条铁路行包专列，20 余条航线。

　　由此可见，义乌在供应链、支付、结汇、物流、仓储各方面都准备好

了。如果再加上有实力的跨境电商平台，义乌中小企业就完全可以马上开展大规模跨境电子商务。据义乌市网商协会外贸分会统计，速卖通、敦煌网、eBay、亚马逊等跨境电子商务平台上，都活跃着义乌外贸电商的身影，一天的交易量可达 10 万单左右，部分大卖家年成交额达数千万美元；2014 年每天申请在 eBay、速卖通等平台上开店的义乌中小企业有几十家。2013 年上半年，义乌每天往外发的国际邮包约 20 万件，有航空小件、邮寄、快递等方式，都是运用电子商务的方式成交，包括阿里巴巴速卖通、敦煌网等平台。

2013 年 7 月 31 日，义乌市政府与外贸电商平台敦煌网签署战略合作协议，在接下来的两年半内由敦煌网负责建设名为"义乌全球网货中心"的交易型外贸 B2B 平台。10 月 21 日，义乌小商品城旗下的"义乌购"开通跨境电子商务平台，"义乌购"网上商户和小商品城商户一一对应，通过 3D 实景技术，可以全视角呈现在线商铺，使得整个交易更加可信可控可溯源，万一交易过程产生纠纷，通过平台投诉处理通道，管理方将同工商、税务等相关部门进行追踪处理。对于维权方造成的经济损失，"义乌购"也有相应的赔偿计划和解决方案，整个过程将变得更加诚信可靠。近年来，义乌市政府对电商发展特别重视，对包括"全球网货中心"、"义乌购"在内的跨境电商建设一直都有明确的指导思想。此外，义乌市政府还提出了通过发展外贸电商实现义乌外贸第二次腾飞，将义乌打造成全球外贸电商之都的新城市理想。

（二）杭州市中小企业的跨境电子商务

跨境电商是杭州市外贸企业寻求海外商机的新选择，也是实现外贸转型升级的有效途径。杭州是中国首批跨境电商服务 5 个试点城市之一，根据杭州市经信委数据显示：自 2010 年起，杭州市电子商务服务业收入连续四年增长超过 60%。2012 年，杭州市电子商务服务业收入达 335 亿元。电子商务服务业增加值占全市 GDP 的比例，由 2010 年的 1.15% 提升到 2012 年的 2.99%。

2013 年 7 月，杭州跨境贸易电子商务产业园顺利开园，为中国跨境电商发展提供了实践样本和试点经验。产业园以 B2C 跨境电商出口货物为重点，以物流园区集中监管与定期申报为核心，以跨境电商通关服务平台为路径，以电商 ERP 数据全程联网监管为基础，创新了通关新模式，推动电子商务相关政策在局部地区取得突破性进展。自开园到年底，共发送 19.6 万个邮件，出口额 357.9 万美元，出口到 160 多个国家和地区。截至 2014 年 6 月 10 日，杭州跨境贸易电子商务进口业务产业园业务一切运行顺畅，实现了"备货暂存，行邮出区"的监管模式，杭州海关累计放行包裹 13892 个，价值约 360 万元。杭州经济技术开发区海关加工贸易科科长王舒文也曾表示："为保证服务高效、高质，我们努力将涉及跨境贸易电子商务海关监管的服务平台、管理平台和区域平台整合，以平台速度提通关速度，现已经具有人均日处理 3000 单的能力，为即将迎来的 25 万订单的规模化运作做好准备。"开展跨境电商服务试点工作，是国家赋予杭州的重要任务，也是杭州外贸自身转型发展的途径和机遇。

在试点探索过程中，杭州破解了小邮件通关难、结汇难、退税难等障碍。杭州跨境贸易电子商务产业园内企业"创梦谷"争取到了 2014 年巴西世界杯系列吉祥物的全球电商代理权，带动了国内一大批吉祥物生产商、销售商和跨境电商的合作。"创梦谷"还与欧洲一流跨境电商服务平台 salesupply 达成战略合作协议，成为 salesupply 在中国的独家合作伙伴。从 2014 年 3 月起，跨境电子商务也开始做进口业务，在"天猫国际"、"洋东西"等电商平台上，已经有不少进口商品通过跨境电子商务模式进行交易。为进　步扩大跨境电了商务，杭州已经着手规划建立海外仓储基地。

杭州市已提出，将努力推进跨境电商在外贸中小企业的全覆盖，加快培育若干跨境电商产业园和一批知名品牌电商企业，促进实体和虚拟两个市场的互动发展；在进一步巩固传统出口市场、提升传统出口优势的同时，以建立国际电子商务中心为契机，积极开拓新兴市场，再创外贸竞争新优势。继续重点推进国际电子商务中心建设，完善开放型经济体制机制，推动跨境电商发展，帮扶中小微外贸企业开辟国际市场扩大出口，积极拓展跨境电商试点覆盖。

第十三章

中小企业转型升级专题研究

"转型升级"的话题历来受到各方热议。以往，学界和政府部门更多地考虑产业和区域经济的"转型升级"。随着社会各界对中小企业在 GDP 贡献、创新、税收、就业等方面发挥的巨大作用达成共识，为帮助其走出"内忧外患"的经营困境，国家方略逐渐从"抓大放小"向"抓大扶小"转变。本章将在分析中国中小企业转型升级基本情况的基础上，以中小企业大省浙江省扶持中小企业转型升级的典型措施"小升规"为切入点，评价其实施效果与存在问题，进一步探讨促进中小企业转型升级的对策与建议。

第一节 中国中小企业转型升级现状与问题

任何一个区域经济的转型升级与可持续发展都是通过企业的微观发展来实现的，量大面广的中小企业更是企业转型升级的主体。面对国内外严峻的经济形势，中小企业已经进入"转型升级"、"爬坡过坎"的关键阶段。

一 企业层面

一般来说，企业的转型升级可以包含"转型"和"升级"。转型，就是企业在不同产业之间的转换（转行）和不同发展模式之间的转变（转轨）。升级，就是企业提高迈向更具获利能力的资本和技术密集型经济领域的能力的过程，即企业在产业链和价值链上位置的提升，一般通过创新和整合来实现（Gereffi，1994）。但无论从哪个层面看，企业转型升级都包括由低技术水平、低附加价值状态向高技术、高附加价值状态演变的过程。

（一）中小企业转型升级的方式和途径

根据实践，中小企业转型升级已经呈现多样化的特点，涵盖转行、转轨、创新、整合（兼并重组）等多种形式，具体表现见表13－1。

表 13 - 1　　　　　中小企业转型升级方式一览表

视角	主要方式	主要表现形式
产业视角	转行	主业不变进入新行业
		主业退出进入新行业
		在本行业中向上游/下游产业延伸
		制造业向服务业转变（如为顾客提供制造加服务的整合解决方案）
	转轨	企业类型转型（如"小升规"）
		商业模式转型（如发展电商）
		进入新的市场（如从外销转到内销）
		管理转型（如利用现代信息技术实现精细管理）
		创业者自身转型
全球价值链视角	流程升级	工艺改造、功能升级、链型升级
	产品升级	低端产品—高端产品
	功能升级	以制造业为主，向前后两端延伸（研发/销售）
	链型升级	突破原有价值链转向新的价值链、OEM—ODM—OBM
整合视角	兼并重组	行业前景良好的公司多通过并购横向扩充产能；具备一定实力但处于产业链上游、利润水平偏低的公司多寻求纵向打通产业链条；行业前景暗淡的公司则多转投新产业

尤其值得一提的是，通过资本市场实现中小企业转型升级成为一种趋势。中小企业板成立10周年时，累计有108家公司推出重组预案，59家公司完成重大资产重组，其中不乏细分行业领军公司，通过并购重组取得跨越式成长。2008年年底，在席卷全球的金融风暴冲击之下，中小板主导产品居国内市场前3位的公司数不降反增，由150家增长到186家。这些上市公司实施转型升级的路线主要有四类：产业链一体化与混合多元化、应用新技术改变商业模式和经营方式、核心业务板块再定位与产品服

务升级和海外并购扩展市场空间或资源供应能力。其中，具有产业链一体化与混合多元化特征的上市公司占大部分。2014 年，在中小板公司进行的一项抽样调查显示，近 70% 的公司选择横向发展，通过丰富产品类型，提升产品质量，优化销售渠道提升竞争力；20% 的公司则走纵向扩张发展道路，实现全产业链价值创造；10% 左右的公司在发展到一定规模后，走向多元化经营发展之路。这一过程中，一批上市公司通过引进人才、技术创新、加大技改投入，加快进入产业链中的高端领域，加速向设计研发和品牌营销两端延伸，提高了产品档次和附加值；并促进生产效率提高和劳动力资源释放。如盾安环境通过资源整合与资本扩张，通过进行自动化、智能化改造，大大缓解困扰企业发展的人力资源不足问题；未来几年，预计所需劳动力资源将在目前万人基础上减少 4000 人。

随着 2013 年年底"新三板"的扩容，成长型中小企业，尤其是高新企业的融资渠道更加广阔，公司治理要求大为提高，为进一步实现转型升级和良性发展奠定坚实基础。2014 年 6 月，据中国全国中小企业股份转让系统（NEEQ）首度披露的申请挂牌公司名单显示，目前排队等待审批的企业有 366 家，而已挂牌企业为 792 家公司。

（二）中小企业转型升级的分布特点

企业的盈利水平、规模与转型升级之间具有较大关联性。从盈利水平来看，已经历过转型升级的中小企业比没有经历过转型升级的中小企业的平均利润率要高 1.4 个百分点。从规模来看，企业规模越大，已转型升级和倾向于转型升级的企业比重就越高。

企业转型升级过程中除了战略的引领外，掌握可盘活资金的量在一定程度上可以反映企业转型升级的行业特点。近几年来，从中小板和创业板上市公司的行业分布来看，出现频率较高的一级行业主要集中在机械设备、电子、信息服务、建筑建材、医药生物和化工；中小板中，公司分布较为集中的行业有机械设备、化工和电子；创业板公司分布较为集中的行业则是机械设备、信息服务和医药生物。

（三）中小企业转型升级的动因

中小企业转型升级的动因可以分为主动和倒逼两个方面。主动因素主要指中小企业考虑到长远发展，根据自身发展水平和机会，希望通过产业链或者多元化经营等手段提升市场竞争力，主动寻求转型升级。倒逼因素包括迫于宏观环境变化（如国际贸易市场萎缩，外贸订单骤降）、市场竞争激烈程度加深（如新技术下产品不断更新换代或者消费者偏好发生改变导致市场占有率严重萎缩）、经营成本（如土地、原材料、人力成本等）大幅度提升的压力，不改变经营思路就要走入"死亡"。

虽然主动因素使得企业转型升级目标更明确，可能成功率更高，但是就目前而言，大部分中小企业都是在内外环境倒逼下被迫进行转型升级的。比特网《2013年企业转型升级调查报告》显示，涉及企业转型升级的原因是81%的企业选择"成本越来越高"，49.6%的企业选择"产能过剩、恶性竞争、市场等"，21%的企业选择"行业发展前景黯淡"，只有29.1%的企业选择"提升企业核心竞争力"。

二 政策支持

国际经验表明，西方发达国家在人均GDP超过3000美元后，发展模式要从依赖要素、资源消耗向依靠科技、管理转变；亚洲国家人均GDP达到5000美元后，也开始加速经济转型升级。2013年，中国人均GDP已经达到6629美元，处于第三次消费结构升级与高成本阶段，危机中转型已经成为不得不接受的方式和途径。国家和地方纷纷出台扶持中小微企业发展和转型升级的政策法规。

（一）国家层面

2009年，以副总理张德江为组长，工业和信息化部、财政部、国务院秘书处、国家发展和改革委员会、科技部、人力资源社会保障部、农业部、商务部、人民银行、税务总局、工商总局、质检总局、统计局、银监会、证监会、开发银行、全国工商联等各部委一、二把手为成员的"国务院促进中小企业发展工作领导小组"宣告成立，标志着对中国中小企业转型升级发展的政策关注已经上升到国家层面。

2011年年底，工业和信息化部发布《"十二五"中小企业成长规划》，明确提出，"坚持把结构调整作为促进中小企业成长的主攻方向"，坚持"引导"＋"扶持"两手抓。一方面，通过淘汰落后产能、强调环境约束，引导中小企业进入现代农业、现代服务业、战略性新兴产业；支持中小企业在科技研发、工业设计、技术咨询、软件和信息服务、现代物流等生产性服务业领域，以及家政、养老等生活性服务业领域的发展；鼓励中小企业进入服务外包、游戏动漫、文化创意、电子商务、总部经济等新兴领域，拓展发展空间；加强区域合作与交流，引导东部中小企业向中西部有序转移，加快中西部中小企业发展，促进区域协调发展。另一方面，在土地政策、资金补助、税收优惠、融资帮扶、信息化服务等渠道推动中小企业坚持走"专精特新"之路、走产业集约发展之路、走"名品名优"、"小巨人"之路。

2014年2月，根据十二届全国人大常委会立法规划，全国人大财政经济委员会牵头成立了《中华人民共和国中小企业促进法（修改）》起草组，启动了修改起草工作，并现向社会公开征集意见建议，征集的内容包括：当前制约中小企业发展、急需立法规范的突出问题以及对修改法律的建议，为中小企业"正身立命"保驾护航。

近年来，国家各部委联合出台各类中小企业引导与帮扶政策，在淘汰落后产能、发展中小企业专项资金、增强中小企业融资担保、提升中小企业管理水平计划等方面效果显著（见表13－2）。

表13－2　2011—2012年中国主要中小企业引导与扶持政策及绩效

类别	措施	绩效	评价
淘汰落后产能	发布6批淘汰落后产能企业名单，涉及19个行业6500多家企业	淘汰炼铁落后产能约4500万吨、炼钢4500万吨、焦炭6100万吨、铁合金700万吨	淘汰落后产能取得实质性进展，其工作制度和政策体系基本建立
设立专项资金	中央财政设立中小企业科目，先后设立中小企业技术创新基金、中小企业专项资金、中小企业国际开拓资金等专项政策；2012年国家中小企业专项资金规模达到141.7亿元，较上年增长10.1%	2011年，直接获得专项资金资助的中小企业达到1670家，获得间接支持的中小企业达9.6万家；拉动中小企业投资306亿；平均每万元专项资金引导29.8万企业投资，扶持从业人数2.38人	中小企业专项资金稳步增长，资金进一步向小微企业和中西部地区倾斜
促进融资担保	中央财政安排资金150亿元，依法设立国家中小企业发展基金，2012年安排资金30亿元；安排信用担保资金14亿元/年；落实民间投资36条，鼓励民间资本进入移动转售、宽带接入、网络托管等电信重点业务领域	2011年，拉动中小企业贷款担保业务总额约4209亿元，其中单笔1500万元以下贷款担保额占91.5%，受保中小企业达8.2万户，小微企业占83.4%；2012年中国全国中小企业信用担保机构达4374家，担保余额1.6万亿元，涉及中小企业17万户，其中小微企业12万户	融资环境不断改善，但是仍需进一步加大力度

续表

类别	措施	绩效	评价
推动企业减负	提高了企业增值税、营业税起征点；将减半征收企业所得税政策范围扩大到年应纳税所得额≤6万元的小型微利企业；取消部分行政事业收费	清理取消了 31 项涉企行政事业性收费，每年可为企业减轻负担 50 亿元；取消 253 项省级政府涉企行政事业性收费，每年可为企业减轻负担 100 亿元	中小企业减负工作取得进展，尤其是小型微利企业的经营税费成本大幅度减少
完善服务环境	累计培育和认定了 307 个国家中小企业公共服务示范平台，省级中小企业公共服务示范平台达1600 个；2012 年年底行政村通宽带比例达到 87.9%；互联网普及率达 44.1%；三网融合试点覆盖到 31 个省（区、市）的 54 个地区（城市）	2012 年电子商务交易总额达8.06 万亿元，较 2010 年增长了79.1%；2012 年年底共 223 家企业获得第三方支付牌照；电子认证、网上支付、物流配送等支撑体系建设快速推进，有效电子认证证书持有量合计 19546 万份	信息化程度进一步加深，电子商务交易额快速增长，商业模式革命迅速开启
培养管理队伍	实施中小企业银河培训工程和中小企业经营管理领军人才培训计划；通过实施中小企业管理提升计划，鼓励引导咨询机构为小微企业提供管理诊断或咨询服务，引导中小企业提高经营管理水平	2012 年，50 万人次参加公益中小企业管理培训，培训中小企业经营管理领军人 1265 人次	企业管理和企业家队伍建设不断加强

资料来源：根据《工业转型升级规划（2011—2015 年）》中期评估报告和《中国中小企业年鉴》（2012、2013）相关资料整理。

（二）地方层面

中小微企业苦练内功、提高产品附加值，以产业升级为驱动，积极做好转型升级准备工作，离不开地方政府和各部门的支持。为响应《"十二五"中小企业成长规划》，各地纷纷出台政策（见表 13-3），鼓励中小微企业转型升级。

此外，在具体商业活动中，各行业协会、中介组织也积极在地方中小微转型升级过程中发挥作用。比如，对参加 2014 年泰国东盟展的企业，贸促会国家中小企业资金补贴 50%，浙江省商务厅补贴 70%，义乌政府补贴一万（如无自营出口权，国家中小企业资金 50% 不可享受）。

表 13 - 3   2013—2014 年 5 月各地鼓励中小微企业创业创新和转型升级的特色措施

地区	政策法规
江苏	推行中小微企业"十百千万"行动计划，新上 7 家国家级中小企业公共服务示范平台，总数全国第一
新疆	政府采购中心将和招商银行乌鲁木齐分行共同推出"政采贷"项目、《自治区扶持小型微型企业发展的实施意见》
福建	出台《关于支持福建农民创业园建设的实施意见》、所得税减征、奖励等九条优惠措施扶持小微企业转型升级
北京	《北京市促进中小企业发展条例》
辽宁	《辽宁省自主创新促进条例》
上海	修订《上海市科技型中小企业技术创新资金管理办法》，启动 17 个区县中小微企业职业技能培训公共服务平台
山西	实施 6000 万元扶持小微企业"保育箱"建设，出台《关于加快中小微企业资金流转的实施意见》、《支持中小微企业加速壮大专项资金管理办法》
河北	出台"零增地"技术改造优惠、《2013 年中小商贸企业国内贸易信用保险补助项目操作办法》、《进一步支持企业技术改造的九项措施》
宁夏	安监局对小微企业相关安全事项启动了简易审查程序
海南	《关于进一步支持小微企业健康发展的实施意见》
甘肃	"全面提升小微企业自身素质和企业管理水平"扶助小微型企业专项行动、中小外贸企业风险准备金
山东	出台《山东省小型微型企业发展考核办法（试行）》推广出口跨境电子商务模式、"A 级中小企业信用培植工程"
四川	为小微企业安排 10 亿元创业基金，政府采购优先面向中小微企探索私募债券试点，实施"服务中小微企业、助力转型促成长"扶助小微型企业专项行动
江西	小微企业税收优惠时间延长范围扩大
贵州	省政府办公厅出台力促微型企业健康发展的通知
黑龙江	推行《全省万名创业小老板培育计划实施方案》
安徽	认定 70 家小微企业创业基地，培育壮大"专精特新"中小企业和产业集群，推行"三个不需要"扩大小微企业受惠面
天津	扶持 3000 家传统企业转型升级为科技型中小企业，出台《天津市促进中小企业发展条例》

地区	政策法规
陕西	启动中小企业智慧云平台，出台《陕西省省级财政支持中小企业发展资金股权投入管理办法》
广西	《关于支持小型微型企业发展若干金融财税政策的通知》
浙江	调低小微企业增值税标准，推行"百万企业健康服务直通车"，出台《浙江省人民政府办公厅关于促进小微企业转型升级为规模以上企业的意见》
云南	实施"成长型中小企业培育工程"
重庆	出台《重庆市扶助中小微型企业科技创新和信息化建设实施方案》、《重庆市市级微型企业孵化园认定管理办法（暂行）》
广东	出台《关于进一步扶持中小微企业发展和民营企业做大做强的意见》
河南	政府补贴中小企业申请国际认证、专利
青海	实施千家中小微企业培育工程

资料来源：根据中国中小企业信息网资料整理。

三　存在问题

近年来，中国中小企业整体数量和规模均大幅上升，转型升级步伐不断加快，但囿于自身治理结构的问题和国内外复杂多变的经济环境，使得结构性矛盾和局部性困难依然突出。

（一）转型升级"压力大"

由于生产成本提高、节能减排考核加强、国内消费升级加快，企业的技术、管理和产品难以及时调整，企业主感觉生存压力极大，并萌生"不转型慢慢死，转不好快速死"的想法。2013 年《福布斯》杂志与诺亚财富联合发布首份针对中国企业家群体的幸福指数调研白皮书指出，有近四成承受了"很大的压力"，而承受"一定压力"的占了近 1/3。2014 年中国企业家调查系统最新调查显示，二十年来，中国企业领导人还存在内部协调能力强而外部开拓能力相对较弱、个人学习能力强而组织学习能力相对较弱、日常管理能力强而变革领导能力相对较弱的情况。

《2013 年中小企业经营状况调查》显示，有近六成的受访企业不看好未来三年的中国经济发展前景，66% 的受访企业对国内经营环境表示悲观，比 2012 年上升了 5 个百分点；从行业来看，从事加工定制的企业，在经营环境方面面临更大的挑战，他们中有78%的企业对此表示悲观；服务业和专业服务业的情况相对较好，但比例也达到55%左右。

（二）转型升级"入门难"

主要在劳动密集型制造行业与低端服务性行业开展经营活动的中小企业依旧面临大量"玻璃门"和"弹簧门"。虽然国家已经出台"新36条"并在十八届三中全会明确提出要对国有企业控股的自然垄断行业实行政企分开、政资分开、特许经营等各种方式引进民营资本。但是，国有企业改革步伐有待进一步加快，行业与地方保护主义使得垄断行业垂直一体的产业组织体系依旧存在通过经营条件、结算办法等阻碍民营中小企业真正介入电力、电信、石油等行业。调查显示，中国私营控股投资在金融，交通运输、仓储和邮政，水利、环境和公共设施管理领域的比例不足10%，许多领域仍然是国有资本一股独大。

（三）转型升级"筹资难"

近年来，政府部门通过设立专项资金、发放信贷指标、"新三板"扩容、鼓励发展中小信贷担保机构等多种形式促进改善中小企业融资环境，但是对数量庞大的中小企业，尤其是占比极高的小微企业而言仍旧杯水车薪。根据国务院发展研究中心的研究，能够从市场获得资金的中小企业仍然只占少数，而且融资成本较高，平均成本在10%—15%。因此，大部分中小企业，尤其是小微企业更倾向于自筹资金（见图13-1）。首先，针对大企业设计的信贷管理体制及信用评价体系依然是中国银行业主流，广大中小微企业很难向银行"借到钱"；其次，互联网融资、中小企业集合债、中小企业资金池等金融创新产品尚且需要进一步完善法律法规、利益分配和风险管控机制；再次，VC、PE等风险投资较少青睐转型升级中的传统中小企业；最后，民间融资机构和担保机构发展滞后无法满足中小企业转型升级融资需求。

（四）转型升级"负担重"

近年来，居高不下的原材料成本、人工成本、换汇成本等不断加大中小微企业转型升级的负担。

为此，2012年国务院将中小企业减负列入《政府工作报告》。2009—2012年，财政部、发改委两次大规模清理收费项目，工信部也下发了《企业减负专项行动方案》。尽管如此，中小企业的负担依然沉重。中国

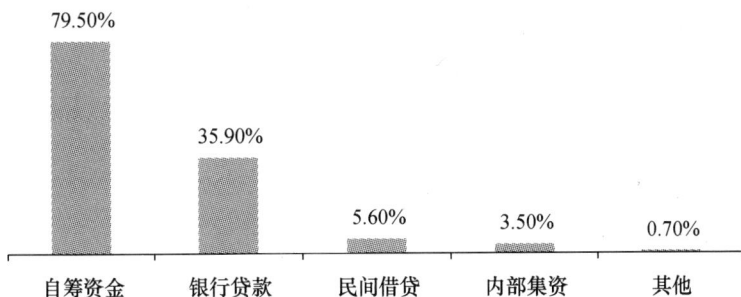

图 13 - 1　小微企业筹资渠道占比

资料来源：《中国小微企业生存状况出现积极变化》，《中国经济时报》2014 年 4 月 4 日第 A09 版。

全国行政性事业收费总额仍然在持续增长，而收费增量负担的很大部分是中小企业。之所以出现"一边减负，一边增收"的奇怪现象，首先是财政体制上的原因。目前，减负政策主要由相关部委推动，而中小企业税费是地方收入，在减负问题上存在着责、权、利不对称问题。地方政府若找不到替代财源，或者不能切实降低政府支出，就缺乏减负动力，即使名义上"减"了，也会用其他方式将损失补回来。其次是税制设计上的原因。中小企业所要缴纳的主体税种是增值税、营业税、消费税、所得税，其他税费往往与其挂钩。如增值税的税基由劳动者工资和利润构成，由于通货膨胀，企业工资总额支出增加会带动增值税支出增长。又如企业缴纳的"五险一金"大约占工资总额的42%，企业工资总额增长，就会带动"五险一金"费用上涨。再次是存在大量的行政性收费。目前，地方的行政性收费分显性收费和隐性收费两类，后者往往搭车于企业商业性支出，如水电煤费支出中。个别隐性收费还被包装成市场经济的正常收费，如事业单位的检验、检测及金融、电力、港口等大型企业收取的超过市场价格的费用，学会、协会收取的会费，等等。

第二节　浙江省"小升规"政策实施及评价

浙江省作为中国中小企业大省，曾经创造出"浙江经济"而举世瞩目。但是，新时期国内外政治经济形势动荡，全球产业链转移，极大地威胁着浙江省以外向型、劳动密集型为主的中小企业的生存与发展。"穷则思变"，浙江再次凭借"敢为人先"的草根创业精神，通过出台"个转企、小升规、规改股、股上市"等系列政策，全面促进中小微转型升级。其中，"小升规"工程已经率先实施两年，相关经验值得全国借鉴与参考。

"小升规"，就是推动规模以下小微企业转型升级为规模以上企业，推动小微企业迈入"规上企业"的门槛，实现质的变化。不同的行业，衡量其是否"上规模"的标准也各不相同。比如，规模以上工业企业，是指年主营业务收入在 2000 万元及以上的法人工业企业。总体来说，"小升规"重点企业是主营业务收入 500 万—2000 万元的规模以下小微企业。

一 浙江省"小升规"政策实施背景

（一）浙江省小微企业概况

浙江省小微企业在浙江经济发展中占据举足轻重的地位，在数量、就业、出口、税收、创新等方面发挥巨大作用。截至 2012 年年底，浙江省有各类市场主体 350 多万户，其中个体工商户 255 万户，企业 90 万家左右，各类小微企业数量占 97% 以上。20.8 万家工业企业中小微企业数量合计占全部工业企业的 83.1%。工业小微企业以及个体工业户，合计吸纳就业近 1100 万人，占全部工业的 74.6%。2012 年全省规上工业小微企业出口交货值近 4200 亿元，占全省总量的 38%；税收合计为 1067 亿元，占全部工业的 42.7%。全省小微企业科技活动人员和科技活动经费分别占全省企业的 43.2% 和 34.1%。中小企业专利申请数和发明专利数分别占 89.8% 和 85.3%。

与此同时，浙江省小微企业存在规模偏小、产业层次不高、抵抗风险能力不强等问题。一方面，要保持浙江经济的平稳较快发展，现有 3 万多家规上企业是重要支撑，同时，17 万多家的规模以下小微企业也是"稳增长、促转型"的重要支撑所在，需要加快转型升级为规上企业的步伐。另一方面，小微企业管理模式单一，竞拍土地难、融资贷款难、申报名牌受制等制约因素已成为企业发展的"拦路虎"，而如果企业上规升级后，很多问题便能迎刃而解。

（二）浙江省"四换三名"工程

"四换三名"工程是浙江省走集约式经济转型的抓手，是促进中小微企业转型升级的具体指导。"四换"即腾笼换鸟、机器换人、空间换地和电商换市。"腾笼换鸟"就是要大力发展高附加值、低能耗、低污染产业。"机器换人"实质上是产业技术的创新，推动创新成果大规模地转化应用于产业，并推动人力资本的开发和积累，提高劳动生产率，实现减员增效。"空间换地"，就是把浙江全陆域作为一个大城市来规划，进一步通过区域功能定位来优化生产力空间布局，用价格杠杆优化资源配置，提高土地的使用效率和单位亩产。"电商换市"，就是要大力发展电子商务，实现商业模式创新，把线上、线下"两个市场"融合起来，真正实现"买全球、卖全球"。"三名"即培养名企、名品、名家，打造行业龙头。

（三）浙江省"小升规"政策出台历程

2012 年 4 月 9 日，国务院出台 14 号文件《国务院关于进一步支持小型微型企业健康发展的意见》，从各个层次支持小微企业转型升级；同年 10 月 6 日，国务院再次发布《关于化解产能严重过剩矛盾的指导意见》，将推进兼并重组和企业做优做强作为淘汰过剩产能的重要措施。根据国务院相关文件精神，结合浙江实际，浙江省专门制定了《浙江省人民政府办公厅关于促进小型微型企业再创新优势的若干意见》（浙政办发〔2012〕47 号），加快小微企业转型发展；浙江省经信委发布《关于全面实施小微企业"扶优助长上规模培育计划的指导意见"》（浙企规发〔2012〕75 号），标志着浙江省小微企业转型升级工程在全省范围正式铺开，并在全国范围进入"小升规"先试先行。

2013 年，浙江省委、省政府为加快促进企业转型升级，明确提出了"四个全面推进"的工作要求，即全面推进腾笼换鸟、全面推进机器换人、全面推进装备制造业发展、全面推进"个转企"和"小升规"；8 月 26 日，《浙江省人民政府办公厅关于促进小微企业转型升级为规模以上企业的意见》（浙政办发〔2013〕118 号）正式出台；9 月 12 日，浙江省经信委发文《关于贯彻落实〈浙江省人民政府办公厅关于促进小微企业转型升级为规模以上企业的意见〉的通知》，在一年试点的基础上进一步完善"小升规"政策措施，提升"小升规"工程实效。

二 "小升规"的模式与成效

（一）"小升规"工作模式

浙江省"小升规"工程从试点到全面铺开，政府这只"无形的手"占据主导地位，以确定重点培育对象，示范引导促进"小升规"；以解企业燃眉之急促进"小升规"；以园区产业集群抱团升级促进"小升规"，具体可以概括为"示范升级型"、"解急升级型"和"组团升级型"三种"小升规"模式。

1. 示范升级型

由于"小升规"工作的全面铺开是基于特色县域经济转型升级的积极探索，通过分类培育，树立典型"小升规"案例成为工作推进的主要方式。示范升级型"小升规"即政府主管部门从经营规模较大，从业人数多，行业特色显著的小微企业中挑选重点对象，引导培育成规上企业，并发挥"雁阵"示范效应成为全省各地复制的工作模式。

浙江长兴友畅电子有限公司，是浙北地区薄膜电容器行业的翘楚，目前公司产品占据长三角江浙沪地区照明市场15%的份额。预计2013年公司销售将突破2200万元大关，实现利润180万元，税收133万元。长兴县将其列为第一批"上规"企业，充分保证各类优惠政策落地，使得该公司在社保、水利建设基金、税收等方面，共计享受政策优惠50万元，在全县具有极大示范效应。

2. 解急升级型

为打消"小升规"重点培育企业的升级顾虑，全省各地市相关部门在排查摸底的基础上，抓住企业升级过程中的关键障碍，推动企业顺利新上规模企业的工作模式即为解急升级型。

嘉善宝拓机械设备有限公司主要生产制造JBT—四模四冲系列多工位冷镦成型机、螺丝打头机、搓牙机等。2012年销售收入仅1000多万元，2013年计划投入专项资金通过技术创新提高产品质量档次和完善售后服务拓展销售市场两条腿走路。但是，该企业因生产、销售规模扩大，货款回笼慢，使得2013年成为该企业创立至今资金最紧张的一年，企业老总甚至将私人房车都用作抵押贷款。嘉善县经信局得知该情况后及时帮助其申请中小企业转贷基金转贷了一笔100万元的资金，解决企业燃眉之急，使其全年销售收入顺利翻番，成功"上规"。

3. 组团升级型

组团升级型是指利用块状经济优势，立足园区企业集聚，引导小微企业整合重组，集体培养升级为规模企业的模式。

目前，富阳市共有 12 个块状经济区块，经过规划、筛选，将其中大源新型门窗产业、新登优势塑机产业等 8 个产业作为"小微企业块状经济重点培育区块"。大源工业功能区总规划面积 3500 亩，一期 1000 亩用地已饱和，现有入区企业 66 家，其中，规上企业 24 家。为了克服土地这一瓶颈制约，2014 年，该镇扩建工业功能区二期，完善基础设施配套，搭建产业拓展平台。同时，该镇以金属门窗专业市场建设为载体，搭建门窗产业集聚平台，引导延伸产业链，促进重点规下企业集体"上规"。

（二）成效

自 2012 年提出 2000 家规模以下小微企业升级为规模以上企业的目标后，浙江省又提出了 2013 年以后连续三年完成 1 万家"小升规"的总体目标。

2013 年，全省围绕 3500 家"小升规"的目标任务，扎实开展培育工作，经省统计局审核并上报国家统计局审定全省"小升规"企业数达4735 家，完成率达 135.3%，超额完成了年初下达的全年目标任务，其中金华、绍兴、杭州、温州等市完成实绩大幅超过目标任务。

（三）政策优势评价

自 2012 年以来，浙江省"小升规"数量的迅猛增长离不开全省各地市政府相关部门的管理创新，在深入调研的基础上切入小微企业创业成长的关键点并将相关政策切实落到实处。

首先，政策紧扣小微企业上规前后一段时间的政策需求，量身定制，重点扶持拟上规（重点培育企业）和新上规的企业。

其次，政策明确"小升规"的基本路径，实施分类指导，对小微企业上规升级提出了"培育扶持一批、改造提升一批和引导促进一批"的思路。上规是小微企业的阶段性目标，升级是小微企业不断壮大的长期目标。政策不仅着眼于小微企业"上规"，更注重推进小微企业"升级"。通过层层建立培育监测库，重点加强上规重点企业发展的指导工作。

表 13 –4　　　2012—2013 年浙江省各地市"小升规"情况一览

地市	2011 年规模企业数	2012 年新上规模企业目标	2012 年新上规模企业数	2013 年新上规模企业目标	2013 年新上规模企业数
杭州	5868	340	409	430	675
宁波	6616	380	674	660	719
温州	4161	240	379	380	568
嘉兴	3987	230	382	390	516
湖州	2309	135	145	180	229
绍兴	3427	200	384	380	600
金华	2968	170	338	390	692
舟山	358	20	30	40	82
台州	3040	180	475	390	32
衢州	861	50	53	100	510
丽水	916	55	167	160	112
合计	34511	2000	3436	3500	4735

说明：（1）"小升规"是指规模以下小微企业转型升级为规模以上企业的数量，不包括新开工数；（2）2013 年完成数是指经省统计局审核上报国家统计局的数量。

资料来源：浙江省经信委网站资料整理。

　　再次，政策落到实处。在税费优惠方面，"两税、两险、一金"（即房产税、城镇土地使用税，企业基本养老保险、基本医疗保险，地方水利建设基金）等方面有优惠。

　　比如，"小升规"企业基本养老保险、基本医疗保险单位缴纳部分可享受三年政策优惠期，即允许其首次上规模后三年内单位缴费比例实行临时性下浮，每年下浮幅度相当于企业缴费统筹部分一个月的额度。在财政资金支持方面，"小升规"企业在三年内对实缴税款地方财政新增部分给予适当补助或奖励。在企业减负方面，明确被列为培育对象和新上规企业在环评等方面的费用，三年内按其标准减半收费。最后，注重发挥政策引导，充分发挥地方政府管理创新的积极性和创造性，鼓励和支持地方政府根据自身区域和产业发展特点，密切联系特色潜力企业，在权限范围内探索制定有利于"小升规"的具体扶持政策（见表 13 –5）。

表 13 - 5 　　　　浙江省各地市"小升规"特色扶持政策一览

类别	特色措施	案例
财政支持	财政专项资金，奖励企业示范型"小升规"企业	根据各地市政府财政情况从 2 万—10 万元不等
融资担保	财政专项资金结合金融部门等社会资金，按比例合作成立担保基金、资金池、转贷基金等	东阳市"同筑梦想·共享阳光"担保基金；杭州市"瞪羚计划"信用贷款风险基金；各地县市转贷基金等
资源保障	土地、水、电、煤等资源使用政策倾斜与优惠	宁波市新增建设用地计划指标总量中，安排 5% 专项用于小微企业发展，新建标准厂房优先保障"小升规"及培育对象企业生产经营用房需求；温州市技改、租金补助政策等
服务创新	部门联动、一站办结的"小升规"工作服务，如组团办证、审批、融资、培训等服务	天台县"企业直通服务平台"；宁波市"产业集群"办事窗口等

资料来源：本课题组根据新闻报道综合整理。

三 "小升规"政策实施过程中存在的问题

虽然浙江省"小升规"工作总休发展态势良好，但是在政策实施过程中存在"不想升、不愿升、不敢升、升得难"等问题。

（一）存在"小富即安"的传统思想"不想升"

浙江省小微企业主要集中在制造业、批发零售及商务服务业领域，许多仍旧采取前店后厂、家庭小作坊等模式，"客户不缺、小本获利、小富即安"很容易成为企业主的心理写照。CHFS（中国家庭金融与调查研究中心，2013）显示，中国前 1% 的高收入家庭一半是小微企业主家庭；创业活力最高的是"80 后"和"70 后"，他们认为自由（38.1%）和挣钱（28.7%）是创业的首要原因。这与"独一代"、"工作是为了生活"的思想特征密不可分，因此，当企业盈利水平达到自身的生活要求时规模就不是重要的事了，没必要以"上规"多此一举。

（二）存在"能力有限"的经营顾虑"不愿升"

坚持"一成不变"的经营方式缘于对未来经营能力的担心。据调查显示，小微企业主学历在小学及以下的占 63.7%，其中不乏国企改制后的自由职业者或有些直接继承家族生意的人，他们往往比较清晰自己的能力定位，认为"小升规"后无法胜任管理工作，尤其担心上规后要按规定完善财税和统计工作，管理要求高，负担显著增加。尤其是2008年的全球危机以来，原材料、人力成本、税费负担居高不下，融资难、订单减、利润进一步减少，相对而言，保持原有企业规模在某种程度上抗风险能力更好。如一些光伏生产企业认为，现在行业不景气，产能过剩导致销售收入不佳，以谨慎为先，没有上规的意愿。

（三）存在"困难重重"的发展制约"不敢升"

浙江省经信委前期开展的企业调研结果表明80%的小微企业反映税费问题是制约"小升规"的主要问题，50%的企业反映融资贵、融资难依旧没有得到根本改善。另外，土地、用工、管理问题制约上规企业后续发展（见表13-6）。于是，为了逃避"升规"，一些地方出现部分小微企业瞒报、缓报业务收入的现象。

表13-6　　　　　　　　"小升规"培育企业问题归类

问题类别	企业占比（%）	典型反馈（摘录）
用工	27.4	工人流动性大，工资要求高；找不到熟练操作工，生产力下降
空间	20.0	订单不断增多，急需扩展空间问题；使用场地空间不够，标准规范厂房难租
融资	16.4	企业所需资金均通过自筹方式取得，银行不对光伏行业贷款；银行融资需要有足够抵押物，否则不受理贷款业务；贷款利息太高，银行压贷
其他	13.6	不管用电企业规模大小，产值多少，限电方案都是一样的；解决夏季用电高峰
管理	9.8	整体管理水平提升不快，缺少具有较强管理意识的中高层人才；随着产量的增加，内部管理水平还待不断提高
技术	9.1	企业产品技术含量偏低，生产工艺较简单，产品质量问题突出；缺乏技术人员，影响设备操作
审批	3.8	新厂房房产证尚未办理完成；一些高新技术待审批中

资料来源：根据《温州市：五月份小升规工作简报》（2014年6月15日）整理。

（四）存在"效力有限"的政策弊端"升得难"

有部分小微企业认为，"小升规"政策的优惠面和措施还没有达到自身发展要求。某网络公司负责人声称，"小升规"政策更偏向于实体企业，对自己没有太大吸引力，虽然上规企业基本养老保险、基本医疗保险单位缴纳部分可享受三年政策优惠期，但是他认为优惠力度不高。2013年，浙江省统计局的调查中，41.6%的小微企业觉得"小升规"政策效果一般，64%的小微企业认为政策门槛较高，35.6%的企业表示办理手续复杂，28.5%的企业认为优惠力度不够等；浙江省国税局在《发挥税收调控作用促进小微企业健康发展——关于浙江省小微企业生产经营状况和税负情况调研报告》中，也提到"政府扶持小微企业发展的政策力度不足"："一是专门针对小微企业创业的优惠政策不多，比如税收优惠力度不大；二是用于扶持小微企业发展的财政资金偏少。"另外，"小升规"扶持政策的宣传有待进一步深入。杭州市的调查显示，近两成单位对政府出台"小升规"扶持政策知之甚少。

第三节　相关政策建议

中小微企业转型升级不仅事关企业自身健康发展，更是解决民生与就业问题，促进国家经济发展方式改变，对接世界产业链发展轨迹，从"中国制造"到"中国创造"的重要抓手，急需社会各界统一认识，营造良好发展环境。

（一）深化认识，推动政府职能转变

一是要深入研究中小微企业转型升级的发展规律，把握其中矛盾根本点。在总结国内外先行经验的基础上，深入地方开展一线调研，明确不同区域、不同产业中小微企业转型升级方向、路径和阶段。

二是要密切关注世界经济和区域经济的发展走势，及时把握经济回暖、市场需求上升时机，因势利导，推进加快中小微企业转型升级。

三是要推动政府行政职能转变，加强政府主管部门、行业协会、媒体、大学和研究机构等多方面"协同创新"，形成合力，从单一"管控"向细致"服务"发展。从市场准入、法律、金融、税收、技术创新、知识产权保护、人才培养、政府采购、提供公共物品、市场环境培育、规范信用担保机构等关键领域加大改革、营造良好环境并相互配合。

（二）有法可依，破除体制机制障碍

首先，要转变观念，明确任何行政行为和市场行为必须有法可依的基本思想，加快改进和完善中小微企业发展的法律环境。在借鉴和分析欧美成熟《中小企业基本法》的基础上，在中国探索起草并颁布关于中小微企业发展的基础性和民生性法规。同时，对现有中小微企业法律法规的实施进行监督，确保依法行政；各省地市法规要相互"兼容"，避免新增中小微企业运营成本。

其次，要加大改革力度，破除制约中小微企业发展的体制机制障碍。建立民间和中小企业投资市场准入的负面清单管理模式，在负面清单之外的领域，降低门槛，并定期发布民间和中小企业投资主体招商的产业投资流程与优惠政策指南。全面取消或下放限制民间和中小企业投资的各类行政审批权，大幅减少教育、医疗、养老、文化等社会领域的资质资格审批。实施中小微企业业务办理"一站式"综合服务，尤其在创新业务、公共资源交易、信用信息管理、中介服务、退出服务等方面提供便利。建立倒逼机制、加强督查，对于占用土地多、能耗多而增效少的不合理企业，要采取差别电价、差别化房产城镇土地使用税等措施，促使有一定基础的中小微企业向规模企业转化。

再次，要立足实践，制定完善转型升级配套政策。一是要推进区域经济转型与产业发展规划，发挥宏观政策的引导作用，促进中观、微观政府的有效衔接。二是要完善转型升级配套的土地、技术和人才政策。将土地资源向成长性中小微企业倾斜，鼓励中小微企业"零土地技改"；推进"产学研"深度融合，着重发展高职教育，培养中小微企业急需的技术人才；建设中小微企业共性技术研发平台，提高中小微企业研发效率。

最后，要上下联动，避免政策重复、失效。改革地方政府绩效考核指标，将地区就业指标、创新指标和环保指标纳入考核范围，引导地方政府贯彻落实中央扶持中小微企业转型升级政策，根据本土实际，积极优化地区产业分布结构、促进中小微企业优胜劣汰。

（三）盘活资金，建立多元融资渠道

第一，创新金融产品，提高银行服务效率。创新质押方式，加大存货、订单、专利权、商标权、股权、林权、渔业权等新型抵押物融资规则的研究力度。督促银行优化中小企业贷款审批流程，加大商业银行吸储自留运营资金，特别可以用于社区中小企业贷款。

第二，拓宽直接融资渠道，推进中小企业集合债、中期票据及其他公募、私募债务融资工具。修订中小板、创业板、"新三板"相关条件和要求，支持更多优质企业上市。加快发展融资租赁，使得缺少抵押的中小企业通过融物获得资金。

第三，促进信用担保行业发展，加快建设中小企业信用基础设施。鼓励小额贷款公司改为村镇银行，引导民间资本进入融资性担保行业，参与设立创投基金、私募股权基金和产业基金等。支持各类资本投资经营各类征信机构。

第四，善用财政，落实增效减负政策。一方面在继续增加中小企业专项资金规模的基础上，重点支持中小微企业技术创新和节能减排。另一方面探索建立小微企业贷款援助基金，通过再担保、担保补贴、转贷补贴等形式缓解融资难的问题。做好中央与地方政策衔接，切实将中小微减负工作落到实处。

此外，广大中小微企业在积极争取国家和地方政策支持的同时，更要重视苦练内功，抓好企业内部管理，不断提高资源使用效率；要狠抓主业，把宝贵的资源用到最急需的重点项目上；要增强诚信意识，树立"百年企业"的理想信念，真正通过转型升级走上健康发展之路，肩负起促进社会进步的重任。

第十四章

中小企业国际化专题研究

第一节 中国中小企业国际化现状

企业国际化是未来世界各国企业参与国际市场竞争、维持企业竞争力的必然趋势。2013年，中国中小企业占全国企业总数的99.7%，其中小微企业占了97.3%。中小企业创造了60%的国内生产总值、59%的税收和60%的进出口，提供了全国80%的城镇就业岗位，每年解决1000多万人新增就业。总体上来说，中国中小企业国际化程度还比较低，主要还是以出口、来料加工等方式参与国际化市场。中小企业国际化进展并不顺利、在国际化过程中面临诸多问难。近几年，受国外反倾销政策、人民币升值以及国内生产成本挤压的影响，出口导向型的中国中小企业开始"走出去"战略，试图通过境外直接投资或者兼并的方式实施更高层次的"走出去"战略，然而，由于中小企业各方面资源条件的限制，当前的中小企业国际化战略仍然存在诸多的问题。

第一，企业规模小、融资难问题突出。一直以来，中国中小企业融资难问题都非常突出，而中小企业国际化过程中主要通过技术和产品研发甚至兼并等方式来实现，而这一过程需要中小企业投入大量的人才、资金，从而使得中小企业融资难这一问题也是制约中国中小企业实施国际化战略的重点和难点之一。

第二，中小企业国际化经验非常欠缺、研发能力薄弱。中国中小企业大多成长于草根，以劳动密集型企业为主，没有核心技术，大多以国内市场为导向，缺乏国际化经营的经验。由于受到企业规模限制，中小企业在研发投入方面受到很大制约，技术和产品创新严重不足。

第三，国际化管理人才匮乏。中国中小企业主要由民营企业主创建而成，在企业管理层结构、决策方式上都受到家族企业管理模式的深刻影响。而由于学识、阅历等因素的限制，中小企业在国际化经营方面往往无法吸引到具有国际化水平的经营管理人才。这也是限制中国中小企业国际化经营的主要因素之一。

第二节　中国中小企业国际化需要注意的问题

从中国中小企业国际化驱动因素来看，国内市场的挤压固然是重要原因之一，而国外市场的吸引也是不可忽略的因素。总体上来看，中国中小企业国际化主要是寻求市场、技术和品牌等资源。因此，在中国中小企业国际化过程中，需要特别注意以下三个问题：

第一，投资区域的选择问题。中国中小企业在国际化投资区域的选择上一定要充分利用产业的相对比较优势。做到有的放矢，例如，资源寻求型的投资要聚焦在资源禀赋较多的国家或地区；以劳动成本节约为目标的中小企业则应该投资于劳动力丰富的发展中国家；技术和知识密集型导向的中小企业则需要关注发达国家的投资机会。

第二，重视技术创新和品牌保护。中小企业实施国际化战略必须重视技术吸收和创新，加强品牌引进和保护。一方面，在投资成功后要在技术和产品创新上加大投入。注重引进外部人才，优化企业技术、经营和管理人才结构。构建符合国际规范的人际信任机制，采取国际化人才管理机制。另一方面，完善知识产权保护机制，尝试灵活多样的产学研机制，弥补中小企业在品牌塑造、推广等方面的不足。

第三，充分利用国家层面的政策支撑体系。近年来，随着中国实施全方位的"走出去"发展战略，中国各级政府出台了一系列鼓励企业走出去，开展国际竞争的相关政策。而中国中小企业普遍缺乏对国家及其他各级政府部门相关政策文件的了解，再加上由于中小企业自身实力限制，在实施国际化战略过程中难免会存在诸多问题，因此，认真研究国家有关促进企业"走出去"的相关政策文件，充分利用好国家政策，对提高中小企业国际化成功率具有重要意义。

第三节　TCL 通讯并购阿尔卡特案例分析

一　TCL 通讯科技控股有限公司概况

TCL 通讯科技控股有限公司（HK. 2618，简称 TCL 通讯）成立于 1999 年 3 月，是全球最大的消费电子制造商之一——TCL 集团的成员公司。TCL 通讯专注于为全球消费者提供 TCL 和 ALCATEL ONE TOUCH 两个品牌移动通信终端产品，成为受人尊敬和最具创新能力的全球领先企业。2004 年 8 月 TCL 集团和法国 ALCATEL 合资建立 T&A 移动电话有限公司（简称 T&A），正式接管法国 ALCATEL 全部手机业务。2005 年 5 月，通过资本重组，TCL 通讯全资控股 TCL 移动和 T&A 两家公司。

目前，TCL 通讯拥有超过 3000 人的研发队伍及技术人员，其中留美、留日及国内知名院校培养的博士、硕士以上学历超过 30%，当中不乏曾在国际知名公司重要岗位工作多年的管理精英和外籍技术专家。TCL 通讯在法国巴黎、美国硅谷、中国上海、宁波、成都、深圳和惠州设立了研发中心，拥有丰富的技术储备，针对目前主要的通信技术标准，如 GSM、GPRS、EDGE、3G 等，都能提供技术支持和解决方案。TCL 通讯不断整合全球供应链体系，保持成本优势，在广东省惠州市建立全球制造基地，拥有世界领先水平的 SMT 生产线和先进的专业测试设备，是中国最大、最具实力的手机制造基地之一。TCL 通讯拥有一大批获得了 RoHS 认证，满足 ISO9001、ISO14000、TS16949 等标准和要求的国际知名供应商作为坚实的后盾，同时，TCL 通讯还建立了 PPQA 体系，确保采购工作严格按照质量规范开展。

TCL 集团的企业愿景是成为受人尊敬和最具创新能力的全球领先企业。秉承"为顾客创造价值、为员工创造机会、为社会创造效益"的企业宗旨，TCL 人将继续发扬"敬业、诚信、团队、创新"的企业精神，坚持"诚信尽责、公平公正、变革创新、知行合一、整体至上"的价值观，以"研制最好的产品，提供最好的服务，创建最好的品牌"三个最好作为竞争策略，不断进行经营变革和管理创新，增强企业的整体素质。

TCL 通讯作为全球性的手机制造商，始终坚持"中国价值，世界品质"的理念，努力改善全球消费者的数字化无线通信生活。"中国价值"就是利用国内低成本优势，控制成本；"世界品质"就是保证世界一流的产品质量。为了这个目标，TCL 通讯汇聚全球资源，锐意创新，为顾客提供更好的产品和服务，为用户带来更愉悦的消费体验。

二　TCL 通讯科技控股有限公司发展历程

TCL 通讯科技控股有限公司最早可以追溯到 1999 年成立的惠州 TCL 移动通信有限公司，距今已有十余年的发展历史。与已成立三十年的母公司 TCL 集团股份有限公司一样，TCL 通讯的发展并非一帆风顺，也曾遭遇过几乎威胁到公司存亡的重大挫折。回顾过往十余年，TCL 通讯的发展历程大致可分为飞速发展、遇挫调整、稳定成长三个阶段。

（一）飞速发展阶段（1999—2003 年）

1999 年 3 月 29 日，TCL 通讯中最早的实体——惠州 TCL 移动通信有限公司正式成立。TCL 移动通信有限公司成立伊始，就十分注重自主知识产权的手机产品的研发、民族品牌的推广和国际化经营。2002 年年底，惠州移动通信有限公司以连续三年营业额增幅高达 263.3 倍，名列"德勤 2002 年首届亚太区高科技高成长 500 强企业"排行榜首。2003 年年底，公司再度高居排行榜前列，成为唯一一家连续两届进入该排行榜前五名的企业，TCL 更成为 2004 年中国第六大最具价值的品牌。2003 年，TCL 手机持续保持国内领先地位，销售收入和利润都稳居国产手机第一。全年度实现销售 982 万台，国内市场份额约达 12%，实现销售收入 94.5 亿元。

（二）遇挫调整阶段（2004—2006 年）

2004 年 2 月，TCL 通讯科技控股有限公司正式注册成立，成为惠州 TCL 移动通信有限公司的控股公司。9 月，TCL 通讯于香港联合交易所有限公司主板上市。同年，已在国内市场取得显著成绩的 TCL 通讯开始向国际市场扩张，通过与法国阿尔卡特合资成立 T&A 公司收购了阿尔卡特手机业务。但是，由于新成立的合资公司亏损严重，2005 年 5 月 TCL 通讯发行可换股票据从阿尔卡特手中换购 T&A 剩余的 45% 股份。T&A 虽然成为 TCL 全资附属公司，却并没有抑制住 T&A 公司的继续亏损，并严重影响到了 TCL 通讯整个公司的运营。2005 年，TCL 通讯整体亏损达 16 亿港币。遭遇了重大挫折，TCL 通讯被迫停下向外扩张的脚步，开始以

"健康经营"为目标进行调整扭亏。2006 年，经过重整业务，重新确立清晰的企业及产品定位，强化研发等各方面的措施，令企业重回正常运营的轨道。2006 年首季度起海外市场成功扭亏为盈，第三季度起国内市场达到收支平衡。TCL 通讯整体上于 2006 年第二季度开始扭亏为盈。

（三）稳定成长阶段（2007 年至今）

2007 年 9 月，TCL 通讯延长 10 年阿尔卡特商标使用权至 2024 年，单月产量突破 150 万台。10 月，宣布在中国市场重新启动阿尔卡特品牌，其品牌定位为时尚科技，并与 RIM 公司合作，将黑莓 8700 手机带到中国市场。2008 年 2 月，Alcatel 品牌手机 OT‐E206A，获得 AT&T 无线 GSM 网络手机的入网证书。并与全球重要运营商 T‐Mobile 签署合作协议，ODM 业务成为公司新的业绩增长点。

2010 年 5 月，TCL 通讯被 Stragety Analytics 评为"世界上增长最快的主要手机制造商"。9 月，根据 iSuppli 发布的全球手机业市场报告，TCL 通讯在继 2010 年第一季度首次跻身全球手机销量前十名后，第二季度手机销量跃升至全球第七位。12 月，TCL 通讯荣获"2010 年香港杰出企业奖"。此外，TCL 通讯亦获得"红星奖"、"红棉奖"等几项中国设计大奖。2011 年 3 月，ONE TOUCH 818 及 ONE TOUCH 355 PLAY 荣获 2011 年"德国 Red Dot（红点）产品设计奖"。2011 年，TCL 通讯手机及其他产品的销量达到 4360 万台，同比上升 20%。Alcatel 品牌获得国际市场研究机构 Gartner Inc. 排名为全球十大手机供应商之一。按照 2011 年第四季度销量计算，Alcatel 被 HIS iSuppli 排名为全球第八大手机品牌。

三 TCL 通讯并购阿尔卡特手机业务

随着市场环境的开放与企业自身的发展，国际化几乎成为每一个致力于全球市场的中国企业的重要议题。对于立志成为受人尊敬和最具创新能力的全球领先企业的 TCL 集团，国际化更是其始终坚持的核心战略。2003 年，TCL 手机业务达到了前所未有的顶峰，通信团队雄心勃勃，早有海外并购的需求。国内手机市场如火如荼，但是也隐约出现了成长的瓶颈。手机产品的生命周期非常短，企业想要生存或者很快适应市场变化，必须不断研发换代新产品。但每一款产品都需要巨大的研发投入，必须在产品生命周期达到更多的销量才能获得较好的收益。要解决这一问题，最可行的办法就是通过业务国际化扩大销量。在 TCL 集团国际化进程不断加速的氛围下，TCL 通讯也开始将目光放到国际市场。2004 年，借 TCL 集团收购法国汤姆逊公司彩电业务之机，TCL 通讯也将目标瞄准了法国阿尔卡特公司的手机业务。

（一）并购目标

阿尔卡特公司（Alcatel）创建于 1898 年，总部设在法国巴黎。阿尔卡特是电信系统和设备以及相关的电缆和部件领域的世界领导者。阿尔卡特的业务遍及全球 130 多个国家，拥有 12 万名员工。阿尔卡特通信部面向通信运营商、服务供应商、企业及消费者，提供从主干网到用户终端产品的全方位解决方案与服务。在 IP/ATM 交换系统、SDH/SONET 传输系统、移动通信系统、无线本地环路系统、卫星通信系统、ADSL 接入系统、互联网终端设备等方面，阿尔卡特具有绝对优势。目前，阿尔卡特的语音、数据和多媒体信息通信系统处于世界领导地位。1983 年，阿尔卡特合资成立上海贝尔进入中国市场，专注于系统设备领域。进入中国后，阿尔卡特已在国内建立了 21 家合资及独资企业，提供广泛的通信产品及服务。

但阿尔卡特手机业务是一波三折，始终处于亏损困境。五年前，阿尔卡特拓展了手机业务，但作为系统设备的厂商，它的终端产品业务表现并不尽如人意。1998 年 12 月 10 日，阿尔卡特独资在苏州成立阿尔卡特苏州通信有限公司，主营业务为开发、制造和销售 GSM 手机。但当时，中国手机市场基本上被爱立信、摩托罗拉、诺基亚等厂商瓜分。2000 年以后，随着国产手机品牌的崛起，阿尔卡特手机中国之路更加艰难。截至 2003 年 12 月 31 日，阿尔卡特手机业务（MPD）资产总额 2.88 亿欧元，负债总额 2.91 亿欧元，净资产为 −313 万欧元，主营业务收入 6.11 亿欧元，亏损总额为 7390 万欧元，约合人民币 7.63 亿元。当时，MPD 拥有雇员 603 人，其中包括 343 名研发人员和 101 名营销人员。尽管手机业务亏损，但阿尔卡特具有在技术、研发领域的优势，而且在欧洲、拉美具有完整的营销网络及影响力。

（二）并购动因

面对国内手机市场的激烈竞争，TCL 急需通过向国际市场扩张来降低风险。而 TCL 通讯之所以选择了亏损中的阿尔卡特手机业务，主要是为了获取阿尔卡特手机的品牌、营销网络和专利技术。

第一，虽然阿尔卡特品牌当时在中国市场上进不了前二十名，但是在国外市场具有相当高的知名度。特别是在欧美市场上，阿尔卡特历史悠久，品牌美誉度很高。这无疑是 TCL 手机借船出海、扬帆国际的良机。

第二，作为著名的通信设备商，阿尔卡特拥有全球各大电信运营商的庞大关系网络和良好的合作基础。阿尔卡特在海外市场有 700 万部的销量，并且主要在欧洲、拉美市场，而 TCL 的市场 95% 在中国。因此，阿尔卡特和 TCL 渠道互补效应很明显，预计两家企业的年产能相加可达1800 万部。

第三，阿尔卡特公司有相当多的基础专利保护，可以为 TCL 通讯省下一大笔专利费。阿尔卡特在 2G、2.5G 等领域的技术积累是 TCL 通讯望尘莫及的。单靠 TCL 自己发展至少需要五年才能达到阿尔卡特的技术水平，与对方合作有助于 TCL 在国产手机普遍缺失的核心技术上取得突破。此外，阿尔卡特在 3G 上的研发实力全球领先，这对于 TCL 在 3G 时代的发展具有战略意义。

（三）并购过程

1. 前期考察谈判

2004 年年初，当 TCL 集团董事长李东生在巴黎商谈并购汤姆逊彩电业务时，得到了阿尔卡特出售手机业务的消息。因为与 LG、摩托罗拉等国际巨鳄无法达成保留员工和品牌的协议，阿尔卡特才转向中国企业。阿尔卡特董事长提出，因为有其他谈判对象已经进行，此交易必须速战速决，并给出 3 个月内谈判达成意向的时间表。李东生在了解阿尔卡特手机业务的基本情况和对方的合作条件以后，承诺两周后派员赴巴黎谈判。

李东生回国后，立即将此项并购计划与 TCL 移动通信有限公司团队及合作伙伴王道源先生商讨（他拥有 TCL 移动通信有限公司约 30% 股权）。随后，王道源亲自带领一个小组赴巴黎考察谈判。经过初步交流分析，TCL 方面认为阿尔卡特在欧美市场是一个口碑非常好的品牌，特别是在法国市场有着很高的认同感。通过收购当地企业获取成熟的产品品牌、销售渠道和研发基地，对于 TCL 手机国际化有很大的帮助。此外，他们还认为，收购阿尔卡特手机业务交易结构比较简单，对方没有工厂，只有销售服务机构和法国巴黎、中国上海两个研发中心，雇员也较少，所以收购后的整合工作量也会比较小。最终让 TCL 通讯下定收购决心的是来自全球权威的投资银行摩根士丹利为 TCL 和阿尔卡特合资出具的一份研究报告。这份研究报告称，在 TCL—阿尔卡特公司成立后，其母公司 TCL 通讯的手机年销量将达到 2000 万部，一跃成为中国手机销量第一、全球手机销量第七的手机生产制造商。

2. 成立合资公司

由于双方合作意愿强烈，竞争对手虎视眈眈，加之 TCL 通讯认为，此项收购结构非常简单，TCL 并未委托咨询公司开展尽职调查，只是派出自己的团队进行了业务调查，并自己设计了收购方案。在谈判阶段，TCL 通讯聘请摩根士丹利和安永协助谈判，谈判进展顺利，双方很快达成合作意向。

2004 年 4 月 26 日，阿尔卡特公司和 TCL 签订谅解备忘录，组建 TCL & Alcatel Mobile Phone Limited 手机合资公司（简称 T&A）。根据谅解备忘录的条款，TCL 通讯拥有 55% 股权，将是控股合资公司的大股东，阿尔卡特占余下 45% 股份。TCL 通讯将投入 5500 万欧元，阿尔卡特将投入 4500 万欧元和手机业务。阿尔卡特手机业务主要包括客户关系网络，以及 2G、2.5G 专利知识产权等。转让还包括阿尔卡特 600 多名在欧洲的研发专业人才以及经验丰富的销售与营销管理人员和手机业务管理团队。此外，阿尔卡特手机在拉美和中国的业务团队及上海研发中心的 500 名工程师也一并转入 T&A 公司。按约定，新公司成立三年之后，阿尔卡特可以选择根据当时的价值把 T&A 的股份转换为 TCL 通讯的股份，上不封顶，下限为 5%。

2004 年 10 月 9 日，TCL 通讯与阿尔卡特在北京签订正式的合资合同。翌日，T&A 正式挂牌，新公司的总部设在香港，运营中心设在深圳，生产基地则设在苏州。TCL 通讯投入 5500 万欧元现金。阿尔卡特作价 4500 万欧元的资产包括两个研发中心的固定资产净值作价加现金。而阿尔卡特手机的客户网络、销售与营销管理团队、知识产权以及欧洲巴黎、中国上海的两个研发团队不作价转入合资公司。此外，阿尔卡特授权 T&A 公司 Alcatel 手机品牌的使用权十年，其中前六年为免费使用，其后需向阿尔卡特支付手机净销售价的 1% 作为使用许可费。T&A 公司净资产约为 1 亿欧元。

3. 收购合资公司

尽管，TCL 通讯和阿尔卡特双方都对新成立的 T&A 公司充满期待，但是运营 8 个月以后 T&A 并没有如愿扭亏，财务状况依然十分严峻。根据其财务报告数据，T&A 2004 年和 2005 年第一季度分布亏损约 2.89 亿港币和 3.09 亿港币。而同时，TCL 通讯国内业务快速下滑，亏损总额急剧加大。为了挽救深陷危机之中的 TCL 通讯，TCL 通讯新任高管团队在对法国和上海进行了数次考察之后作出了一份 T&A 重组报告。并由此提出一个重组方案：双方增加注资，阿尔卡特负责安置欧洲 T&A 富余的雇员，并将 T&A 公司由 TCL 通讯发行股份全资收购成为附属子公司。

经过艰难的谈判，双方最后达成协议：阿尔卡特同意注资 2000 万欧元，并在未来一年内分批接受 T&A 中原阿尔卡特欧洲富余的雇员。TCL 通讯豁免债务和增加注资共 4000 万欧元。并且，TCL 通讯通过增发 1.41 亿股新股（约占 TCL 通讯 4.8% 股权）换取了阿尔卡特持有的 T&A 公司 45% 的股份，全权控股了 T&A 公司，彻底解除了阿尔卡特该合资公司的后续责任。以截至 2005 年 3 月底 T&A 公司的资产净值计算，阿尔卡特拿到的 TCL 通讯 4.8% 股份市值约 6300 万港元（黄岳，2005）。由此，阿尔卡特由最初的合作者变成了战略投资者，而 TCL 则能开始按照自己的思路重组和经营海外阿尔卡特品牌业务。

4. 并购后的整合

（1）合资公司阶段。2004 年 10 月 10 日，合资公司 T&A 在香港正式挂牌成立，TCL 集团董事长李东生担任合资公司董事长，TCL 通讯总裁万明坚担任合资公司 CEO。TCL 通讯最初的策略是希望并购后继续依靠阿尔卡特业务团队经营海外业务，TCL 通讯提供更有效率和成本竞争力的产品生产制造，逐步替代阿尔卡特现有的外包生产供应商。通过提高效率和成本竞争力扩大销售，实现扭亏。不幸的是，由于 2003 年中国加入全球信息贸易协议后将手机进口关税降为 0，使得外资品牌在国内市场上大举反攻。山寨手机的崛起更让 TCL 国内手机业务腹背受敌，2004 年业绩急剧下滑。此刻，在国内遭受重创的 TCL 通讯却不得不面对阿尔卡特手机业务的亏损加剧。阿尔卡特手机业务没有顺利实现扭亏，最大的原因在于并购后整合不力而导致管理效率低下，协同效应无法发挥。TCL 通讯对阿尔卡特的整合多"整"少"合"，仿佛仅仅是把自己的企业文化整进来，把并购企业的文化给整出去。T&A 的整合困难主要体现在以下五个方面：

第一，组织结构导致业务整合变慢。阿尔卡特和 TCL 两家都是大公司，虽然从股份上来说 TCL 通讯控股了 T&A 公司，但无法真正起到主导作用。T&A 公司董事会共有 7 名成员，TCL 派出 4 人，李东生出任合资公司董事局主席，万明坚以 CEO 身份进入董事会。阿尔卡特派出 3 名出任董事会成员，其中此前担任阿尔卡特手机部门执行副总裁、移动电话通讯部总经理，并兼任阿尔卡特集团执行委员会委员的富克出任董事会副主席。T&A 总经理和主要业务团队都由阿尔卡特手机部门团队担任，TCL 只派几位主管参与，不足以形成一个绝对的领导力。同时，权责不明确，业务运作效率很低，整个工作绩效大打折扣。因此，T&A 公司成立以来，无论是在海外市场还是国内市场都延续原来阿尔卡特和 TCL 的两套人马、两套运行体系的模式。在广州、深圳等地，TCL 和阿尔卡特手机销售各行其道，没有达到资源整合的预期。整合 7 个月以后，阿尔卡特的大部分产品还是外包生产，TCL 自己的工厂却产能过剩。

第二，欧洲人力成本之高远远超过预算。基于法国当地的劳工协议，人力费用成本几倍于中国。按照最初的合资协议，700 多名欧洲的阿尔卡特技术和管理人员整体转入 T&A 公司，而要保持阿尔卡特原来每人每月近 1 万欧元的高薪酬福利，合资公司每月就要负担 700 万欧元的人力成本。但是，TCL 通讯又无法通过裁员来削减成本。在法国裁员，一方面要面对平均每人超过 10 万欧元的高额赔偿金，另一方面欧洲公司的工会非常强大，谈判也会异常艰难。并且，社会舆论压力也会对公司造成严重伤害。因此，TCL 无法对合资公司的人力结构进行有效调整，高居不下的人力成本是 T&A 亏损加剧的重要原因之一。

第三，两个企业难以实现渠道资源共享。TCL 通讯希望借助阿尔卡特的营销渠道进军海外市场。但是，涉及的海外运营商有着定制和很强的互联互通的要求，而 TCL 通讯的产品在质量上还不能达到海外运营商的要求。阿尔卡特手机在国内的运营是由整合后的苏州 T&A 承担的。但是由于这个原阿尔卡特中国业务部门和 TCL 通讯业务部门在激励方式上的差异，导致了国内渠道渗透十分困难。TCL 的激励模式是相对低的固定收入加相对高的提成，而阿尔卡特业务团队收入平稳，不太受业绩的影响。TCL 要求销售人员去做直接终端销售，而阿尔卡特主要是通过经销商来做，阿尔卡特的销售人员不愿直接做终端销售。新的业务管理和激励方式让苏州 T&A 团队难以接受，导致人员不断流失，最终阿尔卡特国内业务部门被迫关闭。

第四，企业文化磨合异常困难。阿尔卡特作为全球主要通信设备厂商，在规模、技术、品牌和市场影响力上都强于TCL。当一个弱势品牌并购强势品牌时，强势企业的员工一般很难接受弱势企业的文化。并且，阿尔卡特的使命是为客户提供最方便、最有价值、最安全、最容易管理的网络解决方案，而TCL通讯比较注重绩效目标。因此，原阿尔卡特手机业务在欧洲的700多名员工很难认同TCL的文化，而对未来缺乏信心，消极懈怠情绪蔓延。即使是在由400多名中国工程师组成阿尔卡特上海研发中心整合也不顺利。上海研发中心原本的主管是法国人，采用阿尔卡特的管理模式。因此，TCL派去的新任管理者根很难融合到员工中去。文化冲突导致一些重要岗位的人员不断流失，严重影响工作效率。

第五，技术融合流于形式。阿尔卡特所拥有的全球领先的专利技术和研发能力是TCL通讯并购其手机业务的关键因素之一。按照最初并购初衷，阿尔卡特的技术优势将通过T&A嫁接到TCL移动通讯有限公司中。但事实上技术的融合困难重重。由于并购后整合不力，协同效应无法发挥，法方研发人员心神不定，根本无法专注于研发活动，研发能力大受影响。这一年，阿尔卡特手机新产品开发不是未能按时完成，就是成本控制差、毛利率低，基本上没有有竞争力的产品问世。而TCL通讯在并购前所向往的移动3G技术也并不包含在T&A合资协议中。阿尔卡特的3G技术其实早已经属于另一家合资公司：富士通—阿尔卡特。

（2）全权控股阶段。TCL通讯通过股权置换全权掌控T&A公司以后，开始对阿尔卡特手机欧洲业务进行重组。阿尔卡特根据T&A重组进度，在一年内先后接收了约500名欧洲研发和业务部门的员工。按照每名员工每年10万欧元的平均工资计算，此举为TCL通讯节省了大约每年5000万欧元的费用。原阿尔卡特手机欧洲技术研发的功能逐步转移到了上海研发中心，欧洲只保留针对当地客户的技术支持团队。欧洲业务团队也进行了优选和精简，保留了约100人。这些员工对T&A的未来有信心才会留下来，并且尽职尽力地投入工作，为阿尔卡特手机业务的复兴打下了基础。同时，TCL通讯高层开始着手海外供应链的优化，将欧洲和拉美业务系统与TCL通讯总部的财务、业务和供应链对接起来。阿尔卡特的业务组织能力和渠道基础在重组优化以后基本保留了下来。TCL通讯对T&A重组成功，顺利扭亏为盈，具体来说，主要是在整合中做了以下三个方面的工作：

第一，将研发转移到国内，大大降低了研发成本。成立合资公司以后，TCL通讯发现阿尔卡特手机海外业务的经营利润根本无法维持欧洲研发体系的成本。因此，全权控股T&A以后，TCL通讯重组了阿尔卡特手机项目研发架构，将其主要技术研发工作转移到中国，基本保留了阿尔卡特手机技术的设计能力和有效率的技术研发管理系统，通过本地化提高效率和降低成本、TCL通讯将T&A和TCL通讯的两个研发机构整合为统一的研发中心，组成了研发总部，并在上海、深圳、惠州及法国等地设立分部。通过消化吸收再创新，TCL通讯从开始拥有700多名设计开发技术人员的技术团队发展到现在超过2000多人，并在宁波和成都开设了研究所。重组后的技术团队吸收了阿尔卡特先进的产品设计流程和管理方法，配备先进的试验检测设备，研发核心能力显著提升。研发从欧洲回到本土以后，降低了成本，提高了工作节奏和效率。原先开发一款高端手机需要1000万欧元，历时18个月，而整合后只需要100万—300万美元，研发周期也缩短为9—12个月。技术能力的积累和提高，成就了TCL手机在国际市场的竞争优势。

第二，定位中低端产品，抓住欧洲和拉美市场。TCL通讯将海外、本土业务合并以后，在产品策略上作出了调整：产品以海外市场为主，精简产品线，首先集中资源聚焦跨国巨头较少涉足的中低端产品，重点发展欧洲和拉美市场。对T&A重组以后，TCL通讯将原有外销产品设计作为后续研发的基础，持续开发出性能质量可靠、成本有竞争力的系列产品，逐步提高了海外市场的占有率。集中力量开发低端产品，符合当时TCL的产品研发能力。在业务调整和系统整合阶段，简单清晰的工作目标更加有把握达成。对于努力扭亏的TCL通讯而言，先聚焦低端产品再向中高端发展的选择无疑是正确的。而且，TCL通讯的产品策略也符合海外运营商的要求。TCL通讯继承了阿尔卡特手机在欧洲的销售渠道，与30多家海外运营商建立了稳定合作关系。这些运营商定制的手机大多数是为开拓用户而与服务捆绑销售的，主要为中低端产品。因此，定位于中低端产品也易于和阿尔卡特原有的海外渠道迅速匹配。通过准确的产品定位和积极的渠道扩展，TCL手机海外业务持续增长，从2005年的750万台上升到2010年的3408万台，进入了国际主要电讯运营商市场。

第三，完善质量控制体系，提升产品品质。TCL 通讯和阿尔卡特手机业务重组以后集中在惠州工厂生产。为了使 TCL 产品能够满足全球高品质手机的生产制造要求，TCL 通讯特别邀请了在阿尔卡特工作了 15 年，负责其工业化管理的劳伦特·拉比负责惠州工厂的生产质量管理工作。在国外市场产品返修费用很高，出口产品的质量要求远高于国内。因此，TCL 的质量观念发生了根本性的转变。在惠州工厂，质量部门拥有比以往更大的权力和责任，如果发现了质量问题，质量部门认为不能出货，就坚决不能出货。通过借鉴阿尔卡特的质量控制体系，TCL 通讯进一步完善了产品品质控制体系。按照流程办事成为了 TCL 通讯员工的准则，从研发到制造的每个环节都严格遵守流程。通过掌握阿尔卡特的流程控制、质量控制体系，对每一步进行量化管控，TCL 通讯把品质控制提升到一流水准，"新购用户满意度"高出行业平均水平近 8 个百分点。由于生产质量管理体系很有效率，2010 年 TCL 通讯手机产量跨越式地增长一倍，产品质量保障和生产供应链系统圆满完成任务。

（四）并购效应

虽然 TCL 通讯并购阿尔卡特手机业务并未如其预先设想的那样顺利，甚至遭遇了重大的整合挫折，但最终 TCL 通讯顺利重组了 T&A 公司，并通过有效的整合使得 TCL 手机业务重获竞争力。最初与 TCL 同时获得手机生产许可证的其他 11 家国内手机厂商均已被淘汰出局，而 TCL 通讯凭借其海外业务的拓展在 2004 年开始的国内市场残酷拼杀中存活了下来，并成长为全球第七大手机供应商。因此，可以说 TCL 通讯并购阿尔卡特手机已经取得了阶段性的成功。此次并购为 TCL 通讯所带来的效应，主要可以概括为以下六个方面：

第一，获取了 ALCATEL 手机品牌使用权。在欧美等发达国家，市场秩序已经非常规范，消费者也十分理性，强势品牌的地位早已确立。新品牌要进入这些成熟度较高的市场难度很大，成本也较高。并购阿尔卡特手机业务使 TCL 通讯获得了 ALCATEL 手机品牌的使用权，为 TCL 手机进军海外市场大大节省了时间和成本。当前，TCL 手机在海外市场上一直依靠美誉度较高的 ALCATEL 品牌，TCL 自己的品牌则主要针对国内市场。

第二，避开技术壁垒提升了研发能力。虽然最初的合资协议中只涉及了 2G 和 2.5G 专利技术，并未涉及 TCL 通讯所向往的 3G 核心技术，但是这些专利技术已经为 TCL 通讯躲开了技术壁垒，节省了大笔专利使用费。并且，T&A 重组后留下来的 100 多名阿尔卡特研发人员保留了核心骨干的技术能力，成为了 TCL 通讯日后研发拓展的重要基础。TCL 通讯研发团队当前已经发展到了 2000 人，有着不俗的技术研发能力。

第三，通过海外运营商网络拓展了海外业务。并购之前，TCL 手机主要面对国内市场，在海外缺少营销渠道。但历史悠久的阿尔卡特与海外运营商建立了良好的合作关系。并购阿尔卡特手机业务无疑是为 TCL 通讯打通了与这些全球运营商合作之门。虽然最初由于质量无法达到海外运营商要求而未能顺利开展合作，但是随着后期 TCL 手机产品质量的不断提升，TCL 逐渐得到了运营商的认可。并且，凭借着质量和成本的优势，TCL 与海外运营商的合作越来越多。

第四，借鉴质量控制体系提升了产品的质量。阿尔卡特的质量控制体系使得提升 TCL 通讯的品质控制达到了一流水准，大大提升了 TCL 手机产品质量。TCL 出口海外的手机返修率能够控制在不到 2%，部分产品甚至不到 1%，远低于国际 3% 的行业标准，并在产品售后服务上节省了大量成本。

第五，打造出了一支国际化的经营管理团队。2005 年，为了让 T&A 尽快摆脱亏损的困局，TCL 通讯组织了一支有国际化背景的管理团队，对合资公司进行全面的改造和重组。正是从最初的并购整合失利中深刻认识到国际化人才对于海外业务拓展的重要性，TCL 通讯开始积极招募和培养国际化人才。

第六，为未来海外并购活动提供了宝贵经验。2011 年 2 月，TCL 通讯收购了法国科技公司 Sagem Wireless 位于宁波的研发中心，再次展开海外并购的征程。TCL 通讯并购阿尔卡特手机业务过程中所面临的困难和挫折，是其未来继续实施海外并购活动的宝贵经验。拥有了以往的经验和教训，在并购前期考察和并购后期整合阶段 TCL 通讯也将更加小心谨慎。当前，越来越多的中国企业开始通过海外并购参与国际竞争，TCL 通讯的并购历程也可以为这些中国企业海外并购之路提供重要的借鉴。特别是 TCL 通讯在收购和重组 T&A 过程中对欧洲员工的处置方式为中国公司提供了非常好的现实标本。

附 表 一

2014 年中国中小企业景气指数测评数据

附表 1 　　　　2001—2013 年中国省际工业中小企业景气指数

省份	年份	先行指数	一致指数	滞后指数	综合指数（ISMECI）
广东	2001	125.10	125.02	166.84	133.41
	2002	125.14	125.92	167.78	134.06
	2003	130.12	128.90	172.81	138.05
	2004	130.03	130.40	174.55	139.12
	2005	130.36	131.18	175.57	139.81
	2006	132.13	132.51	177.30	141.35
	2007	133.34	133.75	178.61	142.60
	2008	135.35	135.19	180.26	144.25
	2009	135.36	135.46	180.78	144.50
	2010	136.57	137.64	182.59	146.31
	2011	138.81	135.46	182.09	145.79
	2012	139.87	139.09	185.77	148.66
	2013	140.12	138.88	185.76	150.99
江苏	2001	111.64	118.14	130.24	118.61
	2002	111.41	118.87	130.89	119.04
	2003	113.87	120.66	133.16	121.12
	2004	115.12	122.62	135.69	122.99
	2005	115.26	122.96	135.91	123.24
	2006	116.42	124.16	137.04	124.41
	2007	117.49	125.39	138.27	125.59
	2008	119.62	127.27	140.35	127.59
	2009	119.34	127.40	140.45	127.60
	2010	120.07	129.71	142.02	129.28
	2011	123.28	129.21	142.57	130.10
	2012	123.26	131.35	144.58	131.57
	2013	123.13	131.30	143.58	140.78

续表

省份	年份	先行指数	一致指数	滞后指数	综合指数（ISMECI）
浙江	2001	96.20	110.15	113.86	106.71
	2002	96.76	111.44	115.14	107.78
	2003	98.91	113.19	117.07	109.68
	2004	100.43	115.49	119.50	111.77
	2005	101.45	116.01	120.11	112.46
	2006	101.59	117.16	121.17	113.29
	2007	102.26	118.09	121.89	114.10
	2008	103.91	118.78	122.69	115.10
	2009	103.98	119.04	123.06	115.33
	2010	104.81	121.64	124.20	117.11
	2011	108.15	120.07	125.59	117.60
	2012	107.95	122.82	126.99	119.19
	2013	108.15	122.31	126.75	124.86
山东	2001	74.07	73.89	88.94	76.95
	2002	74.82	74.46	89.71	77.62
	2003	76.74	75.87	91.89	79.34
	2004	77.71	77.00	93.13	80.44
	2005	77.92	77.93	93.91	81.13
	2006	78.52	78.54	94.65	81.76
	2007	79.64	79.25	95.37	82.59
	2008	80.29	79.97	96.33	83.34
	2009	80.67	80.47	96.87	83.81
	2010	80.74	81.12	97.27	84.23
	2011	82.10	81.37	97.24	84.76
	2012	82.97	82.81	99.27	86.15
	2013	82.39	83.06	98.15	96.53

续表

省份	年份	先行指数	一致指数	滞后指数	综合指数（ISMECI）
河南	2001	65.58	47.45	65.92	56.58
	2002	65.60	47.61	65.92	56.67
	2003	66.45	47.97	66.69	57.26
	2004	67.22	48.66	67.92	58.08
	2005	66.97	49.09	68.17	58.27
	2006	67.73	49.72	68.63	58.90
	2007	68.63	50.46	69.63	59.74
	2008	70.17	51.17	70.82	60.80
	2009	69.95	51.30	71.27	60.89
	2010	70.46	52.13	72.17	61.63
	2011	71.86	52.94	73.54	62.74
	2012	72.00	53.24	73.74	62.97
	2013	71.28	53.07	72.48	65.31
上海	2001	47.89	53.09	56.79	52.27
	2002	47.64	53.20	56.69	52.23
	2003	49.40	54.95	58.87	54.07
	2004	49.89	55.89	59.77	54.87
	2005	50.10	55.85	59.84	54.92
	2006	50.45	56.22	60.19	55.28
	2007	50.90	56.61	60.51	55.68
	2008	51.02	57.03	60.88	56.00
	2009	51.03	57.08	60.94	56.04
	2010	51.13	57.77	61.12	56.45
	2011	52.88	56.05	60.81	56.05
	2012	52.77	58.11	62.23	57.33
	2013	53.29	57.70	62.12	55.43

续表

省份	年份	先行指数	一致指数	滞后指数	综合指数（ISMECI）
河北	2001	60.09	42.15	55.49	50.20
	2002	60.19	42.36	55.52	50.34
	2003	61.75	43.00	57.01	51.43
	2004	62.38	43.65	57.54	52.05
	2005	62.47	44.04	58.00	52.36
	2006	63.11	44.41	58.45	52.83
	2007	63.64	44.81	58.84	53.27
	2008	64.68	45.35	59.60	54.00
	2009	64.29	45.64	60.09	54.13
	2010	64.66	46.58	60.67	54.82
	2011	65.85	46.84	61.67	55.51
	2012	66.29	47.30	62.03	55.94
	2013	65.92	46.97	60.99	55.26
辽宁	2001	71.20	30.50	50.79	46.77
	2002	70.95	30.63	50.87	46.77
	2003	72.64	31.23	52.27	47.86
	2004	73.69	31.63	52.71	48.47
	2005	72.84	31.74	52.75	48.28
	2006	73.35	32.09	53.31	48.71
	2007	73.84	32.45	53.84	49.15
	2008	75.03	32.90	54.88	49.93
	2009	75.05	33.12	55.17	50.11
	2010	75.16	33.62	55.70	50.50
	2011	76.64	33.72	56.01	51.05
	2012	76.67	34.17	56.73	51.43
	2013	76.88	34.24	56.30	54.82

省份	年份	先行指数	一致指数	滞后指数	综合指数（ISMECI）
福建	2001	37.42	31.02	42.01	35.14
	2002	37.52	31.28	42.30	35.36
	2003	38.99	32.14	43.68	36.50
	2004	38.97	32.45	44.04	36.72
	2005	39.18	32.64	44.28	36.93
	2006	39.63	32.97	44.69	37.31
	2007	39.94	33.31	45.09	37.65
	2008	40.49	33.50	45.39	37.97
	2009	40.43	33.65	45.57	38.07
	2010	40.70	34.23	46.00	38.52
	2011	41.44	34.28	46.53	38.88
	2012	41.75	34.79	47.05	39.33
	2013	41.53	34.72	46.86	42.94
湖北	2001	43.97	31.05	42.13	37.14
	2002	43.90	31.17	42.17	37.19
	2003	44.67	31.65	43.22	37.87
	2004	45.23	31.80	43.55	38.18
	2005	44.91	31.93	43.46	38.13
	2006	45.04	32.18	43.61	38.32
	2007	45.41	32.62	44.08	38.75
	2008	46.34	33.30	45.12	39.57
	2009	46.14	33.44	45.18	39.60
	2010	46.39	34.29	45.64	40.19
	2011	46.91	34.10	45.45	40.22
	2012	47.09	34.51	46.15	40.61
	2013	47.08	34.32	45.64	41.83

续表

省份	年份	先行指数	一致指数	滞后指数	综合指数（ISMECI）
四川	2001	42.70	23.34	38.22	32.12
	2002	42.74	23.48	38.30	32.22
	2003	44.08	23.91	39.41	33.06
	2004	44.70	24.19	39.73	33.45
	2005	44.60	24.33	39.87	33.52
	2006	44.83	24.55	40.16	33.76
	2007	45.14	24.84	40.62	34.09
	2008	46.00	25.19	41.24	34.64
	2009	46.17	25.35	41.50	34.83
	2010	46.81	25.63	42.04	35.27
	2011	46.13	25.83	41.67	35.09
	2012	47.23	26.12	42.56	35.74
	2013	46.93	26.21	42.15	38.28
湖南	2001	31.82	19.78	30.86	25.61
	2002	31.78	19.93	31.05	25.71
	2003	32.88	20.26	31.83	26.36
	2004	33.15	20.50	31.97	26.59
	2005	33.11	20.66	32.21	26.70
	2006	33.52	20.81	32.39	26.94
	2007	33.52	21.02	32.64	27.10
	2008	34.10	21.31	33.13	27.51
	2009	34.32	21.43	33.44	27.70
	2010	34.65	21.86	33.98	28.12
	2011	35.14	22.27	34.71	28.62
	2012	35.35	22.29	34.67	28.68
	2013	35.04	22.24	34.42	32.26

续表

省份	年份	先行指数	一致指数	滞后指数	综合指数（ISMECI）
安徽	2001	27.62	18.01	27.94	22.88
	2002	27.52	18.05	27.93	22.86
	2003	28.29	18.40	28.49	23.38
	2004	28.32	18.54	28.61	23.49
	2005	28.41	18.65	28.80	23.61
	2006	28.69	18.86	29.07	23.85
	2007	28.90	19.02	29.38	24.05
	2008	29.53	19.33	29.89	24.50
	2009	29.65	19.47	30.19	24.67
	2010	29.91	19.91	30.67	25.06
	2011	30.70	20.20	31.31	25.57
	2012	30.61	20.24	31.26	25.55
	2013	30.44	20.10	31.00	30.53
天津	2001	23.21	26.24	28.96	25.88
	2002	23.54	26.28	29.00	26.00
	2003	24.09	26.94	29.96	26.69
	2004	24.31	27.37	30.43	27.06
	2005	24.48	27.55	30.46	27.21
	2006	24.53	27.72	30.44	27.31
	2007	24.66	27.89	30.71	27.48
	2008	24.94	28.28	31.11	27.85
	2009	24.81	28.35	31.26	27.87
	2010	24.76	28.63	31.41	28.03
	2011	25.34	28.23	31.36	27.99
	2012	25.47	29.00	31.95	28.53
	2013	25.55	28.92	31.63	27.76

续表

省份	年份	先行指数	一致指数	滞后指数	综合指数（ISMECI）
北京	2001	28.95	23.06	25.16	25.25
	2002	29.14	23.28	25.44	25.47
	2003	29.80	23.77	26.01	26.03
	2004	30.64	24.32	26.80	26.71
	2005	30.69	24.37	26.88	26.77
	2006	30.75	24.54	26.94	26.88
	2007	30.91	24.73	27.06	27.05
	2008	31.25	24.81	27.14	27.21
	2009	31.27	24.90	27.17	27.26
	2010	31.39	25.21	27.38	27.50
	2011	30.04	24.18	26.11	26.32
	2012	31.55	25.27	27.47	27.59
	2013	31.23	24.99	26.96	25.78
山西	2001	33.18	17.05	32.63	25.00
	2002	33.33	17.21	32.93	25.19
	2003	34.34	17.48	33.67	25.78
	2004	34.52	17.77	34.11	26.06
	2005	34.47	17.81	34.18	26.08
	2006	34.62	17.92	34.47	26.24
	2007	34.92	18.06	34.77	26.46
	2008	35.39	18.17	34.84	26.67
	2009	35.46	18.06	34.98	26.67
	2010	35.78	18.46	35.30	27.03
	2011	36.16	18.47	35.17	27.12
	2012	36.39	18.68	35.81	27.42
	2013	36.09	18.54	35.18	25.68

续表

省份	年份	先行指数	一致指数	滞后指数	综合指数（ISMECI）
广西	2001	35.15	13.82	22.89	22.03
	2002	34.94	13.78	22.80	21.93
	2003	35.79	14.08	23.39	22.46
	2004	35.99	14.27	23.60	22.65
	2005	35.85	14.29	23.58	22.61
	2006	36.10	14.41	23.71	22.78
	2007	36.53	14.58	24.02	23.05
	2008	36.75	14.69	24.24	23.22
	2009	37.03	14.77	24.36	23.37
	2010	37.34	15.19	24.77	23.75
	2011	37.65	15.32	25.10	23.98
	2012	37.81	15.37	25.15	24.05
	2013	37.83	15.29	24.91	23.80
陕西	2001	30.89	12.98	24.01	20.56
	2002	30.80	13.03	24.01	20.56
	2003	31.73	13.26	24.75	21.10
	2004	31.76	13.40	24.84	21.20
	2005	31.77	13.46	24.91	21.24
	2006	31.85	13.52	24.98	21.31
	2007	32.01	13.62	25.10	21.43
	2008	32.64	13.86	25.54	21.83
	2009	33.15	14.02	25.92	22.14
	2010	33.22	14.33	26.34	22.40
	2011	34.05	14.42	26.46	22.72
	2012	33.91	14.49	26.62	22.74
	2013	33.91	14.44	26.27	22.06

续表

省份	年份	先行指数	一致指数	滞后指数	综合指数（ISMECI）
云南	2001	31.75	11.88	21.13	19.69
	2002	31.66	11.86	21.06	19.64
	2003	32.94	12.16	21.63	20.29
	2004	33.03	12.33	21.73	20.42
	2005	33.29	12.39	21.83	20.55
	2006	33.48	12.52	22.04	20.71
	2007	33.72	12.61	22.24	20.87
	2008	34.12	12.75	22.49	21.11
	2009	34.11	12.79	22.68	21.16
	2010	34.64	12.99	22.93	21.47
	2011	34.46	12.68	22.65	21.21
	2012	35.10	13.08	23.14	21.70
	2013	34.22	12.98	22.78	20.32
江西	2001	21.68	11.80	19.37	16.28
	2002	21.60	11.85	19.40	16.28
	2003	22.29	12.04	19.80	16.67
	2004	22.38	12.20	19.99	16.81
	2005	22.33	12.29	20.14	16.87
	2006	22.47	12.41	20.31	17.01
	2007	22.78	12.56	20.55	17.22
	2008	23.14	12.74	20.96	17.51
	2009	23.19	12.78	20.97	17.54
	2010	23.44	12.98	21.21	17.77
	2011	23.84	13.16	21.56	18.04
	2012	23.90	13.25	21.70	18.13
	2013	23.60	13.19	21.39	19.77

省份	年份	先行指数	一致指数	滞后指数	综合指数（ISMECI）
吉林	2001	22.45	13.06	21.45	17.56
	2002	22.52	13.09	21.49	17.60
	2003	23.07	13.28	22.05	17.97
	2004	23.31	13.44	22.17	18.15
	2005	23.08	13.48	22.10	18.08
	2006	23.19	13.58	22.29	18.20
	2007	23.37	13.75	22.45	18.38
	2008	23.70	13.98	22.79	18.66
	2009	23.74	14.09	22.98	18.76
	2010	23.84	14.29	23.20	18.93
	2011	24.36	14.53	23.68	19.31
	2012	24.31	14.56	23.64	19.30
	2013	24.13	14.52	23.46	19.71
黑龙江	2001	21.27	11.79	19.88	16.25
	2002	21.29	11.85	19.91	16.30
	2003	21.94	12.00	20.40	16.66
	2004	22.07	12.22	20.65	16.86
	2005	21.79	12.16	20.44	16.70
	2006	21.83	12.21	20.49	16.75
	2007	21.99	12.32	20.62	16.88
	2008	22.23	12.54	20.91	17.12
	2009	22.20	12.55	20.89	17.11
	2010	22.46	12.88	21.20	17.42
	2011	22.86	12.73	21.34	17.49
	2012	22.75	12.91	21.41	17.56
	2013	22.72	12.89	21.32	17.43

续表

省份	年份	先行指数	一致指数	滞后指数	综合指数（ISMECI）
重庆	2001	18.78	10.58	17.06	14.33
	2002	18.82	10.64	17.11	14.39
	2003	19.37	10.83	17.49	14.73
	2004	19.42	10.90	17.59	14.80
	2005	19.40	10.97	17.69	14.85
	2006	19.52	11.05	17.81	14.94
	2007	19.85	11.21	18.04	15.17
	2008	20.26	11.38	18.37	15.44
	2009	20.29	11.45	18.47	15.51
	2010	20.55	11.70	18.75	15.76
	2011	20.97	11.65	18.75	15.87
	2012	20.99	11.82	19.00	16.00
	2013	20.91	11.79	18.85	17.00
内蒙古	2001	22.87	8.69	15.65	14.34
	2002	22.91	8.75	15.69	14.39
	2003	23.34	8.88	16.02	14.65
	2004	23.62	9.01	16.23	14.83
	2005	23.96	9.11	16.44	15.03
	2006	24.16	9.21	16.58	15.17
	2007	24.43	9.31	16.74	15.33
	2008	24.82	9.40	16.97	15.54
	2009	24.80	9.44	16.99	15.56
	2010	24.98	9.58	17.23	15.73
	2011	25.46	9.69	17.35	15.95
	2012	25.68	9.79	17.59	16.12
	2013	25.63	9.82	17.45	16.38

续表

省份	年份	先行指数	一致指数	滞后指数	综合指数（ISMECI）
新疆	2001	23.67	8.04	14.65	14.05
	2002	23.87	8.06	14.72	14.14
	2003	24.23	8.10	14.92	14.30
	2004	24.21	8.20	14.97	14.36
	2005	24.28	8.27	15.02	14.42
	2006	24.47	8.36	15.12	14.54
	2007	24.99	8.47	15.35	14.80
	2008	25.21	8.56	15.55	14.95
	2009	25.28	8.60	15.67	15.02
	2010	25.85	8.90	16.09	15.42
	2011	26.15	8.86	16.05	15.49
	2012	26.17	8.94	16.17	15.56
	2013	25.84	8.85	15.83	14.40
甘肃	2001	16.96	11.18	16.19	13.92
	2002	17.00	11.23	16.17	13.95
	2003	17.17	11.30	16.32	14.07
	2004	17.42	11.39	16.49	14.22
	2005	17.34	11.46	16.36	14.21
	2006	17.35	11.48	16.43	14.23
	2007	17.49	11.62	16.49	14.35
	2008	17.66	11.72	16.64	14.49
	2009	17.70	11.78	16.75	14.55
	2010	17.86	11.90	16.88	14.69
	2011	18.33	11.70	16.93	14.73
	2012	18.16	11.93	16.97	14.81
	2013	18.11	11.98	16.97	13.82

省份	年份	先行指数	一致指数	滞后指数	综合指数（ISMECI）
贵州	2001	17. 33	8. 08	13. 12	11. 86
	2002	17. 38	8. 15	13. 17	11. 93
	2003	17. 74	8. 31	13. 51	12. 18
	2004	17. 85	8. 43	13. 61	12. 29
	2005	17. 79	8. 43	13. 62	12. 28
	2006	17. 82	8. 48	13. 70	12. 32
	2007	17. 99	8. 53	13. 78	12. 42
	2008	18. 37	8. 64	14. 02	12. 63
	2009	18. 48	8. 67	14. 07	12. 69
	2010	18. 50	8. 83	14. 28	12. 82
	2011	18. 96	8. 91	14. 28	13. 00
	2012	18. 90	8. 96	14. 45	13. 04
	2013	18. 79	8. 90	14. 22	12. 79
海南	2001	8. 22	3. 19	4. 85	5. 03
	2002	8. 21	3. 22	4. 85	5. 04
	2003	8. 35	3. 27	4. 97	5. 13
	2004	8. 41	3. 29	4. 99	5. 17
	2005	8. 51	3. 32	5. 09	5. 23
	2006	8. 51	3. 34	5. 11	5. 25
	2007	8. 64	3. 37	5. 13	5. 30
	2008	8. 57	3. 38	5. 13	5. 29
	2009	8. 58	3. 40	5. 15	5. 31
	2010	8. 77	3. 45	5. 21	5. 40
	2011	8. 46	3. 47	5. 17	5. 31
	2012	8. 72	3. 50	5. 27	5. 42
	2013	8. 87	3. 52	5. 26	4. 93

续表

省份	年份	先行指数	一致指数	滞后指数	综合指数（ISMECI）
宁夏	2001	6.05	2.36	4.89	3.97
	2002	5.97	2.32	4.79	3.91
	2003	6.12	2.37	4.93	4.01
	2004	6.20	2.42	4.99	4.07
	2005	6.23	2.43	5.02	4.09
	2006	6.22	2.44	5.02	4.09
	2007	6.26	2.45	5.05	4.11
	2008	6.34	2.47	5.07	4.15
	2009	6.36	2.48	5.11	4.17
	2010	6.42	2.51	5.16	4.21
	2011	6.40	2.48	5.12	4.18
	2012	6.48	2.53	5.20	4.25
	2013	6.48	2.52	5.18	4.13
青海	2001	3.20	1.65	3.32	2.45
	2002	3.22	1.66	3.34	2.46
	2003	3.27	1.68	3.38	2.49
	2004	3.29	1.70	3.42	2.52
	2005	3.24	1.68	3.37	2.48
	2006	3.26	1.69	3.39	2.50
	2007	3.29	1.72	3.43	2.53
	2008	3.33	1.74	3.47	2.56
	2009	3.35	1.74	3.48	2.57
	2010	3.37	1.77	3.54	2.61
	2011	3.42	1.78	3.56	2.63
	2012	3.41	1.79	3.56	2.63
	2013	3.40	1.78	3.54	2.47

续表

省份	年份	先行指数	一致指数	滞后指数	综合指数（ISMECI）
西藏	2001	3.18	1.23	1.82	1.93
	2002	3.20	1.23	1.82	1.94
	2003	3.19	1.24	1.82	1.94
	2004	3.21	1.24	1.82	1.95
	2005	3.23	1.25	1.83	1.96
	2006	3.24	1.26	1.83	1.97
	2007	3.22	1.25	1.79	1.95
	2008	3.26	1.26	1.82	1.97
	2009	3.29	1.27	1.82	1.98
	2010	3.35	1.30	1.85	2.03
	2011	3.39	1.31	1.84	2.04
	2012	3.36	1.31	1.83	2.03
	2013	3.31	0.78	1.84	1.55

附表 2　2001—2013 年中国区域工业中小企业景气指数排名

地区	年份	先行指数	一致指数	滞后指数	综合指数（ISMECI）
华东	2001	148.35	178.69	165.94	167.04
	2002	148.60	180.00	167.01	167.99
	2003	153.62	183.49	170.92	172.02
	2004	155.14	186.50	173.74	174.54
	2005	155.70	187.52	174.54	175.38
	2006	156.83	189.25	176.02	176.88
	2007	158.46	191.01	177.45	178.53
	2008	160.82	193.12	179.41	180.69
	2009	160.88	193.78	179.95	181.14
	2010	161.71	195.32	181.15	182.40
	2011	164.39	198.00	183.88	185.09
	2012	165.96	200.00	185.69	186.92
	2013	188.66	134.36	128.00	166.30

续表

地区	年份	先行指数	一致指数	滞后指数	综合指数（ISMECI）
华南	2001	58.52	60.44	67.89	61.36
	2002	58.39	60.83	68.21	61.57
	2003	60.64	62.27	70.25	63.38
	2004	60.71	63.02	71.00	63.92
	2005	60.79	63.37	71.38	64.20
	2006	61.57	64.00	72.06	64.88
	2007	62.22	64.64	72.67	65.52
	2008	62.98	65.32	73.34	66.22
	2009	63.13	65.50	73.57	66.40
	2010	63.82	66.08	74.18	67.02
	2011	64.54	66.92	75.17	67.86
	2012	65.13	67.62	75.95	68.54
	2013	69.17	95.56	127.43	82.91
华北	2001	56.55	49.61	54.86	52.74
	2002	56.82	49.92	55.11	53.03
	2003	58.23	50.83	56.61	54.21
	2004	59.56	51.84	57.77	55.34
	2005	59.80	52.16	58.06	55.63
	2006	60.12	52.59	58.34	56.00
	2007	60.54	53.05	58.74	56.43
	2008	61.20	53.60	59.23	57.01
	2009	61.12	53.75	59.44	57.10
	2010	61.46	54.22	59.91	57.53
	2011	62.41	54.85	60.65	58.28
	2012	63.10	55.49	61.35	58.94
	2013	59.48	71.97	125.70	69.85

续表

地区	年份	先行指数	一致指数	滞后指数	综合指数（ISMECI）
华中	2001	48.15	41.04	47.24	44.41
	2002	48.11	41.23	47.32	44.51
	2003	48.99	41.74	48.33	45.23
	2004	49.65	42.22	48.90	45.79
	2005	49.39	42.55	49.03	45.90
	2006	49.75	43.00	49.30	46.28
	2007	50.23	43.59	49.90	46.85
	2008	51.36	44.30	50.90	47.74
	2009	51.16	44.47	51.19	47.82
	2010	51.54	44.91	51.70	48.26
	2011	52.21	45.53	52.41	48.91
	2012	52.49	45.90	52.76	49.25
	2013	49.70	69.35	120.44	62.67
东北	2001	37.77	22.94	32.07	29.22
	2002	37.74	23.03	32.11	29.26
	2003	38.76	23.44	33.00	29.95
	2004	39.24	23.79	33.30	30.32
	2005	38.75	23.82	33.20	30.18
	2006	38.96	24.05	33.48	30.41
	2007	39.25	24.33	33.77	30.69
	2008	39.85	24.70	34.37	31.18
	2009	39.85	24.86	34.54	31.29
	2010	40.04	25.07	34.81	31.51
	2011	40.55	25.41	35.29	31.92
	2012	40.69	25.61	35.50	32.11
	2013	32.37	61.88	134.96	51.48

续表

地区	年份	先行指数	一致指数	滞后指数	综合指数（ISMECI）
西南	2001	38.08	22.68	31.73	29.11
	2002	38.13	22.78	31.77	29.18
	2003	39.37	23.25	32.67	29.97
	2004	39.76	23.53	32.91	30.28
	2005	39.72	23.66	33.04	30.35
	2006	39.91	23.87	33.30	30.57
	2007	40.22	24.14	33.68	30.87
	2008	41.08	24.49	34.23	31.41
	2009	41.27	24.63	34.46	31.59
	2010	41.73	24.81	34.81	31.89
	2011	40.94	24.53	34.31	31.41
	2012	42.07	25.16	35.20	32.24
	2013	32.51	62.34	125.74	50.78
西北	2001	26.92	14.76	22.15	19.88
	2002	26.95	14.80	22.11	19.91
	2003	27.63	15.00	22.65	20.32
	2004	27.81	15.16	22.86	20.50
	2005	27.75	15.22	22.81	20.50
	2006	27.79	15.33	22.91	20.58
	2007	28.12	15.50	23.09	20.80
	2008	28.59	15.76	23.42	21.14
	2009	28.89	15.90	23.69	21.36
	2010	29.13	16.11	24.00	21.59
	2011	29.69	16.36	24.40	21.96
	2012	29.66	16.39	24.37	21.97
	2013	22.17	54.47	199.63	49.60

附表3　2010—2014 年中国省际中小板及创业板企业景气指数

省份	年份	先行指数	一致指数	滞后指数	综合指数（SMBCBCI）
广东	2010	158.76	146.20	164.89	137.83
	2011	157.54	146.00	164.29	137.36
	2012	157.31	145.28	164.62	137.02
	2013	157.09	145.25	164.48	136.94
	2014	145.32	131.58	141.62	137.71
浙江	2010	132.18	122.99	138.79	115.69
	2011	131.97	122.92	138.59	115.57
	2012	131.31	122.13	138.83	115.09
	2013	131.61	122.24	139.07	115.26
	2014	112.84	102.26	103.19	105.62
北京	2010	98.95	97.76	115.88	91.85
	2011	98.72	97.77	115.52	91.74
	2012	98.57	97.39	116.16	91.64
	2013	98.47	97.36	115.76	91.52
	2014	100.18	89.40	101.38	95.03
江苏	2010	112.25	106.06	124.31	100.34
	2011	111.29	105.83	123.20	99.81
	2012	112.24	105.29	124.75	100.04
	2013	111.98	105.28	124.32	99.90
	2014	94.02	84.36	88.07	88.00
山东	2010	87.89	87.90	103.99	82.33
	2011	87.51	87.74	103.74	82.12
	2012	87.98	87.19	104.08	82.01
	2013	88.09	87.15	104.02	82.00
	2014	79.74	77.47	78.83	78.43
河南	2010	89.35	80.40	95.54	77.18
	2011	89.38	80.38	95.59	77.18
	2012	88.87	79.29	95.75	76.57
	2013	88.78	79.32	95.53	76.52
	2014	87.85	63.46	74.76	73.04

续表

省份	年份	先行指数	一致指数	滞后指数	综合指数（SMBCBCI）
上海	2010	78.20	77.51	97.46	73.89
	2011	78.08	77.44	97.18	73.77
	2012	77.96	76.43	96.97	73.20
	2013	78.06	76.44	97.04	73.24
	2014	72.14	69.99	71.24	70.88
四川	2010	86.57	78.58	98.13	76.23
	2011	86.06	78.56	98.26	76.14
	2012	85.42	77.98	98.22	75.72
	2013	85.51	78.02	98.20	75.75
	2014	74.63	63.36	68.97	67.86
湖南	2010	88.64	74.65	93.19	73.69
	2011	88.00	74.58	92.35	73.36
	2012	88.53	73.74	92.89	73.15
	2013	88.22	73.73	92.36	72.98
	2014	78.52	59.79	70.51	67.56
辽宁	2010	89.47	71.73	92.18	72.19
	2011	88.42	71.63	92.02	71.90
	2012	88.37	70.89	91.98	71.52
	2013	88.12	70.79	91.89	71.40
	2014	74.26	63.74	64.97	67.15
福建	2010	82.21	71.01	87.43	69.44
	2011	81.96	70.93	86.90	69.24
	2012	81.65	70.33	87.25	68.94
	2013	81.72	70.32	87.00	68.91
	2014	70.99	61.41	67.86	65.57
安徽	2010	70.45	76.47	96.15	71.56
	2011	70.23	76.53	95.84	71.48
	2012	70.14	75.69	96.11	71.09
	2013	70.19	75.78	96.10	71.15
	2014	68.57	61.00	71.70	61.00

省份	年份	先行指数	一致指数	滞后指数	综合指数（SMBCBCI）
湖北	2010	73.57	61.60	76.58	60.83
	2011	73.02	61.51	76.63	60.69
	2012	72.54	61.05	76.70	60.37
	2013	72.32	60.92	76.83	60.29
	2014	73.00	58.77	69.07	65.10
新疆	2010	70.00	66.09	95.98	66.24
	2011	68.96	65.96	95.56	65.88
	2012	68.48	65.45	95.08	65.44
	2013	67.82	65.34	94.91	65.22
	2014	73.13	59.37	64.22	64.47
吉林	2010	84.66	77.03	93.76	74.20
	2011	84.10	76.88	93.31	73.92
	2012	84.37	76.49	93.62	73.84
	2013	84.23	76.43	93.28	73.72
	2014	69.21	56.78	74.14	63.98
西藏	2010	116.46	93.81	100.68	101.98
	2011	115.60	93.78	100.13	101.60
	2012	114.66	93.32	99.99	101.06
	2013	115.50	91.61	101.55	100.77
	2014	70.10	55.70	61.77	61.23
江西	2010	53.11	63.74	73.44	57.18
	2011	53.09	63.63	73.32	57.10
	2012	53.32	63.48	74.21	57.24
	2013	53.16	63.45	73.82	57.12
	2014	72.96	51.68	62.04	60.14
河北	2010	63.78	68.26	89.02	64.69
	2011	63.59	68.06	88.71	64.49
	2012	64.19	67.57	89.24	64.47
	2013	64.14	67.50	89.06	64.39
	2014	57.15	56.38	59.48	57.23

续表

省份	年份	先行指数	一致指数	滞后指数	综合指数（SMBCBCI）
广西	2010	67.82	48.70	65.22	50.96
	2011	68.07	48.91	65.71	51.21
	2012	68.11	48.65	65.13	50.97
	2013	68.03	48.66	65.08	50.95
	2014	63.51	51.26	61.17	56.91
贵州	2010	67.78	67.60	78.76	63.11
	2011	67.71	67.54	78.82	63.08
	2012	67.87	67.43	79.20	63.13
	2013	68.11	67.38	79.07	63.12
	2014	55.74	53.73	63.16	56.22
甘肃	2010	93.73	71.62	100.36	74.63
	2011	94.14	71.75	100.27	74.76
	2012	93.40	71.22	101.66	74.62
	2013	93.77	71.29	102.15	74.83
	2014	60.86	52.29	58.74	56.15
重庆	2010	84.18	68.97	91.67	69.66
	2011	83.60	68.94	91.59	69.51
	2012	84.33	68.53	91.75	69.48
	2013	84.69	68.70	92.24	69.74
	2014	68.19	53.75	40.89	55.51
海南	2010	70.80	66.81	78.51	63.26
	2011	70.37	66.48	78.30	62.97
	2012	70.71	66.16	79.08	63.04
	2013	71.14	65.90	79.57	63.09
	2014	45.63	60.37	56.38	55.15
天津	2010	73.95	65.77	89.14	65.50
	2011	73.52	65.65	88.30	65.19
	2012	73.76	65.12	88.96	65.10
	2013	74.33	65.25	88.45	65.18
	2014	53.16	50.81	61.47	53.65

续表

省份	年份	先行指数	一致指数	滞后指数	综合指数（SMBCBCI）
陕西	2010	80.43	66.67	90.52	67.53
	2011	80.15	66.62	90.44	67.43
	2012	80.03	65.40	89.90	66.69
	2013	80.39	65.56	90.02	66.86
	2014	36.97	54.93	57.04	49.96
云南	2010	41.85	61.55	74.30	54.00
	2011	41.99	61.59	74.31	54.06
	2012	42.20	61.28	74.73	54.02
	2013	42.24	61.40	74.91	54.13
	2014	50.91	45.26	54.50	48.80
山西	2010	67.97	51.74	43.06	48.08
	2011	67.96	51.78	43.13	48.11
	2012	68.28	51.78	43.99	48.34
	2013	68.34	51.96	44.33	48.51
	2014	68.79	43.25	18.46	45.95

附表 4　　2010—2014 年中国区域中小板及创业板企业景气指数

地区	年份	先行指数	一致指数	滞后指数	综合指数（SMBCBCI）
华东	2010	142.44	173.58	154.22	160.36
	2011	141.93	173.21	153.73	159.93
	2012	142.16	172.51	154.54	159.81
	2013	142.17	172.51	154.47	159.80
	2014	139.70	130.68	135.56	134.36
华南	2010	108.32	132.03	114.98	121.51
	2011	107.15	131.80	114.49	120.94
	2012	107.00	130.87	114.82	120.50
	2013	106.76	130.83	114.73	120.39
	2014	97.12	93.37	98.69	95.56

续表

地区	年份	先行指数	一致指数	滞后指数	综合指数（SMBCBCI）
华北	2010	74.95	108.41	90.69	94.83
	2011	74.62	108.35	90.37	94.64
	2012	74.96	107.92	91.08	94.66
	2013	74.84	107.85	90.74	94.52
	2014	68.00	56.56	66.02	61.88
华中	2010	78.51	104.24	83.01	92.27
	2011	78.07	104.12	82.91	92.06
	2012	77.89	102.87	83.27	91.45
	2013	77.58	102.81	82.95	91.27
	2014	80.58	61.46	72.24	69.35
西北	2010	69.09	92.58	87.02	84.42
	2011	68.70	92.54	86.72	84.22
	2012	68.53	91.67	86.51	83.70
	2013	68.46	91.66	86.62	83.69
	2014	54.60	53.14	57.61	54.47
西南	2010	67.83	100.42	80.40	86.64
	2011	67.58	100.37	80.50	86.56
	2012	67.76	99.95	80.71	86.44
	2013	67.93	100.06	80.76	86.56
	2014	68.33	58.77	62.27	62.34
东北	2010	75.09	97.43	81.13	87.47
	2011	74.12	97.26	80.77	87.02
	2012	74.29	96.39	80.96	86.68
	2013	74.06	96.28	80.69	86.50
	2014	68.00	56.56	66.02	61.88

附表 5　　　2010—2014 年中国省际中小企业比较景气指数

省份	年份	企业综合经营指数	企业家信心指数	综合指数（CCI）
陕西	2010	105.31	111.39	108.96
	2011	139.55	138.05	138.65
	2012	172.93	162.40	135.99
	2013	119.89	117.93	118.71
	2014	153.70	143.43	147.54
吉林	2010	124.73	130.90	128.43
	2011	127.50	128.00	127.80
	2012	135.71	134.90	129.93
	2013	140.29	135.27	137.28
	2014	145.78	137.27	140.67
湖南	2010	123.20	129.97	127.26
	2011	126.26	130.42	128.75
	2012	133.22	137.28	132.65
	2013	137.58	118.42	126.08
	2014	127.80	147.80	139.80
海南	2010	112.07	121.92	117.98
	2011	117.91	128.98	124.55
	2012	120.22	134.00	126.52
	2013	131.70	134.40	133.32
	2014	135.78	140.44	138.57
黑龙江	2010	114.08	122.68	119.24
	2011	147.27	149.27	148.47
	2012	168.70	169.24	151.68
	2013	117.60	121.20	119.76
	2014	137.55	138.92	138.37
河北	2010	116.25	117.53	117.02
	2011	127.30	136.80	133.00
	2012	146.03	156.36	137.06
	2013	119.89	120.78	120.42
	2014	134.78	140.19	138.03

续表

省份	年份	企业综合经营指数	企业家信心指数	综合指数（CCI）
云南	2010	116.45	121.48	119.47
	2011	113.17	126.10	120.93
	2012	117.63	137.14	124.77
	2013	108.60	143.90	129.78
	2014	109.19	151.73	134.72
福建	2010	117.38	117.38	117.38
	2011	117.93	118.88	118.50
	2012	129.13	132.625	124.80
	2013	133.23	131.60	132.25
	2014	135.70	131.90	133.42
安徽	2010	132.38	136.98	135.14
	2011	126.90	131.90	129.90
	2012	133.16	140.375	138.42
	2013	132.38	130.10	131.01
	2014	132.77	131.80	132.19
江苏	2010	105.25	93.75	98.35
	2011	131.48	122.28	125.96
	2012	125.60	117.00	120.44
	2013	123.75	118.30	120.48
	2014	133.92	129.92	131.52
山东	2010	112.68	118.20	115.99
	2011	139.45	139.30	139.36
	2012	154.88	149.92	144.95
	2013	128.30	126.30	127.10
	2014	131.50	129.80	130.48
贵州	2010	122.91	109.60	114.92
	2011	136.08	134.80	135.31
	2012	141.13	135.37	148.72
	2013	119.89	117.93	118.71
	2014	129.00	130.81	130.08

省份	年份	企业综合经营指数	企业家信心指数	综合指数（CCI）
广西	2010	115.20	123.50	120.18
	2011	124.75	131.60	128.86
	2012	134.83	143.15	134.75
	2013	114.20	123.32	119.67
	2014	124.02	133.15	129.49
上海	2010	136.48	131.70	133.61
	2011	132.70	130.00	131.08
	2012	145.84	147.07	134.65
	2013	126.60	120.40	122.88
	2014	131.28	128.08	129.36
辽宁	2010	122.43	124.35	123.58
	2011	125.70	127.65	126.87
	2012	139.38	141.72	132.06
	2013	118.20	116.60	117.24
	2014	126.67	125.28	125.84
北京	2010	115.05	116.83	116.12
	2011	124.50	123.53	123.92
	2012	121.00	115.85	117.91
	2013	124.05	124.60	124.38
	2014	127.03	124.11	125.28
内蒙古	2010	128.13	132.10	130.51
	2011	135.65	138.60	137.42
	2012	139.14	140.22	129.35
	2013	119.89	120.78	120.42
	2014	125.40	124.83	125.06
湖北	2010	118.53	125.80	122.89
	2011	120.80	123.73	122.56
	2012	130.08	134.10	125.09
	2013	117.60	121.20	119.76
	2014	123.38	125.35	124.56

续表

省份	年份	企业综合经营指数	企业家信心指数	综合指数（CCI）
四川	2010	122.68	125.63	124.45
	2011	117.30	119.95	118.89
	2012	122.54	127.06	127.13
	2013	120.70	125.64	123.67
	2014	120.63	126.36	124.07
江西	2010	124.93	128.23	126.91
	2011	125.28	129.58	127.86
	2012	125.35	120.28	122.31
	2013	126.90	125.30	125.94
	2014	127.11	121.33	123.64
西藏	2010	101.40	105.30	103.74
	2011	124.65	132.90	129.60
	2012	101.50	115.20	109.72
	2013	109.28	127.70	120.33
	2014	109.33	132.65	123.32
天津	2010	110.40	113.80	112.44
	2011	127.65	129.50	128.76
	2012	121.65	111.75	115.71
	2013	123.20	118.30	120.26
	2014	128.83	117.28	121.90
甘肃	2010	107.78	114.20	111.63
	2011	133.33	134.57	134.07
	2012	156.15	156.32	131.92
	2013	118.60	119.20	118.96
	2014	123.41	118.30	120.35
山西	2010	113.13	117.45	115.72
	2011	126.10	136.05	132.07
	2012	139.23	151.53	133.85
	2013	105.80	100.80	102.80
	2014	118.85	117.84	118.25

续表

省份	年份	企业综合经营指数	企业家信心指数	综合指数（CCI）
重庆	2010	119.68	123.30	121.85
	2011	115.53	122.78	119.88
	2012	121.55	117.09	118.87
	2013	120.80	116.10	117.98
	2014	121.74	112.99	116.49
河南	2010	115.09	119.36	117.65
	2011	112.88	112.88	112.88
	2012	117.15	117.89	114.07
	2013	117.10	115.24	115.98
	2014	118.13	114.50	115.95
浙江	2010	121.00	122.75	122.05
	2011	132.18	124.75	127.72
	2012	121.55	112.63	116.20
	2013	122.35	115.67	118.34
	2014	122.63	110.61	115.41
广东	2010	122.46	121.52	121.90
	2011	115.60	116.26	116.00
	2012	122.42	124.67	120.15
	2013	115.50	111.80	113.28
	2014	115.48	113.37	114.22
宁夏	2010	118.27	125.49	122.60
	2011	130.28	123.93	126.47
	2012	120.68	113.43	116.33
	2013	125.49	108.89	115.53
	2014	126.69	102.86	112.39
青海	2010	108.00	123.48	117.29
	2011	133.60	135.15	134.53
	2012	141.55	142.48	133.25
	2013	104.30	108.45	106.79
	2014	103.55	114.06	109.86

续表

省份	年份	企业综合经营指数	企业家信心指数	综合指数（CCI）
新疆	2010	122. 28	129. 33	126. 51
	2011	124. 85	123. 55	124. 07
	2012	117. 63	116. 35	116. 86
	2013	116. 94	110. 10	112. 83
	2014	114. 61	103. 61	108. 01

附表 6　　　　　**2010—2014 年中国区域中小企业比较景气指数**

地区	2010 年	2011 年	2012 年	2013 年	2014 年
东北	123. 75	134. 38	137. 89	124. 76	134. 96
华东	120. 42	128. 75	129. 91	125. 34	128. 73
华南	120. 02	123. 14	127. 14	122. 09	127. 43
西南	116. 88	124. 92	128. 84	122. 49	126. 19
华中	123. 68	123. 01	123. 53	117. 00	125. 99
华北	118. 36	131. 03	126. 77	117. 66	125. 70
西北	117. 40	131. 56	126. 87	124. 76	119. 63

附表 7　　　　　**2010—2014 年中国省际中小企业综合景气指数**

省份	2010 年	2011 年	2012 年	2013 年	2014 年
广东	129. 25	133. 49	132. 84	141. 87	143. 33
江苏	116. 75	118. 10	119. 59	118. 45	124. 02
浙江	115. 86	120. 44	119. 79	118. 60	118. 14
山东	46. 72	48. 38	47. 32	100. 42	94. 49
河南	67. 56	69. 91	69. 48	76. 92	72. 70
上海	72. 72	77. 96	76. 31	78. 18	67. 46
辽宁	54. 80	58. 91	57. 11	74. 08	65. 62
河北	59. 19	64. 00	62. 18	77. 95	64. 13
福建	54. 35	58. 35	56. 92	64. 55	58. 78
湖北	55. 67	59. 06	57. 80	63. 10	57. 08
北京	52. 66	56. 69	55. 57	60. 91	56. 50

续表

省份	2010 年	2011 年	2012 年	2013 年	2014 年
四川	52.48	55.09	53.37	62.78	55.73
湖南	51.31	53.48	52.48	59.72	53.60
安徽	51.40	54.44	52.89	58.40	52.11
吉林	45.47	47.86	46.84	53.56	51.58
天津	53.48	53.99	54.09	55.13	44.94
广西	44.74	47.31	45.88	53.83	44.30
陕西	38.70	44.66	43.20	60.07	42.98
江西	43.76	46.42	44.82	48.29	42.27
山西	42.96	45.97	44.95	56.06	41.02
云南	41.77	44.20	43.07	50.15	40.30
新疆	40.87	44.19	42.75	47.30	38.78
重庆	43.17	45.78	43.83	48.48	38.50
贵州	42.81	41.82	40.39	51.66	37.55
甘肃	38.58	43.04	41.92	54.74	37.17
海南	37.10	37.54	37.18	42.10	33.36
西藏	30.10	21.45	24.73	24.48	31.63
黑龙江	28.06	31.48	30.11	45.63	24.30
内蒙古	31.70	31.85	33.08	36.46	22.34
宁夏	23.68	25.88	25.18	27.33	13.72
青海	23.77	24.21	24.30	30.24	12.47

附表 8　　2010—2014 年中国区域中小企业综合景气指数

地区	2010 年	2011 年	2012 年	2013 年	2014 年
华东	164.81	168.36	170.10	173.42	152.96
华南	79.34	81.56	90.65	92.35	96.16
华北	67.32	69.85	79.65	82.37	75.91
华中	62.23	64.77	72.55	73.94	71.01
东北	47.69	50.91	64.18	66.96	62.95
西南	50.74	50.34	62.40	62.92	61.79
西北	41.27	44.56	55.29	58.49	58.06

附表 9　　2010—2014 年中国省际中小企业综合景气指数排名

省份	2010 年	2011 年	2012 年	2013 年	2014 年
广东	1	1	1	1	1
江苏	2	3	3	3	2
浙江	3	2	2	2	3
山东	15	15	15	4	4
河南	5	5	5	7	5
上海	4	4	4	5	6
辽宁	8	8	8	8	7
河北	6	6	6	6	8
福建	9	9	9	9	9
湖北	7	7	7	10	10
北京	11	10	10	12	11
四川	12	11	12	11	12
湖南	14	14	14	14	13
安徽	13	12	13	15	14
吉林	16	16	16	20	15
天津	10	13	11	17	16
广西	17	17	17	19	17
陕西	24	21	21	13	18
江西	18	18	19	24	19
山西	20	19	18	16	20
云南	22	22	22	22	21
新疆	23	23	23	25	22
重庆	19	20	20	23	23
贵州	21	25	25	21	24
甘肃	25	24	24	18	25
海南	26	26	26	27	26
西藏	28	31	30	31	27
黑龙江	29	28	28	26	28
内蒙古	27	27	27	28	29
宁夏	31	29	29	30	30
青海	30	30	31	29	31

附表 10　　2010—2014 年中国区域中小企业综合景气指数排名

地区	2010 年	2011 年	2012 年	2013 年	2014 年
华东	1	1	1	1	1
华南	2	2	2	2	2
华北	3	3	3	3	3
华中	4	4	4	4	4
东北	6	5	6	5	5
西南	5	6	5	6	6
西北	7	7	7	7	7

附表 11　　2010—2014 年中国主要城市中小企业综合景气指数

城市	2010 年	2011 年	2012 年	2013 年	2014 年
苏州	133. 86	138. 99	138. 99	136. 38	140. 06
杭州	124. 26	126. 16	127. 82	124. 01	124. 73
广州	106. 61	110. 21	111. 17	106. 39	106. 11
青岛	80. 57	83. 72	83. 73	83. 03	85. 38
成都	64. 19	67. 14	70. 01	65. 63	75. 69
福州	58. 03	64. 56	65. 54	66. 12	68. 97
武汉	60. 98	63. 73	63. 23	63. 63	61. 60
大连	66. 29	62. 41	61. 51	63. 23	60. 08
长沙	56. 43	57. 96	58. 58	58. 83	60. 05
西安	42. 93	49. 08	48. 47	48. 82	59. 01
合肥	50. 88	52. 90	52. 82	53. 13	52. 84
郑州	41. 87	42. 04	42. 31	42. 22	42. 54
石家庄	36. 23	36. 53	36. 70	38. 68	39. 79
昆明	24. 81	24. 85	24. 93	24. 83	24. 90
贵阳	21. 97	22. 00	22. 03	23. 20	23. 03
乌鲁木齐	22. 33	22. 38	22. 38	22. 49	21. 83

附表 12   2009—2014 年中国主要城市中小企业综合景气指数排名

城市	2009 年	2010 年	2011 年	2012 年	2013 年	2014 年
苏州	1	1	1	1	1	1
杭州	2	2	2	2	2	2
广州	3	3	3	3	3	3
青岛	4	4	4	4	4	4
成都	6	6	5	5	6	5
福州	9	8	6	6	5	6
武汉	10	7	7	7	7	7
大连	8	5	8	8	8	8
长沙	11	9	9	9	9	9
西安	13	11	11	11	11	10
合肥	12	10	10	10	10	11
郑州	5	12	12	12	12	12
石家庄	7	13	13	13	13	13
昆明	—	—	—	—	—	14
贵阳	14	15	15	15	14	15
乌鲁木齐	15	14	14	14	15	16

"新三板"挂牌企业资料

（截至 2014 年 6 月 30 日）

行业（挂牌企业数）	企业名称	行业（挂牌企业数）	企业名称
采矿业（8）	430100 九尊能源	信息传输、软件和信息技术服务业（229）	430178 白虹软件
	430102 科若思		430182 全网数商
	430203 兴和鹏		430184 北方跃龙
	430226 奥凯立		430185 普瑞物联
	430284 科胜石油		430188 奥贝克
	430308 泽天盛海		430190 新瑞理想
	430321 博德石油		430191 波尔通信
	430466 新疆华油		430193 紫新科技
传播与文化（1）	430053 国学时代		430196 宣爱智能
电力、热力、燃气及水生产和供应业（3）	430263 蓝天环保		430200 时代地智
	430275 新冠亿碳		430201 腾实信
	830807 恒瑞能源		430204 石竹科技
电力设备与新能源（2）	430041 中机非晶		430205 亿房信息
	430049 双杰电气		430208 优炫软件
非金属类建材（1）	430037 联飞翔		430213 乐升股份
机械（1）	430044 东宝亿通		430217 申石软件
计算机（10）	430032 凯英信业		430218 长虹立川
	430033 彩讯科技		430224 网动科技
	430036 鼎普科技		430227 东软慧聚
	430039 华高世纪		430228 天房科技
	430042 科瑞讯		430229 绿岸股份
	430043 世纪东方		430231 赛诺达

续表

行业（挂牌企业数）	企业名称	行业（挂牌企业数）	企业名称
计算机（10）	430046 圣博润	信息传输、软件和信息技术服务业（229）	430237 大汉三通
	430048 建设数字		430238 普华科技
	430051 九恒星		430243 铜牛信息
	430052 斯福泰克		430244 颂大教育
建筑和工程（1）	430050 博朗环境		430245 奥特美克
建筑业（22）	430056 中航新材		430246 佳星慧盟
	430159 创世生态		430247 金日创
	430254 中卉生态		430248 奥尔斯
	430272 世富环保		430250 智网科技
	430336 皇冠幕墙		430252 联宇技术
	430355 沃特能源		430253 兴竹信息
	430376 东亚装饰		430255 三意时代
	430459 华艺园林		430256 卓繁信息
	430557 希芳阁		430258 易同科技
	430593 华尔美特		430261 易维科技
	430647 青鹰股份		430262 神州云动
	430659 江苏铁发		430267 盛世光明
	430662 罗曼股份		430268 恒信启华
	430678 蓝波绿建		430269 新网程
	430703 高山水		430273 永天科技
	430720 东方炫辰		430280 索享股份
	430741 格林绿化		430281 能为科技
	430746 七星科技		430288 威达宇电
	430752 索泰能源		430290 和隆优化
	830791 佳晓股份		430297 金硕集团
	830796 云南路桥		430298 淘礼网
	830800 天开园林		430303 百文宝
交通运输、仓储和邮政业（1）	430377 海格物流		430307 扬讯科技
教育（1）	430511 远大股份		430310 博易股份

续表

行业（挂牌企业数）	企业名称	行业（挂牌企业数）	企业名称
金融业（4）	430399 湘财证券	信息传输、软件和信息技术服务业（229）	430311 达美盛
	430656 财安金融		430313 国创富盛
	430719 九鼎投资		430315 众联信息
	430753 琼中农信		430316 巨灵信息
居民服务、修理和其他服务（5）	430126 马氏兄弟		430317 日升天信
	430135 三益能环		430325 精英智通
	430144 煦联得		430327 元工国际
	430199 北京了望		430329 百林通信
	430206 尚远环保		430330 捷世智通
科学研究和技术服务业（33）	430119 鸿仪四方		430331 中环系统
	430146 亚泰都会		430332 安华智能
	430163 三众能源		430333 普康迪
	430183 天友设计		430338 银音科技
	430186 国承瑞泰		430339 中搜网络
	430211 丰电科技		430341 呈创科技
	430215 必可测		430343 优网科技
	430242 蓝贝望		430345 天呈医流
	430266 联动设计		430346 哇棒传媒
	430283 景弘环保		430347 地大信息
	430306 永铭医学		430352 慧网通达
	430312 伟力盛世		430356 雷腾软件
	430319 欧萨咨询		430357 行悦信息
	430350 万德智新		430361 般固科技
	430360 竹邦能源		430362 东电创新
	430380 成明节能		430364 屹通信息
	430385 中一检测		430368 明波通信
	430390 中科网络		430371 科传股份
	430420 易城股份		430373 捷安高科
	430437 绿洲生化		430374 英富森
	430475 陆道股份		430375 星立方

行业（挂牌企业数）	企业名称	行业（挂牌企业数）	企业名称
科学研究和技术服务业（33）	430534 天涌科技	信息传输、软件和信息技术服务业（229）	430379 昂盛智能
	430601 吉玛基因		430403 英思科技
	430620 益善生物		430407 长合信息
	430665 高衡力		430408 帝信通信
	430722 鸿图建筑		430411 中电方大
	430731 凯地钻探		430416 地林伟业
	430742 光维通信		430426 长城软件
	430756 科电瑞通		430434 万泉河
	430757 天翔昌运		430435 数聚软件
	430764 美诺福		430441 英极股份
	830768 耀通科技		430448 和航科技
	830786 华源股份		430449 蓝泰源
农、林、牧、渔业（13）	430028 京鹏科技		430452 汇龙科技
	430225 伊禾农品		430455 德联科技
	430370 谢裕大		430457 三网科技
	430383 红豆杉		430458 陆海科技
	430468 锦棉种业		430464 方迪科技
	430505 上陵牧业		430467 深圳行健
	430566 虹越花卉		430472 安泰得
	430625 联创种业		430479 网阔信息
	430631 旱康枸杞		430480 辰维科技
	430682 中天羊业		430486 普金科技
	430696 金银花		430489 佳先股份
	430736 中江种业		430494 华博胜讯
	430739 银花股份		430495 奥远电子
	430431 枫盛阳		430498 嘉网股份
	430679 嘉宝华		430500 亚奥科技
	430689 摩登百货		430506 云飞扬
	430690 酷买网		430515 麟龙股份
	430699 海欣医药		430522 超弦科技

续表

行业（挂牌企业数）	企业名称	行业（挂牌企业数）	企业名称
农、林、牧、渔业（13）	430730 先大药业	信息传输、软件和信息技术服务业（229）	430524 量天科技
	830788 运通四方		430544 闽保股份
	430034 大地股份		430548 大方软件
	430068 纬纶环保		430559 新华通
	430320 江扬环境		430562 安运科技
	430405 星火环境		430563 华宇股份
	430412 晓沃环保		430564 天润科技
	430424 联合创业		430574 星奥股份
	430724 芳笛环保		430575 迈科网络
	430761 升禾环保		430576 泰信电子
	830777 金达莱		430577 力龙信息
卫生和社会工作（2）	430114 永瀚星港		430580 云天软件
	430335 华韩整形		430583 国贸酝领
文化、体育和娱乐业（15）	430194 锐风行		430585 中矿微星
	430223 亿童文教		430595 唐人通信
	430230 银都传媒		430609 中磁视讯
	430235 典雅天地		430610 瀚远科技
	430282 优睿传媒		430611 长信股份
	430304 每日视界		430613 腾晖科技
	430318 四维传媒		430614 星通联华
	430358 基美影业		430615 华工创新
	430366 金天地		430618 凯立德
	430456 和氏股份		430627 页游科技
	430508 中视文化		430629 国科海博
	430617 欧迅体育		430630 合胜科技
	430667 三多堂		430632 希奥股份
	430702 昊福文化		430638 景格科技
	830801 盈富通		430643 蓝科泰达
	430002 中科软		430648 群雁信息
	430011 指南针		430653 同望科技

续表

行业（挂牌企业数）	企业名称	行业（挂牌企业数）	企业名称
信息传输、软件和信息技术服务业（229）	430015 盖特佳	信息传输、软件和信息技术服务业（229）	430657 楼兰股份
	430016 胜龙科技		430658 舜网传媒
	430019 新松佳和		430663 大陆机电
	430021 海鑫科金		430664 联合永道
	430024 金和软件		430670 东芯通信
	430027 北科光大		430671 一卡易
	430035 中兴通		430695 浩海科技
	430054 超毅网络		430697 宝石金卡
	430055 达通通信		430704 同智伟业
	430059 中海纪元		430705 天锐科技
	430062 中科国信		430706 海芯华夏
	430063 工控网		430708 铂亚信息
	430064 金山顶尖		430712 索天科技
	430066 南北天地		430725 九五智驾
	430067 维信通		430727 金格科技
	430071 首都在线		430734 源渤科技
	430072 亿创科技		430744 嘉瑶信息
	430073 兆信股份		430750 欣易晨
	430077 道隆软件		430754 波智高远
	430080 尚水股份		430758 四联智能
	430081 莱富特佰		830766 博锐尚格
	430082 博雅英杰		830767 网虫股份
	430085 新锐英诚		830770 牛商股份
	430086 爱迪科森		830780 永鹏科技
	430090 同辉佳视		830794 奥派股份
	430092 易生创新		830799 艾融软件
	430093 掌上通		830806 亚锦科技
	430095 航星股份	医药生物（1）	430047 诺思兰德
	430105 合力思腾	制造业（416）	430003 北京时代
	430106 爱特泰克		430004 绿创设备

续表

行业（挂牌企业数）	企业名称	行业（挂牌企业数）	企业名称
信息传输、软件和信息技术服务业（229）	430107 朗铭科技	制造业（416）	430005 原子高科
	430110 百拓科技		430009 华环电子
	430113 中交远洲		430010 现代农装
	430117 航天理想		430014 恒业世纪
	430118 华欣远达		430017 星昊医药
	430120 金润科技		430018 合纵科技
	430121 英福美		430020 建工华创
	430124 汉唐自远		430022 五岳鑫
	430128 广厦网络		430025 石晶光电
	430129 极品无限		430026 金豪制药
	430130 卡联科技		430029 金泰得
	430131 伟利讯		430031 林克曼
	430137 润天股份		430038 信维科技
	430148 科能腾达		430040 康斯特
	430150 创和通讯		430057 清畅电力
	430153 中金网信		430058 意诚信通
	430155 康辰亚奥		430060 永邦科技
	430157 腾龙电子		430061 富机达能
	430158 北方科诚		430065 中海阳
	430160 三泰晟驰		430069 天助畅运
	430161 光谷信息		430070 赛亿科技
	430164 思倍驰		430074 德鑫物联
	430165 光宝联合		430075 中讯四方
	430166 一正启源		430076 国基科技
	430168 博维仕		430078 君德同创
	430171 电信易通		430079 环拓科技
	430173 鼎讯互动		430083 中科联众
	430176 中教股份		430084 星和众工
	430177 点点客		430087 威力恒
制造业（416）	430088 七维航测		430503 昌盛股份

续表

行业（挂牌企业数）	企业名称	行业（挂牌企业数）	企业名称
制造业（416）	430089 天一众合	制造业（416）	430504 众智科技
	430091 东方生态		430507 信达胶脂
	430094 确安科技		430509 银利智能
	430096 航天宏达		430510 丰光精密
	430097 赛德丽		430512 芯朋微
	430098 大津股份		430513 中科三耐
	430099 理想固网		430514 速升装备
	430101 泰诚信		430516 文达通
	430103 天大清源		430517 新吉纳
	430104 全三维		430518 嘉达早教
	430108 精耕天下		430519 博控科技
	430109 中航讯		430520 世安科技
	430111 北京航峰		430521 康捷医疗
	430112 弘祥隆		430523 泰谷生物
	430115 阿姆斯		430525 英诺尔
	430116 中矿华沃		430526 丝普兰
	430122 中控智联		430527 正武股份
	430123 速原中天		430528 欧丽信大
	430125 都市鼎点		430529 恒成工具
	430127 塞尔瑟斯		430530 云铜科技
	430132 国铁科林		430532 北鼎晶辉
	430133 赛孚制药		430533 同立高科
	430134 可来博		430535 柳爱科技
	430136 安普能		430536 万通新材
	430138 国电武仪		430537 恒通股份
	430139 华岭股份		430538 中大科技
	430140 新眼光		430539 扬子地板
	430141 久日化学		430540 五龙制动
	430142 锐新昌		430541 翼兴节能
	430143 武大科技		430542 利雅得

续表

行业（挂牌企业数）	企业名称	行业（挂牌企业数）	企业名称
制造业（416）	430145 智立医学	制造业（416）	430543 锐源仪器
	430147 中矿龙科		430545 星科智能
	430149 江仪股份		430546 乐彩科技
	430151 亿鑫通		430547 畅想高科
	430152 思创银联		430549 天弘激光
	430154 中科通达		430550 沃克斯
	430156 科曼股份		430551 林产科技
	430162 聚利科技		430552 亚成微
	430167 四利通		430553 海红技术
	430169 融智通		430554 金正方
	430170 金易通		430555 英派瑞
	430172 瑞达恩		430556 雅达股份
	430175 科新生物		430560 西部泰力
	430179 宇昂科技		430561 齐普光电
	430180 东方瑞威		430565 莱力柏
	430181 道从科技		430567 无锡海航
	430187 全有时代		430568 光莆电子
	430189 七彩亮点		430569 安尔发
	430192 东展科博		430570 蓝星科技
	430195 欧泰克		430571 科硕科技
	430197ST 津伦		430572 奥普节能
	430198 微创光电		430573 山水节能
	430202 星河科技		430579 龙源科技
	430207 威明德		430581 八亿时空
	430209 康孚科技		430582 华菱西厨
	430210 舜能润滑		430586 兴港包装
	430212 六合伟业		430587 福格森
	430214 建中医疗		430588 天松医疗
	430216 风格信息		430589 银河激光
	430219 拓川股份		430590 晶宝股份

续表

行业（挂牌企业数）	企业名称	行业（挂牌企业数）	企业名称
制造业（416）	430220 迈达科技	制造业（416）	430591 明德生物
	430221 风帆电镀		430592 凯德自控
	430222 璟泓科技		430594 盈光科技
	430233 星原丰泰		430596 新达通
	430234 翼捷股份		430597 博安通
	430236 美兰股份		430598 众合医药
	430239 信诺达		430599 艾艾精工
	430241 威林科技		430600 徽电科技
	430249 慧峰仁和		430602 腾旋科技
	430251 光电高斯		430603 回水科技
	430257 成科机电		430604 三炬生物
	430259 华宿电气		430605 阿科力
	430260 布雷尔利		430606 金鹏源康
	430264 中舟环保		430607 大树智能
	430265 国威机床		430608 奇维科技
	430270 高曼重工		430612 雅威特
	430271 瑞灵石油		430616 鸿盛数码
	430274 重钢机械		430619 格纳斯
	430276 晟矽微电		430621 固安信通
	430277 福乐维		430622 顺达智能
	430278 连能环保		430623 箭鹿股份
	430279 华安股份		430624 中天金谷
	430285 锐创信通		430626 胜达科技
	430286 东岩股份		430628 易事达
	430287 环宇畜牧		430633 卡姆医疗
	430289 华索科技		430634 南安机电
	430291 中试电力		430635 展唐科技
	430292 威控科技		430636 法普罗
	430293 奉天电子		430637 菱博电子
	430294 七环电气		430639 派芬自控

续表

行业（挂牌企业数）	企业名称	行业（挂牌企业数）	企业名称
制造业（416）	430295 捷虹股份	制造业（416）	430640 摩威环境
	430296 平安力合		430641 天健创新
	430299 天津宝恒		430642 映翰通
	430300 辰光医疗		430644 紫贝龙
	430301 倚天股份		430645 中瑞药业
	430302 保华石化		430646 上海底特
	430305 维珍创意		430649 绿清科技
	430314 新橡科技		430650 莱博股份
	430323 天阶生物		430651 金豹实业
	430324 上海致远		430652 三联泵业
	430326 希文科技		430654 聚科照明
	430328 北京希电		430655 今泰科技
	430334 科洋科技		430661 派尔科
	430337 朗威视讯		430666 绿伞化学
	430340 伟钊科技		430668 笃诚科技
	430342 天润康隆		430669 现代环境
	430344 鼎晖科技		430672 东安液压
	430348 瑞斯福		430673 天佑铁道
	430349 安威士		430674 巴兰仕
	430351 爱科凯能		430675 天跃科技
	430353 百傲科技		430676 恒立数控
	430354 华敏测控		430677 升华感应
	430359 同济医药		430680 联兴科技
	430363 上海上电		430681 芒冠光电
	430365 赫宸环境		430683 新中德
	430367 力码科		430684 杰通股份
	430369 威门药业		430685 新芝生物
	430372 泰达新材		430686 华盛控股
	430378 山本光电		430687 华瑞核安
	430381 阿兰德		430688 鹏远光电

续表

行业（挂牌企业数）	企业名称	行业（挂牌企业数）	企业名称
制造业（416）	430382 元亨光电	制造业（416）	430691 麦稻之星
	430384 宜达胜		430692 杰纳瑞
	430386 大禹电气		430693 恒力液压
	430387 旌旗电子		430694 华印机电
	430388 苏大明世		430698 康普常青
	430389 意普万		430700 飞尼课斯
	430391 万特电气		430701 立德股份
	430392 斯派克		430707 欧神诺
	430393 三景科技		430709 武汉深蓝
	430394 伯朗特		430710 激光装备
	430395 奥盖克		430711 泓源光电
	430396 亿汇达		430713 昌润钻石
	430397 金帆股份		430714 奇才股份
	430398 励图科技		430715 春泉节能
	430400 日望电子		430716 爱力浦
	430401 声威电声		430717 源通机械
	430402 吉事达		430718 合肥高科
	430404 瑞腾科技		430721 瑞杰塑料
	430406 奥美格		430723 金源科技
	430409 天泉鑫膜		430726 津宇嘉信
	430410 微纳颗粒		430728 五岳钻具
	430413 沄辉科技		430729 万里智能
	430414 三光科技		430732 威马泵业
	430415 钟舟电气		430733 御食园
	430417 良才股份		430737 斯达科技
	430418 苏轴股份		430738 白兔湖
	430419 三凯股份		430740 中天超硬
	430421 华之邦		430745 诺文科技
	430422 永继电气		430747 长江机电
	430423 宁变科技		430748 恒均科技

续表

行业（挂牌企业数）	企业名称	行业（挂牌企业数）	企业名称
	430425 乐创技术		430749 金化高容
	430427 飞田通信		430751 赛格微
	430428 陕西瑞科		430755 华曦达
	430429 星业科技		430759 凯路仕
	430430 普滤得		430760 奥新科技
	430432 方林科技		430763 爱科迪
	430433 中瑞电子		830765 协盛科技
	430436 万洲电气		830771 华灿电讯
	430438 星弧涂层		830772 远航科技
	430439 亚杜股份		830773 正扬冶金
	430440 松本绿色		830774 百博生物
	430442 华昊电器		830775 吉华材料
	430443 易丰股份		830776 帕特尔
	430444 昆拓热控		830779 武汉蓝电
	430445 仙宜岱		830782 泰安众诚
	430446 三灵科技	制造业（416）	830783 广源精密
	430447 广信科技		830784 威尔凯
	430450 正佰电气		830785 冰洋科技
	430453 恒锐科技		830787 唐朝彩印
制造业（416）	430454 百大能源		830789 博富科技
	430460 太湖股份		830790 希迈气象
	430461 视威科技		830792 创新科技
	430462 树业环保		830793 晶纯生化
	430463 汽牛股份		830795 骏汇股份
	430465 东方科技		830797 易之景和
	430469 必控科技		830803 新松医疗
	430470 哲达科技		830804 日新传导
	430471 豪威尔		830805 德马科技
	430473 网动股份		830809 安达科技
	430474 恒裕灯饰		830810 广东羚光

行业（挂牌企业数）	企业名称	行业（挂牌企业数）	企业名称
制造业（416）	430476 海能仪器	制造业（416）	830813 熔金股份
	430477 盛力科技		830815 蓝山科技
	430478 禾益化学		830817 鼎炬科技
	430481 吉瑞祥	租赁和商务服务业（16）	430240 随视传媒
	430482 河源富马		430174 沃捷传媒
	430483 森鹰窗业		430232 桦清股份
	430484 求实智能		430309 易所试
	430485 南京旭建		430322 智合新天
	430487 佳信捷		430451 万人调查
	430488 东创科技		430558 均信担保
	430490 旭龙物联		430578 差旅天下
	430491 蓝斯股份		430584 弘陆股份
	430492 老来寿		430660 益佰广通
	430493 新成新材		430743 尚思传媒
	430496 大正医疗		830769 华财会计
	430497 威硬工具		830778 博思堂
	430499 中科股份		830781 精鹰传媒
	430501 超宇环保		830798 中外名人
	430502 万隆电气		830812 约伴传媒

参 考 文 献

Engle, Robert F. and C. W. J. Granger, Co‑integration and Error Correction: Representation, Estimation, and Testing, *Econometrica*, 1987, 55: 251 – 276.

G. H. Moore and Shiskin, *Indicators of Business Expansions and Contractions* [M]. NBER, New York, 1967.

Hamilton, J. D., *Time Series Analysis* [M]. Princeton University Press, 1994.

James H. Stock, Mark W. Watson, Interpreting the evidence on money – income causality [J]. *Journal of Econometrics*, 1989, 40 (1): 161 –181.

Mitchell, W. C., *Business Cycles*: *The Problem and Its Setting* [M]. NBER, New York, 1927.

Moore, G. H., *Business Cycle Indicators* [R]. Volume I, Princeton University Press, 1961.

Moore, G. H., *Statistical Indicators of Cyclical Revivals and Recessions* [M]. Reprinted in GH, 1950.

Samuelson, Paul A., Science and Stocks [J]. *Newsweek*, 1966, (19): 92.

阿里研究院:《2012—2013 年中国跨境电商市场研究报告》,2013 年。

阿里研究院:《2013 年中国城市电子商务发展指数报告》,2014 年。

阿里研究院:《阿里巴巴小企业活跃指数报告 (aBAI)》,2014 年。

艾瑞咨询集团:《2012—2013 年中国跨境电商市场研究报告》,2013 年。

艾瑞咨询集团: 《2014 年中国电子商务行业年度监测报告 (简版)》,2014 年。

毕大川、刘树成:《经济周期与预警系统》,科学出版社 1990 年版。

陈迪红、李华中、杨湘豫：《行业景气指数建立的方法选择及实证分析》，《系统工程》2003 年第 21 卷第 4 期。

陈乐一、粟壬波、李春风：《当前中国经济景气走势的合成指数分析》，《当代经济研究》2014 年第 2 期。

陈磊、吴桂珍、高铁梅：《主成分分析与景气波动：对 1993 年中国经济发展趋势的预测》，《数量经济技术经济研究》1993 年第 7 期。

陈祥荣：《建设学习、服务、创新、效能、廉洁"五型工商"为我市加快基本实现现代化作出新贡献》，《杭州》2013 年第 3 期。

陈晓红、彭佳、吴小瑾：《基于突变级数法的中小企业成长性评价模型》，《研究财经研究》2004 年第 11 期。

陈晓红、邹湘娟、佘坚：《中小企业成长性评价方法有效性研究——来自沪深股市的实证》，《当代经济科学》2005 年第 5 期。

谌新民、葛国兴、李萍：《中国就业景气指数及其公共政策研究》，《广东社会科学》2013 年第 3 期。

池仁勇、刘道学、林汉川、秦志辉等：《中国中小企业景气指数研究报告（2013）》，中国社会科学出版社 2013 年版。

池仁勇、谢洪明、程聪等：《中国中小企业景气指数研究报告（2011年）》，经济科学出版社 2011 年版。

池仁勇：《区域中小企业创新网络形成、结构属性与功能提升：浙江省实证考察》，《管理世界》2005 年第 10 期。

从佩华：《浅谈企业的成长性及其财务评价方法》，《财会研究》1997 年第 9 期。

崔霞、李贝贝：《京房景气指数》，《数据》2013 年第 12 期。

崔宇丹、潘佳：《新产品开发风险与策略》，《职业圈》2007 年第 56 卷第 4 期。

电商平台 eBay：《大中华区跨境电子商务零售出口产业地图》，eBay 网，2014 年 4 月 1 日。

董文泉、高铁梅、陈磊、吴桂珍：《Stock – Watson 型景气指数及其对中国经济的应用》，《数量经济技术经济研究》1995 年第 12 期。

董文泉、高铁梅、姜诗章、陈雷：《经济周期波动的分析与预测方法》，吉林大学出版社 1998 年版。

冯明、刘淳：《基于互联网搜索量的先导景气指数、需求预测及消费者购前调研行为——以汽车行业为例》，《营销科学学报》2013年第3期。

高铁梅、谷宇、王哲：《中国出口周期性波动及成因研究：基于主成分方法构建中国出口景气指数》，《商业经济与管理》2007年第2期。

高铁梅、孔宪丽、王金明：《国际经济景气分析研究进展综述》，《数量经济技术经济研究》2003年第11期。

高铁梅、梁云芳：《中国工业景气调查数据的综合分析》，《预测》2002年第21卷第4期。

工业和信息化部赛迪智库中小企业形势分析课题组：《2014年中国中小企业发展形势展望》，赛迪网，2013年12月16日。

龚盈盈：《基于景气指数的宏观经济监测预警系统研究》，武汉理工大学，2005年。

辜胜阻、杨威：《"十二五"时期中小企业转型升级的新战略思考》，《江海学刊》2011年第5期。

辜胜阻：《为小微企业大幅减负刻不容缓》，《中华工商时报》2012年3月28日。

郭艳丽：《对中西部欠发达地区中小企业发展的思考》，《山西经济日报》2014年4月15日第007版。

郭志刚、贾善和：《产业集群助推四川县域经济发展》，《商业研究》2006年第16期。

国家经济贸易委员会中小企业司、国家统计局工业交通司和中国企业评价协会组成的联合课题组：《成长性中小企业评价的方法体系》，《北京统计》2001年第5期。

何勇、张云杰：《海南省旅游景气指数构建研究》，《经济研究导刊》2014年第1期。

胡雯：《民建中央：建议加快营改增步伐 减轻小微企业税负》，网易财经，2013年2月28日。

胡作华：《浙江对六类小微企业提供信用贷款服务》，新华网，2012年4月9日。

黄薇、徐建炜、徐奇渊：《领先指数：对未来经济趋势的推测》，中国社会科学院世界经济与政治研究所国际金融研究中心 Working Paper

No. 2011，2011 年 3 月 4 日。

黄维成：《优序图法在评比中的应用》，《技术经济》1997 年第 3 期。

黄晓波、曹春嫚、朱鹏：《基于会计信息的企业景气指数研究——以我国上市公司 2007—2012 年数据为例》，《南京审计学院学报》2013 年第 5 期。

孔宪丽、何光剑：《中国汽车工业景气指数的开发与应用》，《统计与决策》2007 年第 3 期。

赖福平：《工业企业景气指数研究与实证分析》，暨南大学，2005 年。

李柏洲、孙立梅：《基于 β 调和系数法的中小型高科技企业成长性评价研究》，《哈尔滨工程大学学报》2006 年第 6 期。

李庚寅、周显志：《中国发展中小企业支持系统研究》，经济科学出版社 2003 年版。

李丽辉：《营改增试点一年减税 426.3 亿 中小企业税负降 40%》，《人民日报》2013 年 2 月 18 日。

李思：《"微金融"发展大有可为》，《中国金融报》，上海金融新闻网（http：//www. shfinancialnews. com/），2012 年 7 月 10 日。

李维安：《中小企业发展电子商务的模式探析》，浙江工业大学，2008 年。

李文溥、尚琳琳、林新：《地区经济景气指数的构建与景气分析初探》，《东南学术》2001 年第 6 期。

李扬：《小微金融发展迎来新起点》，新浪财经（http：//finance. sina. com. cn/），2012 年 5 月 15 日。

廖蓁、王明宇：《跨境电商现状分析及趋势探讨》，《电子商务期刊》，2014 年。

林汉川、池仁勇、秦志辉、刘道学等：《中国中小企业发展研究报告（2013）》，企业管理出版社 2013 年版。

林汉川、管鸿禧：《中国不同行业中小企业竞争力评价比较研究》，《中国社会科学》2005 年第 3 期。

林汉川等：《中小企业的界定与评价》，《中国工业经济》2000 年第 7 期。

刘道学、池仁勇等：《中国中小企业景气指数研究报告 2012》，经济科学出版社 2012 年版。

刘方：《中国中小企业发展状况与政策研究》，《当代经济管理》2014 年第 2 期。

刘艳：《中小企业资金管理策略研究》，吉林大学，2013 年。

刘元鹏：《中小企业开展电子商务的模式选择》，西南财经大学，2008 年。

陆静丹、张雅文、洪伟芳、陈健、陈俊梁：《就业景气指数实证研究》，
《人力资源管理》2014 年第 3 期。

罗兰：《企业负担轻了有活力　减税不会挤瘪财政"钱袋子"》，《人民日
报》（海外版）2013 年 1 月 9 日。

吕香亭：《综合评价指标筛选方法综述》，《合作经济与科技》2009 年第
3 期。

倪明：《中小企业信息化问题的研究》，安徽农业大学，2003 年。

钮军：《中小企业的电子商务发展模式研究》，北京交通大学，2009 年。

彭十一：《中国中小企业界定标准的历史回顾及评价》，《商业时代》2009
年第 32 期。

戚少成：《景气指数的概念、种类和数值表示方法》，《中国统计》2000
年第 11 期。

乔冒玲：《构建企业成长性评价指标初探》，《南京工业大学学报》（社会
科学版）2002 年第 1 期。

卿倩、赵一飞：《全球干散货航运市场景气指数的建立与研究》，《西南民
族大学学报》（自然科学版）2012 年第 2 期。

瞿麦生：《论层次分析法的经济逻辑基础：兼论经济思维层次性原则》，
《天津商业大学学报》2008 年第 28 卷第 4 期。

阮俊豪：《BDI 指数风险测度及其与宏观经济景气指数关系的实证研究》，
《经济视野》2013 年第 8 期。

史亚楠：《基于扩散指数的中国经济景气预测》，《财经界》2014 年第
11 期。

孙泽厚、黄箐：《市场预测的景气问卷模糊预测法》，《工业技术经济》
1997 年第 16 卷第 2 期。

田国垒：《浙江民营企业转型升级之道》，中国管理传播网，2009 年 5 月
27 日。

田俊荣：《中小企业税费调查：实际税负为何比大企业还高》，《人民日
报》2013 年 4 月 16 日。

万春霞：《发展产业集群 壮大县域经济》，四川大学，2007年。

汪倩：《中小企业信息化建设面临的障碍及对策》，《现代情报期刊》2004年第2期。

汪勇婷、谢印成：《阿里巴巴电子商务平台的功能挖掘与中小企业应用对策探讨》，《中国民营科技与经济》2007年第9期。

王呈斌：《基于问卷调查的民营企业景气状况及其特征分析》，《经济理论与经济管理》2009年第3期。

王恩德、梁云芳、孔宪丽、高铁梅：《中国中小工业企业景气监测预警系统开发与应用》，《吉林大学社会科学学报》2006年第46卷第5期。

王恩德：《工业景气调查在工业生产形势分析中的应用》，中国电子学会工业工程学会第五届年会，1997年。

王晖、陈丽、陈垦、薛漫清、梁庆：《多指标综合评价方法及权重系数的选择》，《广东药学院学报》2007年第23卷第5期。

王继承：《中小企业2013年度报告》，《中国经济报告》2014年第2期。

王茜：《我国中小企业信息化建设的价值分析》，天津大学，2012年。

王潼、张元生、李凯、宫维可、刘欲：《景气问卷模糊预测方法及其在中国的应用》，《预测》1991年第4期。

王亚南：《湖北20年文化消费需求景气状况测评——基于内生动力的文化发展民生成效视角》，《江汉学术》，2013年。

吴春青：《我国中小企业信息化建设的问题及对策》，《产业与科技论坛》2008年第7卷第1期。

吴家曦、李华燊：《浙江省中小企业转型升级调查报告》，《管理世界》2009年第8期。

吴小明：《我国中小企业发展电子商务策略研究》，华中师范大学，2012年。

吴瑛：《温州新型农村金融机构问题与对策研究》，《浙江万里学院学报》2012年第6期。

肖欢明、苏为华、陈骥：《产业链视角下的纺织业景气评价与预警研究——以浙江省为例》，《财经论丛》2014年第1期。

肖阳阳：《中国上市公司研发投入影响因素实证研究》，中南大学，2008年。

谢海燕：《各地陆续启动扶助小微企业专项行动 将改善融资服务》，中国中小企业信息网，2013 年 4 月 8 日。

刑伟：《对浙江家族企业问题的几点思考》，《商场现代化》2006 年第 8 期。

徐国祥、郑雯：《中国金融状况指数的构建及预测能力研究》，《统计研究》2013 年第 8 期。

徐科：《小微企业减负刻不容缓 政策仍需再发力》、《证券日报》2012 年 12 月 2 日。

徐小平：《发展中小企业集群 实现中部县域经济跨越式发展》，《武汉理工大学学报》（社会科学版）2011 年第 8 期。

许阳千：《基于景气指数理论框架的广西区域壁经济预警系统构建》，《广西经济管理干部学院学报》2013 年第 2 期。

许谏：《把握经济周期 看准"钟点"投资》，《现代物流报》2013 年 4 月 28 日第 A19 版。

许洲：《景气分析之物价水平波动》，《投资与合作》2013 年第 8 期。

叶华：《浅谈中国外贸跨境电子商务的发展》，《湖北经济学院学报》（人文社会科学报）2013 年。

殷克东、高文晶、徐华林：《我国海洋经济景气指数及波动特征研究》，《中国渔业经济》2013 年第 4 期。

张捷、王霄：《中小企业金融成长周期与融资结构变化》，《世界经济》2002 年第 9 期。

张凌云、庞世明、刘波：《旅游景气指数研究回顾与展望》，《旅游科学》2009 年第 23 卷第 5 期。

张伟斌、葛立成：《2013 年浙江发展报告》，杭州出版社 2013 年版。

张扬：《我国中小企业发展电子商务研究》，首都经济贸易大学，2012 年。

张洋：《企业景气指数与宏观经济波动研究》，北京工商大学，2005 年。

张永军：《经济景气计量分析方法与应用研究》，中国经济出版社 2007 年版。

张宇青、周应恒、易中懿：《经济预警指数、国房景气指数与 CPI 指数波动溢出实证分析——基于三元 VAR – GARCH – BEKK 模型》，《统计与信息论坛》2014 年第 29 卷第 3 期。

赵乃育：《中国宏观税负仍有下调空间》，《人民日报》（海外版）2013 年 3 月 1 日。

赵晓晖：《我国中小企业信息化发展现状与对策研究》，燕山大学，2013 年。

支小军、王伟国、王太祥：《我国棉花价格景气指数构建研究》，《价格理论与实践》2013 年第 1 期。

周德全：《中国航运企业景气状况分析与预测》，《水运管理》2013 年第 7 期。

朱宏任：《积极推动扶持小微企业政策出台》，《中国证券报》2012 年 12 月 10 日。

朱军、王长胜：《经济景气分析预警系统的理论方法》，中国计划出版社 1993 年版。

朱顺泉：《基于突变级数法的上市公司绩效综合评价研究》，《系统工程理论与实践》2002 年第 2 期。

朱云英：《浅论统计指标和景气指数对工业经济的预测意义》，《中国外资》2013 年第 5 期。

邹洪伟：《投资景气指数的研究》，北方工业大学，2002 年。